高等职业教育旅游及餐饮管理类专业系列教材

旅游与酒店服务礼仪

主　编　王　珺
副主编　宋园园　刘月娇　靳　莹
参　编　李依桐　杜　彬

机械工业出版社

本教材对酒店服务人员形象礼仪、酒店服务人员日常交往礼仪、酒店各岗位服务礼仪、旅游服务礼仪、宗教礼仪、中国礼俗、外国礼俗、涉外礼仪知识进行了分类介绍。

本教材充分融入了旅游与酒店服务特色，编者结合多年的高职旅游与酒店管理专业教学经验，将旅游与酒店各岗位的工作内容和流程融入其中，使得理论知识与服务礼仪相结合。编者特别注重高职高专旅游管理与酒店管理专业的学生对旅游与酒店服务礼仪、规范的理解和掌握，希望通过本教材全面有效地提高旅游与酒店服务行业从业者的服务能力，使其更好地适应当今旅游与酒店业迅速发展的现状。

为方便教学，本教材配备了电子课件、习题答案、教案、试卷等教学资源。凡选用本书作为教材的教师均可登录机械工业出版社教育服务网 www.cmpedu.com 免费下载。如有问题请致电 010-88379375，QQ：945379158。

图书在版编目（CIP）数据

旅游与酒店服务礼仪/王珺主编．—北京：机械工业出版社，2018.10（2025.1 重印）
高等职业教育旅游及餐饮管理类专业系列教材
ISBN 978-7-111-60898-1

Ⅰ．①旅… Ⅱ．①王… Ⅲ．①旅游服务—礼仪—高等职业教育—教材
②饭店—商业服务—礼仪—高等职业教育—教材 Ⅳ．①F590.63 ②F719.2

中国版本图书馆 CIP 数据核字（2018）第 213555 号

机械工业出版社（北京市百万庄大街 22 号　邮政编码 100037）
策划编辑：徐春涛　　责任编辑：乔　晨　贺瑞珍
责任校对：蔺庆翠　　封面设计：马精明
责任印制：邓　博

北京盛通数码印刷有限公司印刷

2025 年 1 月第 1 版第 13 次印刷
184mm×260mm・16.25 印张・392 千字
标准书号：ISBN 978-7-111-60898-1
定价：45.00 元

电话服务	网络服务
客服电话：010-88361066	机 工 官 网：www.cmpbook.com
010-88379833	机 工 官 博：weibo.com/cmp1952
010-68326294	金 书 网：www.golden-book.com
封底无防伪标均为盗版	机工教育服务网：www.cmpedu.com

前　言

　　孔子曰："不学礼，无以立。"我国乃泱泱大国，素有礼仪之邦的美誉。礼仪涉及社会生活的方方面面，无论对日常生活还是商务往来，都有着举足轻重的作用。在以酒店、旅游为代表的服务行业，礼仪教育是成为一名合格服务人员的必修课。在互联网飞速发展的今天，酒店及旅游等服务行业面临着各种挑战，若想在众多服务品牌中脱颖而出，成为行业的佼佼者，除了在硬件配套设施上要过硬、有特色之外，还需要在软性服务上有所突破。人性化、个性化的服务是吸引更多客源的软实力，内外兼修的旅游与酒店服务礼仪是帮助服务工作者认识自我、重塑自我、提升自我的桥梁，也是提升职业形象的灵魂。

　　本教材从上述现实需要出发，在大量吸收有关礼仪研究成果的基础上，结合本专业人才培养要求，将一般公共礼仪与专业礼仪结合起来，系统地阐述了旅游与酒店服务礼仪的基本理论、规范要求和具体操作技巧，既注重理论的阐述又突出了可操作性。本教材的编写人员都是多年在高职高专院校一线教学的工作者，既有丰富的行业工作经历，又有系统的旅游与酒店专业的教学经验。本教材共九章，分别介绍了酒店服务人员形象礼仪、酒店服务人员日常交往礼仪、酒店各岗位服务礼仪、旅游服务礼仪、宗教礼仪、中国礼俗、外国礼俗、涉外礼仪等内容。本教材由王珺担任主编。本教材编写的具体分工如下：王珺编写第一章、第三章、第四章，并负责全书的统稿工作；宋园园编写第二章、第九章；刘月娇编写第五章、第七章、第八章；靳莹编写第六章；每章的课后习题、答案以及试卷由李依桐编写；教材的课件由杜彬制作。

　　本教材根据高职高专学生的特点，重点强调了教与学、学与用的关系，案例得当、课后练习针对性强，真正做到了讲练结合。

　　本教材在编写过程中，参阅了许多礼仪专家、学者的论著，吸取了近年来酒店专业教学研究的新成果，以及酒店行业实践中有启发性的新观点，在此向众多专家、学者表示衷心的感谢。限于时间和水平，书中缺点、疏漏在所难免，敬请各位同仁与读者提出宝贵意见，以便进一步修订、完善。

　　为方便教学，本教材配备了电子课件、习题答案、教案、试卷等教学资源。凡选用本书作为教材的教师均可登录机械工业出版社教育服务网www.cmpedu.com免费下载。如有问题请致电010-88379375，QQ：945379158。

编　者

目 录

前言

第一章 礼仪概述 1
第一节 礼仪的概念 2
第二节 礼仪的起源与发展 4
第三节 礼仪的原则与特征 5
第四节 礼仪的功能与作用 7
第五节 东西方礼仪的比较 9
第六节 酒店服务礼仪 11
本章小结 13
思考与练习 14

第二章 酒店服务人员形象礼仪 16
第一节 仪容礼仪 16
第二节 仪表礼仪 31
第三节 仪态礼仪 32
第四节 服饰礼仪 57
本章小结 61
思考与练习 61

第三章 酒店服务人员日常交往礼仪 64
第一节 见面礼仪 64
第二节 谈话礼仪 70
第三节 交往礼仪 74
本章小结 80
思考与练习 80

第四章 酒店各岗位服务礼仪 83
第一节 礼宾服务礼仪 84
第二节 前台服务礼仪 96
第三节 客房服务礼仪 107
第四节 餐厅服务礼仪 113
第五节 康乐服务礼仪 124
第六节 "三吧"服务礼仪 129
本章小结 134
思考与练习 134

第五章 旅游服务礼仪 136
第一节 旅游服务人员礼仪 136
第二节 导游员服务礼仪 143
本章小结 149
思考与练习 149

第六章 宗教礼仪 152
第一节 佛教 153
第二节 基督教 156
第三节 伊斯兰教 159
第四节 道教 162
本章小结 165
思考与练习 165

第七章 中国礼俗 167
第一节 中国部分节日习俗 167
第二节 中国部分少数民族习俗与禁忌 176
第三节 港澳台地区礼俗礼仪 182
本章小结 184
思考与练习 185

第八章 外国礼俗 187
第一节 亚洲地区礼俗 188
第二节 美洲、大洋洲地区礼俗 203
第三节 欧洲地区礼俗 214
第四节 非洲地区礼俗 228
本章小结 232
思考与练习 232

第九章 涉外礼仪 234
第一节 涉外礼仪基本原则 234
第二节 主要涉外活动礼仪 236
本章小结 253
思考与练习 253

参考文献 256

第一章

礼仪概述

学习目标

掌握礼仪的基本概念,了解礼仪的起源与发展,掌握礼仪的原则、特征、功能、作用,认识东西方礼仪的差异,并掌握酒店服务礼仪的相关内容

内容提示

- 礼仪的概念
- 礼仪的起源与发展
- 礼仪的原则与特征
- 礼仪的功能与作用
- 东西方礼仪的比较
- 酒店服务礼仪

主要概念

礼仪　礼貌　礼节　礼宾　酒店服务礼仪

开篇提示

中国素有"礼仪之邦""文明古国"的美称,纵观中国五千多年的灿烂历史,"礼"是中国文化的根本特征和标志,是中国古代文化的核心。中国传统文化中的核心人物、儒家学说的创始人孔子曾经说过:"不学礼,无以立。"儒家另一位代表人物荀子也说过:"人无礼则不生,事无礼则不成,国无礼则不宁。"可见,礼仪在人们的生活、工作和学习中的作用是十分重要的,它可以使人们以礼相待、相互尊重,能够使人们更好地沟通感情、调节关系、加深友谊,能够使社会更加文明和谐。

第一节 礼仪的概念

一、礼

礼起源于古代人类的祭祀活动,它是人们在长期的社会生活实践中约定俗成的行为规范。礼的含义比较丰富,一般来讲主要有四层含义:一是指敬意,礼的繁体字为"禮",《辞海》中对礼的解释是本谓敬神,引申为表示敬意的通称。二是指仪式,即为表示敬意和隆重而举行的仪式。三是泛指社会交往中的礼貌和礼节。四是特指规范,即奴隶社会或封建社会中等级森严的社会规范和道德规范。由此可见,礼的含义非常丰富,可以把它理解为规定社会行为的法则、规范、仪式的总称。

二、礼仪

(一)礼仪的概念

礼仪是行礼的过程和仪式,是指在日常交往中人们所认同和必须遵循的行为准则和规范。人们在不同的历史时期有不同的行为规范,不同民族和不同地域也有着各不相同的行为规范,所以礼仪在不同民族、不同国家、不同时代都有着不同的表现形式。

(二)礼仪的表现形式

根据运用对象、适用范围以及使用目的的不同,可以将礼仪的表现形式归纳为以下10种:

1. 个人礼仪

个人礼仪是社会个体的行为规范与待人处事的准则,是关于个人仪表、仪容、言谈、举止、服饰等方面的规定。个人礼仪是个人道德品质、文化素养、教养良知等精神内涵的外在表现。

2. 家庭礼仪

家庭礼仪是礼仪在家庭及亲友交往范围内的运用,它是关于家庭称谓、问候、祝贺、赠礼、家宴和家庭应酬等的礼仪规范。

3. 公务礼仪

公务礼仪是人们在公务活动过程中所应遵循的礼仪规范。公务礼仪通常包括工作礼仪、会议礼仪、公文礼仪、公务迎送礼仪、颁奖礼仪等。

4. 社交礼仪

从家庭走向社会,进行社会交往,是礼仪行为向社会的拓展。社交礼仪通常包括见面与介绍的礼仪、拜访与接待的礼仪、交谈与交往的礼仪、宴请与馈赠的礼仪、舞会与沙龙的礼仪等。

5．商务礼仪

商务礼仪与一般的人际交往礼仪不同，它体现在商务活动的各个环节之中。对于商业企业来说，从商品采购到销售，再到售后服务，每一个环节都与本企业的形象息息相关。因此，商业企业及其成员如果能够时时按照商务礼仪的要求去开展工作，那么将会对塑造商业企业的良好形象，促进商品销售，起到极其重要的作用。商务礼仪主要包括柜台待客礼仪、商业洽谈礼仪、推销礼仪、商业仪式、签字礼仪等。

6．习俗礼仪

不同国家、不同民族存在着不同的风俗习惯，充分了解这些风俗习惯，并在社交往来中自觉尊重这些风俗习惯，有助于促进交往的成功。习俗礼仪的内容主要包括日常生活礼仪、岁时节令礼仪、婚嫁礼仪、丧葬礼仪等。

7．宗教礼仪

宗教礼仪是宗教活动的重要组成部分，是宗教信徒在长期活动中形成的、体现宗教内容的行为规范和习俗。不同的宗教有着不同的礼仪形式。

8．礼仪文书

礼仪文书是人们在日常交往过程中，用书信和其他文字方式表达情感时的礼仪形式，通过礼仪文书，可以达到彼此交流感情、互通信息、加深友谊的目的。常用的礼仪文书有礼仪书信（如邀请信、贺信、感谢信等）、礼仪电报、请柬、名片、贺年片、题词、讣告、唁电、碑文等。

9．服务礼仪

服务礼仪是指服务行业的从业人员在自己的工作岗位上向服务对象提供服务时所应遵守的礼仪规范。服务礼仪主要以服务人员的仪容规范、仪态规范、服饰规范、语言规范和岗位规范为基本内容。

10．涉外礼仪

涉外礼仪又称国际礼仪，是指在国际交往中与外国人打交道时所应遵守的礼仪，其基本内容是国际交往惯例，即国际通则。

三、礼貌

礼貌是指一个人在人际交往中言谈举止的礼仪表现。它体现了时代的风貌与道德水平，反映了人们的文化层次和文明程度。它既是一个人尊重他人的表现，也是其良好素养的体现，更是其服务意识和服务水平的标志。

礼貌分为礼貌行动和礼貌语言两部分。礼貌行动是一种无声的语言，如微笑、点头、欠身、鞠躬、握手、拥抱等。礼貌语言是一种有声的行动。

礼貌的具体要求有：热情友好，尊重他人；待人接物落落大方、不卑不亢；办事慎重而不推诿；行为举止有教养等。

四、礼节

礼节是待人接物的具体礼仪要求，是人们在日常生活中互致问候、表达祝愿、相互帮助以及交流时表示尊重的惯用形式。礼节是礼貌在语言、行动、仪态等方面的具体表现，如生活中人们经常使用的微笑、尊称、问候等，都是礼节。

五、礼宾

"礼宾"一词原意是按照一定的礼仪接待宾客。在人际交往、涉外活动、旅游接待等服务过程中，主方根据客方人员的身份、地位、级别等给予相应的接待规格和待遇，称为礼宾或礼遇。

第二节 礼仪的起源与发展

中国是人类文明的发祥地之一，文化传统源远流长。礼仪作为中华民族文明的标志，也有着悠久的历史。

一、礼仪的起源

礼仪文化历史悠久、源远流长。关于礼仪的起源说法不一，归纳起来，大体有五种起源说：一是天神生礼仪；二是礼为天、地、人的统一体；三是礼产生于人的自然本性；四是礼为人性和环境相互作用的产物；五是礼生于理，起源于俗。其中，最为人们接受的是"礼生于理，起源于俗"。

根据现代人类学、考古学的研究成果，礼仪起源于人类最原始的两种信仰：一是天地信仰，二是祖先信仰。天地信仰和祖先信仰源于早期人类对自然界的变幻莫测的敬畏和无助，由于当时人类认识水平的局限，认为上有天神，下有地神，所以才有了天神与地神控制的日月星辰、电闪雷鸣、地震洪水等。他们对自然现象充满了敬畏和恐惧，由此开展了各种崇拜祭祀活动，拜天地、祭神明，祈求神明和祖先保佑风调雨顺，祈祷降福免灾。随着人类社会的发展，人们表达敬畏的祭祀活动日益频繁，逐步形成了各种固定的模式，并最终形成相应的礼仪规范。

二、礼仪的发展

礼仪作为人类社会活动的行为规范，是与人类社会同时产生并同步发展的。从人类社会的礼仪现象分析，大多数礼仪形式的诞生都是约定俗成的，都有一个从无到有的过程，而这个过程往往是在下意识的、不自觉的行为中产生的，如握手礼。传说远古人类出门时为了狩猎和防身会随身带着木棒和石块，路上遇到行人时，为了表明自己没有恶意，就放下手中的武器，伸开双手让对方看，甚至让对方摸一下手中有无武器，这种方式经过若干年的演变，逐渐形成了握手礼。由此可见，礼仪规范是在长期社会活动中经共同认定而形成的，并被大家一致遵守和应用的。

中国古代礼仪由两部分组成：一是礼制，二是礼俗。礼制是国家的礼仪制度，礼俗是民间习惯形成的礼仪习俗。礼仪在其传承沿袭的过程中不断发生着变革，从历史发展的角度看，其演变可分为四个时期：

1. 古代礼仪的孕育时期——夏朝以前

这一时期属于原始社会时期，原始礼仪开始出现，原始的政治礼仪、祭祀礼仪、婚姻礼仪等在这个时期已经有了雏形，礼仪虽然萌芽，但还不具有阶级性。

2. 古代礼仪的形成时期——夏商周三代

这一时期属于奴隶社会时期，在这个阶段，"礼"被打上了阶级的烙印，中国第一次形成了比较完整的国家礼仪与制度，提出了许多极为重要的礼仪概念，如"五礼"（吉礼、嘉礼、军礼、宾礼、凶礼）等，确立了崇古重礼的文化传统。古代的礼仪典籍也多撰写于这一时期，特别是《周礼》《仪礼》《礼记》三部礼仪专著的出现标志着礼仪的发展已经相对系统化。

3. 古代礼仪的变革发展时期——春秋战国时期

这一时期，学术界百家争鸣，礼仪也产生了分化，礼仪制度成为国礼，民众交往的礼俗成为家礼。以孔子、孟子为代表的儒家学者系统地阐述了礼的起源、本质和功能，第一次在理论上全面而深刻地论述了社会等级秩序的划分及其意义。

4. 古代礼仪的强化时期——秦汉至清末

这一时期属于封建社会时期，其重要特点是尊君抑臣、尊夫抑妇、尊父抑子、尊神抑人。在漫长的历史演变过程中，它逐渐变成妨碍人们个性自由发展、阻挠人们平等交往的桎梏。

秦朝建立统一的封建国家后，秦王嬴政自认德高三皇、功盖五帝，通过种种措施，首先确立了至高无上的皇权。西汉武帝时期董仲舒的"罢黜百家，独尊儒术"神学化了的儒家思想，标志着礼仪已经进入一个发展、变革的时期。在这一时期，礼仪的明显特征就是将人们的行为纳入封建道德的轨道，形成了以儒家学说为主导的正统的封建礼教，并具体化为"三纲五常"。"三纲"即"君为臣纲、父为子纲、夫为妻纲"，"五常"即"仁、义、礼、智、信"。这种封建伦理关系的准则，构成了整个封建社会礼仪的核心。

宋代将封建礼仪推向了一个新的高峰，"家礼"的兴盛是宋代礼仪的一个特点，道德和行为规范是这一时期封建礼教的中心，"三从四德"成为这一时期妇女的道德礼仪标准。"三从"即"在家从父、出嫁从夫、夫死从子"。"四德"即"妇德、妇言、妇容、妇功"。其中，"妇德"是指妇女的一切言行要符合忠、孝、节、义；"妇言"是指妇女说话要小心谨慎；"妇容"是指女子容貌打扮要整齐美观；"妇功"也叫"妇工"，是指纺织、刺绣、缝纫等事。

明清两朝继承了宋代以来的封建礼仪，并有所发展，家庭礼制进一步得到完善，更加严明，封建礼仪日臻成熟。

第三节　礼仪的原则与特征

一、礼仪的原则

1. 尊重原则

尊重原则要求在各种类型的人际交往活动中，以相互尊重为前提，要尊重对方，不损害对方利益，同时又要保持自尊。尤其是在国际交往中，要始终注意维护国家利益和民族尊严，维护自己的国格和人格，在外国人面前不卑不亢。在社会交往中，人与人之间只有彼此尊重，才能保持和谐、愉快的关系。

2．遵守原则

礼仪是约定俗成的，是人们共同遵守的社会规范。这种社会规范是为维护社会稳定而形成和存在的，它实际上反映了人们的共同利益和要求。社会的每一个成员都应该自觉遵守礼仪规范，这样社会才会更有秩序，更加文明。

3．平等原则

礼仪作为一种社会规范，任何人都有平等使用的权利。对任何交往对象都必须一视同仁，给予同等程度的礼遇。不能因身份、地位、职业、年龄、收入、文化程度、财富以及与自己关系的亲疏远近等而有所不同，不能厚此薄彼、区别对待。

4．宽容原则

宽容原则要求人们在社会交往过程中运用礼仪时，既要严于律己，又要宽以待人。要多容忍他人，多体谅他人，多理解他人，千万不要斤斤计较、咄咄逼人、过于苛刻。

5．真诚原则

在人际交往中应以礼相待，真诚待人，做到真心实意，言行一致，避免表里不一。这是赢得对方信任和尊重的前提，真诚坦荡、友善待人，是人际交往应该遵循的准则。

6．适度原则

现代礼仪强调，在人际交往中一定要把握好适度性，要注意保持一定的社交距离。不同场合、不同对象，应始终不卑不亢、落落大方，把握好分寸。例如：与人交往时，既要彬彬有礼，又不能低三下四；既要热情大方，又不能阿谀奉承；既要自尊，又不能自负；既要坦诚，又不能粗鲁；既要谦虚，又不能拘谨等。

二、礼仪的特征

礼仪文化在其发展的过程中，形成了自己的特征，主要表现在规范性、继承性、差异性、时代性、变化性和国际性六个方面。

1．规范性

礼仪与道德、法律一起被称为人类社会的三大规范。礼仪规范是约定俗成的，其对人们在社会中的交际活动具有一定的约束性，从某种意义上讲它等同于法律规范。人们自觉或不自觉地遵守礼仪规范，同时也会用礼仪规范衡量和判断他人。所以，礼仪的规范性是客观存在的。

2．继承性

礼仪的形成和完善是历史发展的产物，任何国家的现代礼仪都是对古代礼仪的继承和发展，它是经过一个又一个时代不断地去粗取精而逐渐形成的。因此，礼仪具有历史继承性。

3．差异性

礼仪作为约定俗成的行为规范，在拥有共性的同时，又表现出一些较为明显的差异性。一是民族差异性，如东方民族含蓄深沉，东方人见面习惯拱手、鞠躬，西方民族直率开放；西方人见面习惯握手、拥抱。二是国别差异性，各个国家因其历史文化传统、语言、活动区域等的不同而表现出较为鲜明的国别性。三是民俗差异性，同一区域中的民族，如中华民族，她所包含的56个民族在民族习俗和礼仪上存在着一定的独特性。四是宗教信仰差异性，不同宗教信仰的民族、种族其行为方式及礼仪的差异性表现得更为明显。

4. 时代性

礼仪具有时代性，随着时代的发展而发展。礼仪的时代性表现在以下四个方面。一是符合现代观念。现代社会的道德观、价值观，均以平等、相互尊重为原则。个人、集体乃至国家之间，不论大小强弱，都应一律平等。违背了平等、尊重的原则，也就违背了现代礼仪的基本原则。二是符合现代审美标准。真、善、美的统一，是现代礼仪的基本要求，它力求表达人们真实的情感。内容和形式的统一，真实情感和行为形式的一致，即为现代礼仪特征之一。三是符合现代生活特点。现代生活讲究快捷、实效，与之相应的现代礼仪活动，也突出了这一特点。在礼仪安排上要灵活多样，节奏明快，务求实效。四是符合现代国际惯例。在国际交往中，各个国家、地区、社会集团所惯用的一些礼仪形式，已为人们所普遍接受和广泛使用，并逐渐形成规范化的国际礼仪。

5. 变化性

礼仪规范不是一成不变的，它会随着社会的发展不断地变化更新。一方面礼仪随着时代发展而变化；另一方面由于国与国之间的交往日益频繁，不同国家的政治、文化、经济、思想、观念等因素相互渗透，这也会对一个国家的礼仪文化产生或多或少的影响。现在，我国的礼仪规范已融合了国际交往礼仪的内容，变得日益现代化。

6. 国际性

礼仪作为一种文化现象，是全人类的共同财富。它跨越了国家和地区的界限，为世界各国人民所共同拥有。尽管不同国家、不同民族、不同社会制度所构成的礼仪有一定的差异，但在讲文明、懂礼貌、相互尊重原则基础上形成和完善的礼节形式，已为世界各国人民所普遍接受并共同遵守。

第四节　礼仪的功能与作用

一、礼仪的功能

礼仪作为人们调整和处理相互关系的手段，一经形成和巩固，就成了一个民族、一个国家传统文化的重要组成部分，世代继承相传，并且已渗透到人们日常生活的方方面面，发挥着重要作用。礼仪的功能是多方面的，其中最重要的功能表现在以下几个方面：

1. 教育功能

礼仪是现代文明的集中体现。从宏观方面讲，它可以衡量一个国家的文明程度和国民素质。从微观方面讲，对个人而言，是否讲礼节、懂礼貌，则是衡量其综合素质的一个重要标准。礼仪蕴含着丰富的文化内涵，体现着社会的要求和时代的精神。让国民接受礼仪教育，可以从整体上提高国民的综合素质。

2. 沟通功能

在社会交往过程中人与人之间存在着各种关系，主要是经济关系、政治关系和道德关系。在人际交往中无论体现的是何种关系,维系人与人之间沟通和交往的礼仪都承担着十分重要的"润滑剂"的作用。交流双方的行为规范只有符合"礼仪"的要求,人际交往才能正常地进行和延续,彼此建立好感和信任,有助于人们所从事的各种事业得到发展。

3. 协调功能

人们在受教育程度、成长环境、个性、职业、年龄、性别等方面的差异,导致了其在人际交往中的不同角色取向。在人际交往中,为了维护自身利益,人们在行为方式上往往带有不同程度的"利己排他"的倾向。这就必然会使交往双方发生不同程度的矛盾和冲突。礼仪的原则和规范约束着人们的动机,指导着人们立身处事的行为方式。从一定意义上说,礼仪是人际关系和谐发展的调节器。人们在交往时按照礼仪规范去做,有助于加强人们之间互相尊重、友好合作的新型关系,可以缓和或避免某些不必要的情感对立与障碍,从而很好地协调人与人、人与社会的关系。

4. 服务功能

现代社会旅游服务行业的优质服务标准是最大限度地满足游客的需求,尤其是满足游客的精神需求。

在游客的各种需求中,被尊重的需求始终处于第一位,而礼仪的尊重原则,恰好满足了游客的这种需求。所以,在旅游服务行业,礼仪服务是优质服务的主要内容。它通过服务人员良好的仪容、仪表、仪态,规范得体的服务礼仪与操作程序,亲切的笑脸、耐心的态度、细致而周到的体贴关怀,将"客人永远是上帝"这一服务理念诠释得淋漓尽致。

5. 塑造功能

现代礼仪作为规范和约束人们行为的准则,不仅潜移默化地净化和熏陶着人们的心灵,而且从行为美学方面指导着人们不断地充实和完善自我。通过接受良好的礼仪训练,人们的谈吐变得越来越文雅,服饰与装扮变得越来越富有个性,仪态变得越来越符合规范,体现出时代的特色和精神风貌。总之,礼仪能够帮助人们塑造全新的自我,使人们在社交场合、在公众面前更加注意塑造自身良好形象,充分展示自我的风采。

6. 维护功能

礼仪是整个社会文明发展程度的反映和标志,同时礼仪也反作用于社会,对社会的精神文明有着广泛、持久和深刻的影响。社会的发展与稳定、家庭的和谐与安宁、邻里的和睦与友善、同事之间的信任与合作,都有赖于人们共同遵守礼仪规范与要求。全社会讲礼仪的人越多,社会便会更加和谐稳定。在维护社会秩序方面,礼仪起着法律所起不到的作用。

二、礼仪的作用

1. 有助于塑造良好的形象

在现代社会中,形象对于一个人来说是非常重要的,它会直接影响其工作和生活。形象是指一个人的言谈举止给他人留下的总体印象,它就像一个人的名片,在与他人交往时起着展示和介绍自己的作用。一个人不仅存在个人形象,当他从事某种职业时还存在着职业形象。职业形象的好坏会直接影响组织(公司)的形象,特别是从事服务行业的职业人员,得体的言谈举止和良好的仪表形象,既是职业的要求,也体现了对宾客的尊重,更反映出其所在组织（公司）的良好形象。

2．有助于协调与他人的关系

马克思认为，人是一切社会关系的总和。所以人与人之间存在着多种多样、错综复杂的关系，包括各种各样的矛盾。礼仪在人际交往中起着协调人际关系的"润滑剂"作用。人们在交往时按照礼仪规范的要求去做，彼此尊重，友好相处，就会减少不必要的摩擦，缓解不必要的矛盾，进而协调人际关系，促进社会的稳定和发展。

3．有助于促进精神文明建设

中国是四大文明古国之一，礼仪文化源远流长。"礼"作为中国文化的核心，自古以来对人们的生活有着重要的影响。我国古代有关"礼"的著述都是宝贵的文化财富，现代礼仪也是在继承古代礼仪的基础上发展而来的，礼仪文化在不断更新、不断发展。所以说，学好礼仪、用好礼仪不仅是自身良好素质和美好品质的体现，也是对中国文化的继承和发扬。特别是在国际交往日益频繁的今天，中国的礼仪文化越来越多地被外国人所了解，每一个中国人都应该做礼仪文化的讲解员和践行者，使中国"礼仪之邦"的美名远扬。

同时，现代礼仪要求社会成员按照社会认同的标准来调整自己的言行，使自己自觉地摈弃陋习、尊重他人、帮助他人。这将有利于营造相互理解、互相信任、互相关心和互助友爱的良好社会氛围，有利于社会秩序的稳定和社会关系的融洽，有利于促进社会主义精神文明建设。

第五节 东西方礼仪的比较

一、东方礼仪的概念及其特点

（一）东方礼仪的概念

东方礼仪文化主要是指以中国、日本、韩国、朝鲜、泰国、新加坡等亚洲国家为代表的具有东方民族特点的礼仪文化。

（二）东方礼仪的特点

古老的东方，是人类文明的发源地之一。它以富含人情味的传统礼仪向世人展示了悠久的历史文化和无穷的魅力。与西方礼仪相比，东方礼仪具有以下特点：

1．重视血缘亲情

东方民族信奉"血浓于水"这一传统观念。所以人际关系中最稳定的就是血缘关系。当多种利益发生冲突时，多数人都会选择维护有血缘关系的家族利益。

在中国，很多传统的大家庭中，几世同堂共居一室，家长维系着家庭中各个成员之间的关系，并具有绝对的权威性。家长终生操劳，养育儿女甚至孙辈，不仅不以为苦，反而自得其乐。庞大的家庭结构虽然矛盾重重，但"人丁兴旺、儿孙满堂"就足够了。这在西方人看来，简直就是不可思议的。西方家庭的家长，注重培养儿女的独立性和自理能力，儿女一旦成年，理所当然要依靠自己的能力去求生存。

2. 具有谦虚、含蓄的美德

东方人谦逊、含蓄,西方人直率、坦诚。以送礼这一较为普遍的社会交往习俗为例,西方人总是对受礼人直截了当地说明:"这是我精心为你挑选的礼物,希望你能喜欢。"或者说:"这是最好的礼物。"受礼方则总是当着送礼者的面将礼物打开,以表示谢意。而东方人则完全不同,中国人和日本人在送礼时尽管也是费尽心机、精心挑选,但在受礼者面前却总是谦逊而含蓄地说:"微薄之礼、不成敬意。"东方人在受礼时,往往只说"谢谢",而不马上打开礼物,唯恐礼物过轻或不尽如人意而让对方没面子,或者显得自己重利轻义,有失礼貌。

东方人的含蓄,还表现在面对别人夸奖时所采取的态度。西方人讲一是一,二是二,对于别人真诚的赞美和夸奖,往往用"谢谢"来表示接受和承认对方的美意。而东方人讲究的是谦虚含蓄,凡事不张扬。例如,对一个成绩优异的孩子进行夸奖时,如果对方家长是东方人则会含蓄地说:"哪里,哪里,这孩子成绩一般,还得继续努力!"但如果对方家长是西方人的话,则会用"谢谢您的夸奖"来表示对孩子的肯定和对夸奖者的感谢。

3. 强调共性

东方人非常注重共同拥有,人民都具有较强的民族感。这一点在日本和韩国表现得尤为突出。他们的国家、民族、甚至"集团"的凝聚力非常强。日本人为企业做事时具有很强的"敬业精神"。日本松下集团在面临危机时,企业与员工团结一致,集团没有裁掉任何一名员工,而员工们也自愿减薪,并利用周末背着电器到居民家中推销,最终渡过难关。韩国人具有很强的民族感,他们基本上都使用自己国家生产的手机和汽车,我们能够看到在韩剧中人们使用的都是三星手机或者 LG 手机,汽车也都是现代等韩国自产品牌。这与很多国家使用进口品牌形成了鲜明的对比。

西方人提倡个性自由,崇尚个人力量,对孝顺老人、哺育孩子等看得比东方人淡得多。

4. 礼尚往来

礼是人际交往的媒介和桥梁。礼尚往来中的"礼"主要指礼物,其实礼物本身并不重要,重要的是渗透其中的情感。

"来而不往非礼也",意思是说,接受了别人的礼物而不回赠,是很不礼貌的行为。东方人送礼的名目繁多,除了重要的节日相互拜访需要礼物外,平时的结婚、生子、升学、升职、搬家、丧礼、加薪等都可以作为送礼的理由。

西方人则不同,他们一般不轻易给别人送礼物,除非相互之间建立了较为稳定的人际关系。另外西方人在送礼的形式上也比东方人简单得多,多数使用鲜花、红酒、巧克力等能够表达心意又不是很贵重的礼物,以免给对方造成压力。

二、西方礼仪的概念及其特点

(一) 西方礼仪的概念

西方礼仪主要是指以英、法、德、美、意等欧美国家为代表的具有西方民族特点的礼仪。

(二) 西方礼仪的特点

西方礼仪萌芽于古希腊,形成于 17~18 世纪的法国,其间深受古希腊、古罗马、法兰西等国文化的影响。西方资产阶级登上历史舞台后，不仅在经济基础上，而且在上层建筑的各个领域进行了伟大的变革。今天国际上通行的一些外交礼仪，绝大部分都是在这个时期形成并延续下来的，如鸣礼炮。在西方礼仪文化中，尤其强调规范个人的行为，注重良好的教养，如尊重妇女、绅士风度、淑女风范等。综合起来，西方礼仪具有以下特点：

1. 崇尚自由

西方礼仪处处强调个人拥有绝对的自由，将个人的尊严看得神圣不可侵犯。在西方，冒犯对方"私人的"所有权，是非常失礼的行为。西方人尊重别人的隐私权，同样也要求别人尊重自己的隐私权。

2. 遵时守信

西方人把遵守诺言看得十分重要，赴约必须提前到达，至少要准时，而且不能随意更改时间。迟到、失约、轻易更改时间均被视为不可容忍的事情。

西方人不仅惜时如金，而且常将交往对象是否遵守时间，当作判断其工作是否负责，是否值得与其合作的重要依据。

遵守社会秩序，养成西方人严谨的工作作风，办起事来会井井有条。西方人的工作时间和业余时间区别分明，下班时间、休假时间不打电话谈论工作，甚至会在休假期间断绝非生活范畴的交往。

3. 平等、开放

从古希腊时期开始，西方人在与自然的抗争中，就形成了独立进取的乐观精神。西方人提倡人人平等，积极参与竞争，不重视家庭血缘关系。这一点刚好与东方人的家庭观念形成了鲜明的对比。

4. 简单实用

西方礼仪是西方各国人民在长期的社会实践活动中逐渐形成的。因此，西方礼仪简单明了、具有很强的实用性。

第六节 酒店服务礼仪

一、酒店服务礼仪的概念

酒店服务礼仪是酒店员工为客人提供服务时，用以维护酒店形象和个人形象、对客人表示尊重友好，并以此为酒店赢取利益的行为准则和规范。它是一般礼仪在酒店服务活动中的运用和体现，但又比一般人际交往的礼仪更加丰富和具体。它不仅以对客人的尊重为基础，而且以提供优质的服务来体现这种尊重。

二、酒店服务礼仪的特点

酒店服务礼仪除了具备一般礼仪的特点之外，还具有自己独有的特点：

1. 特殊性

酒店服务礼仪的特殊性在于酒店是为满足客人的价值需求服务的。而对于客人的价值需求，唯有优质的服务可以令其得到满足。所以，酒店服务礼仪的标准在于是否满足了客人的需求，客人是否满意。不像其他行业礼仪有着自己的评判标准，酒店服务礼仪的一切标准都在客人。

2. 灵活性

由于酒店的客流量大，客人往来频繁，客源广泛，所以酒店服务礼仪还具有灵活性的特点。作为酒店的工作人员，一定要掌握酒店服务礼仪的灵活性特点，发挥自己的专业知识和沟通技巧，机动灵活地为客人提供服务。

3. 科学性

酒店服务礼仪的科学性是指酒店服务礼仪对酒店员工的专业知识和专业技能有着严格科学的规定，而且这些规定都是以让客人最满意、最舒适为标准制定出来的，如客房的布置、餐厅的营业时间等。酒店员工在为客人提供服务时应该严格遵守酒店的规定，为客人提供最周到、最热情，同时也是最科学的服务。

4. 发展性

酒店服务礼仪的发展性是指酒店服务礼仪需要创新。酒店服务礼仪并不是一成不变的，它需要酒店员工在实践中不断地运用其所学的知识对日常工作中出现的问题加以思考，根据客人的需求不断地创新，给客人提供满意加惊喜的服务。只有不断创新，酒店员工的服务才会越来越好，酒店的回头客才会越来越多，酒店才能在与同行的激烈竞争中立于不败之地。

三、酒店服务礼仪的作用

1. 酒店服务礼仪是做好酒店接待工作的前提

随着我国对外开放的进一步扩大，外事交往活动日益频繁，旅游产业迅猛发展，越来越多来自世界各国的人来华访问，或洽谈经商，或交流学习，酒店自然成为他们接触到的一个重要窗口，用优质的服务来做好接待工作，不仅是为经济建设做贡献，而且是代表国家交出一张漂亮的"名片"。

2. 酒店服务礼仪是避免矛盾和冲突的重要方式

矛盾和冲突的产生往往是由于双方无法达成共识，而酒店服务礼仪可以很好地避免这一点。因为酒店服务礼仪要求酒店员工在工作中要以客人的标准为最高标准，这就形成了矛盾双方中妥协的一方，在这种情况下，客人和酒店就更容易达成共识。所以，酒店服务礼仪能帮助酒店员工很好地避免与客人之间的冲突，化解矛盾。

3. 酒店服务礼仪代表酒店的形象，也代表一个地区甚至一个国家的形象

现代酒店一般都选在经济比较发达、交通比较便利的市中心或是风景优美的旅游胜地，是人们旅游休假的好去处，也是各种会议的举办场所，甚至是国家领导人接见外国贵宾的接待地。因此，现代酒店已经不再是传统观念里"吃饭、住宿的地方"了，很多时候，现代酒店扮演着重要的角色，代表一个地区甚至一个国家的形象。因此，酒店员工的服务也就成了客人评判该酒店、该地区，甚至该国家的重要参考因素。所以，酒店服务礼仪关系到的不仅仅是酒店的"面子"问题，更是关系到一个地区甚至一个国家的形象。

4. 酒店服务礼仪是酒店最好的促销方式

良好的酒店服务礼仪是优质服务的体现，是客人对酒店的最高要求，是客人对酒店服务的内心期望。酒店员工在为客人提供服务时，若严格按照酒店服务礼仪来规范自己的服务，就能达到客人对酒店服务的内心期望。一旦达到了客人的这种内心期望，毫无疑问，客人对酒店的服务就会很满意。而这种满意就会在客人与其他人交流的过程中体现出来，这样就会给其他人留下深刻的印象，在不经意间为酒店做了宣传。这种消费者之间满意度的宣传可以说是最好的产品促销方式之一。

5. 酒店服务礼仪是酒店效益的有力保障

服务是酒店的生命线，酒店之间的竞争就是服务的竞争，服务的优劣决定着酒店经营的成败。良好的酒店服务礼仪令酒店服务达到客人的内心期望，客人为酒店做免费的"口碑宣传"，也就是为酒店赢得了最广泛的客源和最忠诚的消费者。酒店的产品（服务）销售出去了，酒店的效益自然也就实现了。因此，酒店服务礼仪是酒店效益的有力保障。

四、酒店服务礼仪的要求

1. 树立以客人为中心的观念

以客人为中心，要求酒店服务人员在为客人服务时必须想客人之所想，急客人之所急，站在客人的角度考虑问题，为客人提供主动、热情、周到的服务。尽量把服务工作做在客人开口之前，从而让客人感到亲切和满意。

2. 将礼貌服务贯穿始终

服务人员都是酒店的礼仪大使。服务人员在工作中要做好每个环节的服务，要通过自己的语言、动作、姿态、表情、仪容、仪表等，体现出对客人的友好和敬意，使客人感受到当地的民风民情，感受到中国礼仪之邦的风范。同时，也应注意各国各民族一些独特的礼节、风俗习惯，并灵活恰当地运用到服务接待中，以增强客人宾至如归的感受。

3. 客人永远是对的

虽然客人不可能永远是对的，但是客人出错时，酒店服务人员要把"对"让给客人，这是酒店服务人员应该树立的服务意识。因为客人住酒店是图舒适、买享受、获尊重，让客人满意是酒店的宗旨，遵循"客人永远是对的"原则，就能使客人得到最大的尊重和满足。

本 章 小 结

本章重点讲述了礼仪的概念、起源与发展，强调理解现代礼仪的原则、特征、功能、作用，了解东西方礼仪的差异以及酒店服务礼仪的概念、特点、作用和要求。使学生对礼仪产生初步的认知，为后续的学习奠定基础。

思考与练习

一、选择题

1. 中国古代礼仪由两部分组成：礼制和（　　）。
   A. 规范　　　　B. 仪式　　　　C. 法度　　　　D. 礼俗
2. 礼仪起源于人类最原始的两种信仰：天地信仰和（　　）。
   A. 祖先信仰　　B. 图腾信仰　　C. 神灵信仰　　D. 礼俗
3. 礼仪是指在日常交往中人们所认同和必须遵循的行为准则和（　　）。
   A. 规范　　　　B. 规则　　　　C. 礼法　　　　D. 礼俗
4. 礼貌是指一个人在人际交往中（　　）的礼仪表现。
   A. 行为举止　　B. 语言方面　　C. 言谈举止　　D. 面部表情
5. 礼仪与道德、（　　）一起被称为人类社会的三大规范。
   A. 规范　　　　B. 规则　　　　C. 礼法　　　　D. 法律
6. 礼貌分为礼貌行动和礼貌（　　）两部分。
   A. 语言　　　　B. 举止　　　　C. 表情　　　　D. 手势
7. 礼貌行动是一种（　　）的语言。
   A. 有声　　　　B. 无声　　　　C. 有趣　　　　D. 生动
8. 东方礼仪具有谦虚、（　　）的特点。
   A. 谨慎　　　　B. 含蓄　　　　C. 谦让　　　　D. 礼让
9. 现代礼仪强调人际交往中一定要把握好（　　）。
   A. 规范性　　　B. 原则性　　　C. 谦让性　　　D. 适度性
10. 酒店服务礼仪的（　　）在于酒店是为满足客人的价值需求服务的。
    A. 规范性　　　B. 原则性　　　C. 特殊性　　　D. 适度性

二、判断题

1. 礼仪具有时代性，随着时代的发展而发展。（　　）
2. 礼仪是整个社会文明发展程度的反映和标志，同时礼仪也反作用于社会。（　　）
3. 礼仪不具有历史继承性。（　　）
4. 礼仪作为约定俗成的行为规范，在拥有共性的同时，又表现出一些较为明显的差异性。（　　）
5. 礼仪是约定俗成的，是人们共同遵守的社会规范。（　　）
6. 《周礼》《仪礼》《礼记》三部礼仪专著的出现标志着礼仪的发展已经相对系统化。（　　）
7. 礼仪规范是一成不变的，它不会随着社会的发展不断地变化更新。（　　）
8. 酒店服务礼仪是酒店最好的促销方式。（　　）
9. 礼仪的差异性表现在民族差异性、国别差异性和民俗差异性三方面。（　　）
10. 礼仪作为一种社会规范，任何人都有平等使用的权利。（　　）

三、简答题

1. 什么是礼仪、礼节、礼貌，试分析它们之间的关系。
2. 试述礼仪的起源与发展。
3. 礼仪的原则与特征是什么？
4. 酒店服务礼仪有哪些特点？
5. 请结合自己的亲身经历谈谈礼仪在生活中的作用。

四、案例分析

礼仪效应

泰国曼谷的东方酒店坐落在风光秀丽的湄南河畔，曾被美国权威的《公共事业投资者》杂志评为"世界最佳饭店宾馆"。该酒店具有一百多年的历史，员工几千人，年培训费高达十几万美元，酒店的新员工在上岗前均需经过为期半年的与业务技能相关的礼仪训练，以后每隔一段时间还要进修。酒店规定，员工不能与客人争吵，否则将立即被解雇。东方酒店的员工训练有素，他们提供的优质服务为酒店赢得了声誉，同时树立了良好的形象，使许多客人慕名而来。

（资料来源：李嘉珊．饭店服务礼仪[M]．北京：中国人民大学出版社，2007．）

请分析：

1. 礼仪在酒店服务中的重要性。
2. 酒店对员工进行礼仪训练的重要性。

第二章 酒店服务人员形象礼仪

学习目标

掌握仪容礼仪内容，了解什么是仪容美及仪容美的基本要求，掌握面部、肢部、发部和化妆修饰标准；掌握仪表礼仪内容，了解仪表美的概念及仪表美的重要性；掌握仪态礼仪内容及仪态标准，掌握站姿、走姿、蹲姿、坐姿和手势标准；掌握服饰礼仪内容，了解着装原则，掌握穿着西装、工装和佩戴饰品的礼仪规范。

内容提示

- 仪容礼仪
- 仪表礼仪
- 仪态礼仪
- 服饰礼仪

主要概念

仪容　仪表　仪态

开篇提示

仪容、仪表、仪态不仅是普通人应该掌握的日常礼仪，更是作为服务行业的酒店工作人员应该掌握的重要礼仪内容。良好的仪容、仪表和仪态是对客人最基本的尊重，它不仅能使酒店服务人员看起来非常端庄，能令客人产生信任感，更能增强酒店服务的职业感。

第一节　仪容礼仪

一、仪容美的概念

仪容，即人的容貌，包括发型、面容、脸色等。仪容给人直接、敏感的第一印象，它在很大程度上取决于遗传因素，但后天的修饰装扮、精神灌注更为重要。

仪容美，即经修饰美化后呈现的容貌状态，是自然美和修饰美的融合。五官端正、发型大方、面色健康、表情自然、精神饱满是构成仪容美的五个基本部分。

二、仪容美的基本要求

（一）充分利用先天条件加以修饰

一个人的容貌虽然具有先天性，但是仍然可以通过后天的学习、观察和训练进行改变。天生丽质令人羡慕，但这种幸运并非人人拥有。容貌虽客观存在美丑差别，却各有美妙和独到之处，或者说每个人都是潜在的、独特的大美人，这是因为容貌具有可塑性。无论你先天条件如何，均可经化妆、美容等方式使之趋于完美；即使天生容貌姣好，也会有不足之处，只有通过得体的打扮才能更好地呈现和保持。注重仪容修饰越来越成为人们的共识，酒店服务人员应充分利用现代美容、化妆技巧来表现高雅气质和迷人风采。

（二）保持积极的心态

仪容美除护肤、化妆外，也需用精神去灌注。仪容的重要构成因素——神态和表情是精神状态的自然流露，热情开朗、乐观向上的情绪会令人心旷神怡、神采飞扬；悲哀苦闷、不求进取的精神状态会使人容颜不佳、无精打采。仪态是灵魂的镜子，它将人的学识教养表现为气质风度；它让善于驾驭情感的人眉宇之间闪烁动人的神韵；它使心胸开阔的人容光焕发，显得年轻漂亮。美国成功学家拿破仑·希尔说："一个人能否成功关键在于他的心态，成功人士都有一种积极的心态。"这说明，对青春和美来说，积极的情感比涂脂抹粉更重要。护肤化妆为表，保持积极的心态是本，因为心情愉悦，容貌（肌肤、头发）自然靓丽。

酒店服务人员每天要面对不同年龄、性格、爱好的客人，工作难度大，上班时要像演员进入角色一样，保持积极的心态去面对现实，处理问题，笑迎客人。

三、面部修饰

面部是一个人的"门脸"，在服务工作中，面部是最容易受到别人注意的地方。正是因为这样，作为酒店服务人员，由于要直接与客人打交道，甚至会与外国的客人打交道，所以必须对自己的面部修饰高度重视。认真做好面部修饰，不仅是工作需要，也是对他人的尊重。

一般来说，面部修饰主要有两个要求：一是形象要端正，二是平常要勤于修饰。

形象是否端正是天生的，因此，酒店在招聘服务人员的时候往往比较注重形象，这其实是由酒店这个特殊的行业决定的。

作为服务性的行业，酒店服务人员直接与客人打交道，如果客人觉得服务人员形象比较端庄、赏心悦目，往往比较喜欢到酒店来消费。

尽管形象是天生的，但有许多先天缺陷却是可以通过后天的努力弥补的，这就需要我们学会修饰自己，学会扬长避短。修饰并不是刻意夸张，而是要注意洁净、卫生、自然。

（1）洁净。洁净是面部修饰中最优先考虑的问题。如果一名服务人员的面部带有脏物，长得再漂亮，也会让人觉得邋遢。那么，洁净的标准是什么呢？洁净就是要无灰尘、无泥垢、无汗渍、无分泌物、无其他一切被人们视为不洁的东西。许多人都习惯早上和晚上洗脸，实际上，对于服务人员来说，洗脸是经常需要的。例如，外出回到酒店时、打扫完灰尘很多的房间后、流汗后，都要及时洗脸，以保持脸部的洁净。洗脸的时候要注意将容易藏污纳垢的地方洗干净，如眼角、鼻孔、耳后、脖子等。

（2）卫生。如果一名服务人员的面部长满了痤疮或疱疹等，客人必然会反感。因此，酒店服务人员一定要注意自己面部的卫生，面部一旦出现过敏性症状，或者长出了痤疮等，一定要尽快去医院就医，千万不要放任不管。同时，要注意不要用手去抓、去挤，因为这样容易令皮肤病更加严重。

（3）自然。修饰只是要求服务人员把面部的缺陷隐藏起来，并不是要标新立异、追求前卫。如果一位服务人员把头发染成绿色，穿着超短裙和皮靴，是很难被大多数客人所接受的。

在洁净、卫生和自然的前提下，要注重对面部局部的修饰。面部局部的修饰主要包括眼部的修饰、眉部的修饰、耳部的修饰、鼻部的修饰、口部的修饰和皮肤的修饰。

（一）眼部修饰标准

眼睛是心灵的窗口，是被别人注意最多的地方。一个人的眼睛是否有神，往往反映了他的精神状态。酒店服务人员一定要注重眼部的修饰，让眼部焕发出奕奕光彩。眼部修饰的标准是洁净、卫生和美观。

1．洁净

酒店服务人员一定要保持眼部的洁净，尤其要注意及时去除眼角出现的分泌物。如果眼角残留眼屎，给人的感觉是非常不好的。

2．卫生

要让眼睛得到充分的休息，保持眼睛的神采。同时，要注意眼病的防治，预防沙眼、红眼病等。一旦出现眼病，应及时到医院就诊。

3．美观

女性服务员在工作岗位上一般不提倡画眼影、用人造睫毛。

一般情况下，酒店服务人员不能戴墨镜或有色眼镜上岗。有些男性服务员喜欢戴墨镜，但是墨镜主要适合在户外活动时佩戴，用来防止紫外线损伤眼睛，在室内工作时不应佩戴墨镜。

对于眼睛近视的服务人员，在佩戴眼镜的时候，一定要注意保持镜片的清洁。眼镜的选择应与个人的脸形相符，酒店服务人员在选择眼镜的时候，一定要根据自己的脸形、在戴着感觉舒适的基础上进行挑选。下面是不同脸形的人在选择眼镜架时的参考标准，具体见表2-1。

表 2-1 不同脸形的人选择眼镜架时的参考标准

脸　形	应选的眼镜架	不应选的眼镜架
长脸	宽边、深色、大镜框的眼镜架	无框、透明框、细框、金丝边框的眼镜架
短脸	细边、透明、金丝、银丝边眼镜架，及镜框颜色与脸色接近、无框的眼镜架	大镜框、色彩反差大的眼镜架
圆脸	浅色镜框、椭圆镜框的眼镜架	大镜框、深色镜框、宽边镜框、圆镜框或方正镜框的眼镜架

（二）眉部修饰标准

眉毛同眼睛一样，是非常引人注目的。如果一个人有漂亮的眼睛，却没有与之相称的漂亮眉毛，这是非常令人遗憾的。眉部修饰的标准是清洁和美观。

1．清洁

作为服务人员，要经常注意检查自己的眉部是否清洁，有没有粘上灰尘、死皮或者折断的眉毛，一旦发现有异物粘在眉毛上，一定要把它清理掉，保持眉部的清洁。

2．美观

每个人的眉毛形状都是不一样的，有弯弯的柳叶眉，也有倒挂的八字眉，美观的眉毛不仅形状优美，而且又浓又黑。有些人的眉毛因为各种原因出现断眉、竖眉、倒眉，或者眉毛过淡、过稀，遇到这些情况都应采取必需的措施，对其进行修饰。

对于形状不美观的眉毛，应该通过修眉或者画眉的方式来弥补，可先用拔眉镊子拔去多余的散眉，然后用眉笔添画，使眉毛的形状流畅而自然。

对于稀疏或者色淡的眉毛，可以用眼影刷沾一点焦茶色（用黄、棕、黑三色调配），搽在眉毛的根底中间，然后用小手指轻轻揉匀，这样就会使眉毛显得浓密。注意用色要薄，且不要涂出眉形外。

总之，眉毛的形状应该自然、真实、大方，不宜出现过分修饰的痕迹。不要把眉毛修得过细或过粗，过短或过长，过弯或过直等。同时，要经常梳理眉毛，使其保持顺畅。

一般来说，男士不要描眉，女士可以描眉，但最好不要文眉。

（三）耳部修饰标准

耳朵尽管不太起眼，但是，耳朵的整洁与否也是非常重要的。耳部修饰的标准是干净和美观。

1．干净

要保持耳部的清洁干净，就要经常进行耳部的清洁，去除灰尘，及时剔除耳孔内的分泌物。如果有耳毛的话，也要及时修剪。不过一定要注意，这些举动绝对不应该在工作岗位上进行。

2．美观

女性服务员不戴耳环，不打连排的耳洞。

（四）鼻部修饰标准

鼻子是脸部的关键部位之一，对于酒店服务人员来说一定要注意鼻部的修饰。鼻部修饰的标准是干净和卫生。

1．干净

要保持鼻腔的清洁，鼻孔干净，不流鼻涕。有鼻涕时更要及时用手帕或纸巾擦干净。不应当众用手去擤鼻涕、挖鼻孔、乱弹或乱抹鼻垢，更不要用力往回吸，那样既不卫生又让人恶心。一定要在没有人的地方清理，用手帕或纸巾辅助进行，还应避免发出太大的响声，用完的纸巾要自觉地投入垃圾箱里。

2．卫生

注意经常修剪鼻毛，不要让它在外面"显露"，当然，也不要当众揪拔自己的鼻毛，这样既不文雅，又不卫生。

（五）口部修饰标准

口部也是面部的关键部位之一，而且在服务工作中，酒店服务人员经常需要与客人进行语言沟通，因此，口部的清洁和卫生尤其重要。口部修饰的标准是清洁、卫生。

口部包括牙齿、口腔、嘴唇和胡须四个方面，具体的修饰标准如下：

1. 牙齿

（1）保持牙齿清洁。坚持每天早晚刷牙，条件允许的话，应该三餐后都要刷牙，每次刷牙的时间在饭后3分钟之内。刷牙时，应掌握正确的方法。应将牙刷毛束尖端放在牙龈和牙冠的交界处，稍微加压按摩牙龈，同时顺着牙龈上下颤动地刷，牙齿的各部位都应刷到。每次刷牙的时间不应低于3分钟。

（2）保持牙齿洁白。应及时去除牙齿上的异物。如果牙齿上有不易去除的、很明显的牙垢，或是牙齿发黄，可以去医院或专业洗牙机构洗牙，以使牙齿看起来更加洁白、健康。

如果长期吸烟或者喝浓茶，牙齿表层就会出现"烟渍"或"茶锈"，从而使牙齿变得又黑又黄。要防止牙齿变黑变黄，应该不吸烟、不喝浓茶。

2. 口腔

（1）保持口腔清洁。保持口腔清洁是讲究礼仪的先决条件。平时要多漱口，保持口腔的干净。

（2）保持口腔无异味。酒店服务人员上班前不能喝酒，忌吃大葱、大蒜、韭菜等有刺激性异味的食物。

口臭患者在与人交谈时要保持一定距离，切不可唾沫四溅。发现自己口腔有异味，要及时去除。去除口腔异味的方法有两种：一是用淡盐水漱口；二是嚼口香糖，可以保持口气清新。但是，酒店服务人员不应该在客人面前嚼口香糖。

3. 嘴唇

嘴唇是口部的门面，因此，要注意嘴唇的修饰。酒店服务人员平时要注意休息，避免嘴角起泡。同时也要注意护唇，不使唇部开裂。

4. 胡子

男性服务员一定要注意胡子的修饰，养成每天修面剃须的好习惯。胡子应该刮干净或修整齐，不留长胡子，不留八字胡或其他形状奇怪的胡子。女性服务员如果嘴唇上的汗毛颜色过浓，也应注意修饰。

（六）皮肤的修饰

皮肤被称为人的"第一时装""第一名片"。皮肤，特别是脸部皮肤的健美，直接影响酒店服务人员的容貌。

白里透红的皮肤，能显示出健康的美，而当疾病、疲劳等使面部皮肤苍白或呈奶黄色调时，就会呈现出不健康的病态感，甚至在眼眶周围出现暗灰色或黑晕，有的人细纹增多，使皮肤失去原有的光泽和弹性。

1. 了解自己的皮肤类型

对皮肤进行修饰前，首先要了解自己的皮肤类型。一般来说，人的脸部皮肤分为油性、干性、中性、混合性和敏感性五种类型。要知道自己的皮肤类型，可以向化妆师、美容师咨询，当然最简单的办法是自我测试。测试应在早晨起床前进行，准备三张干纸片，分别放在额头、鼻子、脸颊上，两分钟后揭下，放在光线明亮处进行观察，并把观察的结果与表 2-2 进行对照。

表 2-2　皮肤类型参考

纸片上的油印状况	皮 肤 类 型
满纸油迹	油性皮肤
极少油迹	干性皮肤
额头、鼻子有油迹，脸颊上几乎没有	中性皮肤
额头、鼻子有较多油迹，脸颊上没有	混合型皮肤

根据上面的表格，可以测出皮肤类型，判定敏感型的皮肤类型需要向化妆师、美容师咨询。

2．皮肤修饰的标准

不管是何种皮肤，作为酒店服务人员，都应保持皮肤的光泽与弹性。

（1）光泽。体内缺水是皮肤失去光泽的主要原因。酒店服务人员平时要多喝水，多吃富含水分的食物。对于干性皮肤，要经常涂抹护肤品，以保持水分。

粉底的光泽可以使皮肤显出滋润的质感。如果本来的肤色灰黄苍白，若涂了粉底之后仍缺乏健康色，可以在面颊及眼圈周围用微量的浅红色腮红轻轻地揉匀，便会呈现出自然红润的面色。如果本身肤色比较理想，只需增加一点红润的光泽，就会有很好的效果。

（2）弹性。如果皮肤缺少弹性，就要注意保养。保养皮肤时可以先清洁皮肤，去除面部表皮上退化了的角质细胞及污垢。然后，涂抹适合自己皮肤的护肤霜，并在涂抹时进行按摩，以放松紧张疲倦的皮肤。

3．皮肤护理

如果发现自己的皮肤缺少光泽和弹性，应该加强皮肤护理。皮肤的护理主要包括洁肤、爽肤、护肤和特殊护理几个方面。

（1）洁肤。洁肤程序和注意事项见表 2-3。

表 2-3　洁肤程序和注意事项

洁 肤 程 序	注 意 事 项
1．把脸用温水打湿 2．取适量洗面奶于手心搓至起泡 3．从下巴向额头，用手指轻轻按摩 1～2 分钟 4．用清水洗净 5．用手巾或纸巾把水分吸干	1．手法自下而上"推"皮肤 2．忌用手巾在脸上无规则乱搓

（2）爽肤。爽肤程序和注意事项见表 2-4。

表 2-4　爽肤程序和注意事项

爽 肤 程 序	注 意 事 项
1．取一片化妆棉，把紧肤水（或收敛水）倒在化妆棉上 2．把化妆棉上的紧肤水轻搽于脸上	1．手法自下而上 2．最好使用由脱脂棉制成的化妆棉

（3）护肤。护肤程序和注意事项见表2-5。

表2-5 护肤程序和注意事项

护 肤 程 序	注 意 事 项
1. 取适量的护肤霜涂在脸上	1. 注意日霜与晚霜的区别
2. 用手指轻轻按摩皮肤，使护肤霜被完全吸收	2. 夏日户外活动应涂防晒霜

（4）特殊护理。特殊护理程序和注意事项见表2-6。

表2-6 特殊护理程序和注意事项

特殊护理程序	注 意 事 项
1. 深层清洁，使用磨砂洗面奶	1. 敷面膜时应由上而下
2. 敷面膜	2. 撕下面膜洗脸时应由上而下
3. 撕下面膜洗脸	3. 每周1～2次
4. 爽肤和护肤	

四、肢部修饰

（一）肢部修饰的要求

肢部也叫肢体，又称为四肢。一般来说，肢部包括手部（手、胳膊）和腿部（腿、脚）。在服务工作中，手部和腿部是动作最多的部位，因此，酒店服务人员一定要重视肢部的修饰。

（二）手部修饰标准

手的清洁与否与一个人的整体形象密切相关，同时也反映了一个人的修养与卫生习惯。在服务工作中，手臂往往是人们运用最频繁的身体部位。

1. 手部保养

酒店服务人员要注意保养自己的手部，经常用护手霜，保持手润滑细腻。一般情况下，不允许酒店服务人员的手总是粗糙的、红肿的、长癣的。

2. 手部保洁

要勤洗手、勤修指甲。手上不要满是脏东西，不做不卫生的动作。通常在以下七种情况下，酒店服务人员应该清洗自己的双手：上岗之前；手脏的时候；打扫过卫生后；接触精密物品前；吃饭前；上完洗手间后；下班之前。

在某些情况下，为了卫生保洁，规定酒店服务人员必须戴专用的手套。酒店服务人员忘记戴或者不戴，都是不允许的。例如，配菜人员在工作岗位上必须戴卫生手套。

3. 手部装饰

（1）不要蓄长指甲。如果指甲过长，要及时修剪。对于酒店服务人员来说，指甲应该"三天一修剪，每天一检查"。

（2）不要涂艳丽的指甲油。在工作岗位上，酒店服务人员不要涂艳丽的指甲油，这会让服务对象无法接受。同时，在手臂上刺字、刻画等也是不允许的。

（3）不要腋毛外露。一般情况下，酒店服务人员不允许穿着过于暴露的衣服，不允许腋毛外露。万一工作需要穿着露肩的服装时，一定要注意剃去自己的腋毛。

4．手部防病

手部是服务工作中经常要用到的身体部位，因此，酒店服务人员要注意防止手部得病。手部防病主要从以下四个方面着手：

（1）注意个人卫生，防患于未然。

（2）有病时要及时诊治，不能听之任之。

（3）在工作中，注意避免接受容易伤害手部的物品。

（4）一旦手部得病或者受伤，避免用手接触他人。

（三）腿部修饰标准

人们常说："远看头，近看脚。"一个人的下装尽管不是个人形象的主要代表，但也不能放任不管。酒店服务人员腿部的修饰主要从以下几个方面着手：

1．腿部的清洁

酒店服务人员在修饰腿部的时候首先要注意腿部的清洁。清洁要注意三个方面：

（1）勤于洗脚。每天都要清洁自己的脚部，保持脚部的干净。这不仅是礼仪的需要，也是健康的需要。洗脚最好用温热的水，避免使用冷水清洗。

（2）勤换袜子。每天更换袜子，避免穿有异味的袜子。同时，穿着被染色的袜子和已经被污染的袜子都是不礼貌的。

（3）勤换鞋子。在穿鞋前，首先要细心清洁好鞋面、鞋跟、鞋底等部位，做到一尘不染。如果发现鞋子比较脏，应该换下来清洗。

2．腿部的遮掩

酒店服务人员在工作中应该对自己的腿部进行必要的遮掩。一般情况下，酒店服务人员要做到"四不"：

（1）不光腿。出于文明和礼貌，酒店服务人员不能光腿。男性光腿，会让人对他的"飞毛腿"产生厌恶；女性光腿，可能会被理解为故意在向异性显示自己的魅力。如果天气太热或工作性质特殊而需要光腿的话，应注意选择长过膝盖的短裤或裙子。

（2）不光脚。酒店服务礼仪规定，酒店服务人员在工作岗位上，不允许赤脚，一定要穿上袜子。

（3）不露趾。酒店服务人员在工作岗位上，不要穿露脚趾的凉鞋或拖鞋。

（4）不露跟。酒店服务人员在工作岗位上，不要穿露脚后跟的鞋子。

3．腿部的美化

美化腿部应该注意以下三个方面：

（1）注意腿毛。少数女性的腿部也会有腿毛。假如遇到这种情况，又需要穿裙子的话，最好去除腿毛，或是穿上颜色较深且不透明的袜子。

（2）修剪趾甲。在修剪脚趾甲的时候，不仅要注意让脚趾甲长度适中、外形美观，还应保持干净，并且要把趾甲周围出现的死皮一起剪掉。

（3）忌化彩妆。现在，时尚女性还会给脚部化上彩妆，在脚趾甲上涂抹彩色指甲油。

但服务行业的女性,尤其是酒店服务人员不应这样做。

五、发部修饰

(一)发部修饰的要求

发部修饰是指酒店服务人员根据自己的审美习惯、工作性质和自身的特点,对自己头发进行的清洁、修剪、保养和美化。

由于工作要求,酒店服务人员在对发部进行修饰的时候,不能仅仅讲究美观和时尚,更要注重行业和工作的要求,遵守酒店的规定。

(二)发部修饰的标准

根据服务行业和酒店的工作要求,酒店服务人员的发部修饰标准如下:

1. 洁净整齐

洁净整齐是发部修饰最重要的标准。酒店服务人员应该自觉地对自己的头发进行清洗和梳理。

(1)清洗。要定期对头发进行清洗,保持头发的清洁。一般来说,每周最少要清洗三次,条件允许的话,最好两天一次甚至每天清洗。

(2)梳理。要经常对自己的头发进行梳理,保持头发的整齐。一般来说,酒店服务人员应在下面这些时候对头发进行梳理:出门上班前;换装上岗前;摘下帽子时;强度较大的工作后;接待客人前;下班回家时;其他必要时。酒店服务人员在梳理自己的头发时,要注意:不当众梳理头发;不直接用手梳理头发;不乱扔掉落的头发和头屑。

2. 长短适中

根据服务行业的要求,酒店服务人员的头发应该长短适中,不允许留过长的头发。酒店服务人员的头发长度一般不宜长于肩部,也不宜剃光。因此,酒店服务人员应该定期对自己的头发进行修剪,保持长短适中。

(1)男性服务员头发长短标准。男性服务员头发长短的标准是:前面不盖住额头;侧面不遮住耳朵;后面不触及领子。一般情况下,男性服务员应该每半个月修剪一次头发,至少每个月修剪一次。

(2)女性服务员头发长短标准。女性服务员头发长短的标准是前面不宜挡住眼睛,后面不宜长于肩膀。对于女性服务员来说,留短发的应经常修剪,保持头发的整齐;留长发的也应该经常修剪,保持头发长短适中。头发不宜长于肩膀并不是要求女性服务员不能留长发,而是要求在工作时间把长发束起来或者用帽子扣住,不能披头散发。

3. 发型得体

酒店服务人员在选择头发的造型时,应该大方、庄重,而且一定要考虑自己的工作性质。头发不宜挡住眼睛,不宜随意披散,不留奇异的发型,也不用华丽的头饰。同时,不同的服务人员应该选择适合自己脸形的发型。

下面是各种脸形适合的发型(见表2-7)。

表 2-7　各种脸形适合的发型

脸　形	适合的发型	不适合的发型
梨形	短发，头发尽量梳高，并覆盖前额和太阳穴	不宜把刘海扎起来
圆形	两边的头发应该不对称	把头发从中间分开
方形	刘海可向一侧吹起一个高波，再向后平掠，贴着耳朵	把头发从中间分开
瓜子形	额前留些头发，头发可在耳后散下	把头发全部绑起来

4．美观

发部的美观对于酒店服务人员来说也是非常重要的。一般来说，美化头发主要有护发、染发、烫发和假发。根据服务行业的标准，酒店服务人员在美化自己的头发时，应该注意下面几点：

（1）护发。头发的健康标准是：清洁无头屑、光润有弹性、疏密适中、梳理整齐、没有斑白或杂色。头发健美贵在日常护理，主要做法有梳头、按摩、洗发和修剪，其他护理个人也可根据自己的喜好进行。

酒店服务人员应该重视对头发的护理，千万不能让头发出现干枯、开叉等病态的现象。一般来说，护发要注意三点：

1）选好护发用品。在选护发用品的时候，一定要考虑自己的发质，根据不同的发质选择不同类型的护发用品。

2）采用正确的护发方法。正确的护发方法是：先用洗发液把头发清洗干净，然后根据自己头发的长短，取一定量的护发素涂在头发上，然后分开双手的十指，按在头皮上，由后向前，按摩 5~10 分钟，以确保护发素涂抹均匀。

3）长期坚持。护发要长期坚持，不要想到的时候护理一下，忘记了或者忙的时候就不护理了，这样容易使头发失去光泽。

（2）染发。一般来说，酒店服务人员不允许染头发。如果酒店服务人员出现白发，可以把头发染成黑色。但是，不允许酒店服务人员为了赶时髦把自己的头发染成艳丽的颜色。

（3）烫发。一般来说，酒店服务人员不允许烫发。如有特殊需要，一定要选择大方、端正的发型，不可过于杂乱、华丽。

（4）假发。一般来说，酒店服务人员不允许戴假发。如果服务员出现掉发或者秃发，为了弥补头发的缺陷，可以佩戴假发，但是，假发应该简洁、整齐，不宜过分时髦、前卫。

六、化妆修饰

（一）化妆的作用

化妆是指使用化妆用品所进行的仪容修饰。化妆一方面可以突出面部五官美的部分，使其更加美丽，另一方面可以掩盖或矫正缺陷或不足的部分，因此，化妆是自尊自爱的表现，同时也是尊重他人的体现。

经过化妆品修饰的美有两种：一种是趋于自然的美，一种是艳丽的美。前者是通过恰当的淡妆来实现的，它给人以大方、悦目、清新的感觉，最适合在家或平时上班时选用；

后者是通过浓妆来实现的,它给人以庄重、高贵的印象,可出现在晚宴、演出等特殊的社交场合。在酒店行业,我们提倡酒店服务人员化淡妆上岗。

(二)化妆标准

对于酒店服务人员来说,化妆是出于礼仪,是工作需要,因此应该遵守相关的礼仪规范。

1．淡雅

淡妆上岗是酒店服务人员化妆时最重要的标准。所谓淡妆就是人们常说的自然妆,色彩要鲜明、丰富、和谐统一,给人以美的享受。女士一般都希望面部化得白一点,但要注意的是不要明显改变自己的肤色,应与自己原本的肤色恰当结合,才会显得自然、协调。酒店服务人员化妆要做到自然大方、朴实无华、素净雅致。

2．简洁

对于酒店服务人员来说,化妆一定要简洁。一般情况下,酒店服务人员化妆的重点是嘴唇、面颊、眼部。对于其他部位,则可以简单一些。

3．适度

酒店服务是服务性的工作,因此,酒店服务人员的化妆应该适合本职工作,不可过分化妆,出现与酒店服务人员身份不适宜的妆容。

4．庄重

对于酒店服务人员来说,化妆一定要以庄重为标准,不宜使用金粉妆、印花妆、舞台妆等流行妆。

5．避短

酒店服务人员是直接面对客人的,化妆的目的是美化自身的形象。因此,对于酒店服务人员来说,化妆的标准就是扬长避短,适当展示自己的优点,弥补自己的不足。

(三)化妆的程序和方法

酒店服务人员因为工作需要,经常要化妆。因此,掌握化妆的程序和正确的方法是非常重要的。

一般情况下,酒店服务人员在工作岗位上为美化自身形象而进行的化妆,大致需要经过下面几个步骤,即清洁皮肤、涂拍化妆水、打粉底、画眼线、施眼影、描眉形、上腮红、涂口红和修妆等。

1．清洁皮肤

洁净的皮肤是化好妆的基础,也是对皮肤的保护。因此,化妆前应该对皮肤进行清洁。一般情况下,清洁皮肤可以用洗面奶等清洁类护肤品。

在清洁皮肤的同时,可适当加些按摩指法,既可以舒缓皮肤张力,又可以增加清洁力。

2．涂拍化妆水

在洗完脸之后,要将化妆水轻拍到双颊上,使皮肤失去的水分得到补充,让肌肤不紧绷、不干燥,让毛孔得到收缩。为了让化妆水充分被皮肤吸收,应注意化妆水的使用方法。首先,在掌心上倒一点化妆水,再全部拍在脸颊上。然后,在眼皮上方拍上化妆水。要特别小心别让化妆水流入眼睛。再用双手轻轻拍打脸部,使化妆水更易被吸收。在化妆水尚未完全渗入皮肤前，可以用手指轻推脸部进行按摩，这样可以缓解脸部疲劳。最后，感觉化妆水渐渐被皮肤吸收之后，可以再倒些化妆水于掌心，重复以上步骤。

3．打粉底

打粉底又叫敷底粉或打底，它的主要功能是改善肤色和皮肤的质感，使皮肤细腻光洁。在打粉底时应注意以下几点：

（1）事先要清洗好面部，并拍上适量的化妆水或者乳液。
（2）选择粉底霜时要选择适合自己肤色的颜色。
（3）打粉底时可以借助工具，要取用适量，涂抹均匀。
（4）不要忘记在脖子上抹一些粉底，以防出现脸与脖子"泾渭分明"的尴尬情形。

4．画眼线

画眼线的目的是让眼睛看起来更大、更有神采。在化妆时，画眼线这一步骤最好不要省掉。在画眼线时应注意以下几点：

（1）画上眼线时，应当从内眼角朝外眼角方向画。
（2）画下眼线时，应当从外眼角朝内眼角方向画，在距离内眼角三分之一处收笔。
（3）眼线应该紧贴眼睫毛根部。
（4）画外眼线时应该先粗后细，由浓而淡，要避免把眼线画得呆板、不流杨。
（5）上眼线要比下眼线长一些，这样可以显得双眼充满活力。

5．施眼影

施眼影的目的是增加眼部的神采。一般情况下，不提倡酒店服务人员施眼影。如果酒店服务人员是由于熬夜等特殊原因造成眼部缺乏神采，可以用浅咖啡等淡雅的色彩来修饰。在施眼影时应注意以下几点：

（1）选用眼影的颜色要合适，不要选用过分鲜艳的眼影。
（2）眼影要有层次感。厚薄不分的眼影会让人觉得很呆板，美观的眼影应该自上而下由浅到深，层次分明。

6．描眉形

眉是眼睛的门户，为突出面部化妆之美，还要修眉。眉毛同样应该强调自然美，眉形的设计要适合眼睛的形状，才能相得益彰。在描眉形的时候，要注意下面几点：

（1）要先对眉毛进行修理，即要用专用的镊子拔除多余的、杂乱无章的眉毛。
（2）描出来的眉形要适合自己的年龄、性格、脸形，不要描一些形状怪异的眉形。
（3）描眉时要注意两头淡，中间浓，上边浅，下边深。

7．上腮红

腮红可使人显得健康、精神，并可弥补脸形的不足，腮红的颜色应与口红、眼影相协调，从而体现出妆面的和谐之美。

正确上腮红的方法是：取一个小刷子，用刷子蘸取腮红，把腮红上在颧骨下方，即在高不及眼睛、低不过嘴角、长不到眼长的二分之一处用小刷子往周围延展晕染。最后要用定妆粉定妆，以便吸收油脂，避免掉妆。在上腮红时，要注意下面几点：

（1）要选择优质的腮红。
（2）腮红与面部肤色过渡要自然。

（3）扑定妆粉时用量不要过多，且不要忘记在颈部扑上一些。

（4）上腮红要因人而异，不可千篇一律。一般来说，长脸形宜横涂，宽脸形宜竖涂，瓜子脸形则以面颊中偏上处为重点，然后向四周散开。

8．涂口红

涂口红可以增加唇部的血色感。酒店服务人员在选用口红时，一般宜选用接近嘴唇的颜色，如淡紫红色，既真实又鲜明，增加活力和美感。黑色或紫色的口红对从事酒店服务人员来说，是不可取的。

正确涂口红的方法是：微微张开双唇，用唇线笔描好唇线，描出理想的唇形。要先描上嘴唇，再描下嘴唇。涂口红应注意的问题：

（1）口红应涂抹在唇线里面。

（2）选用的颜色应该柔和，不要过于鲜艳、古怪。

（3）涂完应该用纸巾吸去多余的口红。

9．修妆

在整体妆面完成后，应该对着镜子站远一点，观察妆面的整体效果。观看时，主要看妆形、妆色是否协调，左右是否对称（尤其是双眉和双眼），底色是否均匀。如有不足应加以修改。

（四）不同脸形的人的化妆标准

不同脸形的人在化妆的时候应有所侧重，要突出自身脸形的特点，掩盖脸形的不足。

1．椭圆脸形

椭圆脸形是公认的理想脸形，因此，在化妆的时候要保持脸形的自然形状，突出可爱之处。

（1）修眉的时候，可以顺着眼睛的轮廓修成弧形，眉头应与内眼角对齐，眉尾可稍长于外眼角。

（2）涂腮红时，应涂在颊部颧骨的最高处，再向上向外晕染。

（3）涂口红时，尽量按自然唇形涂抹，除非唇形有缺陷。

总之，椭圆脸形的人在化妆时一定要找出脸部最动人、最美丽的部位，如眼睛、嘴唇等部位，可以适当突出，以显示自身的优势。

2．长脸形

长脸形的人应该通过化妆增加脸部的宽度，使自己的脸部看起来短一些。

（1）修眉毛的时候，应该修成弧形，切不可棱角分明。眉毛的位置不宜太高，眉毛尾部切忌高翘。

（2）打粉底时，如果双颊下陷或者额部窄小，可以在双颊和额部涂上浅色调的粉底，利用光影使之显得丰满一些。

（3）涂腮红时应离鼻子稍远些，在视觉上拉宽脸部。涂的时候可沿颧骨的最高处与太阳穴下方所构成的曲线部位，向外、向上涂抹。

3．圆脸形

圆脸形的人脸部圆圆的，像娃娃脸一样，非常可爱。因此，在化妆的时候，可以适当增加脸部的长度，让脸部看起来呈椭圆形。

（1）可以把眉毛修成自然的弧形，可做少许弯曲，但不可太直或有棱角，也不可过于弯曲。

（2）粉底可打在两颊，这样可以制造阴影，使圆脸显得稍瘦一点。粉底的颜色应该选暗色调，打粉底的时候应该从额头靠近发际线处起向下窄窄地涂抹至额骨部，再往下可增加涂抹的宽度，这样，脸部中间的亮度将人的视线集中于鼻子、嘴唇、下巴附近部位。

（3）腮红可从颧骨起涂至下颌部，千万不能在颧骨凸出的部位涂成圆形，这样会让人觉得脸更圆了。

（4）涂口红的时候，可在上嘴唇涂出浅浅的弓形，但是，不能涂成圆形的小嘴状，以免给人圆上加圆之感。

4．方脸形

方脸形的人以双颊骨突出为特点，因而在化妆时，要设法增加脸形的柔和感。

（1）眉毛可以修得稍宽一些，眉形可稍带弯曲，但是不应该有棱角。

（2）粉底应选用暗色调，并在颧骨最宽处制造阴影，减少脸形的方正感，下颌部宜用大面积的暗色调粉底制造阴影，以改变面部轮廓。

（3）腮红应该涂抹在与眼部平行的部位，并往外揉开，切忌涂在颧骨最凸出处。

5．三角脸形

三角脸形的特点是整个脸部呈上窄下宽状，因此，化妆时应将下部宽角"削"去，将脸形变为椭圆状。

（1）眉毛可保持自然状态，但不可太直或太弯曲。

（2）应选用较深色调的粉底，并在两腮部位涂抹、掩饰。

（3）涂腮红的时候，可由外眼角处起向下涂抹，令脸部上半部分显得宽一些。

6．倒三角脸形

倒三角脸形的特点是额部较宽大而两腮较窄小，呈上宽下窄状，就是人们常说的"瓜子脸"。倒三角脸形的人在化妆的时候，要注意增加下部的宽度。

（1）眉毛，应顺着眼部轮廓修成自然的眉形，描时从眉心到眉尾，宜由深渐浅。同时，眉尾不可上翘。

（2）粉底，可选用较深色调的粉底涂在过宽的额头两侧，同时，再用较浅色调的粉底涂抹在两腮及下巴处，造成掩饰上部、突出下部的效果。

（五）补妆的时机和注意事项

化妆后往往会由于各种原因造成妆面残缺，此时就需要对妆面进行修补，这就是补妆。如果以残妆示人，既有损形象，又显得不礼貌。因此，酒店服务人员应该经常检查自己的妆面，一旦出现残妆，就要马上进行补妆。

1．补妆的时机

一般来说，在出汗后、用餐后、休息后均需要补妆。

2．补妆的注意事项

（1）补妆的时候，要回避别人，在没有人的角落或洗手间进行。

(2）补妆只是局部性修补，应该以补为主，只需在妆容残缺的地方稍做弥补就行了，不用抹掉旧妆重新化妆。

（六）卸妆的程序和方法

在下班后，要及时正确地卸妆。不正确的卸妆方法会破坏皮肤，因此，一定要注意正确的卸妆程序。正确的卸妆程序如下：

(1）用干净的化妆棉擦拭掉脸上的污垢和油脂。

(2）在眉毛上涂一点清洁霜，然后，用化妆棉轻轻擦拭眉毛，将眉毛上的化妆品擦拭干净。

(3）在眼部涂上一点清洁霜，然后，用化妆棉轻轻擦拭眼部，把睫毛膏和眼影等擦干净。

(4）在嘴唇上涂一点清洁霜，然后，用化妆棉轻轻擦拭嘴唇，擦去口红。

(5）在脸部涂上一层清洁霜，然后，用化妆棉轻轻擦拭面部皮肤，把粉底擦拭干净。

(6）在脸上涂上洗面奶或者香皂，用温水将脸洗干净。

(7）在洗干净的脸上涂上化妆水，并轻轻拍打。

(8）最后在脸上涂抹营养霜或者护肤霜等。

（七）香水的使用方法

香水是很好的修饰身体气味的化妆品。对于酒店服务人员来说，使用香水应该注意下面几点：

(1）香水的目的是用来掩饰不雅的体味，而不是为了使自己香气袭人。

(2）选用的香水气味应该清新高雅，不要使用气味浓烈的香水。

(3）香水应该喷洒或涂抹在适当的地方。香水一般应涂抹在耳朵后面或是手腕内侧、手臂内侧、膝盖内侧等处。除了直接涂于皮肤上，还可以喷在衣服上，一般多喷在内衣、外衣内侧、裙下摆和后衣领等处。面部、腋下、易被太阳晒到的部位、易过敏的皮肤部位以及有伤口甚至发炎的部位，都不适合涂香水。

(4）香水使用切勿过量，否则会适得其反。

（八）化妆的禁忌

1. 勿当众化妆

当众化妆，尤其是在工作岗位上当众化妆是很不庄重的，并且还会给人留下工作不专心的印象，因此，酒店服务人员不应该当众化妆。如果要化妆，可以到工作间或者休息室进行。

2. 勿在异性面前化妆

在异性面前化妆，会给人有搔首弄姿、自甘堕落的感觉。

3. 勿在工作岗位上化妆

在工作岗位上，酒店服务人员的职责是服务宾客，化妆会让人觉得不务正业。

4. 化妆时勿妨碍他人

化妆的时候，一定要为他人考虑，不可自顾自地化妆。

5. 勿使妆面出现残缺

在用餐之后、饮水之后、休息之后、出汗之后、沐浴之后等情况下，一定要及时地为自己补妆。如果妆面出现深浅不一、残缺不全，必然会给他人留下不好的印象。

6. 勿使妆面离奇出众

对于酒店服务人员来说，化妆的目的是修饰，而不是出众，因此，不允许化一些离奇的妆面。

7. 勿使用他人的化妆品

化妆品属于私人用品，一定要坚持单独使用，不要使用他人的化妆品，也不要把自己的化妆品借给他人使用。

8. 勿评论他人的化妆

不允许在工作岗位上介绍自己化妆的心得。同时，每个人的审美观都不一样，不允许评论他人妆面。

第二节 仪表礼仪

一、仪表美的概念

仪表，即人的外表，包括容貌、服饰、姿态，是人的精神面貌和内在素质的外观体现，是构成"第一印象"的基本因素。

仪表美是综合概念，其含义有三层：一是人的容貌、形体、仪态的协调优美（自然美）；二是经过修饰及后天环境的影响形成的美（修饰美）；三是个人纯朴、高尚的内心世界和蓬勃向上的生命活力的外在体现（心灵美）。真正的仪表美是内在美与外在美的和谐统一，慧于中才能秀于外。

二、注重仪表美的重要性

（一）注重仪表美能塑造良好的企业形象

酒店服务人员的仪表美不仅反映了个人的精神面貌，更重要的是在一定程度上代表了企业的形象，体现了企业的管理水平和服务质量。第一印象来自视觉，酒店服务人员在为宾客提供服务时，来自五湖四海、各行各界的宾客通过其良好的仪表接受了一个无声的信息：高素质的服务员能够提供优质的服务。这正是企业服务软实力的一个标志，能使宾客产生稳定感，乐于光顾，甚至可以弥补某些服务设施、项目及环境等硬件方面的不足，这种影响力不可低估。注重仪表美能产生积极的宣传效果，因为仪表反映档次，档次决定价格，价格产生效益。一旦形成循环，酒店就会不断地赢得知名度和美誉度，就能塑造良好的企业形象。

（二）注重仪表美能满足宾客的审美需要

在国外评定酒店星级的标准中，就有考核员工仪表这一项，注重仪表美是尊重宾客并满足其审美需要的具体表现。宾客在接受服务的过程中,追求一种比日常生活更高标准的享受,包含以人为审美对象的视觉享受:欣赏其容光焕发,品味其审美情趣。当酒店服务人员所展示的仪表美与宾客心目中所期望的社会角色形象相符时,就会引起宾客的共鸣,使其感受到自己的身份、地位得到了认可,求尊重的心理和审美需要均得到了满足。

(三)注重仪表美是酒店服务人员自尊自爱的表现

仪表美是酒店服务人员个人形象的直接展现,注重仪表美既是对宾客的尊重,又能体现自尊自爱,同时也是对工作高度负责的反映。注重仪表美代表着积极向上的精神状态,能赢得宾客的信任、钦佩和称赞。

第三节 仪态礼仪

一、酒店服务人员仪态标准

(一)仪态的概念

仪态泛指人们的身体所呈现出来的各种姿势,即身体的具体造型。仪态又称姿态、仪姿,是一种体态语言。

培根说:"相貌的美高于色泽的美,而秀雅合适的动作的美又高于相貌的美。"这是因为仪态比相貌更能表现出人的精神气质。正因为体态语言如此重要,所以人们又把它称为无声的话言和有形的语言。

仪态属于人的行为美学范畴,它既依赖于人的内在气质的支撑,同时又取决于个人是否接受过规范和严格的体态训练。

(二)仪态的表现方面

仪态主要表现在站、坐、行等方面。我们的祖先对这几种姿态有着形象的比喻:"立如松""坐如钟""行如风"。

"立如松"是指挺拔的站姿,要求头、颈、躯干、脚纵轴在一条垂直线上,挺胸、收腹、梗颈。

"坐如钟"是指端正的坐姿,要求挺胸、收腹、肩平、头正、眼朝前方、四肢摆放规矩。

"行如风"是指正确的走姿,要求轻盈、灵巧、平稳、协调、步伐均匀。

(三)酒店服务人员的仪态要求

日常生活中,人的仪态首先应灵活而不轻浮,庄重而不呆滞。车尔尼雪夫斯基说:"动作敏捷、从容,这在人的身上是令人陶醉的,因为这只有在生得好而且端正的条件下才有可能;生得不好的人既不可能有良好的步伐,也不可能有优美的动作,因为动作的敏捷与优美,是人体端正和均匀的发展标志,它们无论在什么地方,都会令人喜爱的。"

其次，仪态动作还应自然大方，忸怩作态则不可能美。对于酒店服务人员来说，对在工作岗位上的仪态要求更加严格了。一般来说，酒店服务人员在运用体态语言时，要注意以下方面：

1．有效地运用自身的体态语言

要有效地运用自身的体态语言，需注意以下三个方面：

（1）自觉地运用体态语言。酒店服务人员应该自觉地使用各种体态语言来表达自己的意思和情感，并对自己的体态语言进行自我检查，检验其是否有效。例如，不同的情绪状态下沟通时都有哪些体态语言，各种不同的体态语言之间有怎样的关联等。

（2）体态语言的运用要与自己的角色相适应。酒店服务人员在使用体态语言的时候要注意自己的社会角色以及所处情境。这样有助于使自己的体态语言更好地为他人所理解，从而也使自己为对方所接纳。

（3）体态语言要表现出自尊与尊重他人。这不仅是酒店服务礼仪所要求的，而且可以表现出自己文明优雅的个人修养。

2．准确地理解对方的体态语言

要准确地理解对方的体态语言，需注意以下三个方面：

（1）理解他人的体态语言时要因人而异。酒店服务人员要充分认识到，客人的体态语言，通常与其个人性格、当时特定的情境有一定的联系。千万不可孤立地用某一个体态语去判断他人的本意，这样往往容易产生误会。

（2）要整体地理解他人的体态语言。一个人在使用体态语言的时候，往往会使用多种体态语言，对于酒店服务人员来说，不可孤立地用对方的一个具体的体态语言去判断他的本意，而是应该整体考虑，综合判断。

（3）要真正理解他人的心理。体态语言的使用往往与一个人的内心情感有极大的关系。酒店服务人员应努力体会他人的内心情感，准确地理解其体态语言。做到了这一点，酒店服务人员才能称得上善解人意。

总之，依照酒店服务礼仪的规范化要求，酒店服务人员在自己的工作岗位上，注重体态语言的正确运用，与准确地理解他人的体态语言具有同等重要的意义。

二、酒店服务人员站姿标准

（一）站姿的概念

站姿又称立姿，是指人在停止行动时双脚着地，身体直立时的姿势。

站姿是训练其他优美体态的基础，也是发展不同体态美的起始点。因此，练好站姿对酒店服务人员来说有着重要的意义。

良好的站姿应是像松柏一样挺立，给人以挺、直、高的感觉。对男士而言，良好的站姿应有挺拔、伟岸之美；对女士而言，良好的站姿应有亭亭玉立之美。

（二）基本站姿的概念标准及特点

对于酒店服务人员来说，在工作岗位上，应该采用标准的站姿为客人提供服务。标准的站姿不仅姿态优雅，而且有利于呼吸顺畅，可以改善血液循环，从而有效地避免身体疲劳。

1. 基本站姿的概念

基本站姿是人在自然直立时所采取的正确的姿势，它是酒店服务人员在常规情况下站立的标准姿态，如图2-1所示。

2. 基本站姿的标准

基本站姿的标准包括以下方面：

（1）头部微微抬起，面部朝向正前方，双眼平视，下颌微微内收。

（2）颈部挺直，双肩平正，微微放松，呼吸自然，腰部直立，上身自然挺拔。

（3）双臂自然下垂，放在身体两侧，手部虎口向前，手指自然弯曲，指尖朝下，中指压裤缝。

图2-1 基本站姿

（4）两腿立正，两脚跟并拢，双膝紧靠在一起。

（5）两脚呈"V"字形分开，呈45°～60°角。

（6）注意提起颌部，身体的重量应当平均分布在两条腿上。

3. 基本站姿的特点

从正面看，头正、肩平、身直。从侧面看，含颌、挺胸、收腹、直腿。给人的感觉是稳重、大方、俊美、挺拔。

（三）站姿的变化标准

在特殊情况下，基本站姿可能并不适用，这时，应当进行一定的变化。

1. 站姿变化的原则

（1）与基本站姿大同小异。变化之后的站姿，实际仅有少许的调整，并非完全不一样。所以在采用变化的站姿时，酒店服务人员仍要符合基本站姿的标准。

（2）短时间变化。在工作岗位上采取变化的站姿，主要是为了适应某些特殊情况。因此，酒店服务人员只能在这个特殊的情况下采用变化的站姿。这种特殊情形结束后，仍要采用基本站姿的。

（3）不能违反礼仪原则。尽管需要采用变化的站姿，但是，作为酒店服务人员，要注意身体不能弯曲，不能随意扭动身体，或一条腿着地而另一条腿悬空。酒店服务人员要清楚，尽管站姿变化了，但还是应该以礼待人，讲究礼仪。

2. 站姿变化的不同形式

（1）前腹式。

1）头抬起，正视前方，下颌微微内收，颈部挺直，双肩放松，呼吸自然，腰部直立。

2）脚掌分开呈"V"字形，脚跟靠拢，两膝并严，双手相交放在小腹部。

如图2-2所示。

（2）后背式。

1）头抬起，正视前方，下颌微微内收，颈部挺直，双肩放松，呼吸自然，腰部直立。

图2-2 前腹式站姿

2)两脚稍分开,比肩宽略窄些,双手轻放在后腰处,此式只限男性使用。

如图2-3所示。

(3)丁字式。

1)头抬起,正视前方,下颌微微内收,颈部挺直,双肩放松,呼吸自然,腰部直立。

2)一脚在前,将脚尖略向外展开,双手在腹前相交,身体重心在两脚上,此式只限女性使用。

如图2-4所示。

图2-3 后背式站姿

图2-4 丁字式站姿

3. 不同场景的站姿变化

对于酒店服务人员来说,通常有四个场景需要采用变化的站姿,即为客人服务时、柜台待客时、恭候客人时和在交通工具上。

(1)为客人服务时的站姿。为客人服务时的站姿,也称"接待员的站姿"。一般情况下,酒店服务人员在自己的工作岗位上接待服务对象时都可以采用这种站姿。

1)采用为客人服务站姿的时机:身前没有障碍物阻挡身体而站立时;站立受到他人的注视时;站立与客人进行短时间交谈时;站立倾听客人的诉说时。

2)为客人服务时的站姿的标准:头部微微侧向自己的服务对象,但一定要保持面部的微笑。手臂可以持物,也可以自然地下垂,在手臂垂放时,从肩部至中指应当呈现出一条自然的垂线。小腹不宜凸出,臀部应当紧缩。

(2)柜台待客时的站姿。在柜台待客时,由于长时间站立,难免会疲惫不堪。在这种情况下,酒店服务人员很难做到一直保持基本站姿。这时,由于柜台的遮挡,酒店服务人员的站姿可以有一定的变化。因此,柜台待客的站姿,也可以称为"长时间站姿""障碍物挡身时的站姿"。

1)采用柜台待客站姿的时机:当前面有柜台的时候;当身前有其他障碍物挡身的时候;当身前有其他人的时候。

2)柜台待客站姿的标准:手脚可以适当放松,但不能完全放松;可以以一条腿为重心,将另外一条腿向外侧稍稍伸出一些,使双脚呈叉开状;可以指尖朝前,轻轻地扶在身前的柜台上;双膝要尽量伸直,不要弯曲;肩臂自然放松,在敞开胸怀的同时,一定要伸直脊背。

（3）恭候客人时的站姿。恭候客人时的站姿，又称"等人的站姿"或"轻松的站姿"。这种姿态往往比较轻松、舒适。

1）采用恭候客人站姿的时机：在自己的工作岗位上处于无人接待时；恭迎服务对象来临时；当服务对象暂时离开时；当前面有障碍物时。

但是，当服务对象来到自己面前时，尤其是在自己的下半身并无屏障挡身时，或对方是自己的重要客人时，不能采用这种站姿。

2）恭候客人站姿的标准：双脚可以适度地分开，两脚可以交替放松，并且可以踮起一只脚的脚尖；双腿可以分开些，或者自由地进行十字交叉；双膝可稍微分开，但不宜离得过远，一般不应超过10厘米；肩、臂应自然放松，手不应随意摆动；上身应当挺直，并且目视前方；叉开的双腿不要反复不停地换来换去。

（4）交通工具上的站姿。

1）采用交通工具上站姿的时机：当服务人员处于火车、汽车、地铁、轮船、飞机等交通工具上为客人提供服务时，就要采用这种特殊的站姿。

2）交通工具上的站姿标准：双脚可以适当张开一定的距离，重心要放在脚掌中间；双腿应尽量伸直，膝部不宜弯曲，而且应当有意识地稍向后挺；身体要挺直，臀部略微用力，小腹内收，不要驼背弯腰；一只手扶着扶手或拉着吊环，但不要摇摆；颈部挺直，目视前方；不要在交通工具行驶时摇晃身体；尽可能地与服务对象保持一定的身体距离，以免误踩、误撞到对方。

（四）不良的站姿

不良的站姿是指酒店服务人员在工作岗位上不应该出现的站立姿势。

在服务工作中，酒店服务人员应尽量避免以下不良站姿。

1．身体歪斜

酒店服务人员在站立时不允许身体歪斜，如头偏、肩斜、身体不正、弯着腿看上去东倒西歪，这样会给客人留下颓废消沉、萎靡不振的印象。

2．弯腰驼背

酒店服务人员在站立的时候，如果颈部弯曲、背部弓起、胸部凹陷、腹部突出，往往给人缺乏锻炼、状态不佳、无精打采的感觉。

3．趴伏倚靠

站立时不应随便趴在一个地方，伏在某处左顾右盼，倚着墙壁、货架、靠在桌柜边上，这些或前趴或后靠的站姿都是不雅观的，会给人懒洋洋的、消极的感觉。

4．双腿叉开

一般来说，站立的时候，双腿应该并拢，即使需要分开双腿，也不应该使两脚的距离比自己的肩部宽。因为双腿交叉会给人不严肃的感觉，而两腿分得很开则显得比较粗鲁。

5．手位不当

站立时双手插入衣兜或裤兜，会给人拘谨小气的感觉。双手或单手叉腰，往往含有侵犯的意思，在异性面前还会有挑逗意味。双臂交叉有消极、防御、抗议之嫌，有时则是傲慢的表现。站立时两手叉腰或双臂交叉在胸前，都是不允许的。

6. 脚位不当

酒店服务人员在工作岗位上站立时，可以采用"V"字式、"丁"字式、"平行"式等，不允许采用"人"字式、"蹬踏"式。

"人"字式也称"内八"字式，指的是站立的时候两脚尖靠在一起，而脚后跟却大幅度地分开，这样是非常不雅观的。

"蹬踏"式是指站立时，一只脚站在地上，而另一只脚踩在鞋帮上、踏在椅面上或者其他位置。

7. 浑身乱动

站立时身体抖动或晃动，会给人漫不经心或没有教养的感觉。一般情况下，不允许酒店服务人员在站立的时候随便乱动。

8. 半坐半立

站的时候就要采用标准的站姿，坐的时候就要采用标准的坐姿，对于酒店服务人员来讲，不允许半坐半立，这会让宾客觉得服务人员过于随便。

三、酒店服务人员走姿标准

（一）走姿的概念

走姿又被称为行姿，指的是一个人行走时的身体姿势。

走姿是一种动态美。每个人都是一个流动的造型体，优雅、稳健、敏捷的走姿，会给人美的感受，能够产生感染力，反映出积极向上的精神状态。

良好的走姿应是轻盈的、敏捷的。步履轻盈会给人斯文、优美和庄重的感觉；步履敏捷会给人健康活泼、精神抖擞的感觉。

（二）基本走姿的标准

走姿是站姿的延续。酒店服务人员在工作中经常需要走动，标准的走姿不仅可以显示其动态美，而且也是对客人的尊重。

1. 基本走姿的概念

基本走姿是人们在正常行走时所采取的正确的姿势，它是酒店服务人员在常规情况下行走的标准姿势，如图 2-5 所示。

2. 基本走姿的标准

基本走姿的标准是：

（1）体态优美。保持头正，昂首挺胸，两眼平视前方，表情自然。

图 2-5　基本走姿

（2）重心放准。双肩要平，防止上下前后摇晃，上身挺直，重心稍前倾。

（3）身体协调。两手自然弯曲，通过两臂的摆动和两腿的跨步来体现步履的轻盈和敏捷。

（4）摆动适当。两臂摆动时，应自然放松，前摆稍向里折（手臂与身体的夹角在 30°～35°之间）。

（5）走成直线。在行走时，必须保持明确的行进方向，做到两脚尖略分开，脚跟先着地，两脚内侧落地，走出的轨迹应是一条直线，而不是两条平行线。不要突然转向，更忌突然大转身。

（6）步幅适当。行走中两脚落地的距离大约为一个脚长，即前脚的脚跟与后脚的脚尖相距一只脚的长度为宜，一般情况下，男性每步约40厘米，女性每步约36厘米。

（7）速度均匀。行进的速度应当保持均匀、平稳，不要忽快忽慢。在正常情况下，酒店服务人员的每分钟步速在60~100步之间，步速应自然舒缓，显得成熟、自信。

3．基本走姿的特点

基本走姿的特点是身体协调，姿势优美，步伐从容，步态平稳，步幅适中，步速均匀，走成直线。具体来说，女性服务员基本走姿的特点是轻松、敏捷、健美；男性服务员基本走姿的特点是协调、稳健、庄重、刚毅。

（三）特殊情况的走姿标准

对酒店服务人员来说，在工作中往往出现陪同引导、上下楼梯、进出电梯、出入房间、搀扶帮助、变向行走等情况，在这些情况下，基本的走姿必然是不适用的，需要进行一定的变化，以适应不同的场合。

1．陪同引导

在工作中，酒店服务人员经常需要陪同客人一起行进，在行进的过程中为客人做引导。陪同引导时的走姿标准如下：

（1）处在正确的方位。引导时要尽可能走在宾客左侧前方，身体半转向宾客方向，保持两步的距离。如果请对方开始行进时，应面向对方，稍许欠身；如果酒店服务人员与客人并排行走，酒店服务人员应走在客人的左侧；如果酒店服务人员与客人一前一后行走，酒店服务人员应走在客人的左前方约一米处；如果引导客人去一个他不太熟悉的地方，酒店服务人员应走在客人的前方和外侧；如果在行进中与对方交谈或答复其提问时，头部和上身应转向对方。

（2）保持步调一致。与客人同行时，应尽量与客人保持步调一致。如果自己的步幅比客人大，应把步子放慢些，切勿我行我素。

（3）以客人为中心。在陪同引导客人的时候，一定要处处以客人为中心。在经过拐角、楼梯或者光线不好的地方时，一定要提醒客人留意。

2．上下楼梯

上下楼梯时的走姿标准如下：

（1）要走员工专用的楼梯。通常情况下，酒店服务人员应使用员工专用的楼梯，这样可以避免物品与客人接触，预防事故。

（2）要减少在楼梯上停留的时间。楼梯是通往楼层的通道，酒店服务人员不能把楼梯当成休息、与人交谈的场所。

（3）坚持右侧通行。在上下楼梯的时候，尽量靠右侧通行，把左侧让给有急事的人。

（4）要礼让客人。在陪同客人上下楼梯的时候，应礼貌对待客人，走在客人的左前侧。

3．进出电梯

进出电梯时的走姿标准如下：

(1) 使用员工专用的电梯。一般情况下，酒店服务人员应该使用员工专用的电梯，不应使用客人专用的电梯，除非在陪同客人时。

(2) 坚持先下后上。上电梯之前，应该让电梯里的人先出来，然后自己再进去。如果电梯里人员过多，则可以等下一趟，不可使电梯超载。进出电梯时，应侧身而行，以免碰撞、踩踏别人。

(3) 照顾好客人。陪同客人或长辈来到电梯厅门前时，先按呼梯按钮。电梯到达、厅门打开时，若客人不止1人，可先进入电梯，一手按"开门"按钮，另一手按住电梯一侧门，礼貌地说"请进"，请客人们或长辈们进入电梯。进入电梯后，按下客人或长辈要去的楼层按钮。在电梯内，只要空间允许，应与客人保持30厘米左右的距离。到达目的楼层后，应一手按住"开门"按钮，另一手做出请出的动作，可以说："到了，您先请！"客人走出电梯后，自己立刻步出电梯，并热诚地引导。

(4) 尊重电梯内的其他客人。若电梯中有其他人员进入，可主动询问其要去的楼层，并帮忙按下按钮。在电梯内可视状况决定是否需要寒暄。假如没有其他人员时可略做寒暄，有外人或其他同事时，可斟酌是否有必要寒暄。在电梯内尽量侧身面对客人。下电梯时，要提早做好准备，自觉地换到电梯门口。

4. 出入房间

出入房间时的走姿标准如下：

(1) 要先通报。在进入他人的房间前，要通过敲门或者按门铃的方式，向房间内的人通报，贸然进入他人的房间是十分不礼貌的。

敲门的标准是：手背朝向房门，用手指的关节轻轻敲击房门，连续地、有节奏地敲打三下，然后停止敲门，静等房间内的反应。如果没有反应，再次连续地、有节奏地敲打三下。一般情况下，这样重复三次后，房间内还是没有反应，表明房间内没人，酒店服务人员不可一直敲。而且，切不可用手掌拍打房门，这是非常粗鲁的行为。

按铃的标准是：用手按住门铃1~2秒钟，然后放开，静等房间内的反应，如果没有反应，再次用手按住门铃1~2秒钟。切不可一直用手按住门铃，这会打扰房间内的人，是十分不礼貌的。

(2) 要用手开关房门。出入房间，一定要注意用手来开关房门，切不可用肘部顶、用膝盖撞、用臀部拱、用脚尖踢、用脚跟蹬，这些都是缺少礼仪的表现。

(3) 要面向他人。当房间里有人时，酒店服务人员在进入房间的时候应该面向他人，反手关门。用背部对着他人是不礼貌的。

(4) 要后入后出。与客人一起进入房间的时候，酒店服务人员应该让客人先进房间，最后自己再进入，并关上门。与客人一起从房间出来时，酒店服务人员应该让客人先出房间，自己最后出房间，并关上门。

(5) 要为客人开门。当服务人员与客人一起进入房间时，应该为客人推开房门；当酒店服务人员与客人一起走出房间的时候，应该为客人拉开房门。但是，推门或者拉门的时候，酒店服务人员应该站在门的旁边或者门的后面，不应该挡在门口。

5. 搀扶帮助

在酒店服务中，酒店服务人员经常需要为一些老、弱、病、残、孕等需要帮助的客人提供搀扶帮助,这就要求酒店服务人员掌握标准的搀扶帮助时的走姿。

一般来说,搀扶的时候,总是用自己的一只手或者双手,轻轻地架着服务对象的一只手或者一条胳膊。

搀扶帮助的标准如下:

(1) 主动询问。在服务工作中,酒店服务人员发现有需要搀扶的服务对象时,应该先询问对方是否需要帮助,若对方确实需要帮助,酒店服务人员才可进行搀扶。切不可不等对方答应就进行搀扶,这样往往会引起客人的不满。

(2) 方法得当。搀扶往往在行进当中,正确的搀扶的方法是:一只手臂越过对方的腋下,架着其胳膊,然后将另一只手扶在对方的小臂上,用越过对方腋下的那只手臂尽力扶住对方。

(3) 速度适中。搀扶他人时,往往是对方身体不好或者遇到特殊情况行走困难,因此,酒店服务人员应该步速适中,主动与对方的步速保持一致,不要过快,那样会让对方感觉自己是被拖着走。同时,在搀扶行走的过程中,应该根据对方的身体状况考虑是否需要休息,如果对方非常虚弱,要考虑多次休息。

6. 变向行走

变向行走是指在行走中,需转身改变方向时,应采用合理的方式,体现出规范和优美的步态。酒店服务人员在行走中经常需要变向行走,通常是后退、侧行、前行转身和后退转身等。

(1) 后退步。后退步是指在后退时采用的走姿。在酒店服务中,有两种情况需要酒店服务人员采用后退步。一是离开他人的时候,应该先面向对方后退几步,然后再转体离去,以表示对对方的尊重;二是退出他人房间的时候,如果自己所处的位置离房门很近,应该后退到房门外,然后拉上房门。后退时步幅宜小,脚宜轻擦地面,转体时先转身后转头。

(2) 侧行步。侧行步是指在侧身而行时采用的走姿。在酒店服务中,有两种情况需要酒店服务人员采用侧行步。一是与同行者交谈时,上身宜转向交谈对象,距对方较远一侧的肩部朝前,身体与对方的身体应保持一定的距离;二是与他人狭路相逢时,宜两肩一前一后,胸部转向对方。

(3) 前行转身步。前行转身步是指在前行的同时进行转身而采用的走姿。在前行中要拐弯时,可在距所转方向远侧的一脚落地后,采用前行右转或者前行左转。前行右转:以左脚为轴心向右转体90°,同时迈出右脚。前行左转:以右脚为轴心向左转体90°,同时迈出左脚。

(4) 后退转身步。后退转身步是指在后退的同时进行转身而采用的走姿。一般来说,后退转身有三种情况:一是后退右转,即以左脚为轴心向右转体90°,同时向右迈出右脚;二是后退左转,即以右脚为轴心向左转体90°,同时向左迈出左脚;三是后退后转,即以左脚为轴心,向右转体180°,然后迈出右脚,或以右脚为轴心,向左转体180°,然后迈出左脚。

(四) 不良的走姿

在服务工作岗位上,酒店服务人员应该避免下列不良走姿:

1. 头部不正

行走时,低着头或是仰着头都是不符合标准的。前者让人感觉不自信,后者又显得有些自傲。一般来说，行走的时候，头部应该微微抬起，平视前方。

2. 摇晃肩膀
行走时，肩膀前后摇晃，或是肩膀一高一低，都不太雅观。前者让人感觉有些不稳重，而后者往往给人拘谨、不自信的感觉。

3. 手位不正
双手插入裤兜或是反背于身后也是不太礼貌的。前者给人拘谨、小气的感觉，后者给人傲慢、呆板的感觉。

4. 步幅过大或过小
一般的步幅是在一只到一只半脚之间，步幅太大会让人的感觉不够文雅（特别是女性），而步幅太小又会让人感觉不够大方。

5. 落脚过重
酒店服务人员在走路时应尽量避免发出很响的声音，特别是在室内。因此，行走时落脚应有所控制，同时还应避免在走廊内奔跑，除非有紧急情况。另外，在鞋底打鞋钉的做法是不可取的，因为这会使你走路时的声音很响。行进中酒店服务人员应有意识地做到悄然无声，不应制造各种噪声。

6. 横冲直撞
酒店服务人员在服务时不要横冲直撞，更不要在行进中碰撞到他人的身体。行进中一定要目中有人，尽量避免在人群中穿行。

7. 抢道而行
酒店服务人员在服务时不要悍然抢行，有急事需要超过前面的行人时，不得跑步，可以大步超过并向被超越者致歉。

8. 阻挡道路
酒店服务人员在行进的过程中一定要考虑他人，不要阻挡道路。在与他人一起行进时，要注意两人的方位，在经过走廊等狭窄的通道时，避免排成横队行走。一旦发现自己挡住了他人的道路，要及时闪身让开，让他人先行。

四、酒店服务人员蹲姿标准

（一）蹲姿的概念
蹲姿是指人由站立转变为两腿弯曲，身体的高度下降的姿势。

蹲姿不像站姿、走姿、坐姿那样使用频繁，因而往往被忽视。若一件东西掉在地上，很多人都会很随意地弯下腰，把东西捡起来。但这种姿势会使臀部后翘，上身前倒，显得非常不雅。此时，讲究举止的人应当采用蹲姿。

（二）蹲姿的形式
标准的蹲姿有三种：交叉式、高低式和半跪式。

1. 交叉式
下蹲时左脚在前，右脚在后，左小腿垂直于地面，全脚着地。右膝由后面伸向左侧，右脚跟抬起,脚掌着地。两腿靠紧,合力支撑身体。臀部向下,上身稍前倾。

这种蹲姿的特点是双腿交叉,比较适合女性服务员,尤其是穿短裙的服务员,这种方式造型比较优美,如图 2-6 所示。

2. 高低式

下蹲时右脚在前,左脚稍后,两腿靠紧向下蹲。右脚全脚着地,小腿基本垂直于地面,左脚脚跟提起,脚掌着地。左膝低于右膝,左膝内侧靠于右小腿内侧,形成右膝高左膝低的姿态,臀部向下,基本上以左腿支撑身体。这种方式的特点是双膝一高一低,如图 2-7 所示。

3. 半跪式

半跪式蹲姿又叫作单跪式蹲姿。它也是一种非正式蹲姿,多用在下蹲时间较长或为了用力方便时,表现为双腿一蹲一跪。主要要求在下蹲后,改为一腿单膝点地,臀部坐在脚跟上,以脚尖着地。另外一条腿,应当全脚着地,小腿垂直于地面。双膝应同时向外,双腿应尽力靠拢。这种方式的特点是双腿一蹲一跪,如图 2-8 所示。

图 2-6　交叉式蹲姿　　　图 2-7　高低式蹲姿　　　图 2-8　半跪式蹲姿

(三) 蹲姿的标准

(1) 站在所取物品的旁边,屈膝的同时抬头挺胸,不要低头,也不要弓背,慢慢放低身体。

(2) 两腿合力支撑身体,掌握好身体的重心,臀部向下。

(3) 蹲下的时候要保持上身的挺拔,神情自然。

(四) 采用蹲姿的时机

在工作岗位上服务于宾客时,通常不允许酒店服务人员采用蹲姿。服务礼仪规定,只有遇到下列特殊情况时,才允许酒店服务人员采用蹲姿。

1. 整理工作环境

在需要对自己的工作环境进行收拾、整理的时候,可以采用蹲姿。

2. 给予客人帮助

当酒店服务人员需要蹲下来帮助客人时,应该采用蹲姿。例如,需要与一位小朋友进行交谈的时候。

3. 提供必要服务
如果需要服务的客人处于较低位置时，需要采用蹲姿以示对客人的尊敬。

4. 捡拾地面物品
当需要从地面捡拾物品的时候，应该采用蹲姿，以免出现翘起臀部的不雅行为。

5. 自己整理着装
当需要整理裤腿、系鞋带等时，可以采用蹲姿。

除以上这些情况外，如果酒店服务人员毫无理由地采用蹲姿，则是不礼貌的表现。

（五）蹲姿的禁忌

1. 突然下蹲
蹲下时，速度不要过快，尤其是在走姿变换成蹲姿时，要稍微停顿一下，同时要注意会不会妨碍他人。

2. 离人过近
在下蹲时，要与身边的人保持一定的距离，与他人一起下蹲的时候，更要注意彼此之间的距离，以防撞挤对方。

3. 方位适当
在他人身边下蹲时，要侧身对着对方，切忌正面或者背面对着对方，这都是不礼貌的表现。

4. 毫无遮掩
需要在公共场所下蹲时，一定要注意身前有没有遮掩物，尤其是穿裙子的女性服务员，下蹲的时候还要避免出现大腿叉开的情况，以免走光。

5. 随意滥用
蹲姿只是在有特殊需要的情况下才适合使用，如果没有必要，千万不要使用。

6. 不合适的地方
不能蹲在椅子或桌子上等处，一定要蹲在地面上。

7. 蹲着休息
当酒店服务人员站得有些疲劳的时候，可以适当变换站姿缓解疲劳，但是不允许蹲下来休息，这是非常失礼的。

五、酒店服务人员坐姿标准

（一）坐姿的概念
坐姿是指将自己的臀部置于椅子、凳子、沙发或其他物体之上，以支持自己的身体，单脚或双脚放在地上的姿势。

坐是一种静态的造型。对广大酒店服务人员而言，不论是工作还是休息，坐姿都是其经常采用的姿势之一。坐姿是非常重要的仪态，在生活和工作中，这一举止直接影响着一个人的形象。

（二）坐姿的前提

采用坐姿的时候，酒店服务人员要明确以下两点：

1. 得到允许，才可坐下

作为酒店服务人员，只有在自己被允许采用坐姿时才可以坐下。

2. 坐下后，尤其是在外人或者客人面前，应该自觉地采用正确的坐姿

不同的坐姿，往往表达不同的含义，酒店服务人员坐下后，应该自觉地采用正确的坐姿，尤其是在客人面前。如身体靠在沙发背上，两手置于沙发扶手上，两腿自然落地、叉开，表示谈话者轻松、自信；身子稍向前倾，两腿并拢，两手放于膝上，侧身倾听，说明很尊重对方；坐在椅子前沿，身体前倾，倚靠于桌上，头微微倾斜，表示对交谈内容非常感兴趣；坐在椅子上交谈时，微微欠身，表示谦恭有礼；身体后仰，甚至转来转去，则是一种轻浮、失礼的行为；整个身体侧转，表示嫌弃与轻蔑；背朝谈话者，是不予理睬的表现。

（三）坐姿的标准

根据服务礼仪的规定，酒店服务人员在采用标准坐姿时，应该注意以下问题：

1. 入座的要求

入座是指一个人坐到座位上去的行动，也叫就座或者落座。酒店服务人员入座时的标准如下：

（1）在他人之后入座。在工作岗位上，酒店服务人员需要与他人，尤其是客人，一起入座时，一定要请对方先入座，然后自己再入座，切不可抢先入座，这是不礼貌的。

（2）在适当之处就座。需要在公共场合入座时，一定要坐在椅子、凳子等常规的座位上，切不可坐在桌子上、窗台上、地板上等不适宜的地方。

（3）在合"礼"之处就座。入座的时候，应该主动地坐在适合自己身份的座位上，切不可抢先坐到上座。

（4）从座位左侧入座。入座时，一般从座椅的左侧入座，这是比较礼貌的做法。

（5）向周围人致意。当你入座的时候，应该向周围的人点头致意，致意的时候应该面带微笑，如果周围有熟人，还需要与熟人打招呼。在公共场合，如果要坐在别人的身边，应该先征得对方的同意。

（6）悄无声息地入座。入座的时候，动作要轻，速度不要太快，避免让座椅发出声音，干扰周围的人。如果女士着裙装入座时，可以用手将裙装稍稍拢一下，不要坐下后再站起来整理衣服。

（7）以背部接近座位。当入座的座位前有其他人时，应该先侧身走到座椅的左侧，背对座椅站立，然后右腿后退一点，用小腿肚确认一下座椅的具体位置，最后轻轻地坐下。必要的时候，可以用手扶一下座椅的把手，但是，最好不要背对着座位前面的其他人。

（8）坐下后调整姿势。坐下后，为了让自己坐得舒服一些，同时保持正确的坐姿，可以适当调整姿势并整理自己的衣服，但是这个动作应该在坐下后进行。

2. 离座的要求

离座是指从座位上起身离开的行动。酒店服务人员在离座时，应该注意以下问题：

（1）先有表示。需要离座时，如果旁边有其他人在座，应该用语言或者动作向其表示

自己要离座,然后再轻轻起身。切不可突然起身,这会让周围的人觉得受到惊扰。

(2)注意先后。与他人同时离座时,应该注意先后次序。一般来说,地位较高的人可以先离座,地位较低的人则要晚一些离座,如果与周围人身份相当,则可以同时离座。但是,在工作岗位上,要求酒店服务人员要晚于领导、外人、客人离座。

(3)起身缓慢。起身离座的时候,动作要缓慢,不要过于急躁,以免碰倒椅子,或者碰到周围其他人,这都是不礼貌的。

(4)站好再走。离开座位后,不要急着走,要先采用基本的站姿,然后再起身行走。

(5)从左离开。根据礼仪要求,离座时最好采用左侧离去,左入左出是入座离座时的基本礼仪之一。

3. 下肢的摆放

入座后,下肢的摆放是非常关键的,它往往能够体现出一个人坐姿的形式。

一般来说,下肢的摆放主要是由双腿和双脚所处的不同位置决定的。对于酒店服务人员来说,最常用的形式主要有:

(1)正襟危坐式。正襟危坐式被认为是基本的坐姿,适用于正规的场合。

标准:上身与大腿、大腿与小腿都应当形成直角,小腿垂直于地面。双膝、双脚和两脚跟都要并拢,如图 2-9 所示。

(2)垂腿开膝式。垂腿开膝式也是正规的坐姿,主要适用于男性。

标准:上身与大腿、大腿与小腿都应当形成直角,小腿垂直于地面。两腿可以稍微分开,但不能超过肩宽,如图 2-10 所示。

(3)双腿叠放式。双腿叠放式适合穿短裙的女性,造型极为优雅。

标准:将双腿完全一上一下叠放在一起,叠放后的两腿之间没有缝隙,犹如一条直线。双脚斜放于一侧,斜放后的腿部与地面呈 45°夹角,叠放在上面的脚的脚尖垂向地面,如图 2-11 所示。

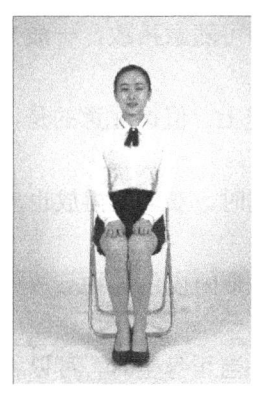　　　　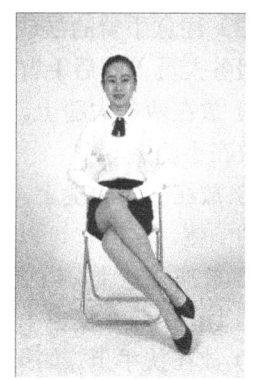

图 2-9　正襟危坐式坐姿　　图 2-10　垂腿开膝式坐姿　　图 2-11　双腿叠放式坐姿

(4)双腿斜放式。双腿斜放式适合穿裙子的女性,尤其是在低处就座时。

标准:双腿并拢,双脚向左或者向右斜放,斜放后的腿部与地面呈 45°夹角,如图 2-12 所示。

(5)双脚交叉式。双脚交叉式适用于各种场合,男性女性都可以采用。

标准:双膝并拢,双脚在踝部交叉。交叉后的双脚可以内收,也可以斜放,但不要向前方直伸出去，如图 2-13 所示。

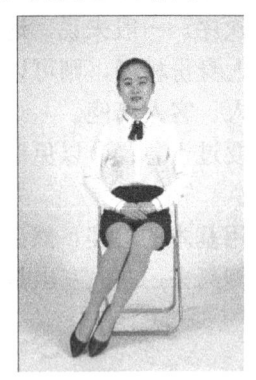
图 2-12　双腿斜放式坐姿

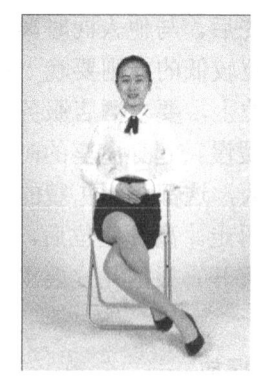
图 2-13　双脚交叉式坐姿

4．上身的姿态

上身的姿态主要是指头部、躯干和上肢的具体位置，一般来说，上身的姿态主要是由头部、躯干、双臂所处的不同位置决定的。

（1）头部要端正。入座后头部姿态的标准是：头部抬正，双目平视，下巴内收，头部要与地面垂直。当有外人或者客人在时，不宜出现低头、仰头、扭头或者歪头等现象。

（2）躯干要直立。入座后，要注意下面几点：

1）背部不宜完全倚靠在椅背上，私人休息时间除外。正式场合与人会面时，不可以一开始就靠在椅背上。

2）臀部占用椅子的面积应该为四分之三左右，不宜占满整个椅面，也不要坐在椅子边上过分前倾。沙发的座位深广，坐下来时不要太靠后。

3）与他人交谈时，身体应该朝向对方，以表示对对方的尊重。

4）做到抬头挺胸、收腹直腰，保持姿态优美。

（3）注意手臂的摆放。入座后，手臂的摆放要合乎标准，不可随意搭放，一般来说，酒店服务人员入座后手臂的摆放位置有五种：

1）放在两条大腿上。双手各自扶住一条腿，呈八字放于大腿上。值得注意的是，双手不要放在小腿上。

2）放在一条大腿上。在与人交谈时，应该侧向面朝对方，同时，双手的摆放也应置于身体的一侧。这时，可以将双手放在一条大腿上。

3）放在皮包上。当穿短裙的女士面对男士坐下时，将随身携带的皮包等物品放在并拢的大腿上，手放在皮包上面，这样可以避免自己"走光"。

4）放在扶手上。如果座椅有扶手，可以将双手放在扶手上。当正身坐时，可以将双手分别扶在左右两侧的扶手上；当侧身坐时，可以将双手叠放或者相交、相握后，放于侧身这边的扶手上。

5）放在桌子上。如果面前有桌子，可以将双手放在桌子上，可以用手扶住桌子的边沿，也可以双手相握或者叠放于桌面上。

5．高低座的要求

座位高低不同时，坐姿也有不同要求，具体为：

（1）低座位。轻轻坐下，臀部距座椅背约2厘米，背部靠着椅背。如果穿的是高跟鞋，坐在低座位上，膝盖会高出腰部，此时应当并拢两腿，使膝盖平行靠紧，然后将膝盖偏向对方，偏的角度应根据座位高低来定，但以大腿和上半身构成直角为标准。

（2）高座位。上身仍然要端正，可以跷大腿。其方法是将左腿微向右倾，右大腿放在左大腿上，脚尖朝向地面，切忌右脚尖朝天。

（3）座位不高也不低。两脚尽量向左后方，让大腿和上半身构成直角，双膝并拢，再把右脚从左脚外侧伸出，使两脚外侧相靠，这样会显得文静而优美。

当然，不论采用何种坐姿，上身都应保持端正。

（四）坐姿的禁忌

在工作岗位上，酒店服务人员的坐姿一定要标准，不宜出现下列禁忌坐姿。

1．双腿开叉过大

不论是大腿还是小腿叉开过大，都极其不美观。男子两膝间的距离以一拳为宜，女子则不分开为好。

2．架腿

将一条小腿架在另一条大腿上，两腿之间留出太大空隙，成为所谓的"二郎腿"，这是非常放纵的。

3．将腿搁在桌椅上

如果将腿搁在桌椅上，或沙发扶手上、茶几上，这都是十分不礼貌的。

4．双腿过分前伸

将双腿直挺地伸向前方，不仅妨碍他人，而且有碍观瞻。同时，如果身前有桌子，双腿不要伸到外面。

5．腿部抖动摇晃

坐下后不要随意挪动椅子，也不要抖动摇晃腿部，这会让人觉得心烦意乱，给人留下不沉稳的印象。

6．脚姿不安分

以下不安分的脚姿是不允许的：坐下后脚跟接触地面，脚尖抬起，使鞋底展露在别人跟前；脚蹬踏其他物体；自脱鞋袜；就座后用手抚摸小腿或脚部。

7．手部放在隐私处

若身前有桌子，就座后双手都应置于桌上，单手或双手放于桌下都是不合适的。将手夹在双腿之间，更是不礼貌的表现。

8．将双肘支于桌上

将双肘支在面前的桌子上，是不礼貌的行为。同时，交谈时勿将上身向前倾并用手支撑下巴。

六、酒店服务人员手势标准

（一）手势的概念

手势也称手姿，是指人们在特定的场合中利用手部呈现出的各种动作和姿态。由于手是人的肢体中最灵活自如的，所以手姿是肢体语言之中最丰富、最有表现力的。

法国大画家德拉克洛瓦曾指出："手应当像脸一样富有表情。"这句话指出了手姿的重要性。

（二）手势的原则

酒店服务人员在使用手势的时候，要注意三个原则。

1．使用规范化的手势

酒店服务人员在使用手势的时候，一定要注意规范化，切不可使用一些自己想当然的手势，以免引起客人的误会。

2．注意区域性的差异

不同地域的人们，在使用手势的时候往往是不一样的。酒店服务人员在使用手势时要注意区域性差别。

例如，右手撑起，掌心向下，反复向内侧挥动的手势，这在中国往往表示招呼别人，而在美国却表示招呼狗。

跷起大拇指，一般表示顺利或夸奖别人。但在美国和欧洲部分地区，表示要搭车，在德国则表示数字"1"，在日本表示"5"。而在澳大利亚，跷起大拇指就表示骂人，如果与别人谈话时将拇指跷起来反向指向第三者，即以拇指指腹的反面指向除交谈对象外的另一人，则是对第三者的嘲讽。

拇指、食指相接成环形，其余三指伸直，掌心向外，这就是 OK 手势。OK 手势源于美国，在美国表示"同意""顺利""很好"等意思。但是，同样是这种手指，在法国则表示"零"或"毫无价使"，在日本表示"钱"，在泰国表示"没问题"，在巴西则表示"粗俗下流"。

掌心向外，食指和中指成 30°角，呈"V"形手势其他手指向掌心弯曲，这一手势是二战时的英国首相丘吉尔首先使用的，表示"胜利"。但是，如果掌心向内，就变成骂人的手势了。

右手握拳伸出食指，在我国，它表示"一"，或是"提醒对方注意"。而在日本、韩国等国表示"只有一次"；在法国是"请求""提出问题"的意思；在缅甸表示"拜托"；在新加坡表示"最重要"；在澳大利亚则表示"请再来一杯啤酒"。

如果酒店服务人员不注意这种区域性差异，盲目使用手势，可能会引起客人的误会，甚至令客人不快。因此，酒店服务人员在针对不同地域的客人时，一定要注意各种手势的差别。

3．手势宜少不宜多

酒店服务人员在使用手势的时候，一定要根据具体情况来选用，不能随便使用一些手势，过多的手势容易引起误会，而且没有美感。

（三）手势的类型

一般情况下，手势可以分为以下几种：

1．情绪手势

情绪手势是伴随着说话人的情绪起伏发出的，常常用来表达或强调说话人的某种思想感情、情绪、意向或态度。例如，高兴时拍手称快，悲痛时捶胸顿足，愤怒时挥舞拳头，悔恨时拍打前额，着急时双手相搓，犹豫时抚摸鼻子等。而用手摸后脑勺则表示尴尬、为难或不好意思，双手摊开表示真诚、坦然或无可奈何，双手舞开、手掌向上表示欢迎和公开，双手叉腰表示挑战、示威、自豪，举起握成拳头的右手表示庄严、宣誓、忠诚和坚定，双手握拳放在胸前则表示防卫和敌意，双手叉腰、挺胸抬头表示傲慢和自负，扬起巴掌强力往下砍或往外推常常表示坚决果断的态度、决心或强调某一说辞。

一般来说，表示兴奋和激昂的情绪时，手势总是向上的、快速的；表示低沉、气愤的情绪时，手势总是向下的。

情绪手势是说话人内在情感和态度的自然流露，往往和表露出来的情绪紧密结合。情绪手势鲜明突出，生动具体，能给听者留下深刻的印象。

2．指示手势

指示手势是用来指示具体对象的手势动作。例如，用手指指自己的胸口，表示谈论的是自己或跟自己有关的事情；伸出一根手指向某一座位，是示意对方在该处就座。指示手势还可以用来指点对方、他人、某一事物或方向，表示数目、指示谈论中的某一话题或观点等。例如，遇到有客人问路的时候，我们经常用一只手指向一个地方。

在谈话的过程当中，经常会用到一些指示手势，指示手势可以增强谈话内容的明确性和真实性，便于及时掌握听者的注意力。

3．模拟手势

比画事物形象特征的手势动作叫作模拟手势。模拟手势主要是为了向他人说明某个事物。例如，抬起手臂比画某人的高矮；双手合十放在一侧脸的旁边，同时头往下低，表示睡觉；伸出拇指、食指构成一个圆圈比画物体的大小等等。

模拟手势在一定程度上能使听者如见其人、如临其境，它往往带有一点夸张意味，所以极富感染力。

4．象征手势

象征手势是表示抽象概念的一类手势动作，往往具有特定的内涵，如"V"形手势和"OK"手势。

（四）常用的手势标准

1．自然垂放

自然垂放是使用频率最高的一种手势，因此也被称为酒店服务人员的基本手势。

自然垂放有七种垂放方式：

（1）双手指尖朝下，掌心向内，手臂伸直，分别紧贴于两腿的裤线处。

（2）双手伸直，自然相交于腹部，掌心向内，两手上下相握在一起。

（3）双手伸直，自然相交于腹部，掌心向内，两手上下叠放在一起。

（4）双手伸直，自然相交于背部，掌心向外，两手相握在一起。

（5）一手紧贴裤线自然垂放，另一手自然弯曲，掌心向内，搭在腹前。

（6）一手紧贴裤线自然垂放，另一手自然弯曲，掌心向外，放在背后。

（7）一手掌心向外放在背后，另一手掌心向内搭在腹前。

2．自然搭放

自然搭放是指酒店服务人员在进行常规服务时所采用的将手搭放在身前、桌面或者柜台之上的一种手位。

（1）站立服务时。站立服务时，手部应自然搭放在桌面或者柜台上。

1）基本要求：身体应尽量靠近桌子或柜台，上身挺直；两臂稍有弯曲，肘部朝向外侧；两手的手指部分放在桌子或柜台上，指尖朝前，拇指与其他四指稍有分离，并轻搭在桌子或柜台的边缘处。

2）禁忌：不要距离桌子或柜台过远；不要将上半身趴伏在桌子或柜台上；不要将整个手掌支撑在桌子或者柜台上。

（2）坐着服务时。坐着服务时，将手部自然搭放在桌面或者柜台上。

1）基本要求：身体趋近桌子或者柜台，尽量挺直上身；书写、计算、调度时，手臂可摆放在桌子或者柜台之上；将双手放在桌子或者柜台上时，双手可以分开、叠放或者相握。

2）禁忌：不要将胳膊支起来；不要将一只手或双手放在桌子或者柜台之下。

3．手持物品

在服务工作中，酒店服务人员经常需要帮助客人手持物品。手持物品的标准是稳妥、自然、到位和卫生。

（1）稳妥。手持物品时，可以根据物品的重量、大小、形状与易碎程度，采用不同的手势，既可以使用一只手，也可以使用两只手。但是，手持物品时一定要确保物品的安全，要避免出现弄坏物品、伤害客人或者自己的情况。

（2）自然。手持物品时，酒店服务人员应根据自己的能力与物品的情况采用拿、捧、拎等不同的姿势，但是，一定要让人觉得非常自然，不要出现夸张的动作。

（3）到位。手持物品时，要根据不同物品的具体情况，把手放在最佳的位置，这就是到位。例如：拿杯子的时候，要抓住杯子的杯耳；拎箱子的时候，要拎住箱子的提手。如果手持的部位不合适，往往让人觉得很奇怪。

（4）卫生。在帮助客人持物品的时候，一定要注意手部的卫生，同时，切忌直接下手。例如，送汤、上菜时，千万不要把手指搭在盆子的边缘，更不能把手指伸到菜里面。

4．递接物品

在服务工作中，酒店服务人员经常需要为客人递接物品。递接物品的标准如下：

（1）双手为宜。一般情况下，递接物品时，应该采用双手，这是一种礼貌的表现。在特殊情况下，无法采用双手递接的，应该使用右手递接。用左手递接被视为失礼的行为。

（2）递于手中。给客人递送物品的时候，一定要直接交到对方的手中，不要把物品放于其他位置。如果是客人要求，酒店服务人员也应配合相应的语言，如"根据您的要求，我把物品放在您的桌子上了"。

（3）主动上前。如果与客人距离较远，酒店服务人员应该主动起身，将物品递给对方；如果自己是坐着的，应该主动起身，走到客人面前，或者站立着把物品递给对方。

（4）方便接拿。把物品递给对方时，应该考虑到对方接拿的方便，能够让对方顺利接拿。当递送有文字的文件等物品给对方时，要将文件等物品的文字正面朝向客人。

（5）尖刃向内。当递送带尖、带刃等易于伤人的物品给他人时，应该将尖刃朝向自己，或者朝向其他地方，千万不能朝向对方，这是非常失礼的。

5．展示物品

在服务工作中，酒店服务人员经常需要向客人展示物品。展示物品的标准如下：

（1）便于观看。展示物品时，一定要将展示的物品正面朝向观看者，举至一定的高度，并停留一定的时间，让观看者充分地看清楚物品。如果在场的观看者很多，应变换不同的角度，把展示物品展示给不同方向的观看者。

（2）操作标准：在展示的时候，不仅要有现场操作，而且要配合相应的介绍；操作的动作要干净、利索，步骤清楚，同时可适当重复重要的操作；解说时应该口齿清楚，语速适中，可适当重复。

（3）手位正确。在展示物品的时候，酒店服务人员一般有三种手位。

1）将物品举至高于双眼处，这种手位适用于被人围观时。

2）将物品举至双臂横伸时，肘部之内，上不过眼部，下不过胸部。

3）将物品举至双臂横伸时，肘部之外，上不过眼部，下不过胸部。

在运用这三种手位时，应注意尽量把物品举至身体一侧进行展示，不可挡住本人的头部。

6．招呼别人

招呼别人在服务工作中也会用到，但是，对于酒店服务人员来说，招呼别人时要注意两点：一是要使用手掌，而不能使用手指；二是要掌心向上，而不能掌心向下。具体来说，招呼别人的形式有五种：

（1）横摆式。手臂向外侧横向摆动，指尖指向被引导或指示的方向。这种招呼方式一般适用于请人行进时指示方向。

（2）直臂式。手臂向外侧横向摆动，指尖指向前方。与横摆式不同的是，直臂式要将手臂抬至肩高。这种招呼方式适用于引导或指示物品所在方向。

（3）曲臂式。手臂弯曲，由体侧向体前摆动，手臂高度在胸以下。这种招呼方式一般适用于请人进门时。

（4）斜臂式。手臂由上向下斜伸摆动。这种招呼方式适用于请人就座时。

（5）双臂式。双手先叠放于腹前，然后抬至胸部以下，同时向身体两侧摆动，也可以双臂向同侧摆动。这种招呼方式一般适用于人员较多时。

7．举手致意

举手致意也叫挥手致意，用来向他人表示问候、致敬、感谢。当酒店服务人员看见熟悉的客人，又无暇分身的时候，就举手致意，这样可以消除对方的被冷落感。举手致意的标准如下：

（1）面向对方。举手致意时，应该全身直立，面向对方，在目视对方的同时要面带微笑。

（2）手臂上伸。致意时应手臂自下而上向侧上方伸出。致意时可略有弯曲，亦可全部伸直。

（3）掌心向外。致意时掌心向外，对着对方，指尖向上方，同时，要伸开手指。

（4）切勿乱摆。举手致意时，手臂的摆动应自下而上，有节奏地摆动。

8. 与人握手

（1）注意先后顺序。握手时双方伸出手来的先后顺序应为"长者为先"，在工作中，酒店服务人员通常不应主动伸手与顾客相握。

（2）注意用力大小。握手时力量应适中，用力过重或过轻，都是失礼的。

（3）注意时间长度。与人握手时，一般握3~5秒即可。没有特殊情况，不宜长时间握手。

（4）注意相握方式。用右手与人相握。握手时，应首先走近对方，右手向侧下方伸出，双方互相握住对方的手掌。被握住的部分，应大体上包括自手指至虎口处。双方手部相握后，应注视对方双眼。

9. 握手道别

（1）身体站直。尽量不要走动或乱跑，更不要摇晃身体。

（2）目视对方。目送对方离开，若不看道别对象，便会被对方理解为目中无人。

（3）手臂前伸。道别时，可用右手，也可双手并用，但手臂应尽力向前伸出，注意手臂不要伸得太低或过分弯曲。

（4）掌心朝外。挥手道别时，要保持掌心向外，否则是不礼貌的。

（5）左右挥动。挥手道别时，要将手臂向左右两侧轻轻地来回挥动，尽量不要上下挥动。

（五）手势的禁忌

在酒店服务中，下面这些手势都是不可以使用的。

1. 容易造成误解的手势

易为他人误解的手势有两种：一是个人习惯性手势，但不通用，不为他人理解；二是因为文化背景不同，被赋予了不同的含义的手势。

2. 不卫生的手势

在他人面前挠头皮、掏耳朵、擦眼屎、抠鼻孔、剔牙齿、抓痒痒、抠脚丫等，这些手势极不卫生，甚至令人恶心，酒店服务人员不要在客人面前使用。

3. 不稳重的手势

在公共场合，双手乱动、乱摸、乱举、乱扶、乱放，或是咬指尖、折衣角、拍胳膊、抱大腿、拢脑袋等等手势，亦是应当禁止的不稳重的手势。具体包括以下手势：

（1）指指点点。工作中或与人交谈时，绝不可随意对客人指指点点，因为这个手势含有教训人的意味，是不礼貌的行为。

（2）随意摆手。一只手臂伸在胸前，指尖向上，掌心向外，左右摆动。这个动作含有拒绝别人或极不耐烦之意。

（3）端起双臂。双臂扬起，端在胸前，往往含有孤芳自赏、自我放松或是置身事外、袖手旁观、看人笑话之意。

（4）双手抱头。很多人喜欢将单手或双手抱在脑后，这一体态的本意也是放松。但是，酒店服务人员若在客人面前这样做，就会给人目中无人的感觉。

（5）摆弄手指。反复摆弄自己的手指，要么活动关节，要么捻响，要么攥着拳头，这些手势会给人无聊的感觉，酒店服务人员不要在客人面前使用。

（6）手插口袋。在工作中，通常不允许把一只手或双手插在口袋里。酒店服务人员如果有这种表现，会让人觉得你在工作上不尽力，忙里偷闲。

（7）搔首弄姿。搔首弄姿会给人矫揉造作之感，工作中也不能有这种手势。

（8）抚摸身体。工作时不能习惯性地抚摸自己的身体，如摸脸、揉眼、挠头等。

七、酒店服务人员表情神态

（一）表情神态的概念

表情神态泛指一个人的面部所呈现出来的具体的形态。表情神态在人际交往中往往能够给对方留下十分深刻的印象。

罗曼·罗兰曾感慨道："面部表情是多少世纪培养成功的语言，是比嘴里讲的要复杂千百倍的语言。"与其他语言相比，表情神态超越了地域文化的界限，民族性、区域性差异较少，是一种人类的世界性"语言"。

在酒店服务中，经常用到的表情神态主要是眼神和微笑。

（二）表情神态的原则

服务工作中，表情神态是非常重要的。服务对象往往以酒店服务人员的表情神态来判断其对自己的态度。因此，酒店服务人员一定要注意自己的表情神态，努力给服务对象和善、友好的表情神态。

一般来说，酒店服务人员在服务岗位上应用表情神态时，应该遵循下面几个原则：

1. 谦恭

服务对象非常重视酒店服务人员的表情是否谦恭，这是他们衡量服务水平的一个指标。因此，酒店服务人员在工作岗位上应该表现出谦恭的表情神态。

2. 友好

服务对象入住酒店后，酒店服务人员应该对服务对象表现出友好的态度，而友好主要是通过表情神态来表现。例如，要求酒店服务人员微笑服务就是为了向服务对象表示友好。

3. 适时

人的表情神态往往会随着不同心情、不同场合而改变。尽管我们提倡酒店服务人员应该微笑服务，但是，微笑服务也是要根据场合而定。也就是说，酒店服务人员的表情神态应该随着场合的变化而变化，要适合时机的需要。例如，当客人正处于极度悲痛的时候，如果酒店服务人员还是面带微笑，这是非常不礼貌的行为。

4. 真诚

表情神态可以反映一个人的思想情感。因此，酒店服务人员的表情神态应该是真诚的、发自内心的。弄虚作假的表情神态往往会让人觉得非常虚伪。

（三）眼神的标准

眼神是指人们注视时，眼部的一系列活动以及在这一过程中所呈现出的神态。所谓"眼睛会说话"，指的就是眼神能传达感情。

1．眼神的作用

眼睛是心灵之窗，在用来传递信息的人体器官中，它是非常重要的。眼睛能够传达出最细微、最精妙的差异，即使是短暂的一瞥，也能传达出一定的信息。泰戈尔曾说过："一旦学会了眼睛的语言，表情的变化将是无穷无尽的。"

眼神一向被认为是人类最明确的情感表现和交际信号，它在面部表情中占据主导地位，所谓眼神就像心灵的一面镜子，"一身精神，具乎两目。"

一般来说，每一种眼神都有其特定的含义。例如，视线频频乱转，给人的印象是心不在焉或心虚；视线向下，则表示害羞、胆怯、伤感或悔恨；视线向上，是沉思、高傲的反映。在交谈时，目光自下而上注视对方，一般有"询问"的意味，表示"我愿意听你讲下一句"；目光自上而下注视对方，一般表示"我在注意听你讲话"；头部微微倾斜，目光注视对方，一般表示"哦，原来是这样"；眼睛神采奕奕，一般表示充满兴趣；每隔几秒钟看一下手表，表示催促、不耐烦的意思，是希望对方结束谈话的暗示。

在与人交往时，通过"眼语"往往可以看出对方是喜欢你、支持你，还是讨厌你、反对你。通常，深沉的注视表示崇敬，横眉冷眼表示愤怒、轻蔑。因此，酒店服务人员在工作岗位上要注意眼神的运用，不要让眼神成为服务的障碍。

2．注视的部位

在人际交往中目光所及之处，就是注视的部位。注视他人的不同部位，不仅说明自己的态度不同，也说明双方关系有所不同。

酒店服务人员在注视服务对象时，所注视对方的部位，往往与双方相距的远近和本人的工作性质有关。

在一般情况下，与服务对象相处时，不宜注视其头顶、大腿、胸部与手部，更不要"目中无人"。对异性而言，通常不应注视其肩部以下，尤其是不应注视其胸部、裆部、腿部。根据服务礼仪规定，酒店服务人员在工作岗位上服务于服务对象时，允许注视的常规部位有：

（1）对方的双眼。一般情况下，当你问候对方，听取诉说，征求意见，强调要点，表示诚意，向人道贺，与人道别时，都可以注视对方的双眼。

注视对方双眼，表示自己聚精会神，一心一意，重视对方，但时间不宜过久，一般以3～6秒为宜，这种注视也叫关注型注视。

（2）对方的额头。注视对方额头，表示严肃、认真、公事公办，这种注视叫公务型注视，适用于极为正规的公务活动。与服务对象长时间交谈时，可以注视对方的额头。

（3）对方的面部。当你在长时间交谈时，或为对方服务时，可以注视对方的面部。但是，值得注意的是，注视对方的面部时，应该以整个面部作为注视区域，最好是对方的脸三角区，以散点柔视为宜。不要聚焦于某一点，这样被认为是不礼貌的。

（4）对方的局部。酒店服务人员在为服务对象提供服务的时候，往往会因为实际需要，对服务对象的某一部分进行注视，如递接物品时注视对方的手。但是，注视对方的局部往往是在特殊的情况需要下。如果在一般情况下，服务人员也过多地注视服务对象的头部、胸部、腹部、臀部或者大腿等部位，就会被认为是极不礼貌的。

（5）对方的全身。与对方距离较远时，往往需要注视对方的全身。在站立服务时，往往也会注视对方的全身。另外，送客时，要等客人转过身走出一段路，不再回头张望时，才能转移视线，否则，客人会认为只是在应付，从而感到受冷落。

3．注视的角度

在注视他人时，目光的角度及其发出的方向，是事关与交往对象亲疏远近的一大问题。酒店服务人员在注视服务对象的时候，注视的角度是否得当是非常重要的。根据服务礼仪规定，酒店服务人员可以采用的注视他人的常规角度有：

（1）正视。正视就是正面注视服务对象。正视的时候一定要注意把上半身朝向服务对象。如果要表示对对方的谈话感兴趣，就要用柔和友善的目光正视对方，不能斜着眼睛看、扭过头去看、偷偷注视等。

（2）平视。平视即视线呈水平状态，也就是说，在注视服务对象的时候，酒店服务人员的身体应该与服务对象处于相似的高度。

平视一般适用于在普通场合与身份、地位平等之人进行交往时。在服务工作中，平视服务对象是一种常规的要求。如果自己正坐着，当服务对象到来时，酒店服务人员应该起立相迎。

（3）仰视。仰视即主动居于低处，抬眼向上注视他人。仰视可以表示对对方的尊重、敬畏之意，给予对方被重视、信任之感。

服务礼仪规定，酒店服务人员在站立或就座为客人服务时，眼部不得高于服务对象。如果站立的时候高于服务对象，在为其提供服务时，应该自觉地弯下腰、低下头注视对方。

4．眨眼的次数

注视对方时要注意眨眼的次数。一般情况下，每分钟眨眼6~8次为正常，若眨眼次数过多，表示在怀疑对方所说内容的真实性，而眨眼时间超过一秒钟就成了闭眼，表示厌恶、不感兴趣。

5．注视的注意事项

（1）适时、自然。注视的时候适时、自然，表示重视、友好或尊敬。不要东张西望、左顾右盼，显得心不在焉；不要含胸埋头，显得胆小或者对谈话不感兴趣；不要高高昂起头，两眼望天，显得傲慢，这些都是失礼和缺乏教养的表现。

（2）客人沉默不语时，不要盯着客人。客人沉默不语时，不要盯着客人，以免使对方不安。同时，视觉要保持相对稳定，注意自然，不要在某一局部区域内上下翻飞，否则会让对方感到莫名其妙。

（3）不使用向上看的目光。在服务过程中，要特别注意不能使用向上看的目光，这种目光会给人目中无人、骄傲自大的感觉。

（4）要自然对视。在双方对视时，不应慌忙移开视线，应当顺其自然地对视1~3秒钟，然后再缓缓移开，这样显得心地坦荡，容易取得对方的信任。一遇到对方的目光就躲闪的人，容易引起对方的猜疑，或被认为是胆怯。

（5）眼神要兼顾多方。酒店服务人员在工作岗位上为多人服务时，应该学会巧妙地运用自己的眼神，兼顾到每一位客人。兼顾多方的标准做法就是：适当地注视每一位服务对象，让每一位服务对象都感受到酒店服务人员的关注。

当几名服务对象一起过来的时候，酒店服务人员既要重视对重点对象的注视，又不能忽视对其他次要服务对象的注视。尤其是当服务对象中有女性时，更应该适当地多给予一些注视。

当许多服务对象陆续到来的时候，酒店服务人员既要根据先来后到的顺序，对先到的客人多给予一些关注，同时要用略带歉意和安慰的眼神环视等候在周围的其他客人。这样不仅可以让先来的客人感受到重视，也可以让等候的客人感觉到安慰。

（四）微笑的标准

微笑指的是一个人微微含笑时的神情。

1. 微笑的作用

微笑能拉近人与人之间的距离，调节情绪，消除隔阂，促进双方沟通。微笑还可以美化形象。当然，微笑应是发自内心的笑，应该笑得真诚、适度、适宜。

在酒店工作中，微笑也是相当重要的。美国酒店之王希尔顿酒店是各地国际酒店的榜样，它遍布五大洲的各个城市，其经营秘诀就在于微笑服务。希尔顿酒店的创始人康拉德·希尔顿曾经这样说："酒店的第一流的设备重要，但是，第一流的微笑更为重要。如果缺少了服务人员的微笑，就好比花园失去了春日的阳光和微风。"因此，对于酒店服务人员来说，在工作岗位上微笑着服务他人，是一种基本的岗位规范。

2. 微笑的原则

微笑不是欢笑、大笑、狂笑、苦笑、傻笑、冷笑等，微笑应该包含着友善、诚信、谦恭、和蔼、融洽等最美好的感情因素。因此，微笑一定要讲究原则。微笑的原则如下：

（1）真诚。当一个人心情愉快、兴奋或遇到高兴的事情时，都会自然地流露出这样的笑容。这是一种心情的调节，是内心情感的自然流露，绝不是故作笑颜、假意奉承。

发自内心的微笑既是一个人自信、真诚、友善、愉快的心态表露，同时又能营造明朗而富有人情味的氛围。发自内心的真诚微笑应是笑到、眼到、心到、意到、神到、情到。

（2）适度。微笑虽然是人们交往中最有吸引力、最有价值的面部表情，但也不能随心所欲，不加节制。

微笑的基本特征是不露齿、不出声，既不要故意掩盖笑意、压抑喜悦，也不要咧着嘴哈哈大笑。只有笑得得体、笑得适度，才能充分表达友善、诚信、和蔼、融洽等美好的情感。

（3）适宜。微笑是全世界通用的语言，但是笑有分寸，微笑、大笑、狂笑、冷笑、苦笑，它们的适用对象是不同的。在服务的时候，当笑则笑，不该笑别笑。不能走到哪里笑到哪里，见谁都笑。微笑要适宜，下面这些场合是不适宜微笑的：

1）特别庄严、肃穆的场合，不宜笑。
2）当别人做错了事、说错了话时，不宜笑。
3）对方有先天缺陷时，不宜笑。
4）对方出了洋相时，不宜笑。
5）当别人遭受重大打击，心情悲痛时，不宜笑。

微笑时要注意对象，两人初次见面，微笑可以拉近双方的心理距离；同事见面点头微笑，显得和谐、融洽；服务员对客人微微一笑，表达的是服务态度热情与主动。微笑最忌媚态，特别是女性更要注意这个问题，以免对方误会，适得其反。

3. 微笑的标准

服务礼仪规定，酒店服务人员在工作岗位上，应该面带微笑，让客人在享受服务的同时，感到愉快、欢乐和喜悦。当然特殊情况除外，如客人正处于不开心甚至悲痛的情况下等。

微笑时应当注意：

（1）先放松自己的心情，进而放松面部肌肉，然后使自己的嘴角微微向上翘起，让嘴唇略呈弧形。

（2）然后，默念英文字母 G 或普通话"茄子"。

（3）同时，要面含笑意，但笑容不甚显著，不闻其声，不见其齿。

（4）注意面部其他各部位的配合，做到表里如一，发自内心地微笑。

（5）微笑是对服务工作的要求，当有两个或两个以上的服务对象时，酒店服务人员应该注意兼顾服务对象，同时以微笑面对多位服务对象。

微笑其实也是人的面部各部位的综合运动。若忽视其整体的协调配合，微笑便不能称为微笑。通常，一个人在微笑时，应当目光柔和，眉头自然舒展，眉毛微微向上扬起，还应避免耸动自己的鼻子与耳朵。可见，微笑一定要有良好的心境与情绪作为前提。

第四节 服饰礼仪

服饰是一种文化，穿着是一门艺术，它透射出一个人文化修养的高低和审美情趣的雅俗，折射出一个人对生活的态度。正如意大利影星索菲亚·罗兰所说："你的衣服往往表现你是哪一类人物，它们代表你的个性。一个和你会面的人往往自觉或不自觉地根据你的衣着来判断你的为人。"

一、着装原则

着装，不是指人们日常生活中的衣服和装饰物，而是指人在着装后呈现的状态。衣服是就人所需的遮体、御寒功能而言，而着装后的状态则表达个人的社会地位、民族习惯、风土人情，以及个人修养、情趣等因素。要使着装后的个人形象富有神韵和魅力，就应遵循着装原则。

（一）个性原则

着装能传示出性格、爱好、心理状态等信息，现代人的着装力求美观、实用、突出个性特点，呈现出越来越强烈的表现个性的趋势。只有当服饰与个性协调时，才能展现独特魅力、塑造最佳形象。

（二）和谐原则

着装和谐是最高原则。着装的最终追求是一定的流行性与鲜明的个性风格统一的整体美。

1. 服装的风格与人体的和谐（合体）

服装以人体为基础，以打扮人体为最终目的，应力求衣服合体、舒适。理想的体形是：

男性呈"T"形，女性呈"X"形，但人的体形千差万别，应根据服装修饰的目的和视觉差的原理，选择或设计适合自己的服装来弥补体形的不足。例如：根据脸形选择领形，圆脸宜选"V"形领，尖脸宜选圆领；根据体形选择款式与造型，腿粗不宜穿短裙，偏胖不宜穿无袖衫。

2. 服装的面料、色彩与年龄、形体、肤色的和谐（得体）

面料在软硬、光泽和造型性能上有很大的差别，对款式起制约作用，而且对不同的体形、年龄有着不同的表现效果。偏胖的人，如果选的面料太厚会显得笨重、臃肿，太薄则体形暴露无遗，应选用厚薄适中、挺括的面料；少女不用华贵的面料，中老年人选中、高档面料为宜。

从视觉效果上讲，服装色彩在人际知觉中是最领先、最敏感的，没有不美的色彩，只有不美的搭配，服装色彩搭配的方法有统一法、对比法（衬托法）、点缀法、衔接法、呼应法、分块法（块面拼接法）等。应根据肤色选择服装色彩，让其映衬和改观肤色，以表现自己的"美点"。还应注重体形与色彩的和谐，偏胖的人不能只顾色彩效应，而不顾自身条件去选择浅灰、白色或横条纹、大格子、大花图案的服装。高瘦的人不宜穿深色和直条纹的服装。

（三）TPO原则

"TPO"是英文"Time（时间）""Place（地点）""Occasion（场合）"三个单词的首字母，是指人的着装要与时间、地点、场合相适应。

时间原则有早晚性、季节性、时代性的含义。在西方，男子上午或白天不穿小礼服，女子在日落前不穿过于裸露的服装。在我国这个拥有几千年文明史的国度，着装同样力求与早晚和季节的变化相适应，如白天不化浓妆，讲究冬暖夏凉，春秋适宜，随"时"更衣。另外，着装应不超前、不滞后，讲求时代性。

地点原则是指根据地点、场所、位置的不同，着装应与之相适应。要与不同国家、地区的地理位置、自然条件以及生活习惯等特定的环境协调。最好的办法是入乡随俗。

场合原则是指着装应与出席场合的气氛相适应，实现人景相融的最佳效应。着装场合可分为上班、社交、休闲、正式等场合，不同场合各有要求，不可大意。上班要穿得整洁大方；社交打扮要时尚、典雅；休闲穿戴求方便舒适；正规、隆重的场合宜稳重得体。

二、穿着西装的礼仪规范

西装是最常见、最标准、男女皆宜的国际性礼服。因其造型优美、做工讲究，实用性强，四季皆宜等优点，深受各国各民族人民喜爱。大多数国家在着装上日趋简单，穿西装的场合越来越多。男子穿深色、纯色西装显得风度翩翩；女士着色艳、合体的西服套装（裙）显得分外优雅端庄。

（一）三色原则

穿西装应遵循三色原则，即西装、衬衫、领带、鞋袜的颜色不应超过三种。

最为讲究的做法是手表带、皮带、皮包（夹）等配件的颜色与服装主色保持一致。

(二) 西装、领带与衬衫

1. 西装

西装须合体，上衣长度以垂下手臂时与虎口平行为宜；领子应紧贴并略低于衬衫领口，以衬衫露出 1 厘米高的一条线为宜；袖口与手腕平，以拍手时衬衫袖长出 2 厘米为宜；下摆与地面平行。

西装左侧衣领上的扣眼（美人眼），可插一朵花或别上徽章、别针；胸前小口袋主要装巾饰或胸花；巾饰即用一定形状的手绢点缀西装，形状有一字形、三角形、双三角形等，色彩由最初的白色、灰色发展到红、黄、蓝等艳色，最为考究的是，巾饰的色彩、面料与领带、领结一致；钢笔、名片夹等应放入上衣内口袋或公文包。

裤装大小、长短应适中，中线应挺直；裤带宽度以 2.5～3 厘米为佳，不在裤袋、裤鼻上挂钥匙、手机等物品，以免破坏了西装的线条美。

穿三件套（上衣、西裤、马甲）、两件套适宜出席各种正式场合；如果穿三件套西装，脱上衣时应连同马甲一起脱掉，马甲为六粒扣时，不扣第六粒，其余五粒扣则全部扣上。

单穿上装适宜出席参观、游览、聚会等一般场合，它给人们带来的方便有：色彩可浅可艳，可以是格子的或条纹的；可不系领带，衬衣领可外翻于西服衣领上，可内衬套头式服装。

西装纽扣为双排扣时应全部扣好；单排扣时，则切记最下面一粒永远不扣。根据西装纽扣数量的不同，应采用不同的扣法：一粒可扣可不扣，两粒扣上粒，三扣只扣中粒或上两粒，四扣只扣中两粒或上三粒。一般场合也可不扣扣子，任意敞开；正式场合，坐下时才解扣（以防走样）。

2. 衬衫

宜选白色或浅色，以硬领为佳；穿长袖或短袖硬领衬衫时应将下摆扎入西裤内；一般场合，长袖衬衫不与上装合穿时，可解开一粒领扣，袖口可按其宽度挽两次（不超过肘部）；与西装合穿或与西裤合穿且系领带时，则须将领扣与袖扣全部扣好。按国际惯例，西装里面不穿毛衣，在我国最多也只能加一件套头式 V 领毛衫或毛背心，不要穿多件呈"梯田"状。目前，男子冬季穿西装时，一般会外加风衣或大衣，既不臃肿，又可御寒，可展现男性刚健的体魄美。

3. 领带

领带是西装的灵魂，在西装的穿着中起画龙点睛的作用。领带的打法有平结、小三角结、大三角结三种。领带长度以系好之后大箭头尖垂至皮带扣处为标准；领带夹的位置以在衬衫第三与第四粒扣之间为宜；若穿了马甲、V 领毛衣或毛背心，领带应置于其内，且领带尖不能露出。

(三) 鞋与袜

"西装革履"即要求穿西装时一定要穿皮鞋，且以黑色、深咖啡色为宜，应经常上油擦亮，保持整洁。着西装时，男士袜子应略长，以坐下跷腿时不露小腿为宜，颜色以深色或衣服与皮鞋的过渡色为好；女士穿西装套裙时，应穿丝袜或裤袜，颜色应与肉色相似。

三、穿着工装的礼仪规范

工装是标志一个人从事何种职业的服装,是酒店在社会大背景下的形象定位,包含一定的文化品位和管理思想。各酒店的工装(制服)各不相同,均逐渐向国际化、多样化发展,呈现出多姿多彩的景象。

(一)穿着工装的目的

各酒店都十分注重工装的广告宣传作用,力求有强烈的时代感并能弘扬民族文化、展示传统特色。符合时代要求、经久不衰、国际流行的西装是公认的理想合适的工装。旗袍因其线条流畅、典雅、最具民族特色,被普遍用作迎宾时的工装。有的酒店还专门请人设计,力求工装大方、实用,给人整齐划一的感觉,与高档次的环境相适应。这样做的目的是将积极进取的敬业精神、服务意识同团结合作的企业精神蕴含其中,酒店服务人员穿上展示职业魅力和风采的工装便产生责任感和自豪感。

(二)穿着工装的效果

1. 整洁

工装应无油渍、污垢、异味;无破损;无皱纹。穿前烫平,穿后挂好,上衣平整,裤线笔挺。每日上岗前要细心检查工装上是否有菜汁、油迹。特别要注意领子和袖口的洁净,检查衣裤是否有漏缝或破边等现象。

2. 整齐

工装须合体、整齐。注意四长、注重四围。四长,指衣长、袖长、裤长和裙长。其中,衣长至虎口;袖长至手腕;裤长至脚面;裙长至膝盖。四围,指领围、胸围、腰围、臀围。其中,领围大小以能插入一指为宜,领带、领结与衣领口的吻合要紧凑且不系歪;胸围、腰围、臀围以穿一套羊毛衣裤的松紧为宜。太小会限制人的行动、影响工作;太大会显得无精神,不利索。内衣、内裤与个人物品不外露。衣袋不得多装物品。不挽袖卷裤。不漏扣、不掉扣。鞋无破损,以黑色为好,皮鞋应擦亮,布鞋应洁净。袜口不要露在裤、裙外,男袜宜与鞋色和谐,女穿肉色丝袜。领带、领结、飘带应与衬衣领口吻合并系正,工号(标志)牌戴在左胸正上方,不挂(别)腰间。有的岗位还应戴好手套与帽子。

3. 美观

为表现工装的象征性(热情有礼),体现工装与环境和谐(高素质、高档次),应保持整齐美观的着装效果。不能为时髦将工装随意修改;不穿过于新潮或太薄太露的衣服;不穿短裤、短裙;不穿需经常整理的服装。

四、佩戴饰品的礼仪规范

饰品按其作用不同可分为装饰和实用两大类。项链、戒指、耳环(链)、胸针等属装饰类;鞋袜、帽子、围巾、皮带、皮包等属实用类。

(一)讲究协调

佩戴饰品应与时间、场合协调。冬天戴毛、皮帽,夏天可用草编工艺小包;晚宴、晚会上可佩戴胸针、闪亮的带坠耳环等；工作、开会则应少戴或不戴饰品。佩戴饰品还应与形象、个性特点相协调。选戴帽子时应注意款式、色彩、大小与肤色、头型的协调；戴墨镜应与脸形、肤色、头饰协调；新颖、别致的手提包应与服饰色彩协调。

（二）注重寓意

根据我国的风俗习惯，佩戴饰品应注重寓意。项链是平安、富贵的象征，链坠一般都有幸福、美满的寓意；对图案（龙、鹰、狮、马）和字义（福、禄、寿、喜）有各自的偏好。

（三）规范佩戴

为有利表现整体形象，佩戴首饰应以少为宜（全身的饰品不超过三件），以精为佳，以同质同色为妙。

戒指佩戴在不同的手指上有不同的含义：戴食指上，表示无偶求爱；戴中指上，表示正在恋爱；戴无名指上，表示已订婚或已婚；戴小指上，表示暂不婚恋。修女的戒指戴在右手无名指上，意味着把爱献给了上帝。

手镯（链）一般戴在右手上，仅右手佩戴表示自由而不受约束；戴在左手或两手上，表示已婚；一只手上不宜同时戴两只或两只以上，不要一只手上既戴手表又戴手镯。

帽子不同的戴法会产生不同的视觉效果和礼仪效应。正戴显得庄重严肃，向前稍倾显得时髦，帽子稍歪斜、帽檐向下压显得俊俏。参加室内活动、与人交谈时应摘下墨镜，参加户外的礼仪性活动也不应佩戴。手提包是出席正式场合时使用的重要饰品，应遵循轻便、易携带、大小适中的原则，佩戴胸花多见于宴会、招待会、开业典礼或特别的节日。应将花茎向下，使之与自然开放的姿态相同。

（四）男性饰品

领带夹、皮带、钥匙链、打火机、名片夹、钱包等都是传统男性饰品，现在还增加了项链、手链、戒指，多追求线条流畅、豪放沉稳的造型，目前以宝石、玉镶入戒指为美；大多数男性意在显示身份、地位和经济实力。

本 章 小 结

本章主要讲授了仪容礼仪，介绍了仪容美及其基本要求，讲解面部、肢部、发部和化妆修饰标准；讲授了仪表礼仪，介绍仪表美的概念及其重要性；讲授了仪态礼仪及其标准，介绍了站姿、走姿、蹲姿、坐姿和手势标准；讲授了服饰礼仪，介绍了着装原则，讲解了穿着西装、工装和佩戴饰品的礼仪规范。

思考与练习

一、选择题

1. 仪容，即人的容貌，包括（　　　　）。

A. 发型、面部和嘴部　　　　　　B. 发型、面容和脸色
C. 头型、脸色和嘴部　　　　　　D. 眼睛、发型和脸色
2. 眼部修饰的标准包括（　　）。
A. 洁净、卫生和美观　　　　　　B. 立体、卫生和美观
C. 洁净、干净和艳丽　　　　　　D. 洁净、卫生和艳丽
3. 鼻部修饰标准包括（　　）。
A. 光亮和卫生　　　　　　　　　B. 干净和卫生
C. 干净和美观　　　　　　　　　D. 卫生和美观
4. 口部包括（　　）。
A. 牙齿、嘴唇和胡须　　　　　　B. 牙齿、口腔和胡须
C. 牙齿、口腔和嘴唇　　　　　　D. 牙齿、口腔、嘴唇和胡须
5. 仪表，即人的外表，包括（　　）。
A. 容貌、服饰和姿态　　　　　　B. 容貌、行为和仪态
C. 容貌、形体和仪态　　　　　　D. 容貌、行为和姿态
6. 女性服务员基本走姿的特点是（　　）。
A. 协调、稳健、庄重　　　　　　B. 轻松、敏捷、协调
C. 轻松、敏捷、健美　　　　　　D. 轻松、稳健、健美
7. 穿西装应遵循三色原则，即（　　）。
A. 西装、衬衫、领带、鞋袜不超过三种颜色
B. 西装、衬衫、领带不超过三种颜色
C. 衬衫、领带、鞋袜不超过三种颜色
D. 西装、领带、鞋袜不超过三种颜色
8. 下列站姿手势摆法不正确的是（　　）。
A. 双手置于身体两侧　　　　　　B. 右手搭在左手上叠放于体前
C. 双手叉腰站立　　　　　　　　D. 双手叠放于体后
9. 为客人引路可采用（　　）手势。
A. 直臂式　　　B. 横摆式　　　C. 双臂横摆　　　D. 单臂式
10. 一般情况下，男子不宜佩戴的饰物是（　　）。
A. 戒指　　　　B. 耳环　　　　C. 眼镜　　　　D. 领结

二、判断题
1. 坐沙发时不应太靠里面，不能呈后仰状态。　　　　　　　　　　　（　　）
2. 低位手势"斜臂式"可以用于表示"里面请"。　　　　　　　　　　（　　）
3. 目光始终注视对方，时间超过相处时间的三分之二表示轻视。　　　（　　）
4. 酒店女员工可以佩戴夸张的耳饰，体现自己的个性。　　　　　　　（　　）
5. 招呼别人，可以使用手指。　　　　　　　　　　　　　　　　　　（　　）
6. 举手致意时，应该全身直立，不用面向对方。　　　　　　　　　　（　　）
7. 握手时双方伸出手来的先后顺序应为"长者为先"。　　　　　　　 （　　）
8. 微笑其实也是人的面部各部位的综合运动。　　　　　　　　　　　（　　）
9. 穿西装应遵循三色原则，即西装、衬衫、领带、鞋袜不超过三种颜色。（　　）

10. 男性服务员基本走姿的特点是：协调、稳健、庄重、刚毅。   (   )

三、简答题

1. 简述仪容美的基本要求。
2. 简述化妆的作用。
3. 简述香水使用的注意事项。
4. 简述仪表美的重要性。
5. 简述着装原则。

四、案例分析

时髦的着装

郑伟是一家大型国有企业的总经理。有一次，他获悉有一家著名的德国企业的董事长正在本市进行访问，并有寻求合作伙伴的意向。于是他想尽办法请有关部门为双方牵线搭桥。

让郑总经理欣喜若狂的是，对方也有兴趣同他的企业进行合作，而且希望尽快与他见面。到了双方会面的那一天，郑总经理对自己的形象刻意地进行了一番修饰，他根据自己对时尚的理解，上穿夹克衫，下穿牛仔裤，头戴棒球帽，足蹬旅游鞋。无疑，他希望自己能给对方留下精明强干、时尚新潮的印象。

然而事与愿违，郑总经理自我感觉良好的这一身时髦的"行头"，却坏了他的大事。

（资料来源：金正昆. 涉外礼仪教程[M]. 北京：中国人民大学出版社，1999.）

请分析：

1. 郑总经理的错误在哪里？
2. 他的德国同行对此会有何评价？

酒店服务人员日常交往礼仪

学习目标

通过本章的学习，了解日常交往礼仪在酒店服务中的重要性；掌握日常交往礼仪的基本规范和要求，并能够在酒店服务工作中准确运用。

内容提示

- 见面礼仪
- 谈话礼仪
- 交往礼仪

主要概念

见面礼仪、谈话礼仪、交往礼仪

开篇提示

酒店是一个人际交往频繁的场所，酒店服务人员不仅每天都要向客人提供服务，与客人产生广泛的接触，而且还要和同事密切协作，共同完成工作任务。妥善地处理好这些关系，将会使客人感到亲切和受到尊重，将会使同事间关系更加融洽，工作效率得到提高，从而创造一个良好的服务氛围和工作氛围。掌握人际交往礼仪有助于酒店服务工作的顺利开展和为宾客提供优质的服务，也有助于酒店服务人员在人际交往中显示自己的风度，增添个人魅力。

第一节 见 面 礼 仪

见面是人际交往的第一步，无论哪个国家、哪个民族、哪种信仰的人，见面时都需要用一定的礼仪、礼节来表示欢迎、尊敬、感谢和友好之情。见面礼仪是指在见面时使用频率较高的礼节。正确的、合乎规范的运用这些礼节，可以有效地表达对宾客的友善和敬意，给宾客留下良好的第一印象。

一、握手礼

握手是国际上使用频率最高、最为普及的一种见面礼节，在今天已经是最平常的礼节了，但它却起源于原始社会。在原始社会，人们用以防身和狩猎的主要武器是棍棒和石块，当不同氏族和部落的人们相遇时，为了表达双方均无恶意，就放下手中的东西，伸出各自的手掌，让对方抚摸掌心，表示自己手中没有武器，以示友善。这种表示友好的习惯沿袭下来，并逐渐演化，成为现在的握手礼。握手礼主要用于见面和道别，其含义较广，还可以表示慰问、感谢、鼓励、祝贺等，也可以化解矛盾、表示友好。

对于握手礼我们应该掌握以下几点注意事项：

1. 握手方式

行握手礼时，可以使用单手相握，即见面双方各自伸出右手，四指并拢，拇指张开，肘关节微曲，手臂抬至腰部，上身向前微倾，两人相距约一步远，两手相握，上下轻摇，时间一般为3～5秒。为了表示对对方加倍的亲切和尊敬，也可双手相握，即同时伸出双手，握住对方双手或右手。但是男女之间一般不使用这种方式握手。

2. 握手神态

握手前，双方可打招呼或点头示意。握手时，要目视对方，面带微笑，并且寒暄致意，表现出关注、热情和友好之意。

3. 握手力度

握手的力度一般以不握疼对方的手为限。一般情况下，握手不必用力，轻握一下即可。男子与女子握手时不能握得太紧，西方人一般只握一下女子的手指部分，但老朋友可以例外。

4. 握手顺序

在正式的场合，握手的双方中，由谁先伸手是握手礼的重要问题。如果对伸手的顺序一无所知，往往会很失礼。握手时伸手的先后顺序是由握手人双方所处的社会地位、年龄、性别等各种条件决定的。应遵循"尊者决定"的原则，即握手者首先确定双方彼此身份的尊卑，由位尊者先行伸手，位卑者予以响应，而贸然抢先伸手是失礼的表现。

握手顺序的一般规定：

（1）年长者与年轻者握手，应由年长者先伸手。
（2）长辈与晚辈握手，应由长辈先伸手。
（3）位尊者与位卑者握手，应由位尊者先伸手。
（4）女士与男士握手，应由女士先伸手。
（5）已婚者与未婚者握手，应由已婚者先伸手。
（6）社交场合的先至者与后来者握手，应由先至者伸手。
（7）上级与下级握手，应由上级先伸手。

5. 握手时间

握手时间的长短应当根据双方的身份及与对方的关系来决定。特别要注意的是，与他人握手的时间不宜过长或过短，握手时间过短，会给人应付、走过场的感觉，握手时间过长，尤其是握住异性或者是初识者手的时间过长，是失礼的表现。正常情况下握手的全部时间应控制在三秒钟以内。初次见面，应该立刻握住对方伸出的手，稍稍用力一下，即可分开；与女士握手时，只需握住对方的手指部分，轻轻一握，即可松开；与特别尊重的长辈握手，应该在握住对方的右手之后，把自己的左手也搭在对方的右手之上，这种握手的方式，可以表示特别尊重对方的感情。

6. 握手禁忌

作为一种广泛采用的礼仪形式，握手是大有规矩和讲究的，因此要务必记住握手的禁忌。

（1）不要用左手与他人握手。
（2）不要在握手时争先恐后，造成交叉握手。
（3）不要戴着手套或墨镜与他人握手。
（4）不要争先出手与女士握手。
（5）握手时不要东张西望、心不在焉或面无表情、有气无力。
（6）握手时另一只手不要插在口袋里或拿着东西不肯放下。
（7）握手后不要马上擦拭自己的手掌。
（8）不要拒绝与他人握手。
（9）不要贸然伸手去握手。

二、鞠躬礼

鞠躬礼是中国的传统礼节，源于前秦时期。两人相见，弯腰曲身行礼，即为鞠躬礼。鞠躬礼也是日本、朝鲜、韩国最常见的礼节。行鞠躬礼时，上身的倾斜角度可以在15°～90°之间，一般来说，角度越大，表示越谦恭，越尊敬对方，这在日本表现得尤为突出。

行鞠躬礼时，行礼者距离受礼者2米左右，身体呈立正姿势，双腿并拢，目视受礼者，面带微笑问候，身体上部向前倾斜，视线随之下降，但脖子要直，双手自然下垂在身体两侧，或自然下垂平放膝前，而后恢复立正姿势。受礼者也以鞠躬礼还礼。长者、上级、女士还礼时可以不行鞠躬礼，欠身点头还礼即可。

在我国，鞠躬礼的应用范围很广，如演讲、领奖、谢幕、婚礼、悼念活动、接待来宾、见面相识等。行鞠躬礼时，必须脱帽，这样既表示尊重，又不致使帽子掉下来。鞠躬礼最常用的角度如下：15°表示向顾客和用户问好；30°表示感谢或询问是否需要帮助；45°表示道歉或对贵宾的问候。

三、致意礼

随着生活节奏的加快，人们也日益讲究效率，烦琐的礼仪有时已经不合时宜，但人们见面时仍需相互传递情感，表示尊重，于是见面时人们广泛使用起简单快捷的见面致意礼。致意礼常用于相熟的人之间或相交之初在各种场合打招呼。常用的致意方法如下：

1. 微笑致意

微笑致意时应面带浅浅的、不出声音的笑。需要注意的是，微笑时的面部表情应该与眼神一致，即面带微笑的同时眼睛也要含笑，否则会被认为是诚意不够的敷衍。微笑致意作为一种礼节，可用于社交活动中与不相识者见面时，也可以用于在同一场合多次相遇的相识者之间。

2. 点头致意

点头致意是面带微笑，注视对方，头微微向下一点，幅度不必过大，或点头不止。点头致意适用于不宜交谈的场合：在会议、会谈进行中；行礼者看见受礼者正与人谈话，且彼此目光又相遇时；与相识者在同一场合中多次见面或与有一面之交者在社交场合相逢时。

3. 举手致意

举手致意可以分为远近两种方式，远距离举手致意，一般不必出声，只要将右手臂伸直，举过头上或略高于头，掌心朝向对方，以手肘为中心，轻轻摆动几下手臂即可。近距离举手致意，即轻轻问候一声，将右手臂手肘弯曲，手掌放在右耳旁，以手腕为中心，轻轻摆动手掌即可。近距离举手致意一般用于不便停留交谈的熟人之间。

4. 欠身致意

欠身致意即身体的上部稍微向前倾斜，是表示对他人恭敬的礼节形式，在日常的人际交往中使用范围较广。

5. 脱帽致意

与长者、熟人见面时，若戴着有沿的帽子，采用脱帽致意是最为礼貌的。脱帽致意即微欠上身，用距离对方稍远的那只手脱帽，并将其置于大约与肩平行的位置，同时与对方目光相接。在有些国家，将帽檐向上轻掀一下，以示致意。

四、拥抱礼

拥抱礼是欧美各国熟人、朋友之间表示亲密感情的一种礼节，多用于官方或民间的迎送宾客或者祝贺致谢等场合。施礼时，两人相对而立，右臂偏上，左臂偏下，右手环抚于对方的左后肩，左手环抚于对方的右后腰，彼此将胸部各向左倾而紧紧拥抱，头部相贴。然后再向右倾拥抱，接着再做一次左倾拥抱而止。

五、亲吻礼

亲吻礼也是西方国家常用的会面礼节，它常与拥抱礼同时采用，即双方见面时既拥抱又亲吻。由于双方关系不同，行礼时亲吻的部位也不同。长辈亲吻晚辈，应当亲吻额头；晚辈亲吻长辈，应当亲吻下额或面颊；同辈之间，同性应当贴面颊，异性应当亲吻面颊；真正亲吻嘴唇的，仅限于夫妻之间或者恋人之间，其他关系是不能亲吻嘴唇的。行亲吻礼时，特别忌讳发出亲吻的声音，或将唾液弄到对方的脸上。

六、合十礼

合十礼也称"合掌礼"，原是佛教徒的一种礼节，后来盛行于印度和东南亚国家。施礼时，五指并拢，两手掌在胸前对合，指尖向上与鼻尖基本持平，手掌略向外斜，头略低，神情安详、严肃。此礼分为三类：

1. 跪合十礼

跪合十礼是各国佛教徒拜佛祖或拜高僧时所行的礼节。行礼时，右腿跪地，双手合掌于两眉之间，头部微俯，以示恭敬虔诚。

2. 蹲合十礼

蹲合十礼是某些国家的人在拜见父母或师长时所行的一种礼节。行礼时，必须蹲下，并将合十的掌尖举至两眉之间，以示尊敬。

3. 站合十礼

站合十礼是一些国家的平民之间、平级官员之间相拜，或者公务人员拜见长官时常用的一种礼节。行礼时，要站立端正，将合十的掌尖置于胸部或口部，以示敬意。

七、抱拳礼

抱拳礼也被称为"揖"，"拱手为揖"是我国的传统礼节。施礼时，右手攥拳，左手包握在右拳上，两臂屈肘抬至胸前，目视对方。行此礼时，不分尊卑。抱拳礼至今在武术界、长者之间和一些民族风格浓郁的场合经常使用。有时也在一些非正式场合或气氛比较融洽的场合使用，如春节拜年、新年晚会等。

八、介绍礼仪

在日常工作及社交场合，我们经常被他人介绍给第三者，也常常需要扮演介绍人的角色，因此在任何一种社交场合，主动地介绍自己都被认为是友善的行为，这是国际惯例。同时也应掌握被介绍的礼仪。由于介绍人的不同，介绍可以分为自我介绍、他人介绍和集体介绍三种类型。

（一）介绍礼的类型

1. 自我介绍

自我介绍就是在社交场合，在必要的情况下自己担任介绍的主角，自己将自己介绍给其他人，以使其他人认识自己。自我介绍是人际交往中常用的一种介绍方式，是在必要的情况下十分有效的沟通途径。下列几种情况往往需要做自我介绍。

（1）本人希望结识他人。在多人聚会中，如果对一个不相识的人感兴趣，想同他认识，但是无人引荐，只好由自己充当介绍人，将自己介绍给对方，此时就应该做自我介绍。在交谈之前，可以先向对方点头致意，得到回应后，再向对方介绍自己的姓名、身份、单位等。一般情况下，对方也会主动向你做自我介绍。

（2）他人希望结识本人。在社交场合，有不相识的人对你感兴趣，点头致意，表示想结识的愿望时，自己应当主动做自我介绍，表示出对对方的好感和热情。

（3）需要让其他人了解、认识本人。到一个单位联系工作或求职时，或在社交场合彼此都不熟悉的情况下，主持人提议将个人的情况做一番自我介绍，以便让大家了解、认识本人时，要做自我介绍。这时的自我介绍既是一种礼貌，也是下一步交流的前提和基础。

2. 他人介绍

他人介绍又称第三者介绍，是由第三者为彼此不相识的双方相互介绍、引见的一种介绍方法。

做介绍时，应该坚持尊者优先了解情况的原则，严格遵守介绍的先后顺序。因为先介绍谁，后介绍谁，是一个礼节性极强的问题。

（1）把男士介绍给女士。
（2）把职位低者介绍给职位高者。
（3）把晚辈介绍给长辈。
（4）把未婚者介绍给已婚者。
（5）把主人介绍给客人。

为他人做介绍时，介绍者应该热心、诚恳，手势动作优雅大方。无论介绍哪一位，介绍者都应手心朝上，手背朝下，四指并拢，以肘关节为轴，指向被介绍者一方，并向另一方点头微笑，切不可用手指头指来指去。必要时，可以说明被介绍一方同自己的关系，以便介绍的双方增进了解和信任。介绍者在为双方做介绍时，被介绍双方均应起身站立，面带微笑，目视对方，这样会显得高兴、专注。介绍后，身份高的一方或年长者，应主动与对方握手，问候对方，表示非常高兴认识对方等。身份低的一方或年轻者，应根据对方的反应做出相应的反应，如果对方主动伸手，就应立即伸出手与对方相握。当双方身份相当时，主动、热情地对待对方是有礼貌的表现。

他人做介绍后，看不起对方、摆架子、装腔作势、应付对方是失礼的；而低三下四、阿谀奉承、讨对方的欢心也是有失人格的，都是不正确的态度。

3. 集体介绍

集体介绍是他人介绍的一种特殊形式，是指介绍者在为他人介绍时，被介绍者其中一方或者双方不止一个人，甚至是许多人的情况。

在需要做集体介绍时，原则上应参照他人介绍的顺序进行。在正式活动中和隆重的场合，介绍顺序是礼节性极强的问题，在做集体介绍时，应根据具体情况慎重对待。

（1）将一个人介绍给大家。当被介绍的双方地位、身份大致相似时，应先介绍一人或人数少的一方，再介绍人数多的一方。

（2）将大家介绍给一个人。当被介绍的双方地位、身份存在明显差异，且地位、身份明显高者为一个人或人数少的一方时，应先向其介绍人数多的一方，再介绍地位、身份高的一方。

（3）人数较多的双方介绍。被介绍的双方均为多数人时，应先介绍地位低的一方，后介绍地位高的一方；或先介绍主方，后介绍客方。介绍各方人员时，则应由尊到卑，依次而行。

（4）人数较多的多方介绍。当被介绍者不只是双方，而是多方时，应根据合乎礼仪的顺序，确定各方尊卑，由尊而卑，按照顺序介绍各方。如果需要介绍各方成员，也应按照由尊到卑的顺序依次介绍。

（二）介绍人的仪态和技巧

（1）言谈举止要从容大方，称呼双方时要准确清楚，不能含糊其辞，令双方听不明白，伴随的手势要优雅，应掌心向上，用整个手掌指向被介绍的一方，目光跟着称呼走，先看长辈（或教师、女士、主人等），再转向晚辈（或学生、男士、客人等）。

（2）忌讳故意抬高对方，那样会显得你在溜须拍马，令双方难堪，同时也降低了你在双方心目中的地位。

（3）介绍双方认识时，应该清楚地、巧妙地表述彼此的关系。

（4）在正式、规范、庄重的场合做介绍时，应该连名带姓、带职务一起介绍。

（5）很多人在一起的比较随意的场合，可以从主座（上座）右侧起介绍。

（三）被介绍时的仪态

（1）始终保持友善、谦逊、真诚的微笑，先向对方行致意礼或鞠躬礼。

（2）如果对方向你伸手，你就应立刻上前握住。对方若是长者，就应双手握住。

（3）说"很高兴认识您""很早就听说过您，一直想认识您"这类真心想说的话。如果没有，可以郑重地说"您好"，然后重复自己的姓名和单位。

（4）目光始终友好地在介绍人和对方之间转换，不能东张西望、目光涣散。

（5）如果你正坐着，一定要站起来；如果双方都坐着，则可以不改变姿态。

（6）言谈举止要优雅、大方，不要太拘谨，手脚不要乱动，手要安静地放在桌面或膝盖上，脚要稳当地踩在地面上。

第二节　谈话礼仪

交谈是人们传递信息和情感，增长知识才能，增进了解和友谊的重要方式，也是沟通业务往来，建立良好人际关系的重要手段。通过交谈能体现出一个人的思维能力、文化素质、道德品质等诸多内在因素。一个善于使用语言与他人沟通，并建立起良好人际关系的人，其事业必定能取得成功。

一、谈话原则

1．态度诚恳、亲切

以诚相待是人际交往的基本原则，热情诚恳的态度能让交谈双方感到亲切、自然，畅所欲言，使谈话能够在轻松愉快的氛围中进行。交谈中虚情假意、装腔作势、言不由衷，会让对方反感，使交谈双方不欢而散。

2．神情专注、自然

与人交谈时，要面带微笑，目视对方，表情要随着交谈内容的变化而流露出情感的变化。不能一脸木讷，但也不要过分夸张。姿态要端庄，手势要适当。东张西望，心不在焉，打哈欠，伸懒腰，不断看表等举止都会影响谈话的氛围，是很失礼的行为。

3．用语文雅、得体

与人交谈时，要多使用礼貌用语，如"您""请""对不起""谢谢""打扰了""抱歉"

等。要掌握在不同场合、不同时间、针对不同的交谈对象，使用一些敬语、谦语和雅语。交谈中尽量避开使用口头语，如"这个""那个""反正"等。

4．音量适当、语气平和

在社交场合中，肆无忌惮地高谈阔论，大声说话，是缺乏修养的表现。与人交谈，音量控制在对方能够听清楚即可。语气、声调要平和、沉稳，尽量少用"嗯""啊"等语气词。此外，在与人交谈时，对于不便直接表达的意思，为了不使对方难堪，可以采用一些委婉的措辞来表达，例如，用"遗憾"来表示不满，用"无可奉告"代替拒绝回答等。

二、礼貌用语

1．称呼礼

称呼礼是指在交往中与他人谈话或沟通信息时恰当使用的礼貌称呼。

（1）在社交场合，最为普遍的称呼是"先生""小姐""女士""太太"。

通常"先生"一词是用来称呼男性的，无论年龄大小、是否已婚。"太太"一词是对已婚女性的尊称。"小姐"一词是对未婚女子的称呼。在不了解女性的婚姻状况时，可以用"女士"这一称呼。

（2）在日常生活中或者非正式场合，称呼应当自然、亲切，如"大爷""大妈""叔叔""阿姨""大哥""大姐""姑娘"等。

（3）当我们得知交往对象的姓名时，称呼应加上姓名或者姓，如"李明先生"或"李先生"以示尊敬。当得知对方职务、职称时，称呼时应在姓氏后面加上职务、职称，如"赵处长""李医生""王教授""田律师""张经理"等，在社交场合，这样的称呼显得庄重、规范。

（4）在一般同事之间，可以将"老""小"加在姓氏前面，关系密切的人，可以直呼其名而不称姓。

（5）称呼老师、长辈要用"您"而不用"你"，以示敬意，不可直呼其名。

（6）对于初次见面或者相交不深的人，称呼时要用"您"而不用"你"，以示谦虚与敬重。

（7）老朋友、熟人见面，不必使用"您"，以免给人生疏、拘谨之感。

（8）称呼任何人都要尽可能了解其民族习惯、地域特点，做到尊重对方，不伤害对方的感情。

2．问候礼

问候礼是指在日常人际交往中根据时间、场合和对象的不同用不同的礼貌语言向对方表示亲切的问候和关心。

（1）与交往对象初次见面时应说声："您好！见到您很高兴！"

（2）一天当中的不同时间段遇到同事或熟人可以分别说："早上好""中午好""下午好""晚上好"。

（3）探望病人时，要使用恰当的问候语，如"您今天感觉怎么样？""请多保重！""祝您早日康复！"

（4）日常生活中，中国有些传统的问候语，如"还没休息啊？""吃过了吗？""你出去啊？"这些是表示关心的问候。但是这些问候语不宜对西方人使用，容易造成误解，会被认为是对他们私生活的干涉。

3. 应答礼

应答礼是指在人际交往或工作中回答对方问话时的礼节。

（1）应对对方询问时，要全神贯注地聆听，不能侧身目视别处、心不在焉。

（2）回答时应面带笑容、亲切热情，不能表情冷漠、反应迟钝，必要时可以借助表情和手势加深理解。

（3）如果对方语速过快或者含糊不清，可以亲切地说："对不起，请您慢点说好吗？"或者"对不起，我没听清楚，请您再说一遍好吗？"而不能说："我听不懂您的话。"或者"你能说慢点不？我听不清楚。"这种急躁和不耐烦的表现会使对方对你产生不好的印象从而影响交往的效果。

（4）当对方对你表示感谢或者歉意时，应该说："没关系，这是应该的"或"您不必客气"。

4. 其他

人际交往中，在一些特定场合，可以有各种不同的礼貌语言礼节。例如：

（1）感谢语。得到别人帮助时，要诚恳地说："谢谢你！非常感谢！"在接受别人的礼物或者款待时应说："谢谢，我非常喜欢！"或者"谢谢您的款待。"

（2）道歉语。做错了事情或者麻烦了别人，应该及时道歉说："对不起，实在抱歉！"被道歉者也不该横眉冷对，而应该说一声："没关系。"

（3）赞美语。在人际交往中，学会恰当的赞美是很有必要的，如去别人家拜访，可以适当地赞美一下主人房间的装饰；看见某人穿了新衣服，可以赞美说："你今天真漂亮！"赞美别人时要坦诚、真挚，切不可言不由衷、阿谀奉承。

（4）征询语。征询语表现的是主动关心别人，给人彬彬有礼、值得信赖的感觉，如"我能为您做些什么吗？""您有什么事需要帮助吗？"征询语使人感到亲切、愉快。

三、谈话技巧

1. 学会赞美

赞美是人际交往中的"润滑剂"，是处世应当具备的基本素质之一。它能使人自信，具有进取心；它能缓解人际矛盾，使彼此友好相处。

在人际交往中应当通过适当的赞美来表达自己对别人的欣赏，不要害怕因为赞美别人而降低了自己的身份。但是赞美并不是一件容易的事，赞美不能勉强，这样会使人感觉到虚假、讽刺或是阿谀奉承。我们所赞美的人或者事物必须是值得赞美的。

在我们的生活中，热烈的掌声使得很多人更加发奋图强，而责难怒骂又使得很多人意志消沉。因此，我们的社会需要真诚的赞美。

2. 富于幽默

在人际交往中，人们不可避免地会遇到这样那样的难题，如果采用针锋相对、硬碰硬的方法，则往往适得其反，非但解决不了问题，甚至还会把问题激化。幽默的高明之处就在于它是一种曲折的表达思想的方式，避开矛盾的锋芒，比较容易被别人接受。同时，因为它能引发笑声，能创造轻松欢快的氛围，所以可化解各种矛盾引起的紧张情绪和尴尬气氛。

二战期间，英国首相丘吉尔访美，曾向罗斯福总统请求过一批军火援助，罗斯福没有马上表态，丘吉尔有些闷闷不乐。有一天在酒店客房中，丘吉尔刚躺进浴盆，罗斯福不宣而至。丘吉尔赤身裸体，嘴里还叼着那个著名的大烟斗，这个场面使得两个国家的首脑很是难堪，然而丘吉尔不愧是大幽默家，他急中生智，一耸肩膀说："瞧，我这个大英帝国的首相对你可是没有丝毫的隐瞒呐！"罗斯福听了不禁捧腹大笑。丘吉尔妙语惊人，一语双关，不仅掩饰了他的窘态，而且含蓄地表明他的政治立场是开诚布公的。这不仅恰到好处地打破了僵局，融洽了气氛，而且获得了罗斯福的好感。到下一轮会谈时，罗斯福欣然同意了丘吉尔的要求，一个重大的国际问题就此得以顺利解决。

3. 善于倾听

在现实生活中，有人健谈，口若悬河；有人木讷，期期艾艾。但是不管对方如何木讷，如何不善辞令，既然是交谈，就要时刻注意给别人说话的机会，不能一个人唱"独角戏"，只管自己说得痛快，不让别人插嘴。

本杰明·富兰克林曾说过："与人交谈取得成功的重要秘诀就是多听，永远不要不懂装懂。"往往善于倾听的年轻人总是受到器重，不分对象地发表见解不等于坦率，而是冒失。善于倾听是谈话成功的一个要诀。

为了使交流能顺利进行，双方都应投入饱满的热情，不但要听，而且要积极地去听。积极地听就是不要把自己置于被动"听众"的位置上，更不要一味地用"嗯"敷衍，在交谈过程中适时地表明自己的观点和态度是很有必要的：第一，自己能吸取别人的新思想、新信息；第二，尊重了对方，能获得对方的好感，同时体现了自己的修养。

四、谈话禁忌

在社交活动中，要想谈话能够顺利进行并取得预期的效果，除了要讲究谈话的技巧外，还要注意交谈中的忌讳。

（1）交谈的内容应该以双方共同感兴趣的或者需要商量的事为主。对别人不愿谈及的事，或容易引起悲痛伤心的事，应尽量回避，以免让对方不快，如果不得已需要提及，则语言应尽量委婉含蓄，不能全然不顾对方的感受。

（2）交谈中尽量避免提及对方的生理缺陷和以往发生过的不体面的事情。这很容易使当事人因此产生沮丧、痛苦、自卑等消极情绪，让对方感到你在注意他的缺陷。交谈中，除非出于工作需要，一般都不宜涉及此类话题。

（3）切忌当众揭对方的隐私，交谈中应尽量避免这些敏感区，否则，不仅交谈不痛快，也会给人留下浅薄无聊的印象。

（4）尽可能帮对方挽回面子。有时在交谈中，由于某种原因使对方陷入了尴尬的局面，如果你给对方提供"台阶"，就可以及时为对方丢失的面子添一些光彩；如果是无意"刺伤"了对方，就应立即道歉，请求原谅。这都是交谈中应有的风度。

第三节 交往礼仪

人际交往是人们联络感情、交流信息、增进友谊的有效方法，同时也是一项礼节性很强的社交活动，如果违背了礼仪，就会影响交往双方的关系，甚至有损自身形象。

一、拜访礼仪

拜访包括家庭拜访和工作场所的拜访。

1. 家庭拜访礼仪

（1）拜访前的准备。

1）预约。随着现代生活节奏的加快，在走亲访友前应该事先预约，这是一个很重要的礼仪环节，它能有效避免你赴空或者主人手头正忙无暇接待等尴尬场面。

当你要去拜访某一位亲朋好友时，最好事先与对方通个电话，约定一个双方都合适的时间再前往，这样便于对方做些准备，如尽快安排好手头工作或在家里进行整理以便迎客。如果不打招呼就贸然前往，很可能会打乱主人的事先安排，给对方带去麻烦。预约是对主人的尊重，也体现着自身的修养。

拜访时间的选择最好考虑到对方是否方便，尽量避开对方可能不便的时间，如节假日、工作忙碌的时间、用餐时间、午休时间、凌晨或者深夜。一般选在下午或晚饭后较好，这个时间段主人一般都有接待来访者的思想准备。当然拜访时间的选择并不是绝对的，这要根据你与被拜访者之间亲密的程度确定。如果关系非常亲密，可以根据被拜访者的生活习惯选择访问时机。总而言之，以不影响对方的工作生活为原则。

2）仪表修饰。拜访他人时，要注意对自己的仪表进行修饰。整洁的仪表服饰反映了来访者对主人的尊重程度。因此，男性应刮胡子，头发整齐干净；女性应适当化妆；鞋袜要洁净。

3）礼品选择。初次拜访或者节日拜访，最好适当带些礼品，以增进感情。所带礼品应尽量适合主人的需要，如给老人买些水果或给小孩买些糖果等。

（2）做客礼仪。

1）按时到达。准时赴约是拜访的最高礼节，它反映了你对主人的尊重。不能早到，以免主人未做好准备，也不能迟到，以免主人久等。如果因为意外而迟到，又无法及时告知，见面后必须马上向对方道歉，并说明原因。

2）门前按铃。进门前有门铃的要按铃，没有则应轻轻叩门，待有回音或有人开门后，方可进入。即使门是半开或是全敞开的，也应轻轻叩门或询问，待听到主人的回应再进门。随身带来的物品应放到主人指定的位置，不能随意乱放。

3）做客礼节。进门后，应先向主人问好，并同主人的家属及其他客人打招呼。按照主人安排入座，并注意坐姿。主人端茶递烟时要起身道谢，双手相接。主人端上点心、水果，要等年长的先动手后，自己再取。果核果皮不能乱扔乱放，也不要边吃水果、糕点，边走来走去。

交谈时要专心，不要左顾右盼，谈话要直奔主题，不要拐弯抹角，语气语调要和蔼，不要随便打断别人的话，更不能自以为是地乱发议论，尤其是在长辈面前。

拜访中，不要随便翻看主人家的东西，也不要随便进入主人家的其他房间，不该问的问题不要多问，不要对主人的私生活表现出过多的兴趣。

4）适时告辞。拜访的时间不宜过长，当宾主双方都已谈完该谈的事情、叙完该叙的情谊之后，就应及时起身告辞。告辞时应选择合适的时间，一般应在你说完一段话，与在场的主人、家属或其他客人打过招呼之后离开，并对主人的热情接待表示感谢。

2．工作场所的拜访礼仪

工作场所的拜访又称商务拜访，目的性很强，事前要做好充分的准备和计划，更应该重视礼仪。

（1）拜访前的准备。

1）了解情况。拜访前，要先了解拜访对象的基本情况，如在单位的职务、主管工作、性格特征等，只有这样才能达到拜访的目的。

2）仪表修饰。要保持整洁大方的仪表，着装修饰要符合自己的身份和角色。因为你代表的不是个人，而是公司的形象，你的言谈举止显示着公司的理念。同时，给对方的印象如何，对你的拜访成败有着重要的影响，所以不可忽视。

3）访前预约。拜访前要预约，并准时赴约。在赴约时，如果路程比较远，应把时间安排得宽松一些，把路上有可能出现的意外考虑在内，以免迟到。一般提前5分钟到达或者准时到达比较符合礼仪要求。

（2）拜访中的礼节。

1）敲门询问。如果办公室门前有专门的接待人员，那么他就会引领你去办公室。如果没有专门的接待人员，走到办公室门前，要先敲门、询问，经过允许后方可进入，然后将门轻轻关上。即使门开着，也要先敲门，经允许再进入。

2）问候、自我介绍。进入办公室后，首先应问好，可以说："您好"或者"大家好"，初次见面做简单的自我介绍，说明来意，递上名片。

3）谢茶、谢座。主人奉茶让座，应表示谢意。坐姿要端庄、大方。此时可与主人简单地寒暄几句。

4）控制时间。到办公室拜访，一般时间不宜过长，应直入主题，简明扼要。如果约定了拜访时间的限定，就应遵守约定按时离去。如果问题没有谈好，可以另约时间再谈，不要非把事情谈好了再走，这样会影响对方的工作安排，留下不好的印象。

5）礼貌告辞。告辞时，应礼貌地说："打扰您了""谢谢您"，并握手告别。走出门后，应轻轻把门带上。如果主人送你到门口，应请主人留步，并再次表达谢意。此时，如果有专门的接待人员，也应与其礼貌地告别致谢。

工作场所的拜访，一般不需要准备礼物。如果是为了向对方表示感谢或为了得到对方的支持，可以准备一些纪念性的礼品。

二、迎送礼仪

日常生活中，有拜访就会有迎送、接待。如何热情礼貌地接待来客，赢得客人的尊敬和信任，是迎送礼仪的基本知识。

1．接待准备

如果来客是事先约定的，就要做些准备工作，如自己的仪容仪表要整洁，居室要打扫整理，再购买些水果、点心等，尽可能创造出良好的气氛，使得客人有"宾至如归"的亲切感。如果客人是突然到来的，室内比较凌乱，应向客人致歉，并稍加整理，如收拾一下书桌或沙发，但不宜打扫、抹尘。

2．迎接问候

客人来了，主人应到门外热情相迎，亲切招呼，如果有其他成员在场，要一一向客人介绍，把客人迎进门，请客人上座。

3．敬茶

客人入座后，主人应递上茶水、水果、点心等。敬茶时应双手奉上，手不能碰到杯口，茶杯应放到客人的右手边，如果客人不止一位，则第一杯应敬给长者、女士或职位高者，老朋友相聚可以不必太讲究。

4．陪客礼节

敬茶后，主人要坐在一旁陪同客人交谈。交谈的内容根据来访者的目的、身份、职业、兴趣而定，不要谈对方不熟悉的或者不感兴趣的内容。与客人交谈时，家庭成员最好不要在旁聆听，也不要随便插话。交谈过程中，要时不时地为客人添加茶水，劝其多吃水果、点心等。

5．共同进餐

如果到了进餐时间，客人还没有走的意思，主人就应邀请客人共同进餐；如果客人同意，家属要与主人默契配合，一人陪客，一人准备饭菜。

6．礼貌送客

当客人准备告辞时，一般应真诚挽留，如果客人执意要走，也要等客人起身时，再站起来相送。送客时要把客人送到门口或者楼下，与客人亲切话别，待客人走远后，再回身关门或上楼。客人刚出门就"砰"的一声把门关上是极不礼貌的。

三、探病礼仪

生活中，经常会遇到亲友、熟人得病或者受伤的情况，去医院或者家里探望他们是人之常情，也是人际交往的重要内容。探望病人，既可以使病人和家属得到精神上的安慰，同时也可以加深了解、增进友谊、培养感情。

1．了解情况

在去探病之前，应该事先了解病人的病情，了解病人的心理状况，以便考虑应带的合适的礼物，并能恰当地安慰病人。

2．探访时间

选择什么时间去探望病人，这是个很重要的问题。一般应避免在清晨、饭点、傍晚和夜间这些时间段去探病。所以上午的9点到11点、下午的2点到4点是探望病人的最佳时间段。当然还得考虑医院规定的探病时间。探望病人时，不要时间过久，时间过久会使病人感到疲劳，还会影响其他病人的休息，一般将时间控制在20分钟左右为宜。

3．探病话题

在与病人交谈时，选择的话题需要特别留心，因为病人此时很敏感，话题应该尽量轻松，让病人心情愉悦，不要在病人面前过多谈论他的病情。

4．探病赠礼

探病所带礼物应该根据病人的病情选择，可以是鲜花，也可以是滋补品。下面列举一些探望病人所带礼物的要求。

（1）探望发烧的病人时，可送具有生津止渴作用的西瓜、梨、橘子、鲜藕等。因为发烧的病人出汗多，排钾增加，这些水果含钾较多，可以及时补充病人所需的钾等矿物质。

（2）探望腹泻的病人时，可送苹果、石榴、杨梅等水果，这些水果具有收敛止泄的作用。对于久泻不止的病人，还可送具有健脾止泄功能的莲心、百合、藕粉等食品。

（3）探望呼吸道感染的病人时，可送具有润肺功能的生梨。对于患有慢性气管炎、肺气肿的病人，可送具有补肺益肾的核桃。对于咯血的病人，可送具有养阴补肺功能的银耳和具有止血功能的木耳。

（4）探望高血压、动脉硬化的病人时，可送山楂、橘子、蜂蜜等食品。这些食品可以降血压，减缓血管硬化的速度。

（5）探望肝炎病人时，可送一些新鲜水果或者营养丰富的鸡蛋、鱼、麦乳精、蜂蜜等。对于慢性肝炎病人，最好送甲鱼。甲鱼含有丰富的蛋白质，有养阴清热的功能，对于慢性肝炎病人身体的恢复有益。

（6）探望骨折病人时，可送一些肉骨头、鸡蛋、奶粉、鱼等营养丰富、易消化，含钙较多的食品。

（7）探望产妇时，可送鸡蛋、鱼、虾等食物，对于产后出血较多的产妇，可送猪肝、桂圆、红枣等。

（8）探望肾炎病人时，不宜带含有动物蛋白的食物。

（9）探望糖尿病病人时，不宜带各种水果、点心、糖果等含糖的食物。

（10）探望胃病病人时，不宜带橘子、杨梅、奶油蛋糕等含有刺激性的食物。

（11）探望胆囊炎病人时，不宜送老母鸡、蹄膀、油炸品和其他含油量较多的食品。

四、馈赠礼仪

在人际交往中，为了沟通、巩固和加深相互之间的感情，根据情况接受或者赠送礼物，是一种常见的礼节。它能够创造良好的人际环境，增进与他人的友谊。

1．赠礼的艺术

我们都希望能够通过赠礼来表达自己的感情，并给对方留下深刻印象。因此，在赠礼时应该考虑以下因素：

（1）送礼的对象。这是送礼的首要问题，如果不分对象盲目送礼，会造成"物不达意"的后果。要分清受礼人是单位还是个人，如果是单位，就要了解该单位的性质、活动的目的等；如果是个人就要弄清其兴趣爱好、性格特点等，做到"因人赠礼"。

（2）送礼的目的。赠送礼品有各种各样的目的，如祝贺生日、祝贺乔迁新居、探望病人、答谢回赠等。如果赠送的目的不明确，就很难使对方满意，起不到赠礼的效果。相反，有目的的赠礼效果就会显著，如探病时送一些水果和补品，祝贺新婚送一件漂亮的装饰品等，都能让对方感到温暖的情谊。

（3）送礼的方式。送礼的最好方式就是亲自赠送，但随着生活节奏的加快，赠送礼品的其他方式也流行起来，如邮寄赠送、托人赠送等。有很多国家已经形成礼品服务行业，只要一个电话，礼品公司就会按照你的要求提供一条龙服务。

（4）送礼的时机。给个人送礼和给单位送礼，时机的选择会有所不同。

1）给个人送礼的时机：

① 传统节日和纪念日。如我国的传统节日春节、元宵节、端午节、中秋节等，或者世界性节日，如圣诞节、情人节、母亲节、父亲节等，还有重大纪念日如"三八妇女节""六一儿童节""五一劳动节""十一国庆节""教师节"等。

② 喜庆之日。主要指婚嫁、生日、乔迁、获奖、晋升、升学等。

③ 惜别送行。亲朋好友离别，为表示依依惜别之情和预示亲情友情长存也会送些礼品。

④ 探视病人。到医院或者家里探望病人时，可适当送些礼品，祝病人早日康复。

2）给单位送礼的时机：

① 开业庆典。参加企业开业庆典活动时，可以送上花篮、牌匾、室内装饰品等礼品表示祝贺。

② 上门取经。组织本单位人员到对方单位参观学习，临别时可以送上锦旗、牌匾或办公用具，以示感谢。

③ 突发事件。友好企业突发灾祸时，应到对方企业进行慰问，同时送上礼品以表心意。

（5）礼物的选择。送礼时应尽量考虑受礼人的爱好。俗话说："送人千斤，不如投其所好"，过于贵重的礼物既会给自己带来负担，也会给对方造成压力，这样的礼品有可能会被拒绝。所以，向人赠礼并非东西越贵越好，而是要诚心、合适。

2．选择礼品的原则

（1）应能表达自己的美好祝愿和深厚感情。选择的礼品应能够表达自己的祝愿之心，使对方心领神会、心情愉悦。

（2）浸透着自己的汗水和心血的礼品最为理想。若是自己亲手制作的礼品，送给朋友应该更具有纪念意义。一件付出时间和心血的礼物，所能得到的感激之情，绝不是贵重的珠宝、饰物可以比拟的。

（3）赠送礼品要有的放矢，合人心意。这是指送礼最好合别人的心意，在送礼之前，应该了解一些对方的情况，如爱好、年龄、文化素养、家庭环境以及忌讳的物品等，使你赠送的礼品更有针对性、更讨人喜欢。

五、电话礼仪

在日常生活和社会交往中，人们普遍使用电话来进行沟通和联络情感。电话联络的双方虽然不是面对面的，但在通电话的过程中可以反映出通话人的素质与修养。因此，在接打电话时应该礼貌、热情、得体，这样才能给对方留下深刻美好的印象。

1. 打电话礼仪

（1）做好相应准备。首先，要确认所拨打的电话号码、单位名称和所找人的姓名和职务是否正确；其次，如果交谈的内容较多要在纸上记好问题的要点和次序，尽量避免打完电话以后发现遗漏了问题再去打扰别人；最后，备好记录所用的纸和笔。

（2）选择通话时间。一是选择通话的时间段，打私人电话最好是晚饭后至晚上十点以前这段时间。早上七点之前或者晚上十点以后，以及用餐、午睡时间打电话是不礼貌的，但是如果有紧急事件则另当别论。二是通话时间的长短，一般通话时间不宜过长，每次通话时间最好不要超过 3～5 分钟。通话时间过长既会影响别人休息，又会导致电话占线，如有紧急事件电话无法打进容易耽误事。

（3）注意起始语。电话接通以后，应该礼貌地开口，例如，说："您好！请问××在吗？"或"您好！请问是××单位吗？"之后如有必要可以做自我介绍。电话接通后的第一句话直接影响着交谈效果，生活中有些人往往不注意打电话的起始语，喜欢使用"喂、喂"作为起始语，这是不礼貌的，会给对方留下无礼和没有修养的印象。

2. 接电话礼仪

（1）及时接听电话。电话铃声响起以后，应该迅速拿起听筒，一般在响铃三声之内必须接起，如果响铃时间较长，接起电话时应向对方致歉："对不起，让您久等了。"

（2）注意起始语。接电话最忌讳的就是拿起电话："喂！喂！"地叫，或者是"喂，找谁？"规范的接打电话的起始语应该是先问候："您好！"然后自报家门，接着再礼貌地询问。

3. 电话交谈礼仪

（1）注意通话表情。虽然电话交谈不是面对面的，看不见对方的表情和神态，但是通话时的语音、语气和语调会直接影响交谈的效果。因此，电话交流时，也应该面带微笑，语气和蔼，音量适中，只有这样才能给人亲切感，从而得到别人的认可。

（2）多使用礼貌用语。打电话需要对方找人时，应该礼貌地说："麻烦您帮我找一下××。"请接电话的人转达事项时，要说："您能帮我转告一下吗？我是××，谢谢！"如果自己打错电话了，要道歉："对不起，我打错了。"接电话时，如果找的人不是自己，应说："请稍后，我帮您找一下。"

（3）通电话时要注意以下三点：

1）电话交谈要简明扼要，尤其是在工作场合，不能漫无目的地闲聊，这样既影响工作又浪费别人的时间。

2）电话交谈时注意力要集中，不能边听电话边做其他事情，给人心不在焉的感觉。

3）善于倾听，听的时候要让对方感觉到你是在认真地听着，以示尊重，不能用"嗯、啊"等词语作为回应。

4. 挂电话礼仪

结束电话交谈时，一般应由拨打电话的一方提出，如果他没有结束谈话，对方先挂断电话，就会显得很不礼貌。接听电话的人在结束交谈时，挂电话要比对方晚 1 秒左右，放下话筒时一定要轻。如果对方的社会地位、职务比你高或较为年长，就应该等对方先挂电话，然后自己再轻轻地挂掉电话。

六、接递名片礼仪

名片是个人用作交际或送给友人作为纪念的一种介绍性媒介物。名片上一般印有姓名、身份、工作单位、联系电话、地址等内容。人际交往中，通过互赠名片可以使双方相识，从而建立感情，扩大自己的社交圈。

1. 名片的递送

向对方递送名片的时候，应该面带微笑，注视对方，并将名片的正面对着对方，用双手的拇指和食指分别握住名片上端的两角送给对方。递送名片时应该站立或者欠身，同时，应礼貌地说："我叫××，这是我的名片，请多多指教。"递送名片的顺序应为先客后主，先低后高，也就是说地位低者要先把名片递给地位高者，年轻的要先把名片递给年长的，男性要先向女性递送名片，客人要先把名片递给主人。当与多人交换名片时，应该按照职位高低的顺序或者由近及远的顺序递送。

2. 名片的接收

接收他人的名片时，应尽快起身，面带微笑，用双手的拇指和食指接住名片下方的两角，并说"谢谢""能得到您的名片深感荣幸"等礼貌用语。然后认真地读一下对方名片上的内容，不清楚的地方可以及时问一下，读完以后，重复一下对方名片上的职务和单位，以示尊重。切忌接过名片以后随便一丢，这是极不尊重对方的表现。

一般递接名片是在自我介绍或是经人介绍以后进行的，在接到对方的名片以后，如果自己没有名片或没带名片，则应及时道歉，并说明原因。

本章小结

本章重点讲述了见面礼仪、谈话礼仪以及交往礼仪。遵守礼仪规范，在日常交往中尊重对方，树立良好文明形象，可以提高交际能力和工作效率。

思考与练习

一、选择题

1. 鞠躬礼源于我国（　　）时期。
   A. 先秦　　　　B. 南北朝　　　　C. 唐朝　　　　D. 宋朝
2. 鞠躬的角度（　　），表示越谦恭、越尊敬对方。
   A. 越小　　　　B. 越快　　　　C. 越大　　　　D. 越慢
3. 亲吻礼在西方社会普遍流行，长辈应亲吻晚辈的（　　）。
   A. 下颌　　　　B. 额头　　　　C. 脸颊　　　　D. 嘴唇
4. 合十礼原为（　　）的礼节，后盛行于印度及东南亚国家。
   A. 道教　　　　B. 基督教　　　　C. 伊斯兰教　　　　D. 佛教

5. "抱拳礼"也称（　　），是我国的传统礼节。
   A. 握拳　　　　B. 作揖　　　　C. 合十　　　　D. 拱手
6. 电话礼仪要求一般通话时间不超过（　　）分钟。
   A. 3～5　　　　B. 2～3　　　　C. 5～8　　　　D. 10
7. 西方亲吻礼时同辈之间（　　）贴面颊，（　　）亲面颊。
   A. 男性、女性　B. 女性、男性　C. 同性，异性　D. 异性、同性
8. 探望病人时，不要时间过久，时间过久会使病人感到疲劳，一般将时间控制在（　　）分钟左右为宜。
   A. 10　　　　　B. 15　　　　　C. 20　　　　　D. 30
9. 拜访他人时，要注意对自己仪表的修饰，它反映来访者对主人的（　　）程度。
   A. 关心　　　　B. 喜爱　　　　C. 尊重　　　　D. 重视
10. 拥抱礼是欧美各国（　　）之间表示亲密感情的一种礼节，多用于官方或民间的迎送宾客或者祝贺致谢等场合。
    A. 亲人　　　　B. 恋人　　　　C. 同事　　　　D. 朋友

二、判断题
1. 亲吻礼节中能亲吻嘴唇的仅限夫妻或恋人。　　　　　　　　　　　　　（　　）
2. 行握手礼时，如有多人同时在场，可以交叉握手。　　　　　　　　　　（　　）
3. 社交礼仪中谈话应尽量避免提及对方的生理缺陷和隐私。　　　　　　　（　　）
4. 日常生活中我们可以在他人就餐及睡觉时间与其通话。　　　　　　　　（　　）
5. 介绍礼仪一般将男性介绍给女性，长辈介绍给晚辈。　　　　　　　　　（　　）
6. 抱拳礼应该是左手攥拳，右手包住左手。　　　　　　　　　　　　　　（　　）
7. 结束电话交谈时，一般应由接听电话的一方提出。　　　　　　　　　　（　　）
8. 递送名片时的顺序为先客后主，先低后高，先男后女。　　　　　　　　（　　）
9. 握手的三要素是力度、时间、顺序。　　　　　　　　　　　　　　　　（　　）
10. 握手时上下级之间应该上级先伸手。　　　　　　　　　　　　　　　　（　　）

三、简答题
1. 握手时应注意哪些方面？
2. 介绍有哪些形式？其礼仪要求是怎样的？
3. 交谈的原则是什么？交谈的技巧表现在哪些方面？
4. 交谈中要注意哪些禁忌话题？
5. 接递名片的要领是什么？名片的用途有哪些？

四、案例分析

热情有度

李梅在一位从法国来华工作的专家家里做家政服务工作，因为她本人工作认真负责，勤劳热情，这对专家夫妇对她印象很好，她也把自己当成了这个家庭中的一员。

某个星期天，专家夫妇外出归来，李梅在向他们问候以后，如同对待老朋友一样，随口便问："你们去哪里玩了？"专家迟疑了一会儿，才吞吞吐吐地说："我们去建国门外大

街了。"李梅以为专家累了,根本没把人家的态度当成一回事儿,于是又接着问:"你们去了哪些商店?"对方被迫回答:"友谊商店。"李梅自言自语道:"你们怎么不去国贸大厦和赛特购物中心看看,秀水街的东西也很不错的。"

然而,她的话还没说完,专家夫妇已经转身离去。两天以后,李梅被辞退了。

(资料来源:李欣.《旅游礼仪教程》.上海:上海交通大学出版社,2004.)

请分析:

1. 请说说李梅被辞退的原因。
2. 试分析中国与西方国家礼仪的差异。

第四章

酒店各岗位服务礼仪

学习目标

通过本章的学习,了解酒店各岗位的服务礼仪,重点掌握前台、客房、餐饮以及会议服务礼仪,以便在工作中运用服务礼仪,使客人感觉在酒店受到尊重和重视,为客人的入住带来便利,更好地完成对客服务,给客人留下深刻、美好的印象。

内容提示

- 礼宾服务礼仪
- 前台服务礼仪
- 客房服务礼仪
- 餐厅服务礼仪
- 康乐服务礼仪
- "三吧"服务礼仪

主要概念

礼宾服务礼仪、前台服务礼仪、客房服务礼仪、餐厅服务礼仪、康乐服务礼仪、"三吧"服务礼仪

开篇提示

在酒店服务行业中有一个特殊的原则,即"100-1=0",这是酒店服务的质量公式,其含义是:客人对酒店服务的质量评价是整体评价,只要有一个细节或者环节出现差错,就会导致客人不满。这个公式告诫我们:在100件服务工作当中,只要有1件没有做到位,那我们所有的努力都有可能被客人否定。因此,了解和掌握酒店服务过程中的服务礼仪是十分必要的。

第一节 礼宾服务礼仪

礼宾服务礼仪是在客人办理入住之前、酒店外部迎来送往服务工作中形成的,并得到人们普遍认同的一种礼仪。礼宾服务礼仪一般包括店外迎送礼仪、门童服务礼仪和行李员服务礼仪。

一、店外迎送礼仪

店外迎送服务是"酒店代表"代表酒店在机场、车站、码头等主要交通口岸,欢迎客人的到来、介绍相关的信息、解答客人问询,为客人提供高效、满意的接送服务,让客人感到舒适、温馨,让客人体会到被尊重和重视,从而对酒店留下深刻、美好的印象。

1. 店外迎送礼仪要求

店外迎送是客人感受酒店服务的第一个环节,酒店代表应具有良好的个人形象、职业素养和专业的服务态度,这样才会给客人留下鲜明的第一印象。因此,酒店代表应做好以下准备工作:

(1)酒店代表应穿着规范的服装,化淡妆,面带微笑,注重表情礼仪和仪态礼仪。

(2)酒店代表应该提前准备好客人的相关资料,在出站口等候并迎接客人。

(3)初次见面,酒店代表应该主动问候客人,并进行自我介绍,以确认身份。

(4)酒店代表在确认客人身份正确以后,应该引领客人上车,一边适度地与客人进行交流,向客人介绍酒店的基本情况,随时解答客人的疑问,一边与酒店取得联系,告知已经接到客人,让酒店做好接待准备。

2. 店外迎送礼仪规范

店外迎送礼仪应注重仪容礼仪、服饰礼仪、表情礼仪、语言礼仪、介绍礼仪和致意礼仪等。

(1)仪容礼仪。酒店代表应注意保持仪容端庄,面部整洁,口气清新,头发长短适中,款式适合,不留奇异发型,不染奇异颜色,女性服务人员应化淡妆,佩戴饰物以少为佳。

(2)服饰礼仪。酒店代表着装要符合身份,遵守常规,既要展示酒店员工的精神风貌、体现酒店的规格和标准,又要满足客人对受尊重和受重视的需求,让客人充分感觉到酒店服务的专业和自身的尊贵。

(3)表情礼仪。酒店代表在接送客人的过程中一定要注意与客人的目光交流,因为恰当的目光可以营造一种亲切、和谐的气氛,让客人感到平等、舒适,产生安全感和信任感。在与客人交谈的过程中应注视客人的双眼到下颌部分,自己说话时看着对方的眼睛,对方说话时看着他的口鼻。注视的角度最好是平视或仰视,对视一般占交谈时间的30%~60%。

除了注视对方的眼睛以外,还应注意面带微笑,微笑是表达和交流情感的最好方式,微笑服务可以使客人的需求得到最大程度的满足。而最好的微笑并非人类天生就有的,需要不断地学习、熟悉和练习。我们常用的微笑有两种:一种是不露牙齿、嘴角两端略微提起的微笑,适合与客人距离较近,无须说话的时候;另一种是露出上排八颗牙齿、热情的微笑,适合与客人相距3米左右,迎接问候的时候。无论哪种微笑,都应笑得自然、亲切、大方、得体，并且发自内心，这样才会给客人最动人、最感人的笑容。

（4）语言礼仪。酒店代表在迎送客人时应该注重语言礼仪，即讲话时要态度诚恳，谦逊专注，多使用礼貌用语，语速均匀、语调平和、语气亲切、音量适中，使用一定的语言技巧，多赞美客人，讲话要富有幽默感。

（5）介绍礼仪。酒店代表在迎接客人时需要进行自我介绍，这时介绍礼仪显得尤其重要，自我介绍时要有礼貌地将自己的姓名、身份、目的、愿望等告知对方，使客人对你产生信任感。为他人介绍是为了让双方尽快了解，介绍时应该面带微笑，目光亲切，手势优美，吐字清晰，掌握分寸。

（6）致意礼仪。亲切、自然的致意具有表达力和感染力，可以拉近双方的距离，致意礼仪主要有以下几种：

1) 起立致意，适用于尊者来去之时。
2) 微笑致意，适用于致谢、致歉之时。
3) 点头致意，适用于同一地点多次见面，一面之交或者不适宜交谈的场合。
4) 欠身致意，表示对人的恭敬。
5) 招手致意，招呼较远的熟人可用招手致意。

3．服务情景分析

情景一 "酒店代表"到机场（车站、码头）迎接客人

情景分析：

（1）"酒店代表"到机场（车站、码头）迎接客人之前，应提前准备好客人的相关资料，在出站口等候迎接客人。

（2）初次见面，酒店代表应主动问候、自我介绍、确认客人身份。

（3）引领客人上车并通知总台已经接到客人，与客人进行交流、介绍酒店情况、接受客人问询、解答客人疑惑。

（4）到达酒店后，引领客人入店，协助客人办理登记入住手续，及时满足客人的需求，让远道而来的客人感到亲切和方便，感受到来自酒店的关照和体贴。

情景对话：

酒店代表：您好，请问您是刘洋先生吗？

客　　人：是的。

酒店代表：刘先生，您好！我是香格里拉酒店前厅部的汪洋，代表我们酒店专程来接您。非常欢迎您来到沈阳，入住我们香格里拉酒店。

客　　人：你好，谢谢你能来接我！

酒店代表：我们的车在停车场等候，请您跟我来。我来帮您提行李吧！

客　　人：好的，谢谢！

酒店代表：刘先生，请上车。请您注意头顶！

客　　人：谢谢！

酒店代表：我们酒店地处青年大街，距离机场只有十几分钟的车程，位于沈阳比较繁华的地段，晚上夜景也非常美！

客　　人：是吗？那真是太好了！

酒店代表：刘先生，已经到达酒店了。请您慢一点下车，我帮您提拿行李，请您随我一起去前台办理登记入住手续。

客　　人：好的，谢谢！

情景二 "酒店代表"送别客人

情景分析：

（1）"酒店代表"到机场（车站、码头）送别客人之前，应提前确认好客人的离店时间，为客人安排好车辆。

（2）酒店代表应主动询问客人是否有需要帮助的地方。

（3）陪同客人办理好离店手续后，提醒客人检查携带行李的件数。

（4）车辆抵达后，引领客人上车，帮助客人安顿好行李，并送客人到达机场（车站、码头），协助客人办理登机（车、船）手续，询问客人是否还有其他需求，之后与客人礼貌道别，并表示欢迎客人再次光临。

情景对话：

酒店代表：您好，请问刘先生您是今天上午10点离店吗？

客　　人：是的。

酒店代表：我们酒店已经为您安排好了车辆，会准时在酒店门前等候。

客　　人：好的，非常感谢！

酒店代表：请问您还有其他需要我代为安排办理的事情吗？

客　　人：没有了，谢谢！

酒店代表：那好刘先生，我会提前帮您提拿行李并陪同您办理好离店手续，并送您到机场的！

客　　人：谢谢！

礼仪训练

1．目光训练

礼仪角色： 请同学们扮演酒店代表和客人。

礼仪要求：

（1）注视位置是以双眼为底线，以下颌为顶角的倒三角区域。

（2）注视方向是平视或仰视。

（3）自己说话时，看对方眼睛；对方说话时，看对方口鼻部位。

（4）对视时间占交谈时间的30%～60%，连续注视对方1～2秒。

2．微笑训练

礼仪角色： 请同学们扮演酒店代表和客人。

礼仪要求：

（1）与客人相距较近无须说话时，用不露牙齿、嘴角两端略微提起的微笑。

（2）与客人相距3米左右迎接问候的时候，用露出上排八颗牙齿、热情的微笑。

（3）练习微笑与目光、声音的结合。

（4）要用健康的心态、良好的心境来愉悦客人的心情。

3. 介绍训练

礼仪角色：请同学们扮演酒店代表和客人。

礼仪要求：

（1）向客人做自我介绍，包括称呼、问候、姓名、单位、目的、愿望六个要点。

（2）为客人和司机做介绍前，要先请示客人，得到允许后，将司机介绍给客人，要面带微笑、目光亲切、手势优美、手心向上、口齿清晰。

（3）练习微笑与目光、声音的结合。

（4）要用健康的心态、良好的心境来愉悦客人的心情。

4. 乘车训练

礼仪角色：请同学们扮演酒店代表和客人。

礼仪要求：

（1）先打开后排右侧车门，并用手示意客人先上，等客人坐稳后，自己从车后绕到左侧上车。

（2）如果客人有两位，就请客人坐到后排，自己坐在前排副驾驶位置。

（3）下车时自己先下，为客人打开车门，请其下车。

二、门童服务礼仪

门童也叫迎宾员，他们通常身着华丽制服，站在正门外，是酒店的"门面"，代表着酒店的形象。他们负责向客人表示敬意，欢迎来店客人，送走离店客人。因此，要特别注意礼仪，应该精神饱满、动作规范、语言标准、服务热情，一言一行都要落落大方、周到得体。

1. 门童服务礼仪要求

（1）门童一般分两班工作，每班三人。一人站在外车道负责到达酒店车辆的接待工作；一人站立于客人候车处负责离店车辆的安排工作；另一人在门厅内休息，随时待命。

（2）门童在岗时，着装要整齐，穿迎宾服装，包括迎宾制服、迎宾帽、白手套、皮鞋等，仪容要端庄大方，精神要饱满，站立要挺直。

2. 门童服务礼仪规范

门童服务礼仪应突出站姿礼仪、走姿礼仪、手势礼仪、引领礼仪，做到既注重外在，又注重内涵。

（1）站姿礼仪。根据客人的需求选择挺拔、典雅的站姿，展示良好的精神面貌和服务态度，可给客人留下深刻印象，为酒店树立良好的形象。

1）站立的基本要求：

① 抬头、挺胸、收腹、立腰、提臀、夹腿。

② 头正、肩平、双臂自然下垂、五指微收、中指对准裤缝。

③ 目视前方、面带微笑。

2）常用的站立姿态：

① 前腹式。双手握于腹前，脚呈小丁字步，多用于女士。

② 后背式。双手握于体后，双脚分开与肩同宽，只用于男士。

③ 丁字式。目视前方，下颌微收，颈部挺直，双肩放松，呼吸自然，腰部直立；一脚在前，将脚尖向外略展开，双手腹前相交，身体重心在两脚上，此姿态只限女士使用。

（2）走姿礼仪。规范的步幅、步态、步位、步速，加上正确的摆臂，可以展示迎宾人员的庄重、典雅、自信、热情，以及对客人的尊重和礼遇。

1）步幅适度。前脚跟与后脚尖距离为一脚之长，男性服务人员步幅在40厘米左右、女性服务人员步幅在36厘米左右。

2）步态优美。女性服务人员步态应该端庄、敏捷、轻松、健美，男性服务人员步态应该协调、稳健、庄重、刚毅。

3）步位正直。上体挺直，身体重心落在脚掌前部，挺胸收腹，目光平视。脚尖应对准正前方，两脚轨迹为一条直线或者两条紧邻的平行线。

4）步速平稳。酒店服务人员步数每分钟在60～100步之间。步速适中，可以反映出员工积极的工作态度。

5）摆臂自然。双臂以肩为轴，前后摆动，双手稍向内合，摆幅在30°～35°之间。

（3）手势礼仪。客人进入门厅，迎宾员应该用自然、优雅、熟练、规范的手势引领客人，这样既可以表达内心情感、判断客人态度，又可以建立友好的人际关系。

手势的基本要领：四指并拢，拇指与其分开，手与小臂成一条直线，眼神、表情、语言要与手势相配合。

1）横摆式（请进手势）。右手从体前抬至与腰同高，向右横摆到体侧，眼睛看向右侧。

2）斜摆式（请坐手势）。右手从体前向右横摆到体侧，然后指向右下角45°，大臂、小臂与手成一条直线，身体稍向右前方倾斜。

3）直臂式（指引方向手势）。将右臂从体前抬起，然后向右侧打开，与肩同高，大臂、小臂与手成一条直线，眼睛看向手的方向。

4）双臂横摆式（邀请众人手势）。双手从体前抬至与腰同高，同时向两侧横摆，与胸同高。

（4）引领礼仪。迎宾人员应讲究方法、注意分寸、细心体贴、无微不至，极为微小的动作都可以使客人体会到优质服务的内涵。

1）开门进门。外开门是打开门后扶住把手，请客人先进；内开门是自己先进去倚住门，再请客人进。

2）上下楼梯。上楼梯客人在前，下楼梯客人在后，注意让客人走有扶手的一侧。

3）走廊引领。在走廊里引领客人行走时，应该侧身走在客人斜前方1米左右的位置，转弯之前停一下，提示客人："请走这边。"并指明方向。

4）危险提示。转弯、走转门、下楼梯、有台阶、有柱子时都要提醒客人，以免客人受到惊吓、发生磕碰。

3. 服务情景分析

情景一 迎客服务礼

情景分析：

（1）宾客乘坐车辆抵达时，迎宾员中的一名应主动热情相迎，待车停稳后，必须上前为客人打开车门，迎接客人下车。一般应该一手拉开车门，一手挡在车门的上方并提醒客人不要碰头。但是注意对两类客人迎宾员不能将手举至其头顶，一类是伊斯兰教信徒，一类是佛教信徒。检查清楚客人在车内没有遗留物品后,轻轻将车门关上。

(2)客人进店时主动上前问候,问候时要面带微笑热情地说:"您好,欢迎光临!"并且鞠躬致意,表示热情欢迎。对于常住客人和 VIP 客人要记住其姓氏。

(3)如果车上有客人的行李,则应招呼行李员为客人搬运行李,若暂时没有行李员,则自己应主动帮助客人将行李卸下车,并且注意有无遗漏的行李物品,随后携带物品、引导客人到服务台办理登记手续。需要注意的是应该尊重宾客的意愿,凡是宾客自己要提的物品不要过分热情地去强行要求帮助提拿。

(4)对于老、弱、病、残、孕宾客,应该征求其同意再搀扶其上下车,以示关心。对于不愿被搀扶的宾客不必勉强,但要多加注意,随时准备采取应急措施。

(5)遇到雨雪天气,应该主动为客人撑伞,以免客人被淋湿。

(6)门童要牢记常来本店的客人的车辆号码和颜色,以便提供快捷周到的服务。

情景对话:

迎宾员:欢迎光临!先生请慢点下车,注意头顶!

客　人:好的。

迎宾员:请您检查车内有无遗留物品!

客　人:没有,谢谢!

迎宾员:我是酒店迎宾员小李,前台在那边,请您随我来!

客　人:好的,谢谢!

迎宾员:请问您是否需要我帮助您提行李?

客　人:不用了,谢谢!只有一件行李,而且很轻。

迎宾员:好的,请您注意脚下的台阶!

情景二　开门服务礼仪

情景分析:

客人到达时,迎宾员要为客人开启大门(自动门、旋转门除外),将客人迎进大厅,并说:"您好,欢迎光临!"拉门时身体微微前倾,向前迈一步,伸手拉开门后再退回原处,眼睛要注视客人,微笑着向客人问好,并做一个"请"的手势。开门时注意力要集中,以防出现意外。

情景对话:

迎宾员:先生,您好!欢迎光临!

客　人:你好!

迎宾员:旋转门出了些故障请您这边走,我来为您开门。

客　人:好的,谢谢!

情景三　送客服务礼仪

情景分析:

(1)客人离店时,如果需要乘坐出租车,应该帮助联系。如果暂时没有车,应该先安慰客人,再设法多方联系。当候车的人多而无车时,应礼貌地请客人按照先后顺序排队乘车。载客的车多而人少时,应该按照汽车到达的先后顺序安排客人乘车,不要有意无意地打乱正常秩序,以免造成不必要的麻烦或误会。

（2）散客离店时,应该主动上前打招呼并代客人叫车。待车停稳后,替客人开车门,请客人上车。如果有行李,应与客人核实行李件数,帮助客人将行李放上车,待客人坐好后,为客人关上车门,但要注意安全,不要夹伤客人或夹住客人的衣裤。

（3）团体客人离开时,迎宾员应该协助大堂经理做好安排,提高效率,尽量减少客人的等待时间。

（4）客人乘坐的车辆即将开动时,门童应站在车辆斜前方约1米远的地方,上身前倾15°,双眼注视客人,举手致意,微笑道别。

（5）由于住店客人将物品遗忘在出租车上的事情时有发生,于是有的酒店推出一项特殊的服务。当客人坐上出租车时,门童会将一张写有客人所乘坐的出租车车牌号的酒店名片递到客人手中。这样即使客人丢失了物品,也能根据所提供的车牌号尽快找回。

情景对话：

迎宾员：您好,先生！请问您是要叫车离店吗?

客　人：是的。

迎宾员：请您稍等,我来帮您联系！

客　人：谢谢！

迎宾员：先生,车来了。我来帮您将行李装上车吧！

客　人：好的,谢谢！

迎宾员：不客气！请您检查好行李！感谢您的光临！欢迎再次光临！

客　人：再见！

礼仪训练

1．站姿训练

礼仪角色：请同学们扮演迎宾员和客人。

礼仪要求：根据客人进出场景,进行模拟站姿训练。

（1）在岗位站立时,要头正、肩平、挺胸、收腹、立腰、提臀。

（2）双手自然相握放在腹前或者背后,男士双脚平行不超肩宽,女士小丁字步。

（3）目视前方,面带微笑,保持良好的精神面貌。

（4）避免打哈欠、抠鼻子、挠耳朵等不雅的小动作。

2．走姿训练

礼仪角色：请同学们扮演迎宾员和客人。

礼仪要求：根据客人进出场景,进行模拟走姿训练。

（1）步位：沿直线走,抬头挺胸,观察两脚落地是否在一条直线上,至少应在一条直线的两侧。

（2）步幅：走一步正好跨过自己平时穿的鞋,就是适合的步幅。

（3）步速：行进速度均匀,有急事可以加快步伐,但不可以奔跑,以免造成恐慌。

（4）步态：男士协调、稳重、刚毅；女士轻盈、敏捷、健美。

（5）摆臂：以肩关节为轴,双臂前后摆动,双手稍向内合,摆幅30°～35°。

3．蹲姿训练

礼仪角色：请同学们扮演迎宾员和客人。

礼仪要求：根据客人进出场景，用优美的蹲姿捡起掉在地上的物品。

（1）标准蹲姿：若捡起身体右侧物品，下蹲时左脚在前，右脚稍后，两腿紧靠，屈膝下蹲，左脚全脚着地，右脚脚跟提起，右膝低于左膝，右膝左侧靠近左小腿内侧，形成左膝高右膝低的姿势。臀部向下，基本上以右腿支撑身体。

（2）交叉式蹲姿：通常适用于女服务员，它的优点是造型优美典雅。基本特征是蹲下后双腿交叉在一起。下蹲时，右脚在前，左脚在后，右小腿垂直于地面，全脚着地。右腿在上，左腿在下，二者交叉重叠。左膝由右下方伸向右侧，左脚跟抬起，左脚掌着地，两腿前后靠近，合力支撑身体。上身略前倾，臀部向下。

4．手势训练

礼仪角色：请同学们扮演迎宾员和客人。

礼仪要求：根据客人进出场景，进行模拟手势训练。

（1）请进：手从体前向右横摆至与腰同高，眼睛看向手指尖方向。

（2）请坐：手向右下，到大腿中部，上身前倾，目光兼顾客人和椅子。

（3）请往前走：右手提至齐肩高度，掌心向上，朝指示的方向伸出前臂。

（4）诸位请：双手从体前向两侧抬起，与胸同高，翻掌向上，同时向两侧打开，手臂与身体夹角为45°，上身略前倾。

三、行李员服务礼仪

行李员是酒店接待客人的重要角色，一般站在酒店大门的内侧，代表酒店迎接客人。同时行李员又是大厅的服务生，应主动引领客人入店，向客人介绍酒店的情况，回答客人的各种询问，并给予适当建议，在服务过程中，还要成为酒店的推销员和保安员。

行李员的主要工作是：为到店和离店的客人提拿、运送行李，为住店客人递送包裹、报纸、信件、电报、电传等，为本店其他部门派送文件、报表及欢迎牌、指示牌等。

1．行李员服务礼仪要求

（1）行李员是酒店的门面，要通过他们的一言一行、一颦一笑、举手投足为客人提供满意的服务，为酒店树立良好形象。

（2）穿着酒店规定服装，保持标准、优美的站姿站立在酒店大门的内侧，面带微笑，随时准备为客人提供服务。

2．行李服务礼仪规范

行李服务礼仪主要涉及鞠躬礼仪、问候礼仪、递接礼仪、行走礼仪和电梯礼仪，具体操作规范如下：

（1）鞠躬礼仪。鞠躬礼可以表达对客人的敬意、诚意、歉意等，基本的动作要领如下：

1）两脚并拢，立正站好，双手放在体前，弯曲上身，视线下垂，再慢慢起身。

2）一般见面时的鞠躬礼身体应前倾30°。

3）告别时的鞠躬礼身体应前倾45°，还礼时应前倾15°。

4）表达最深、最诚挚的敬意身体应前倾90°。

（2）问候礼仪。行李员应该根据客人的数量、年龄、地域、身份等不同情况问候客人，使用亲切、热情的问候语，满足客人个性化服务的需求。

具体要领如下:

1) 问候简明,当有客人进入酒店时,问候语言要简洁明了,如"您好""欢迎光临"等。

2) 问候应该生动,如"请问我可以帮助您做些什么吗?"

3) 交谈适度,行李员应该与客人进行适度的交谈,以拉近距离,但是切记不要涉及过多的个人问题。

4) 语言关怀,可以根据具体情况使用一些关怀的语言,如"外面冷不冷?"使客人感受到温暖。

(3) 递接礼仪。行李员在与客人递接物品时需要注意对视、双手递接,主观上尊重对方,客观上方便对方。

1) 递送文件、名片时双手递接,名片的正向朝向对方。

2) 递送包、伞时,注视对方,将包、伞的把手递给对方。

3) 递送笔、刀、剪时,将尖端朝向外侧或者朝向自己。

4) 递送水杯时,一手托底、一手握把,杯把朝向客人右手,手离杯口稍远一些。

5) 递送饮料时,饮料商标朝向客人,一手托底、一手握住距离瓶口1/3处,递到客人右手边。

(4) 行走礼仪。行李员在引领客人前行、楼道里与客人相遇、与客人同行、向客人告别时,都需要注意行走礼仪,既要走得庄重、大方,又要尽量方便客人。

1) 单人行走时,要靠右侧通行,应直线行走,脚步要轻,如遇急事可加快步伐,但是不要慌张奔跑,也不要从交谈者中间穿行。

2) 数人同行之时,应让客人先行,不要逾越客人。

3) 引领客人时,应走在客人的左前方,侧身并保持两三步距离。

4) 在楼道里相遇时,如客人从对面走来,行李员应主动侧身站立,并用手示意,让客人先行通过,不要背对客人。

5) 与客人告别时,先后退两三步,再转身。转身时,先转身体,再转头。

(5) 电梯礼仪。行李员引领客人进电梯或是出电梯时,要提前告知、把握分寸、注意角度。

1) 呼叫电梯时,应轻按电梯按钮,然后耐心等候。

2) 进电梯时,行李员先控制电梯开关,然后礼貌地请客人进入,对客人说:"请进。"按下目的楼层,侧身面对客人。

3) 出电梯时,按住开关,做出手势请客人先出,随后行李员走出电梯,为客人引导方向。

3. 服务情景分析

情景一 为客人提拿行李礼仪

情景分析:

(1) 行李员在看到有客人到达或者是接到迎宾员的通知后,应向抵达的客人微笑点头,表示欢迎,并协助迎宾员把行李卸下,根据客人随身携带的行李判断是否需要进一步服务。

(2) 行李员将行李卸下以后要清点行李件数,并记下客人所乘坐车辆的号码、所属单位和特征,以便有差错时可以据此迅速为客人查清行李下落。

（3）行李较少时，可以自己上前为客人提拿行李；行李较多时，则应使用行李车。同时还要注意将大的、硬的、不怕压的行李放在行李车的下面，小的、软的行李放在上面，贵重物品、外套和易损物品请客人自己拿好，以免发生意外；同时要尊重客人的意愿，凡是客人自己要提的物品，不要过分热情地去强行要求帮助提拿；若是接待团体客人，则应注意集中堆放，不要遗漏，还要请客人核对行李件数。

情景对话：

行 李 员：您好，欢迎光临！

客　　人：你好！

行 李 员：我来帮助您搬运行李！大件行李使用行李车，贵重物品请您自己看护好！

客　　人：好的，谢谢！

情景二　引领客人入店礼仪

情景分析：

（1）引导客人到总服务台登记处办理入住手续，行李员应走在客人左前方两三步处，随着客人的步伐速度前进。遇到转弯或人多时，要微笑着向客人示意，以体现对客人的尊重。客人在办理入住手续时，行李员应以正确的站姿站立在客人的身后约 2 米处等候，看管好客人的行李，并随时准备接受客人的吩咐。

（2）待客人办理好入住手续后，应该主动上前从接待员手中领取房卡，与客人一同将行李送入客房。乘坐电梯时注意不要让电梯门夹到客人。在电梯里，行李员应该尽量靠边侧站立，并将行李尽量靠边放置，以免碰到客人或妨碍客人通行。到达目的楼层后，应示意客人先走出电梯，请楼层服务员在前引领客人前往房间。开门后先插好房卡，然后请客人进入，将行李全部放好，并且当面向客人交代清楚，核对行李件数，向客人简要介绍房间内的设施设备以及使用方法，询问客人是否需要其他服务，最后礼貌地退出房间，将门轻轻关上。行李员要记录自己所送行李的房间和每个房间行李的件数，以便进行行李登记。

情景对话：

行 李 员：您好，女士！请您随我去前台办理登记入住手续，请这边走！

客　　人：好的。

行 李 员：前台工作人员会尽快为您办理手续，我在您身后帮您看管行李。

客　　人：谢谢。

行 李 员：请将房卡给我，我带您乘坐电梯到您的房间。

客　　人：好的。

行 李 员：电梯来了，您的房间在 22 楼，请您先上电梯。

客　　人：好的。

行 李 员：22 楼到了，请您当心脚下，注意安全！请下电梯！

客　　人：谢谢！

行 李 员：这是您的房间 2208，请稍等，我来为您开门！

客　　人：好的，谢谢！

行 李 员：请进！

客　　人：谢谢。

行 李 员：我将您的行李放在行李架上了，请您进门插卡取电，窗帘是电动的，电视和空调遥控器在床头柜上。还有什么需要我为您做的吗？

客　　人：请问房间里的食物是免费的吗？

行 李 员：不是的，我们每天为您提供两瓶免费的矿泉水，其他食物和饮品都是收费的。

客　　人：好的，明白了。谢谢！

行 李 员：祝您入住愉快！

客　　人：谢谢！

情景三　为客人寄存物品礼仪

情景分析：

（1）当客人办理完入住手续以后，应询问客人是否有行李需要寄存。若有，则应带领客人前去或是通知寄存处。

（2）客人来到行李寄存处要求寄存行李时，应该首先确认客人身份，礼貌地询问客人行李之中是否有贵重物品，如有，可以建议客人将贵重物品放在酒店的保险箱内。

（3）主动提醒客人将行李上锁，不能上锁的行李用封条封上，易碎物品要注明。

（4）行李应该按照顺序摆放整齐，以免客人在领取的时候拿错。客人取行李之时，应该当着客人的面将行李的件数点清，确保无误后再交给客人。如果客人遗忘的物品应该交给主管处理，未经上级同意不得接受客人长期寄存的物品。

（5）将行李交给客人后，把寄存卡的上下联订在一起存档。

情景对话：

行 李 员：先生，请问您有行李需要寄存吗？

客　　人：有。

行 李 员：请您随我去寄存处寄存行李，这边走。

客　　人：好的。

行 李 员：请问行李里有贵重物品吗？

客　　人：有。

行 李 员：请将贵重物品存放在酒店的保险箱内。

客　　人：好的。

情景四　送客人离店礼仪

情景分析：

（1）送别客人时，行李员应该按照总服务台的退房卡片判断是否需要行李车，并在指定的时间到达客房。

（2）进房前无论房门是开着还是关着，都要按门铃或者敲门通报。问清楚客人行李件数后将客人的行李装上行李车，提醒客人检查核对行李以免出现遗漏。

（3）等待客人办理完退房手续后，再次请客人核对行李件数，并请客人在退房卡片上签字，然后交给总服务台。

（4）安放好客人的行李以后不要马上离去，等到客人准备启程时要向客人鞠躬致意，表示感谢客人的光临和期待客人再次光临。车辆启动时，应该面带笑容地向客人挥手告别，目送客人离去。

情景对话：

行 李 员：您好，行李员。

客　　人：请进。

行 李 员：先生，行李车已经到了，我帮您把行李装上行李车吧！

客　　人：好的，谢谢！

行 李 员：请您核对一下行李件数，一共4件对吗？

客　　人：对，一共4件。

行 李 员：请您带好随身物品，不要遗落，到前台办理退房手续。

客　　人：好的。

礼仪训练

1. 站位、拉门、行李摆放礼仪训练

礼仪角色： 请同学们分别扮演行李员和客人。

礼仪要求： 根据客人进出场景，进行模拟站位礼仪、拉门礼仪、摆放行李礼仪等训练。

（1）行李员在门内立正站立，友好地注视客人，并点头问好。

（2）为客人拉门时要控制拉门力度，动作要规范，同时注意不能碰到客人。

（3）摆放行李应做到整齐美观并不阻碍客人行走。

2. 鞠躬礼仪训练

礼仪角色： 请同学们分别扮演行李员和客人。

礼仪要求： 根据客人进出场景，进行模拟鞠躬训练。

（1）与客人面对面站立时，行李员可双手平放在大腿前面，以胯为轴，上身向前弯曲30°左右，视线随身体起落，起身速度略慢。

（2）一队客人鱼贯而入时，行李员可双手相握，放在腹前，或者双手自然垂在身体两侧，微微欠身15°左右即可。

（3）当行李员在门口与客人告别时，退后两步，向客人45°鞠躬，表达依依惜别之情。

（4）当行李员做了错事表示歉意或者因客人配合工作表示感谢时，可以90°正式鞠躬，表达至诚至真的情谊。

3. 电梯服务礼仪训练

礼仪角色： 请同学们分别扮演行李员和客人。

礼仪要求： 根据客人进出场景，进行模拟电梯服务礼仪训练。

（1）叫电梯：遇有赶电梯的客人，要为他按一下开门键。

（2）进电梯：询问客人去几层，按住电梯开门键，请客人上电梯。

（3）电梯内：侧身站在操作盘前，与客人保持45°，用余光观察客人。

（4）出电梯：先按住开门键，让客人先出，以手明示并告诉客人方向。

4. 接递物品礼仪训练

礼仪角色： 请同学们分别扮演行李员和客人。

礼仪要求：根据客人进出场景，进行模拟接递物品礼仪训练。

（1）递文件、名片：文字正向对方，双手拿上端两角。

（2）递伞、包：把手伸向对方，举到胸前。

（3）递笔、刀、剪：尖端朝向自己，用右手递出，递到对方右手。

（4）接名片：双手捧接，认真观看，当面请教。存放于名片夹、公文包或上衣内袋。

（5）接箱包：一手提把手，一手托底，立式摆放。

第二节　前台服务礼仪

前台在一定程度上是整个前厅的核心，前台的工作贯穿于客人入住饭店的全过程，工作任务十分繁重，可以说客人在酒店的一切活动都与前台有着千丝万缕的联系。前台工作人员的服务水平直接影响客人对于酒店的印象和评价，前台服务礼仪是在为客人办理入住登记、解答问询、结账退房等服务中形成的，并得到人们普遍认同的礼仪。前台服务礼仪一般包括前台办理入住礼仪、前台问询礼仪、前台结账退房礼仪和前台处理投诉礼仪等。前台工作人员需要拿出极大的耐心来处理一切问题，所以前台人员在为客人提供服务时不能马马虎虎、敷衍了事，更不能忘记服务礼仪。

一、前台办理入住礼仪

前台服务人员是酒店的"窗口"，是客人最先接触的酒店员工之一，因此，前台服务人员的仪容、仪表、仪态、言谈等不仅代表了酒店的形象和声誉，还直接反映了酒店的服务质量和管理水平。办理入住手续既能满足客人抵店时的迫切需求，又会使客人形成对酒店的第一印象，因此，要特别讲究服务礼仪。

1．前台办理入住礼仪要求

（1）前台服务人员要穿着工装上岗，佩戴工号牌，女性化淡妆。

（2）精神饱满，面带微笑，站姿挺拔，随时准备为客人提供服务。

（3）将前台整理干净，各种办公用品摆放整齐。

2．前台办理入住礼仪规范

为客人提供办理入住服务时应注重仪容服饰礼仪、接打电话礼仪、递接物品礼仪、语言交流礼仪等。

（1）仪容服饰礼仪。前台服务人员应注重服饰规范、发型标准、仪容整洁、妆容淡雅、精神饱满、心情愉快，从而给客人留下美好的印象。

1）服饰礼仪。工装穿着整洁得体，纽扣齐全，切忌残破、杂乱，工牌佩戴在外衣的左上方，皮鞋光亮。

2）发型礼仪。头发整齐洁净，无头屑，不留特殊发型，不染怪异颜色，男性服务人员注意头发的"三不"（前不盖额头，后不触衣领，侧不盖耳朵），女性服务人员要将头发扎起来，不能披散头发，刘海不能过长。

3）仪容礼仪。面部整洁、美观，眼角不能残留眼屎，保持口气清新，男性服务人员不能留胡须，鼻毛要定期修剪，不能过长。

（2）接打电话礼仪。

1）接听迅速。前台服务人员要在电话铃声响起三声之内将电话接起，左手拿话筒，右手做记录。

2）语言简洁。语言要简洁、表达清晰，并按照一定的顺序讲话，不能杂乱无章。

3）态度亲切。多使用敬语，使对方感觉亲切、自然，讲话完毕之后，以祝福语言结束，请对方先挂断电话，自己再放话筒。

（3）递接物品礼仪。

1）尊重对方。前台服务人员在与客人递接物品时，一定要将物品正面朝向客人，亲自送到客人手中，以示对客人的尊重。

2）目光接触。前台服务人员在递送房卡、钥匙、客人证件、押金收据时，要目视对方的眼睛到下巴之间的部位，与客人保持目光的交流。

3）双手接递。无论与客人递接什么物品，都要双手递接，并且点头示意。

（4）语言交流礼仪。

1）问候礼仪。客人抵店之时，来到前台办理登记入住手续，前台服务人员应该目视客人，微笑并鞠躬问候："先生（小姐）您好！"

2）征询礼仪。礼貌地与客人确认有无预订："请问您有预定吗？"诚恳地询问客人的需求："请问您还有别的要求吗?"请客人在登记表上签字："麻烦您在这儿签名。"

3）道歉礼仪。工作失误或给客人带来麻烦时要说："对不起""请原谅""非常抱歉"等。

3．服务情景分析

情景一 接电话服务礼仪

情景分析：

（1）电话铃声响起三声之内及时接听电话，先自我介绍，再致以诚挚问候。

（2）讲普通话或外语，使用礼貌用语。

（3）发音准确、语速适中、音量适宜、语气谦逊。

（4）语言准确精练，有耐心，不随意打断客人讲话。

（5）结束通话时向客人致谢，确认客人挂断电话后再轻轻地挂断电话。

情景对话：

酒店前台人员：您好，凯宾斯基国际酒店，请问有什么可以为您效劳的吗？

客　　　人：您好，我想请问一下你们酒店的具体位置，我下周会去沈阳出差，公司帮我预定好了你们酒店，但是我还不知道它的具体位置，所以想了解一下。

酒店前台人员：好的，感谢您对我们酒店的信任，我们酒店的具体位置是沈阳市沈河区青年大街109号，您如果下飞机从机场乘车只需半个小时就可以到达。

客　　　人：好的，谢谢。

酒店前台人员：不客气，很高兴为您服务，祝您入住愉快！再见。

客　　　人：再见！

情景二 预订客房服务礼仪

情景分析：

（1）预订服务人员要对酒店内的各类房间的基本情况、价格以及房态了如指掌，不用翻看资料也能脱口而出。

（2）电话订房是宾客常用的订房方式。电话铃声响起三声之内应接听，敬语当先，礼貌待客，以示对客人的重视。接起电话时，必须报"我是××酒店订房处，有什么需要帮忙的吗？"如果客人是第一次预订，应该先向客人介绍酒店的基本情况，然后根据客人的要求和喜好，向客人推荐适合的房间类型。

（3）向客人报价时，一般应从高价向低价报，并且说明一些额外服务的收费标准。

（4）客人决定预订后，工作人员应该对照当天的可供房情况，决定是否接受客人的预订。如果接受，应该按照要求和客人的实际情况填写预订登记表。如果不能接受则应该向客人致歉，并委婉地向客人解释不能接受预订的原因，除此之外，还可向客人推荐附近同档次的酒店。

（5）在实际工作中，由于客人的临时变动会对预订的内容做出一定的修改，如抵店时间、人数、房间数等。当出现变动后，预定人员应该做出相应的修改，并对相应工作做出改动，确保客人抵店之时不会出现问题。接受宾客订房后，要讲信誉，不能任意更改原定契约。在宾客到来前要落实好预定的各项要求，与其他有关部门默契配合，加强协作，谨防差错。客人抵店后如果出现问题，要认真分析原因，妥善处理。不能在客人面前互相推卸责任，更不能抱怨客人。如果酒店方有责任，则要尽量满足客人要求，将矛盾最小化。如果是客人的责任，也不能责备客人，要设法解决。

（6）向客人推销客房时，要讲究说话的艺术性。当客人犹豫不决时，要正确分析客人的心理活动，尽量消除客人的疑虑，为酒店争取客人。

情景对话：

预订服务人员： 您好，这里是凯宾斯基国际酒店订房处，有什么可以为您效劳的吗？

客　　　人： 您好，我下周会去沈阳出差，想提前预订一间标准间。

预订服务人员： 好的，感谢您对我们酒店的信任，请问您具体入住的日期、人数和预订的天数？

客　　　人： 下周三，20号，两个人，住三天。

预订服务人员： 好的，您想预订一间标准间是吗？

客　　　人： 是的。请问你们酒店标准间的价格是多少？

预订服务人员： 860元/晚，请问您对房间的楼层或是其他方面有没有特殊要求？

客　　　人： 我的睡眠不太好，希望能够安排一间比较安静的房间。

预订服务人员： 好的，根据目前的预订情况来看，309号房位于整个楼层的最里面，应该是最安静的，我帮您预订这间房行吗？

客　　　人： 好的，谢谢。

预订服务人员： 不客气，我再跟您确认一下，您预订了下周三也就是20号入住我们酒店的标准间一间，两个人，住三晚，房价是860元/晚，对吗？

客　　　人： 是的，没错。

预订服务人员： 好的，请您于20号准时入住，我们将为您保留预订至当天的18点。

客　　　人： 好的，谢谢。

预订服务人员： 不客气，感谢您的预订，祝您入住愉快！

情景三 办理入住登记服务礼仪

情景分析：

（1）当客人到达前台时，前台接待人员要向客人点头示意，并且微笑问好。如果是团体，应主动向陪同询问该团的团号、人数、房数、是否订餐、报账单位的名称，然后以最快的速度找出此团的相关信息。

（2）请客人填写住宿登记单，并尽量按客人的需要为其安排房间。当客人询问有什么样的房间或房价时，接待员要把酒店房间的种类及设施向客人做详尽地介绍，然后向客人推销客房。推销客房时，先推销标准间或中等价格的房间，然后再根据客人的反应或要求推销高档或低档的房间。

（3）客人较多工作繁忙时，要按先后顺序办理住宿手续，做到办理一个、接待下一个、招呼最后一个，使客人感到不受冷落。对中外宾客要一视同仁，不能厚此薄彼。当知道客人姓氏之后，要尽量早称呼，以示对客人的尊重。

（4）仔细查看客人的证件，与登记单核对无误后，要迅速交还证件，并表示感谢。

（5）如当天客房已满，要耐心向客人解释，热情向其推荐其他同档次酒店。要当着客人的面打电话与其他酒店联系，尽量设法解决，并欢迎客人下次光临。对原已预订过房间的客人，一定要保留好房间，不能随意把房间租让给他人，以免预订过房间的客人到达后无房可住，造成不良影响。

（6）"住宿通知单""欢迎卡"填好后，连同房卡交给客人，并告诉客人："您的房间是××号，这是房卡，服务员马上会陪您去房间，祝您入住愉快！"将房卡递送给客人时，态度要热情、有礼貌。重要宾客入住后，前台接待人员可在部门经理授意下用电话探询宾客的意见，使其感到酒店的关心和重视。

（7）将客人填写的住房登记卡上的内容及所安排房间的价格等情况输入电脑，并手工填写登记本，以备存档查阅。

情景对话：

酒店前台人员： 您好，请问有什么可以为您效劳的？
客　　　人： 我想住宿。
酒店前台人员： 您需要什么房型？几个人入住？
客　　　人： 标准间，两个人。
酒店前台人员： 我们有普通标准间和豪华标准间，你需要哪一种？
客　　　人： 分别是什么价格？
酒店前台人员： 普通标间每晚300元，豪华标间每晚500元。
客　　　人： 我要豪华标间。
酒店前台人员： 请出示两位的有效身份证件。
客　　　人： 好的。
酒店前台人员： 房费500元，预收您的房费押金500元，合计1 000元。
客　　　人： 好的。
酒店前台人员： 这是您的房卡，请拿好！房间在8楼，802号房。请您收好身份证件和押金单。
客　　　人： 谢谢。

礼仪训练

1. 对客迎送服务礼仪训练

*礼仪角色：*请同学们扮演接待员和客人。

礼仪要求：

（1）迎送客人时，选择合理站位，微笑目视客人。

（2）自我介绍时，目视对方，手位得体，实事求是。

（3）与客人握手时，应明确伸手顺序，亲切友善。

（4）行鞠躬礼时，应面对受礼者，自然微笑，身体前倾。

（5）在不同场合应向客人施以不同的致意礼。

2. 服务用语训练

*礼仪角色：*请同学们扮演接待员和客人。

礼仪要求：

（1）遵守语言规范，服务用语符合服务对象以及特定的语言环境。

（2）使用规范的服务用语和易懂的语言，称谓恰当，用词准确，语意明确，口齿清楚，语气亲切，语调柔和。

二、前台问讯礼仪

前台提供的问讯服务包括解答客人询问、提供留言服务、处理邮件以及收发保管客用房卡等。问讯服务要做到热情耐心、快捷准确、有问必答、百问不厌，在服务细节中显示出服务品质，在平凡的服务行为中体现出超值的服务价值。

1. 前台问讯礼仪要求

（1）问讯人员工作时间应始终坚持站立服务，要做到站姿端正，精神饱满，面带微笑，思想集中，语言流利，应变能力强。

（2）问讯员应对本酒店的各部门位置、服务时间、各种设施了如指掌。

（3）问讯员应该熟悉本地其他服务行业的有关情况，如旅游景点、往返路线、交通工具、购物场所等，随时为客人提供服务。

（4）问讯员回答客人询问要简洁明了，用词准确，口齿清晰。

（5）问讯员需特别注重工作环境的整洁，做到无灰尘、无脏迹。装饰点缀的盆景鲜花应常保鲜艳。

2. 前台问讯礼仪规范

（1）形象礼仪。

1）仪容礼仪。问讯员仪容应该保持整洁美观。

2）服饰礼仪。服饰要规范严谨，仪表要大方得体。

3）仪表礼仪。妆容应该清新淡雅。

4）仪态礼仪。表情应该亲切、自然，情绪应该平和、愉悦。

（2）迎接礼仪。

1）问候礼仪。当客人来到总台时，要热情问候："您好！有什么需要帮忙的吗？"

2）称呼礼仪。获悉客人姓名之后，要用姓加上尊称来称呼客人。

3）体态礼仪。在忙碌时，要用体态语言告知客人不会久等，如果客人等候多时，则应向客人道歉。

（3）解答礼仪。

1）查询礼仪。若有外人打电话给（来访）住店客人，应先征询客人意见，如果客人同意则可告知房间号或转接电话；若客人不同意接听，则应替客人保密。

2）留言礼仪。访客留言单一式两份，总机、问讯处各一份，当住客回到酒店，应及时将访客留言转达给客人；住客留言单一式两份，总机、问讯处各一份，当访客来访时，问讯员经过核实，转告留言内容或者转交留言单。

3．服务情景分析

情景一 客人咨询服务礼仪

情景分析：

（1）酒店的客人来自不同的国家和地区，在一个陌生的城市、陌生的环境里，客人必然会有很多情况需要了解，很多问题需要询问。为准确回答客人的询问，问讯员必须要有较高的素质，掌握较丰富的知识，熟悉业务流程，明确工作的职责，掌握大量的相关信息，同时要准备好最新的问讯资料以备客人的咨询。

（2）在接待客人问讯时，要热心做好客人的参谋，除了对本酒店情况熟悉外，还要熟悉本地其他服务性行业的有关情况，为客人提供旅游景点、往返路线、风味小吃、购物场所等信息，避免一问三不知。必须有耐心，做到有问必答，百问不厌，用词得当，简洁明了。

（3）对酒店的设施、各部门的服务时间、各部门的具体位置、市内交通、旅游景点、商业区等情况详细回答清楚。本职业务要熟悉，不能说"也许""大概"之类没有把握或含糊不清的话。

（4）答复客人问讯时，自己能回答的，不要推给别人来回答。对不知道的事，不要不懂装懂，也不要轻率地说："我不知道。"而应该请客人稍等，然后向相关人员请教，问清后再给客人一个满意的答复。对客人提出的问题，经过努力仍无法解答时要向宾客耐心解释，以求得谅解，并表示歉意，但要尽量避免这种情况发生。

（5）如多人同时问讯时，应先问先答、急问快答，根据客人的具体情况做出反应，避免怠慢。在任何情况下都不得讥笑、讽刺客人，不得与客人争辩，决不允许言语粗俗、举止鲁莽。

（6）在客人因误解、不满而投诉时，要以诚恳的态度耐心听取客人的意见，不得中途打断，更不能回避、置之不理。

情景对话：

问 讯 员：您好！女士，请问我能帮助您做些什么吗？

客　　人：您好，我想请问一下酒店附近有没有大的商场，我想买些礼物带给亲戚朋友。

问 讯 员：请问您想买什么样的礼物？

客　　人：特产类的吧，吃的、用的都可以。

问 讯 员：好的，您可以去中街看看，那里是我们沈阳的第一大商圈，商场林立，吃的、用的、穿的都有，离我们酒店也非常近。

客　　人：好的，那我就去中街看看吧！可是我该怎么去呢？

问 讯 员：您可以乘坐地铁，我们酒店的门口就有地铁站，是 1 号线，到中街站下就可以了。乘坐出租车去也可以，只需起价费就可以到了。

客　　人：好的，我明白了，谢谢。

问 讯 员：不客气，希望能够帮到您，再见！

客　　人：再见！

情景二　访客查询留言服务礼仪

情景分析：

（1）当有访客电话问讯客人房号、电话号码时，先征询住店客人的意见，如果客人同意接听就可以将房号和电话号码告知访客，否则一定要为客人保密。

（2）如果有访客到达酒店要查询住店客人房号，也需要先征询住店客人意见，客人同意可以告知，否则不能告知。如果客人不在房间内，绝不能让访客进入房间等候，可以请他在大堂等候。

情景对话：

问 讯 员：您好！问讯处，请问我能帮助您做些什么吗？

客　　人：您好，我想找张明先生，可以告诉我他的房号吗？

问 讯 员：请问是"弓长"张，"日月"明吗？请您稍等，我将帮您查询。对不起，张明先生现在不在房间。

客　　人：哦，那好，我留言给他吧。

问 讯 员：好的，请问您怎么称呼？

客　　人：许文。

问 讯 员：许文先生，您好！请问你的名字是"言午"许，文化的"文"吗？

客　　人：是的。

问 讯 员：好的，许先生，请您说出留言的内容。

客　　人：请转告他原定今晚 6 点的会议改为 7 点举行了，请他在二楼西餐厅等我。

问 讯 员：好的，您是要告诉张明先生原定今晚 6 点的会议改为 7 点举行了，请他在二楼西餐厅等您，对吗？

客　　人：是的。

问 讯 员：许先生，我会按照您的留言及时转达的，请您放心。

客　　人：好的，谢谢。

问 讯 员：不客气，能为您效劳是我的荣幸！许先生，再见！

客　　人：再见！

情景三　住客查询留言服务礼仪

情景分析：

（1）当有住客查询留言时，首先礼貌问好，并且询问客人的姓名以及房号，之后迅速为客人查询留言。

（2）将查询到的留言告知客人，并且询问客人是否有其他的需要，如果没有，礼貌地挂断电话。

情景对话：

问 讯 员：您好！问讯处，请问我能帮助您做些什么吗？

客　　人：您好，我是403号房间的客人，请问有我的留言吗？

问 讯 员：请问您的姓名？

客　　人：我叫张明。

问 讯 员：张先生，这里有许文先生给您的留言。他说原定今晚6点的会议改为7点举行了，请您在二楼西餐厅等他。

客　　人：好的，我知道了。谢谢。

问 讯 员：不客气，很愿意为您效劳，再见！

客　　人：再见！

礼仪训练

1．服务用语礼仪训练

礼仪角色：请同学们分别扮演问讯员和客人。

礼仪要求：

（1）称呼语：小姐、夫人、太太、先生、女士等。

（2）问候语：您好、早安、午安、下午好、晚上好等。

（3）欢迎语：欢迎光临、欢迎入住本酒店、欢迎入住本楼层等。

（4）祝贺语：祝您节日愉快、祝您生日快乐、祝您新婚快乐、祝您新春快乐等。

（5）征询语：请问您有什么事？我能为您做什么吗？还有其他事情能为您服务吗？等等。

（6）道歉语：对不起、请原谅、失礼了、打扰了等。

（7）应答语：是的、好的、明白了、没关系、不客气等。

（8）道谢语：谢谢、非常感谢、万分感谢等。

（9）告别语：再见、晚安、明天见、一路平安、旅途愉快等。

（10）基本礼貌用语10个字：您好、请、谢谢、对不起、再见。

2．问讯处行为规范训练：

礼仪角色：请同学们分别扮演问讯员和客人。

礼仪要求：

（1）动作举止要规范。站、走、坐符合要求，端庄大方。

（2）禁止各种不文明举动，如吸烟、剔牙、掏鼻孔、挖耳朵、吃零食、打饱嗝、打哈欠等。

（3）保持室内安静。工作时说话要轻声，不在客人面前大声喧哗与打闹。

（4）满足客人要求。服务客人是第一工作要务，当客人前来时，无论你在做什么都应停下来招呼客人。

（5）对客人一视同仁。与客人接触应热情大方、举止得体，切忌与个别客人过于亲热而冷淡其他客人。

（6）尊重客人。严禁与客人开玩笑、打闹或取外号，不能嘲笑客人的方言或身体缺陷等。

三、前台结账退房礼仪

现代酒店为了提高效率、方便客人，通常采用"一次性结账"，也就是说客人在酒店消费的所有费用在离店时一次性结清。这就要求收银员熟悉结账流程，账目清楚，动作迅速，业务熟练。由于办理退房结账手续是客人离店之前接受的最后一项服务，所以更应该做到让客人满意,为客人在酒店的入住画上圆满的句号。

1. 前台结账退房礼仪要求

(1)结账礼仪是显示服务人员精神面貌、文化修养、从业素质的重要媒介,也是反映服务部门管理水平的重要窗口,可以体现出对客人重视、欢迎的程度。

(2)服务人员要大方得体,端庄典雅,态度要热情诚恳、和蔼可亲,语气委婉谦逊,语调平和,表达准确,善解人意,始终体现良好的精神状态和服务礼仪。

2. 前台结账退房服务礼仪规范

(1)仪容仪表礼仪。

1)仪容礼仪。头发干净整洁,无头屑,前不覆额头、侧不过耳朵、后不及衣领。

2)服饰礼仪。工装穿着整洁美观、工牌佩戴标准。

3)化妆礼仪。女性要化淡妆上岗。

4)态度礼仪。态度诚恳、服务热情、工作认真、情绪平和、心情愉快。

(2)礼貌迎客礼仪。

1)声音礼仪。语速适中、语调略低、音量适中。

2)表情礼仪。表情自然、亲切,和蔼可亲,大方得体,不卑不亢。

3)鞠躬礼仪。面向客人,面带微笑,弯腰鞠躬。

4)问候礼仪。恰当使用"您好""欢迎您""我能为您做些什么"等问候语。

(3)仪态动作礼仪。

1)站姿礼仪。

2)递接礼仪。

3)手势礼仪。

4)礼仪习惯。

(4)语言沟通礼仪。

1)态度。说话态度诚恳和蔼,语言礼貌。

2)语气。语气委婉谦虚、细腻有致。

3)语音。音量适中,两人交谈以对方能听清为宜。

4)语调。语调平和,表达准确。

5)语速。正常语速为每分钟200字左右,可根据客人的语速略做调整。

3. 服务情景分析

情景一 退房礼仪

情景分析:

(1)耐心向客人讲解酒店有关退房的规定,按照规定给客人办理退房手续。客人退房时,应该呈上准确无误的结账单,请客人付清全部费用。

(2)多数客人在上午12点之前办理退房和结账手续,如果员工将准备工作安排得有条不紊,就能使退房过程顺利,给客人留下良好印象。

情景对话：

服 务 员：您好，女士！有什么能为您效劳的吗？

客   人：我要退房。

服 务 员：请问您的房号是多少？

客   人：1802。

服 务 员：请您稍等，需要查一下房。

客   人：好的。

服 务 员：您入住豪华标间一晚，房费500元，没有其他消费。对吗？

客   人：是的。

服 务 员：请您将房卡和押金单出示一下。

客   人：好的。

服 务 员：这是返还给您的500元押金，请您拿好！感谢您的光临！祝您一路顺风！

客   人：谢谢。

情景二　结账礼仪

情景分析：

（1）了解客人结账方式，如果客人选择现金结账，那么酒店通常要求客人在入住时一次付齐，酒店一般不给付现金的客人赊账权。如果客人要求转账结算，要确认事先已经批准的转账地址及转账安排，在接受转账付款要求时要特别谨慎。

（2）在对客服务中涉及金钱问题时，一定要小心、细心、耐心。

（3）要保持冷静、自信，同时态度温和，不论客人表现如何，酒店员工都要和蔼、亲切地为客人服务。

（4）结账时要尽量迅速快捷，方便客人，简化手续，同时又要保证酒店的利润收入。

（5）假若在客人的房价、账单或其他方面出现差错，要在客人离店前审核清楚，并处理妥当，让客人满意。

情景对话：

略，可参考情景一。

礼仪训练

服务员结账时礼仪训练

礼仪角色： 请同学们分别扮演服务员和客人。

礼仪要求：

（1）服务员结账时应保持微笑，以礼貌和主动的态度来接待客人。

（2）当客人出现错误时，切勿当面指责，应委婉为客人解说。

（3）服务员在任何情况下都应保持冷静和清醒，控制情绪，切勿与客人发生争执。

（4）服务员之间切勿大声呼叫和相互闲聊，需要协助时尽量使用对讲机。

四、前台处理投诉礼仪

1. 前台处理投诉礼仪要求

投诉是客人对酒店服务不满而提出的批评。由于客人需求多样化、个性化，加上客人对服务的评价标准不同,所以无论酒店服务多么完美,也难以让客人百分之百满意。

首先,客人有权对服务质量进行评论,投诉意味着客人的某些需求未能得到满足,酒店应给予补救服务。其次,投诉表明酒店的服务有漏洞或欠缺,管理人员要促进服务与管理进一步优化和完善。酒店对客人的投诉应持积极、欢迎的态度,无论客人出于何种原因进行投诉,都要设身处地地为客人着想,正确地理解客人,真诚地帮助客人,重新赢得客人的好感和信任。

(1)投诉原因。

1)酒店方面的原因:①服务形象不佳引起投诉;②服务技艺不够娴熟引起投诉;③设施设备质量问题引起投诉;④饭店实物产品质量不佳引起投诉;⑤管理不善引起投诉。

2)客人方面的原因:①客人醉酒;②客人情绪低落,需要发泄;③客人对酒店方面的有关制度规定不了解或产生误解。

3)第三方原因:①恶劣天气;②航班改期或取消。

(2)客人投诉类型。

1)理智型投诉。

2)发泄型投诉。

3)补偿型投诉。

(3)投诉处理原则。

1)欢迎与感谢的态度。

2)不能推卸责任。

3)维护酒店应有的利益。

(4)投诉处理技巧。

1)快速处理技巧:①认真聆听;②理解抱歉;③快速行动;④反馈信息、听取建议。

2)绅士处理技巧。①改变投诉地点,隔离当事人;②安抚客人;③解决问题。

2. 前台处理投诉礼仪规范

(1)仪容仪表礼仪。服务人员着装整洁大方,面带微笑,主动热情,彬彬有礼地接待客人。上岗之前洗头、剪指甲、剃胡须,发型大方,妆容淡雅,不使用有色指甲油以及味道浓烈的香水,目光诚恳,关注客人。

(2)倾听礼仪。态度诚恳,时刻留意客人的表情,注意客人的动作,掌握客人的心理。沉着冷静,反应灵敏,记忆准确。不敷衍、不埋怨,真心帮助客人。认真、耐心、诚恳地聆听客人的投诉,用恰当的语言安慰客人,尊重客人的意见。记录投诉要点,放缓语速,缓和情绪,保存记录。

(3)沟通礼仪。展现周到得体的礼仪,使用灵活多变、善意诚恳的语言给予安慰,真诚致歉。认真听取客人意见,尊重客人要求,并且马上着手解决问题,把影响降到最低。告知客人所需时间,及时向客人反馈,征询客人意见,让客人安心、顺心。

3. 服务情景分析

情 景 客人投诉有骚扰电话

情景分析：
（1）投诉是客人对酒店服务不满而提出的批评。
（2）客人有权对服务质量进行评论。
（3）表明酒店的服务有漏洞或欠缺。

情景对话：
客　　　人：你们领导在吗？
前台服务员：请问有什么可以帮到您的，女士？
客　　　人：我要投诉。
前台服务员：请问发生了什么令您不快的事情？
客　　　人：为什么你们酒店凌晨4点就有骚扰电话？
前台服务员：实在抱歉，女士，请告诉我您的房号，我们会马上采取措施，保证以后绝不会发生这种情况。

礼仪训练

接待客人投诉时礼仪训练
礼仪角色： 请同学们分别扮演服务员和客人。
礼仪要求：
（1）接待客人投诉时，应先介绍自己，如姓名、职务等。
（2）对客人的心情表示同情、理解和道歉，使客人感到受尊重，减少对抗情绪。
（3）仔细聆听客人投诉，要表现出足够的耐心，切勿随便打断客人讲话。
（4）保持冷静理智，不能随客人的情绪波动而发生情绪变化，要设法消除客人怨气。
（5）讲话时注意语音、语调和语速。
（6）接待客人投诉时，要慎用"微笑"，不要给客人造成误会。
（7）对客人反映的问题应立即着手进行调查和处理，切勿做出权力范围外的承诺。
（8）如客人丢失物品或财物，无法确认责任的，要及时报警，由公安机关处理。

第三节　客房服务礼仪

客房部是酒店的一个重要部门，客房收入是酒店收入的主要来源之一。客房服务主要是围绕着客人的住宿活动展开的，因此客房服务人员能否为客人提供礼貌、细致、周到的服务直接关系到客人对酒店印象的好坏，从而决定是否再次光顾，最终影响到酒店的社会声誉和经济效益。下面我们从客人的入住、住宿、离店三个方面来学习客房服务礼仪。

一、客人入住服务礼仪

1. 客人入住准备服务礼仪
（1）整理仪容仪表。客房服务员应该注意自己的仪容仪表修饰，按照酒店的规定着装，佩戴好工牌，精神饱满地准备好为客人提供服务。

（2）掌握客人情况。在客人到达前，要根据前厅送来的住宿通知单了解客人的姓名、房号、生活习惯、禁忌、爱好、宗教信仰等详细情况，以便在接待客人时提供有针对性的服务。

（3）整理房间。在客人到达前一小时将客人预订的房间整理好，保证房间设施、设备运转良好，生活用品充足。

（4）检查房间设备。房间整理好后，管理人员要对房间进行全面的检查，特别是对VIP客人的房间要逐项检查，以确保万无一失。

（5）调节客房温度、湿度。客人到达前要根据当天的温度情况调好房间的温度和湿度，打开门窗通风换气，以保证房间内的空气清新。

（6）备好香巾、茶水。客人入住前，服务员应根据总台的通知，提前准备好香巾、茶水，以便客人入住后使用。

2. 客人入住迎接服务礼仪

（1）迎接客人。客人到达电梯前，楼层服务员应在电梯口迎接，主动向客人问好，接下客人的行李，对于客人随身携带的手提包或贵重物品，必须在征得客人同意后再为客人提拿，注意轻拿轻放。

（2）引领入房。引领客人进入房间，到达房间门口时开门礼让客人先行进入房间，服务员进入后应先放好客人的行李及物品。

（3）斟茶倒水。客人安顿好后，服务人员为客人送上香巾和茶水。

（4）介绍房间设施设备。为客人简单介绍房间的设施设备，如空调开关的位置、电视节目、传呼服务员的按钮、餐厅的营业时间等。

（5）退出房间。最后向客人询问是否还有需要，如没有则应向客人告别，祝客人入住愉快，面向客人轻轻地退出门，并顺手关门。

3. 服务情景分析

情　景 迎接入住

情景分析：

（1）入住迎接服务是为客人提供电梯口迎接、引领入房、房内介绍、相关咨询等服务。

（2）入住迎接服务礼仪能够在规范服务的基础上最大限度地满足客人需求，让客人感到无微不至的关爱，给客人留下深刻印象。

情景对话：

客房服务员： 女士，您好！欢迎入住！我是客房服务员小王，很高兴为您服务！

客　　人： 你好。

客房服务员： 请您出示房卡。需要我为您提拿行李吗？

客　　人： 好的，谢谢！这是我的房卡。

客房服务员： 509号房，请您随我这边走。

客　　人： 好的。

客房服务员： 请您注意脚下！前方拐弯处有两个台阶。

客　　　人：好的。
客房服务员：这就是509房间，请进，我将行李箱放在行李架上。
客　　　人：好的，谢谢！
客房服务员：房间插卡取电，灯和电视以及空调的开关都在床头。
客　　　人：好的，谢谢！
客房服务员：您还有其他需要吗？
客　　　人：没有了，谢谢！
客房服务员：祝您入住愉快！再见！
客　　　人：再见！

礼仪训练

　　入住迎接服务礼仪训练

　　礼仪角色：请同学们分别扮演客房服务员和客人。

　　礼仪要求：按照入住迎接服务礼仪接待客人，并对照表4-1进行评价。

表4-1　入住迎接服务礼仪标准

评价内容	评价标准	小组评价	教师评价
仪表礼仪	着装得体、面容清洁、发型美观		
	表情自然、情绪饱满、精神振奋		
仪态礼仪	举止端庄、手势规范		
	头正、肩平、挺胸、收腹、立腰、并腿		
	行走轻而稳，双臂自然摆动		
迎宾礼仪	面带微笑，鞠躬行礼表示欢迎		
	五个服务：主动服务、站立服务、微笑服务、敬语服务、灵活服务		
	五声：欢迎声、告别声、致谢声、道歉声、慰问声		
	文明用语十个字：您好、请、谢谢、对不起、再见		
引领礼仪	礼貌请客人出示房卡，以便确认		
	引领客人时在左前方1米处，遇拐弯、楼梯时要示意		
	到房门口，轻敲房门后用房卡打开房门请客人先进		
	服务员提行李进房后，征求客人意见摆放行李		
房内介绍	向客人简单介绍房内设备以及酒店服务项目		
	询问客人是否需要其他帮助，告知房务中心电话		
礼貌告别	向客人道别并祝客人入住愉快		
	面向客人后退两步，转身走出房间并轻带上门		

二、客人住宿服务礼仪

1. 循环工作服务礼仪

客房工作十分琐碎，具有持续时间长、大量工作需要重复的特点，因此，客房服务员每天都应坚持做好以下工作：

（1）打扫房间，撤换床上使用的棉织品，补充生活用品。清洁卫生间，撤换"四巾"（面巾、毛巾、浴巾、地巾）。

（2）收集客人要洗的衣服，仔细检查，点清数目，填好单据，将为客人洗好的衣服送至客房，请客人查收。

（3）下午对房间进行小整理，更换茶具、水杯、热水瓶等，保持房间的整洁、舒适。

（4）定期对楼层的环境卫生进行清洁整理，保持灯管、墙角、高处门窗玻璃的清洁。

（5）分发报纸、信件和邮件。

（6）提供"开夜床"服务。开夜床服务通常在晚上5点至晚上9点之间进行，主要包括三大项内容：床铺整理、房间整理、卫生间整理。它是一种高雅温馨的服务方式，可以方便客人晚间回房休息，为客人营造适宜睡眠的环境，让客人感到舒服、感受关注。进房前应先敲门通报，若客人在房间应询问客人是否需要"开夜床"服务。客人不在时按照程序进行服务，不得乱动客人东西。服务结束后，应向在房间内的客人礼貌道别，并祝晚安。

2. 日常工作服务礼仪

客人入住客房以后，服务人员除了为客人提供循环性服务外，还要为客人提供日常性服务，主要包括以下内容：

（1）清晨打扫房间，应准备好当天撤换的棉织品、补充的生活用品，带好清洁工具，避免多次进出客人房间。

（2）清扫房间尽量在客人外出时进行，对于留在客房不外出的客人应征得其同意后再进行打扫。

（3）进入客人房间应先敲门，征得客人同意后再进入，不得随意翻动客人的物品，更不得主观臆断地将客人的物品扔掉。

（4）如果有客人的信件、邮件、电报等，应及时当面交给客人，并做好签收工作。

（5）定时检查和补充房间小冰箱内的饮料，凡是客人用过的饮料，要点清数目、填好账单，请客人签字，尤其是当天要退房的，更要及时清点，以防跑账、漏账。

3. 针对性服务礼仪

（1）熟悉客人的情况。要想提供有针对性的服务，就要了解客人的个人情况，包括客人的国籍、职业、年龄、喜好、生日、禁忌等。尽量在第二次见到客人时，能称呼客人的姓名或姓氏，以示对客人的尊重和重视。

（2）观察客人的嗜好。通过细心观察客人的习惯和嗜好，可以更好地掌握客人的需求，以提供热情、周到、细致的服务。例如，英国人喜欢喝红茶，美国人无论喝何种饮品均喜欢加冰，欧美人忌讳数字"13"和"星期五"等。服务人员都应该有所了解，这样才能有针对性地为客人提供服务。

（3）注意客人的身体情况。客人住店期间，有些人由于水土不服或是过度劳累常常出现身体不适等症状，因此，服务人员要注意客人身体的变化，尤其是对年老体弱的客人，这样不仅可以提供有针对性的优质服务，还能获得客人的好感。

（4）掌握客人的特殊要求。住店的客人生活习惯各不相同，他们除了需要日常服务外，还需要一些特殊服务，如朋友聚会、客人生日等，这时服务人员就应细心掌握客人的特殊情况，同时要适时、恰当地推销酒店的其他设施设备，以满足客人的不同需求。

4．服务情景分析

情 景 住宿服务

情景分析：

（1）住宿服务礼仪是为客人提供在入住酒店期间一系列服务的礼仪。

（2）客房服务员要真诚地服务客人，以满足客人需求为宗旨，以保障客人和酒店利益为目标，注重服务礼仪，使用礼貌用语，让客人留恋美好的酒店住宿经历。

情景对话：

客房服务员：先生，您好！您打电话需要洗衣服务是吗？

客　　人：是的。

客房服务员：请将您需要清洗的衣物放入洗衣袋，并填写洗衣单。

客　　人：好的。

客房服务员：我先为您检查一下衣物的数量和有无破损、褪色等情况。

客　　人：好的。

客房服务员：您一共需要清洗的衣物是3件，一件衬衫，两条裤子。

客　　人：是的。

客房服务员：请问您需要正常清洗还是加急清洗？

客　　人：需要加急。

客房服务员：如果加急清洗收费的标准是不一样的，请您仔细看一下洗衣单上的价格。

客　　人：好的，没问题。就加急清洗吧。

客房服务员：好的，先生。我们会尽快将衣物清洗干净为您送回。祝您入住愉快！

礼仪训练

客房服务员礼仪训练

礼仪角色：请同学们分别扮演客房服务员和客人。

礼仪要求：

（1）接听电话。先通报"这里是客房服务，有什么需要帮忙的吗？"通话时注意语气和措辞，重要事情应记录，并进行复述。

（2）不能与客人发生争执。工作中要有耐心，有教养，善于控制自己的情绪，不能与客人发生争执。

（3）尊重客人隐私。不能利用工作之便探听客人年龄、收入、婚姻状况等隐私。尤其是演艺明星和政界要人的情况更不能随便透漏。

（4）保持楼层安静。工作时应轻声细语，应答时不能大声。距离较远听不清时，可用点头或以手势来示意。

（5）乘梯礼仪。上下班及工作时，只能乘员工专用电梯，而不能使用客用电梯。

（6）对客交流礼仪。交谈时"请"字当先，"谢谢"收尾，进入客房与客人说事应简明扼要，注意语气、语调及语速。

（7）不能向客人索取物品。不要轻易接受客人馈赠，更不能向客人索取物品，如果客人执意要送，可以接受并向客人真心致谢。

（8）掌握拒绝艺术。客人提出的要求无法满足时，应该向客人说明实际情况，用委婉的语言拒绝，或做详细的解释，取得客人的谅解。

三、客人离店服务礼仪

1．客人离店服务程序

客人离店时的服务是客房服务的结束和延续。它是客人对酒店客房服务的最后印象，也是争取客人再次光临的重要时刻，因此与客人来店时的第一印象同样重要。

（1）服务人员进入客房后要向客人问候，并向客人询问是否需要帮助提拿行李。

（2）客人离开时要向客人告别，并祝一路平安，欢迎下次光临。一般应将客人送至电梯口，重要客人或老弱病残孕者则可送到大堂。主动征求客人意见，以便不断提高服务质量。

（3）客人离开房间后要立即检查房间，看客人有无遗忘物品、房间设施设备有无损坏、客房用品有无丢失。如果发现客人有遗留物品应该尽快归还失主，若客人已经离开酒店，则应将时间、房号、客人姓名、遗留物品名称等进行登记，以便客人随时回来领取。如果发现客房物品丢失或设施设备损坏，立即打电话与总台联系，请总台与客人协商处理。客房服务员通常不直接与客人交涉。

2．客人离店服务礼仪规范

（1）道别礼仪。了解客人的需求并尽力提供帮助，检查客人委托代办事项是否已经办妥。在房门口、走廊或电梯口45°鞠躬，与客人礼貌道别并祝客人愉快。

（2）规范离房。退出房间时，面向客人后退两三步，转身出门并将门轻轻带上。

（3）电梯送客。主动热情为客人按电梯，当电梯到达时，用手挡住电梯门，请客人进入电梯，并协助客人将行李放入电梯，鞠躬与客人道别："祝您一路平安！欢迎下次光临！"

3．服务情景分析

情　景 离店服务

情景分析：

（1）客人离店服务礼仪是为客人办理离店手续、礼貌送别客人的服务礼仪。

（2）它能够在规范服务的基础上让客人感受到酒店对客人无微不至的关爱，给客人留下深刻而美好的印象。

情景对话：

客房服务员：您好，先生！您是要退房吗？

客　　　人：是的。

客房服务员：需要帮您叫行李员提拿行李吗？

客　　　人：不用了。

客房服务员：电梯来了，请您小心上电梯，拿好行李。

客　　　人：好的，谢谢！

客房服务员：感谢您的入住！祝您一路顺风！欢迎下次光临！

礼仪训练

客房服务员应变礼仪训练

礼仪角色：请同学们分别扮演客房服务员和客人。

礼仪要求：

1）当客人提出的问题自己不清楚，难以回答时。请客人等候，请教或查询后再回答；如果问题较复杂，待弄清楚以后再回答，经努力仍无法解答时，应耐心解释，表示歉意；客人提出问题，不能使用"我不知道""我不懂""可能"等词语去答复客人。

2）客人有伤心或不幸的事情，心情不好时。细心观察和掌握客人的心理动态，做好服务工作；尽量满足客人要求，态度和蔼、服务耐心、语言精练；使用敬语安慰客人，不要喋喋不休，以免干扰客人；对客人报以同情，不要议论、讥笑、指点客人。

3）因酒店的设备问题，致使客人受伤时。立即安慰客人，表示歉意并向领导汇报；对该位客人在服务上给予特殊照顾。

4）客人正在谈话，有急事找他时。不应冒失打断客人谈话，应有礼貌地站在一旁，双目注视客人。一般这种情况下客人都会意识到你有事情找他，便会主动停下谈话。说话时简明扼要。

5）你在接听工作电话，此时有客人来到面前时。点头示意客人，以示与客人打招呼，让客人稍等之意；尽快结束通话，以免让客人久等；放下话筒，先向客人道歉，再询问客人需要什么帮助。

小案例

某家酒店的客房部员工小李，在一天上午准备为 7130 号房间打扫卫生。他推着工作车来到客房门前，轻轻地敲响了房门，并自报："您好，客房服务员，请问可以打扫房间吗？"，房间的客人出来开门并说道："我现在不方便，请你一会再来打扫吧。"小李又说："我打扫得很快的，因为这层楼只剩下您的这间房没有打扫了，如果现在不能打扫，一会儿我还得再把工作车推上来。"客人说："我来了客人，真的不方便，你进来打扫，我们到哪里去谈话啊？"小李见客人有些不高兴就离开了。到了中午，客人带着朋友离开房间时，找到了小李，对她说可以打扫房间了，小李正在忙着打扫其他房间，就对客人说："没看见我正忙着呢吗？刚才你又不让打扫。"客人对此很不满意，当即找到经理投诉。小李也因此受到了批评，并扣发了当月的奖金。

在此案例中，小李错在了哪里？如果你是小李你会怎样处理？

第四节 餐厅服务礼仪

餐饮部是酒店的一个主要部门，是客人的用餐场所，餐饮收入是酒店的主要营业收入来源之一。餐饮服务水平的高低不仅体现在餐饮产品质量的高低、餐厅氛围的好坏上，更体现在餐饮服务人员对客服务时所提供的服务水准的高低上。

一、餐厅预订服务礼仪

餐厅预订是客人常见的就餐需求，客人提出就餐要求，酒店不仅要一一满足，还要让客人感受到服务的专业和热情以及对客人的尊重,服务中注重礼仪往往会起到画龙点睛、提升服务品质的作用。

1. 餐厅预订服务礼仪要求

餐厅预订服务礼仪突出"着装礼仪、目光礼仪、电话礼仪、聆听礼仪",并懂得礼仪的作用,做到既注重礼仪的外在形象,又注重礼仪的内涵。

(1) 着装礼仪:
1) 穿着干净工装。
2) 注重个人卫生。
3) 注意发型。
4) 妆容淡雅。
5) 适当佩戴饰物。
6) 鞋袜穿戴整齐。
7) 佩戴工牌。

(2) 目光礼仪:
1) 注视方式。
2) 注视方向。
3) 注视时间。

(3) 电话礼仪:
1) 表情亲切。
2) 注意力集中。
3) 姿态优雅。
4) 动作迅速。
5) 发音清楚。
6) 语言简练。

(4) 聆听礼仪:
1) 目光专注。
2) 语言恰当。
3) 微笑合宜。

2. 餐厅预订服务礼仪规范

(1) 客人订餐无论以何种方式(亲自前来、电话、传真等)都应礼貌热情地接待,遇到繁忙时要请客人稍等,并表示歉意。

(2) 仔细询问客人的用餐时间、用餐人数、订餐内容、有无特殊要求等,并且认真做好记录。最后应向客人复述一次,避免有遗漏或者有出入。

(3) 耐心回答客人提出的问题,并将餐厅的规定向客人讲明,尤其要交代清楚取消预订的最长时限,提醒客人要准时前来。

(4) 客人订餐后,订餐员应及时与领位员沟通,并根据客人的情况和要求安排好桌位。

3. 服务情景分析

情　景 餐厅预订

情景分析：

（1）餐厅预订通常采用两种方法，一是当面预订，二是电话预订。

（2）餐厅预订员良好的着装礼仪和目光礼仪代表了餐饮部全体服务人员的精神面貌。

（3）电话预订虽然客人不在现场，但是预订人员娴熟的专业技能、优雅的电话接听礼仪，能使客人得到满意答复，高效完成预订任务。

情景对话：

餐厅预订员：您好，女士！请问有什么可以为您效劳的？

客　　　人：您好！我想预订一下今晚的晚宴。

餐厅预订员：请问是几人用餐？几点开餐？

客　　　人：十人，6点开餐。

餐厅预订员：晚宴的菜品是单点还是套餐？

客　　　人：十人套餐就可以。

餐厅预订员：好的，女士。请问有没有什么特殊要求？

客　　　人：菜品忌辣。

餐厅预定员：好的，跟您核实一下您的预订，您预订今晚6点的十人晚宴，菜品是十人套餐，菜品忌辣。对吗？

客　　　人：是的。

餐厅预订员：请问您的联系方式？

客　　　人：1384006××××。

餐厅预订员：女士，提醒您一定准时前来，我们会提前电话提醒您的。祝您用餐愉快！

礼仪训练

1. 目光礼仪训练

礼仪角色：请同学们分别扮演餐厅预订员和客人。

礼仪要求：

（1）注视位置是以双眼为底线，以下颌为顶角的倒三角区域。

（2）注视方向是平视或仰视。

（3）注视时间是目光连续接触一秒左右。

2. 电话里的微笑训练

礼仪角色：请同学们分别扮演餐厅预订员和客人。

礼仪要求：

（1）电话铃声响起三声之内接起。

（2）接听电话时用语规范，语速适中。

（3）加强练习融入笑容的声音，声音欢快甜美。

（4）要有良好的心情和健康的心态。

二、餐厅迎送服务礼仪

餐厅迎送服务应该特别注意服务礼仪，迎宾员是餐厅的形象代表，站在餐厅门口，穿着华丽的礼服热情地服务，给就餐客人留下良好的第一印象。就餐结束，客人起身离座，服务员礼貌地送别客人，做好服务的最后一个环节。

1. 餐厅迎送服务礼仪要求

（1）站姿礼仪：
1）体态端正。
2）目光亲切。
3）面带微笑。
4）双臂自然下垂，双手、双脚并拢。

（2）引领礼仪：
1）引领位置（客人左前方）。
2）引领距离（1.5米左右）。
3）引领手臂动作（引导手势）。

（3）拉椅让座礼仪：
1）手势示意。
2）双手拉椅。
3）力度适当，避免发出声音。
4）动作迅速。

（4）送客礼仪：
1）45°鞠躬礼。
2）微笑亲切。
3）告别语言合适。
4）手势恰当。

2. 餐厅迎送服务礼仪规范

（1）迎宾员应该着装华丽、整洁、大方，仪容端庄，站姿优美。开餐前5分钟，迎宾员应恭候在餐厅大门两侧，做好迎客的准备。

（2）迎宾员应该神情专注，反应敏捷，注视过往客人。当客人距餐厅约1.5米处，迎宾员应该面带笑容拉门迎客，并且热情问候："先生（小姐）您好，欢迎光临！"，客人用餐完毕离开时，应该礼貌道别："先生（小姐）感谢您的光临，请慢走，再见！"语调要柔和亲切，并致以鞠躬礼。

（3）询问客人是否已经预订，如果有则应问清楚客人的姓名直接引领客人前去；如果没有则应根据实际情况灵活安排座位。

（4）如果遇到雨天，要主动为客人收放雨具。客人离开时要把雨具及时送上，并帮助客人打开雨伞，穿好雨衣。

（5）领位员引领客人入座时，应该走在客人的左前方约1.5米处，并以手势指引，还要对客人说："请跟我来。"注意引领的速度不可太快。

（6）把客人引领到餐桌前时，按照女士优先的原则帮助客人拉开椅子，安排就座。

（7）安排座位时应该注意：当有重要客人光临时，应该将其引领到本餐厅最好的位置就座；当有容貌漂亮、衣着华丽的女宾前来就餐时，应将其引领至众多客人都能看到的位置，这样既可满足客人的心理需求，又可给餐厅增添华贵的气氛；如果是夫妇或者情侣前来就餐，最好将他们引领到比较安静的位置就座，这样便于他们说悄悄话；若是有明显生理缺陷的客人前来就餐，应尽量将其安排在不太显眼的地方，以能遮掩其生理缺陷为宜；一家人或是亲朋好友前来聚餐，可以引领他们到餐厅中央的位置就餐；年老体弱的客人前来就餐，尽量将他们安排在离入口较近、出入方便的地方。

（8）当餐厅空位较多时，领位员可以让客人自行选择他们喜欢的位置就座。若无法满足客人的要求，应该礼貌地向客人解释道歉，并将客人引领到其他比较满意的座位。

（9）将客人引领到餐位后，领位员应告知看台服务员客人的就餐人数和需求后方可离去。

3．服务情景分析

情 景 迎宾服务

情景分析：

（1）在迎宾服务中，领位员要微笑迎客、主动问候、引领客人到满意的用餐位置。

（2）引领客人、拉椅示座等一系列服务都需要用到站姿礼仪、引领礼仪、拉椅让座礼仪。

情景对话：

领 位 员：您好，欢迎光临！请问先生您有预定吗？

客　　人：有的，我是刘先生，预定6点四人用餐。

领 位 员：好的，刘先生。我们给您预留了205包房，请这边走。小心楼梯台阶。

客　　人：好的，谢谢。

领 位 员：这就是205包房，刘先生，我们特意为您安排了这个房间，四人用餐既不拥挤又显得很温馨，同时可以看到外面的夜景，而且距离楼梯口和卫生间都比较近。

客　　人：太感谢了，你们安排得太周到了。

领 位 员：不用客气，祝您用餐愉快！

礼仪训练

1．引导手势训练

礼仪角色： 请同学们分别扮演领位员和客人。

礼仪要求：

（1）在客人左前方，轻声对客人说："您请。"

（2）左手提至齐胸高度，五指伸直并拢，掌心向上，朝欲指示的方向伸出前臂。

（3）侧向客人，距离保持在两步左右，速度适中。

2．体侧式"请"的手势

礼仪角色： 请同学们分别扮演迎宾员和客人。

礼仪要求：

（1）五指并拢，自然伸直，掌心斜向上方。

（2）腕关节伸直，手与前臂形成直线，手臂略弯曲。

（3）以肘关节为轴，上臂带动前臂，由体侧自下而上抬起。
（4）身体微前倾，头略转向手指示方向。
（5）面向客人，面带微笑，目视来宾。

3．告别礼仪

礼仪角色： 请同学们分别扮演迎宾员和客人。

礼仪要求：

（1）主动上前服务，双手规范递送衣帽物品。
（2）使用体侧式"请"的手势，引领客人出餐厅。
（3）行45°鞠躬礼，为客人按电梯、叫车。
（4）使用告别语"再见""请慢走""欢迎下次光临"等。

三、点菜服务礼仪

点菜服务在整个餐饮服务的过程中也是至关重要的，它关系到客人对酒店菜品的满意程度，对服务人员菜品知识专业与否的评价，以及对整个就餐过程的整体评价。客人入座以后，服务人员为客人递送香巾，斟倒茶水，询问客人是否点菜，然后礼貌地递送菜单。

1．点菜服务礼仪要求

（1）递送菜单后应有礼貌地退后，给予客人考虑时间。
（2）客人点菜时要及时记录。
（3）可适当地为客人推荐菜品。
（4）及时准确地回答客人提问。
（5）为客人介绍菜品特点、口味、原料等信息。
（6）为客人把控菜品数量。

2．点菜服务礼仪规范

（1）客人入座以后，应礼貌地询问客人需要何种饮料。凡是未点饮料的都应为客人上茶。上茶时不应太满，一般是八分满，以免茶水外溢。
（2）将盛有小毛巾的碟子用托盘送上，并用夹子依次递给客人。
（3）接受客人点菜时，应该双手从客人的右侧将菜单和酒水单递给客人，并将其打开，然后退到一旁稍候，给客人充分的时间进行选择。
（4）当客人一时拿不定主意时，服务员应该热情推荐特色菜肴，为客人当好参谋。
（5）服务人员应熟知餐厅所提供菜肴的原料、制作方法、口味以及中式菜肴的一些基本知识，以应对客人的提问。
（6）填写点菜单时，要拿在手上写，不要放在餐桌上写。中式点菜单一般是一式三联，一联交给柜台出纳入单结账用，一联送到厨房出菜用，一联留在看台或区域服务员处，待菜上齐后交给客人过目。或者使用电子点菜器点菜，使用时将点菜器放在手中进行点菜，切忌将点菜器放在餐桌上进行点菜，服务人员应该熟练掌握点菜器的使用方法。
（7）客人点菜完毕以后，服务人员应向客人重复一次，确认没有遗漏或错误。
（8）若是客人点的菜餐厅已经无法供应，应向客人解释清楚并道歉。

（9）酒水需要另外开单。

3. 服务情景分析

情 景 点菜服务

情景分析：
（1）中餐厅服务员在服务中要做到"三轻"（说话轻、走路轻、操作轻）。
（2）当客人落座，为客人递送香巾、斟茶之后，再为客人递送菜单、酒单，进行点单服务。

情景对话：
值 台 员：先生，请问可以开始点菜吗？
客　 　人：可以。
值 台 员：这是菜单和酒单，请您过目！
客　 　人：好的。
值 台 员：需要为您推荐介绍我们的特色菜吗？
客　 　人：好的。你们的特色菜是什么？
值 台 员：我们餐厅以川菜为主，特色菜有水煮鱼、宫保鸡丁、鱼香肉丝、麻婆豆腐。
客　 　人：那就点这几个特色菜尝一尝吧。
值 台 员：好的，请您稍后。

礼仪训练

观察能力训练
礼仪角色： 请同学们分别扮演值台员和用餐客人。
礼仪要求： 根据客人用餐情景，采取适当接待礼仪。

（1）客人进餐厅东张西望，迟迟不点菜。遇到此情景值台员应该判断客人可能是在等人，或者在选择心仪的座位，根据具体情况为客人安排合适的座位，待客人坐下后，一边让其等人一边为其介绍菜品。

（2）客人用餐时皱眉头，送入口中的食物又吐出来。遇到此情景值台员应该判断客人是吃到了食物中的异物还是食物的口味出现了问题，要及时上前询问客人具体情况，并做出相应处理。

（3）客人用餐，边吃边谈，眉开眼笑，说明是老友聚会。遇到此情景值台员应该判断客人用餐心情非常愉快，气氛非常融洽，不应过多打扰，应在旁边默默观察客人的需要，在及时提供服务的同时为客人留下足够的空间。

四、酒水服务礼仪

酒水服务也是餐饮服务中必不可少的一个环节，越是细节服务越能够打动客人，满足客人希望被尊重的心理。全面展示服务员的礼仪修养，斟酒时，规范的服务程序，过硬的服务技能，都会给客人留下良好的印象。

1. 酒水服务礼仪要求

（1）示酒礼仪：
1）示酒位置（主人右侧）。
2）示酒动作（左手托底，右手持瓶）。

3）示瓶角度（酒标朝向客人）。

（2）斟酒礼仪：

1）斟酒顺序（主宾开始顺时针）。

2）斟酒站位及动作（站在客人右侧斟酒）。

3）斟酒量及续酒时机。

2. 酒水服务礼仪规范

（1）如果客人点的是整瓶的酒，服务人员在开瓶前，应左手用服务巾托住瓶底，右手扣住瓶口，将酒标正面朝向客人，以供客人辨识酒标是否完整，瓶口是否无损。客人确认无误后，服务人员方可开瓶。注意示酒的位置在主人右侧。

（2）斟酒时应以主宾、女士和年长者优先，然后按照顺时针方向依次斟酒，最后为点酒的主人斟酒。

（3）喝不同的酒使用不同的酒杯，白酒用白酒杯，鸡尾酒用鸡尾酒杯，红酒用红酒杯，香槟酒用香槟酒杯。不同酒杯所盛的酒量也不尽相同，一般来说，白酒斟至酒杯的 3/4 处即可；啤酒斟到杯子的 4/5 处；红酒则斟至 1/3 或 1/2 处为宜；香槟酒一般分两次斟，第一次斟至 1/3 处，泡沫平息后，再斟至 2/3 或 3/4 处；调鸡尾酒时，斟至酒杯的 3/4 处即可，方便客人观赏和端拿；斟白兰地时一般只斟至酒杯的 1/8 处。

（4）为客人斟酒时要注意姿势，手不要抖，以免将酒弄洒。

（5）斟完酒后，应将客人面前的茶水撤走，并为客人拆去筷套。

（6）客人用餐过程中，应注意适时为客人提供酒水，将空酒杯或其他杂物拿走。

3. 服务情景分析

情 景 斟酒服务

情景分析：

（1）为客人提供酒水服务之前，首先向客人介绍餐厅提供的酒水请客人选择，然后在主人右侧向主人示酒，之后从主宾开始按照顺时针方向斟酒。

（2）注意斟酒的姿势和斟酒量，酒水不要滴落到杯子外。

情景对话：

值台员：先生，您好！这是您点的长城干红葡萄酒，请您过目。

客　人：好的。

值台员：请问现在开酒吗？

客　人：可以开酒。

值台员：您好，女士，我来为您斟酒。

礼仪训练

酒水服务礼仪训练

礼仪角色： 请同学们分别扮演值台员和客人。

礼仪要求： 根据客人用餐情景，采取适当的接待礼仪。

（1）示酒礼仪。

示酒位置：主人右侧，面向主人。

示酒动作：应左手用服务巾托住瓶底，右手扣住瓶口，将酒标正面朝向客人，以供客人辨识酒标是否完整，瓶口是否无损。

（2）斟酒礼仪。

斟酒顺序：从主宾开始按照顺时针方向。

斟酒站位及动作：站在客人右侧，右手持瓶，左手背后，右脚上前一步进行斟酒。

五、就餐服务礼仪

客人参加宴请不仅仅是在进行人际交往、文化交流，也是在体会高质量的服务带来的尊贵感。客人来餐厅就餐，全程得到热情周到的礼仪服务，会使客人感受到酒店的水准、服务人员的专业。

1. 就餐服务礼仪要求

（1）上菜礼仪。

1）上菜顺序。先冷后热，先咸后甜，先菜后点。

2）上菜位置。选择远离老人和孩子的位置作为上菜口，菜品摆放分布均匀，不要过于集中。

3）上菜时间。一般应在点菜后15～20分钟左右上第一道菜，之后每道菜间隔时间不要太久。

4）摆菜礼仪。摆菜的位置要适中，主要菜品摆在桌子中间，高档菜摆放在主宾面前，酒席中主菜观赏面朝向主人，各种菜品对称摆放。

（2）分菜礼仪。

1）分菜顺序。在餐桌上分菜时，按照逆时针方向先宾后主依次分派；在旁桌上分菜时，按照顺时针方向先宾后主依次分派。

2）分菜位置。在餐桌上分菜时，服务人员站在客人左侧；在旁桌上分菜时，服务员站在客人右侧。

3）分菜操作。

① 桌上分菜：服务员站在客人左侧，边分菜边为客人介绍菜品名称、风味。

② 二人合作分菜：一人负责分菜，一人负责集中客人的餐碟并将分好的菜品端到客人面前。

③ 旁桌分菜：一般用于宴会，在备餐桌上分好菜品，然后用托盘从客人右侧送上。

（3）餐具撤换礼仪。

1）撤换位置。撤换餐具应在客人右侧进行。

2）撤换顺序。从主宾开始撤换餐具，按照顺时针方向进行。

3）撤换动作。撤换时服务员左手托盘，右手先撤下用过的骨碟，然后送上干净的骨碟。

4）餐具撤换时机。吃了带壳的菜肴；吃了带有浓汁、糖醋的菜肴；吃主菜之前；骨碟比较脏的情况下。

2. 就餐服务礼仪规范

（1）用餐过程中，若有需要客人用手食用的食品，应送上盛有清水的净手盅。

（2）根据客人用餐的需要及时撤下空盘，更换骨盘，并注意保持台面的清洁。

（3）每道菜肴快吃完时，应将其更换至小盘，再摆回转台上供客人取用。

（4）客人有意吸烟时，应主动为客人点火。烟缸里烟头不能超过三个，要及时为客人撤换烟缸。

（5）用餐全过程出菜的速度应配合客人用餐的速度，服务人员需要配合客人需求，指示传菜服务员通知厨房配合。

（6）注意上菜礼仪、摆菜礼仪和分菜礼仪。

（7）如果一名服务员同时照顾几个桌位时，一定注意不要顾此失彼，要一视同仁，照顾好每一个桌位上的客人。

3. 服务情景分析

情景 就餐服务

情景分析：

（1）就餐服务礼仪要求突出菜肴服务礼仪、餐具撤换礼仪、烟灰缸撤换礼仪等内容。

（2）做到既注重礼仪外在形象，又注重礼仪内涵。

情景对话：

值台员：先生，您好！为您上菜！

客　人：好的，谢谢。

值台员：这是我们餐厅的特色菜——糖醋小排，请您慢用。

客　人：好的，谢谢。

值台员：您好，女士，为您撤换一下餐盘。

客　人：好的，谢谢。

值台员：您好，先生，为您撤换一下烟灰缸。

客　人：好的，谢谢。

礼仪训练

就餐礼仪训练

礼仪角色： 请同学们分别扮演值台员和客人。

礼仪要求： 根据客人用餐情景，进行开餐服务、酒水开瓶礼仪、斟酒礼仪、上菜礼仪、撤换餐具礼仪等的练习。

（1）动作干净利落。

（2）操作时注意三轻，即走路轻、说话轻、操作轻。

（3）操作规范，体现服务员的风度、礼貌和修养。

（4）耐心服务客人，不可催促客人。

六、结账服务礼仪

结账是客人就餐的最后一个环节，正因为如此更加不能忽视，快速准确地为客人结账，清楚地清点钱款，及时解答客人的疑问，这一切都能够为客人留下深刻而美好的印象。

1. 结账服务礼仪要求

（1）礼貌地问候客人。

（2）做到结账快速、钱款无误。

（3）熟练掌握各种支付方式和结账方法。

（4）礼貌送客。

2. 结账服务礼仪规范

（1）客人示意结账时，服务人员应该主动为客人拉开座椅，提醒客人带好随身物品，并检查餐桌附近是否有遗留物。

（2）服务人员应该主动询问客人对于剩余饮料及餐点的处理办法，主动将多余未用的酒水退掉，按照客人意愿进行打包。

（3）从柜台出纳处领来账单，确认无误后放在收银盘里呈给客人。

（4）如果客人要直接向收银员结账，应该客气地告知客人收银台的位置，并使用手势示意方向。

（5）如果是住店客人要签单，应立即送上记账单和笔请客人签字，同时礼貌地请客人出示房卡或钥匙以核实身份。

（6）采用客人提议的方式进行结账（现金、信用卡、签单等），如果不能满足客人的要求，应向客人解释清楚并道歉。

（7）结账后为客人送上发票、找零、信用卡及签单等。

3. 服务情景分析

情 景 结账服务

情景分析：

（1）客人就餐的最后一个环节是结账，因此做好最后的收尾工作至关重要。

（2）保证快速准确地为客人结算账单，当面清点钱款，并且及时耐心地解答客人的疑问。

情景对话：

客 人：您好，我要结账。

值台员：您好，先生。请问您是哪个包房的客人？

客 人：509包房。

值台员：好的，先生。请您稍等。先生，让您久等了！您一共消费1599元，这是账单，请您过目。

客 人：好的。

值台员：请问您的结账方式是现金还是刷卡？

客 人：刷卡。

值台员：好的，先生。请你输入密码。

客 人：好的。

值台员：请您签名。

客 人：好的。

值台员：请拿好您的银行卡和小票。欢迎下次光临，再见！

客 人：好的，再见。

> **礼仪训练**
>
> **结账服务礼仪训练**
>
> **礼仪角色**：请同学们分别扮演值台员和客人。
>
> **礼仪要求**：用收银夹送上账单，不要报出账单金额。
>
> （1）现金：唱收唱付，当面点清。金额大时应到收银台付钱。
>
> （2）签单：请客人出示房卡，看清房间号、离店日期，并经收银确认，再请客人签上房号和姓名。
>
> （3）支票：正确填写，核对身份，可以说："可以看一下您的身份证件吗？"
>
> （4）信用卡：若客人刷卡，应请客人输入信用卡密码并签名。
>
> （5）挂账：核对协议（挂账）卡，核对姓名、单位、有效期。

第五节　康乐服务礼仪

一、游泳池的服务礼仪

游泳池是酒店为客人提供的健身服务之一，星级较高的酒店通常设有室内和室外两类游泳池，喜欢户外活动的客人可以选择在露天游泳池做日光浴，室内游泳池一般是恒温游泳池，客人可在工作、外出游玩后到恒温游泳池里放松。

1. 游泳池的服务范围

酒店的游泳池都会为客人提供更衣室、淋浴室和卫生间，还会提供酒水、饮料、小食品等供客人选择。专门的服务人员会为客人教授各种游泳技术、讲解规则并示范等，也会有服务人员在池边巡视，如遇紧急情况，立即下水救助。

2. 游泳池服务人员的服务礼仪

（1）客人进场后，收发更衣柜钥匙的服务员应向客人致意，请客人用房卡换更衣柜钥匙，然后引导客人进入更衣室，帮助客人打开更衣柜柜门，向客人介绍更衣柜内的浴巾、拖鞋等服务用品，请客人更衣。在客人更衣时不要面对客人，应侧过身去。客人更衣完毕，提示客人将钥匙挂在手腕上。

（2）客人游泳时，各服务区的救生员应时刻注意观察情况，发现异常情况立即采取救护措施，要确保客人在泳池内的安全。劝阻饮酒客人下水游泳，以免发生危险。对年老体弱者和儿童，要提醒家长注意深水区域，以免发生危险。

（3）服务员应经常在池边走动，以便对客人的需要及时做出反应，主动向池边休息的客人介绍酒水饮料。

（4）客人游完泳回到更衣室，服务员应帮客人打开更衣柜柜门，请客人更衣。客人离开时，提醒客人带齐自己的物品。

3. 服务情景分析

情　景　游泳池服务

情景分析：

（1）游泳池要有优雅的环境、现代化的设备、清洁的水质、严格地管理制度、有效的管理措施和优质的服务，因此，服务员要经过严格的训练，为客人提供更衣室、淋浴室、饮料食品等服务。

（2）服务员应经常在泳池边走动，以便对客人的需要及时做出反应。

情景对话：

服　务　员：先生，您好！游泳池更衣室请这边走！

客　　　人：好的。

服　务　员：请您注意脚下，地面有水较滑。

客　　　人：好的。

服　务　员：这是更衣室衣柜钥匙，请您拿好！

客　　　人：谢谢。

服　务　员：建议您先温水淋浴，换好泳衣后，请在消毒池浸脚。

客　　　人：好的。

服　务　员：进入浴区地面湿滑，请您注意安全！有问题随时联系我们工作人员。

客　　　人：谢谢。

礼仪训练

游泳池接待礼仪训练

礼仪角色：请同学们分别扮演服务员和客人。

礼仪要求：游泳池接待礼仪训练

（1）客人到来时，主动打招呼，表示欢迎。

（2）进行验票，准确记录客人姓名、房号、更衣柜号码。

（3）办理押金手续后，发给客人更衣柜钥匙及洗浴用品，方便客人游泳后使用。

（4）对饮酒过量，患有皮肤病等传染病的客人应谢绝入内。

（5）禁止客人带入酒精饮料、玻璃瓶装饮料。

（6）要求客人进入泳池前先冲淋，并经消毒池浸脚。

（7）救生员应巡视水中情况，特别是深水区。

（8）服务员根据客人需要提供饮料和食品。

（9）客人离开时，提醒客人带好自己的东西，主动道别，欢迎客人再次光临。

二、健身房的服务礼仪

1. 健身房的服务范围

一般酒店都会为客人提供包含各种健身器材的健身房，以满足客人休闲健身的需要，除此之外，健身房还会为客人提供更衣和卫生设备。如果客人运动后需要补充水分和能量的话，健身房内还有各种饮料和小食品供客人选用。对于不熟悉健身器械的客人，健身房内要有工作人员为其示范和指导。

2. 健身房服务人员的服务礼仪

（1）服务员应礼貌接待客人，引导客人办理相关手续及进入健身区。

（2）对于不熟悉健身器械的客人，应先建议其进行体能测试，以保证客人能科学、安全地健身。如果客人对所使用的健身设备和器械使用方法不清楚，要耐心讲解和示范。随时观察客人的需要，如是否需要饮料或食品，并提供合理必要的服务。

（3）客人离开健身房时，应礼貌地向客人致意和道别，欢迎客人再次光临。

3. 服务情景分析

情 景 健身房服务

情景分析：
（1）健身房服务礼仪要求突出迎接礼仪、针对性服务礼仪、饮料服务礼仪、送客服务礼仪等内容。
（2）做到既注重礼仪外在形象，又注重礼仪内涵。

情景对话：
服 务 员：先生，您好！您要进行器械练习吗？
客 　 人：是的。
服 务 员：请问您以前做过此类练习吗？
客 　 人：没有。
服 务 员：那您需要先进行热身运动，请先在跑步机上热身半小时，然后我会为您进行具体器械练习的指导，避免您由于不熟悉器械练习的正确方法而对身体造成伤害。
客 　 人：好的，谢谢。
服 务 员：不客气，帮助您正确地使用健身器械、愉快地健身是我的工作职责。

礼仪训练

健身房接待礼仪训练
礼仪角色： 请同学们分别扮演服务员和客人。
礼仪要求：
（1）客人来到健身房时，要主动、热情地问候，并表示欢迎。
（2）核对票卷、房卡或会员证，做好登记。
（3）发放更衣柜钥匙、毛巾等用品。
（4）配合专业医师对客人进行体能测试，设计运动计划，建立健康档案。
（5）在客人健身时，根据客人要求提供讲解、示范服务。

三、保龄球馆的服务礼仪

1. 保龄球馆的服务范围

它不仅为客人提供一系列包括场地、技术指导在内的服务，还为客人提供相应的酒水和饮料服务。

2. 保龄球馆服务人员的服务礼仪

（1）服务员见到客人前来应主动、热情地问候，欢迎客人光临并引导客人到服务台办理领鞋、开道手续。

（2）客人办妥手续后，服务员应引导客人前往所安排的球道。球道服务员应热情、耐心地帮助客人挑选适合其使用的保龄球。对于不懂打保龄球的客人，服务员应耐心指导和示范。

（3）客人打球记分的话，服务员可以根据客人要求将得分和记分规则向客人适当讲解。

（4）客人打球结束后，服务员要提醒客人将公用鞋交回服务台，准备迎接下一位或下一批客人。

3. 服务情景分析

情 景 保龄球馆服务

情景分析：

（1）保龄球馆服务礼仪要求突出接待服务礼仪、提供饮料服务礼仪、球技专业指导礼仪等内容。

（2）做到既注重服务专业性，又注重服务礼仪。

情景对话：

服 务 员：先生，您好！请问您需要喝点饮品补充一下体力吗？

客　　人：给我一瓶脉动饮料。

服 务 员：好的，请问您要常温的还是冰镇的？

客　　人：冰镇的。

服 务 员：好的，请稍等！

服 务 员：先生，这是您点的脉动饮料，请慢用！

客　　人：好的，谢谢。

礼仪训练

提供饮料服务礼仪训练

礼仪角色： 请同学们分别扮演服务员和客人。

礼仪要求： 根据客人要求为客人提供饮料服务。

（1）品种

安排饮料品种时，注意兼顾客人口味和选择，为了有备无患，应该多备一些品种，常规做法是一冷一热、一瓶一杯。

（2）器皿

饮料器皿的选择注意三点：卫生、适用、整洁。

（3）征询方式

征询的标准方式为封闭式问题，即给出所有选择，让客人从中挑选。这样客人就不会选择其他饮料，可以避免尴尬。

（4）顺序

上饮料的规范顺序是先宾后主，先尊后卑，先女后男。

四、桑拿浴中心的服务礼仪

1. 桑拿浴中心的服务范围

为了让客人得到身心的放松，酒店一般会设置桑拿房供客人使用，桑拿房分为干蒸和湿蒸两种，有的酒店还会为客人提供水疗按摩池、淋浴间、搓澡区和干身区等，供洗过桑拿浴的客人使用。

2．桑拿浴中心的服务礼仪

（1）客人到来之前，打开蒸汽预热，在桑拿房的座椅上铺好大毛巾，为客人服务做好准备。

（2）服务台人员应询问到来的客人需要哪一项服务，并为客人提供更衣柜号码，引导客人更换拖鞋，再将客人带到更衣柜前，打开更衣柜，送上消毒毛巾、洗浴毛巾和浴巾。客人更衣时，不要面对客人，要侧身站在客人左侧，为客人系上浴巾，替客人锁好更衣柜，将钥匙交给客人。

（3）带客人到淋浴间，介绍淋浴间的设施，提供淋浴所需用品，并根据客人要求安排所需服务。

（4）客人到桑拿浴区后，向客人介绍桑拿浴区设施设备的使用方法，提示客人在淋浴间洗净身体后方可进入按摩池浸泡。同时，注意劝阻心脏病、高血压患者和醉酒者进入桑拿浴室和服务区域，防止意外事故发生。

（5）客人蒸洗桑拿浴时，随时为客人送冰毛巾和浴巾。注意控制浴房内的温度，防止客人发生意外。

（6）客人蒸洗桑拿浴离开浴房或淋浴间后，服务员带客人到干身室，请客人站在浴巾上，为客人递上浴巾、浴衣。

（7）客人进入休息大厅，为客人盖好毛巾，请客人点用酒水、饮料和食品，根据客人要求提供按摩服务，引领客人到按摩房。按摩师严格按照工作要求为客人提供按摩服务。

3．服务情景分析

> **情 景** 桑拿浴中心服务

情景分析：

（1）桑拿浴中心服务礼仪要求突出接待服务礼仪、更衣室服务礼仪、洗浴服务礼仪等内容。

（2）做到既注重服务质量，又注重礼仪内涵。

情景对话：

服 务 员：先生，您好！洗浴请这边走！

客　　人：好的。

服 务 员：请您换拖鞋！小心脚下！

客　　人：好的。

服 务 员：这边是更衣柜，这是衣柜钥匙，请您拿好！

客　　人：好的，谢谢。

服 务 员：先生，淋浴间在这边，请您先淋浴再进泡池。那边是桑拿浴蒸房，温度现在是40℃，您可以自行调节温度。

客　　人：好的，谢谢。

服 务 员：有什么问题您可以随时叫我，祝您洗浴愉快！

客　　人：好的，谢谢。

礼仪训练

桑拿浴服务礼仪训练

礼仪角色：请同学们分别扮演服务员和客人。

礼仪要求：

（1）必备基本知识：

1）项目特点及价格。

2）本中心的特色项目。

3）客人心理的一般知识。

（2）基本操作能力：

1）能熟练使用各种服务设施设备，如蒸房温度等。

2）能熟练使用各种服务用具。

3）掌握服务用具的保养方法。

（3）良好的语言表达能力：

1）熟练使用普通话。

2）口齿清晰、语言流畅。

3）能与客人较好的沟通。

（4）观察及反应能力：

1）注意观察客人的神态表情，当客人把目光转向服务员时应主动上前询问服务。

2）根据浴场和客人的实际情况和要求灵活安排洗浴区域。

3）适时地向客人介绍浴场特色服务及营销活动。

第六节 "三吧"服务礼仪

"三吧"是指酒吧、茶吧和咖啡吧，其服务礼仪分述如下：

（一）酒吧服务礼仪

酒吧是酒店为客人提供饮料，并供客人娱乐、休息的地方，通常供应含有酒精的饮品，尤以鸡尾酒为主，有的也供应汽水、果汁、小吃等。

1. 酒水服务程序

（1）点酒服务。客人坐好以后，酒吧服务员应从方便客人的一侧双手送上酒单，然后准备好点酒单和笔等候客人点酒。酒吧服务员应对各种酒类十分熟悉，能够熟练回答客人的提问并为客人解答疑难问题。根据各种酒的特点向客人推荐和介绍。点酒完毕后，要向客人复述点酒单上的内容，确保无误。点酒单一式三份，吧台和收款台各一份，酒吧服务员保留一份。

（2）上酒服务。上酒时要使用托盘，走路一定要稳，以免酒杯中的酒洒出。应先将杯垫和纸巾放在桌面上客人容易拿到之处。要使用托盘从客人右侧上酒，以方便客人饮用。拿酒杯时注意手指不要触及杯口，一般拿杯子的下部或杯脚，以示礼貌和卫生。放下酒杯时，动作一定要轻柔，不可将酒杯砸在桌面上。将酒杯端上桌时，不宜拿得过高。应按照从高到低的顺序将酒杯送到客人面前。上酒的顺序是先宾后主，先女后男，先老后少。上酒时要对客人说："先生（女士），这是您要的××酒，请慢用。"并提醒客人注意不要打翻酒水饮料。如果客人点的是整瓶的酒，斟酒前应该左手持瓶底，右手持酒瓶的颈部，将有酒标的一面展示给客人看，客人确认后，再当着客人的面打开酒瓶塞。为客人斟酒时要注意姿势，手不能抖，以免将酒洒出杯外。

（3）席间服务。斟完酒后，酒吧服务员应该礼貌地退到一旁，不能偷听客人之间的谈话。待客人有需要时，立即上前询问。发现客人酒杯之中的酒已喝完，应立即为客人斟上，同时将桌面上的杂物和空酒瓶撤下，并询问客人是否需要其他服务。烟灰缸里的烟头不能超过三个，要及时更换。对于饮酒过量的客人，应礼貌耐心地劝阻。

（4）结账服务。不可催促客人结账，除非客人自己有结账的意愿，以免客人有被"赶走"的感觉。客人示意结账时，用托盘将账单送到客人面前，请客人过目。一定要注意是由哪位客人结账，不要将账单给错了对象，造成尴尬。若客人使用现金结账，应当着客人的面点清钱数，唱收唱付。若客人使用信用卡和支票结账，也应当面核对清楚，避免不必要的麻烦。

2. 酒水服务礼仪规范

（1）白葡萄酒服务礼仪。白葡萄酒饮用前需冰镇，温度应在 7～13℃之间。将白葡萄酒放入冰酒桶冷却 15 分钟，一般可以达到适宜温度，过度冷却会减少酒的香味。冰桶位置放在主人右后方，不要放在餐桌上。冰镇过的酒在倒酒时都要用餐巾包住酒瓶，防止水滴下，也可防止酒的温度受手温影响而上升。

（2）啤酒服务礼仪。要给客人提供优质啤酒。质量好的啤酒应是淡黄色或金黄色，清凉透明，无沉淀；将啤酒倒入干净的杯中，立刻有洁白细腻均匀的泡沫上升，挂杯持久，时间持续 4～5 分钟；有酒花幽香和麦芽芳香，入口醇正爽口。而质量差的啤酒往往酒色浑浊，黏性大，甚至有悬浮物，且泡沫粗大，消散快，不挂杯；闻起来有腥味或其他异味。

此外，倒啤酒时，服务员应将瓶口对着或紧贴着杯口的边缘，防止啤酒外溢。如果杯内泡沫太多，应稍停片刻，待泡沫消退后，再将酒杯倒满。

（3）香槟酒服务礼仪。香槟酒饮用前应先放在冰桶里冷却半小时，开瓶时要小心，先将锡箔割开除去，用右手将封口铁丝扭开，左手大拇指压住软木塞顶部。假如软木塞已经开始上升，则用餐巾盖住软木塞，并将酒瓶倾斜，轻轻扶住软木塞，让瓶内压力慢慢顶出软木塞，将瓶子倾斜几分钟后再除去软木塞，可以防止香槟酒喷涌。

去除软木塞后，把瓶口擦一下，然后在主人的杯中倒入一点酒，以求认可。倒酒时商标朝向客人，根据情况决定是否使用餐巾裹住酒瓶。倒完酒后，把香槟酒放入冰桶保持冷却。

（4）米酒服务礼仪。米酒由稻米酿造，在我国比较流行，是一种较淡的酒精饮料，酒精含量约为 17%。

饮米酒可以增添喜庆气氛，同时米酒还可以作为调料来增加菜肴的味道。米酒品种很多，从烧菜用的到高档宴会用的都有。为品尝米酒的神韵，最好在饮用前将酒加温，一般用热水将酒烫到 37.5℃，略高于体温，此时饮用口感最佳。

3. 服务情景分析

情 景 酒吧服务

情景分析：

（1）客人来到酒吧门口时，服务员应主动上前微笑问候，确认客人是否有预定，问清楚人数后引领入内。

（2）为客人安排满意的位置，体现周到细心的服务。

（3）为客人点酒、上酒，进行酒水服务。

（4）为客人准确结账，礼貌送客。

情景对话：

酒吧服务员：您好，先生。欢迎光临！请问您有预定吗？

客　　人：没有。

酒吧服务员：好的，先生。请问您一行多少人呢？

客　　人：六个人。

酒吧服务员：请这边走！这边的位置宽敞，而且视野较好！您看看是否满意？

客　　人：好的。

酒吧服务员：先生，这是我们的酒水单，请您看看需要喝点什么？

客　　人：好的。给我们来六杯威士忌吧！

酒吧服务员：好的，请您稍等！您还需要点些别的吗？

客　　人：不用了，谢谢！

酒吧服务员：您好，先生！这是您点的威士忌！

客　　人：好的，谢谢！

礼仪训练

红酒开瓶服务礼仪训练

礼仪角色：请同学们分别扮演酒吧服务员和客人。

礼仪要求：

（1）将酒的展示面朝向客人，让客人直观地看到酒的标签，并说出酒的产地和年份。

（2）开瓶时先用小刀从瓶口外凸处将瓶口割开，除去上端部分。接着将开瓶器螺旋锥对准软木塞中心慢慢拧入，然后扣紧瓶口，平稳地将手缓缓拉起，将软木塞拉出。

（3）当木塞快脱离瓶口时，应将瓶塞轻轻拉出，避免发出大的响声，整个开瓶过程尽量保持安静。开瓶动作应优雅流畅同时具有一定技巧性。

（4）取出软木塞让客人看看是否潮湿，若潮湿则说明该瓶酒采用了较为合理的保存方式，否则，该瓶酒很可能会因为保存不当而变质。

（5）请客人进行试喝，进一步确认酒的品质，确认无误后才可以正常倒酒。

（二）茶吧服务礼仪

茶吧室内装饰讲究华丽、舒适、灯光柔和，使客人有舒适感。不同酒店的茶吧有不同的特点和风格。身处茶吧，茶香萦绕，琴声悠扬，给人舒适、愉悦、安详之感。茶吧服员不仅要了解茶事服务的知识和程序,还要掌握茶艺技能。除此之外还要了解不同地区和国家的客人对于茶叶的喜好,以便更好地为客人服务。

1. 茶吧服务程序

(1)客人到来时,服务员应该热情接待,并根据客人的需要和特点将客人引领到合适的位置。询问客人需要什么茶水,问清楚后,尽快将茶水送到客人面前。

(2)客人饮茶期间,服务员应该细心观察客人,以便及时为客人提供所需服务。

(3)客人饮茶结束,为客人准确、快速地结账。

(4)客人离开时应将客人送到门口,对客人的光临表示感谢,并欢迎客人再次光临。

2. 茶吧服务礼仪规范

茶吧服务中茶艺师的服务最为重要茶艺师礼仪包括:

(1)微笑。茶艺师的脸上永远都要有微笑,而且是发自内心的、得体的微笑。

(2)语言。茶艺师说话应该轻声细语,但是对不同的客人应主动调整语速,对善于言谈的客人,可以加快语速,或随声附和,或点头示意;对不喜欢言语的客人,可以放慢语速,增加一些身体语言,如手势、点头等。

(3)交流。茶艺师应与客人主动交流,引导客人参与进来,除了让客人品茶外,还要让客人开口说话。引出客人话题的方法很多,如赞美客人、评价客人服饰等,这样可以迅速缩短双方的距离。

(4)功夫。知茶懂茶,知识面广,表演得体等,这是成为优秀茶艺师的基本技能。

3. 服务情景分析

情 景 茶吧服务

情景分析:

(1)茶吧服务员要懂得茶吧服务的知识和程序。

(2)掌握茶艺服务技能。

情景对话:

茶吧服务员:您好,女士,欢迎光临!请问您几人喝茶?

客　　人:两个人。

茶吧服务员:请这边走!这边的位置比较舒适,而且光线较好!您看看是否满意?

客　　人:可以。

茶吧服务员:女士,这是我们的茶单,请您看看需要喝点什么茶?

客　　人:好的。给我来一壶铁观音吧!

茶吧服务员:好的,请您稍等!您还需要点些别的吗?

客　　人:来一些佐茶的点心吧!有杏仁酥吗?

茶吧服务员:有的,女士!请您稍等!

客　　人:好的,谢谢!

礼仪训练

敬茶服务礼仪训练

礼仪角色：请同学们分别扮演茶吧服务员和客人。

礼仪要求：

（1）双手端茶从客人的右后侧为客人上茶。

（2）上茶要讲究先后顺序，一般先客后主、先女后男、先长后幼。

（3）尽量不用一只手上茶，尤其不能用左手，切勿让手指碰到杯口。

（4）斟茶不宜过满，一般以八分满为宜。

（5）把握好续水的时机，以不妨碍客人交谈为宜，不能等到茶水见底后再续水。

（6）如果用茶水和点心一同招待客人，应先上点心。点心盘应用右手从客人右侧送上。

（三）咖啡吧服务礼仪

一般来说，咖啡吧的营业时间较长，甚至有 24 小时营业的，因此要求服务员必须注意休息，有充足的睡眠，这样才能以饱满的精神为客人提供服务。

1. 咖啡吧服务程序

（1）迎接客人。保持正确的站姿和得体的仪容仪表，面带微笑向客人致意："先生（女士），早上好！"并询问客人的人数。

（2）引领入座。在客人左前方 1 米左右引领客人入座，根据客人的特点和要求为客人安排合适的位置，按照女士优先的原则为客人拉椅让座。

（3）菜单服务。站在客人右侧，为客人铺好餐巾，将菜单打开，用右手从客人右侧为客人送上菜单。

（4）结账服务。提前检查账单，确保准确无误。按照结账的程序和规范为客人结账，客人准备离开时，为客人拉椅，提醒客人带好随身物品，对客人的光临表示感谢，并欢迎客人再次光临，目送客人离开。

2. 咖啡吧服务礼仪规范

（1）准备服务用具。所有用具必须干净、整洁、卫生、无破损、无水痕，咖啡用具要求配套使用且同一桌上要求一致，在奶盅里注入 2/3 的鲜奶，在糖盅里按照每人两小袋的标准放入普通砂糖、低热量糖粉、咖啡焦糖等。

（2）摆放服务用具。垫碟摆放在客人正前方，咖啡杯倒置于垫碟上，杯把朝右且与客人平行，咖啡勺放在垫碟内的上方、勺柄朝右。奶盅、糖盅按每 2~3 人一套摆放在桌子中央，以供客人选用。

（3）服务客人。检查煮好的咖啡温度是否在 80℃以上，按照女士优先、先宾后主的顺序顺时针方向在客人右侧倒咖啡，倒咖啡时咖啡杯不能离开桌面。当客人咖啡杯中的量剩下 1/5 时，应在征得客人的同意后及时为客人添加咖啡。

3. 服务情景分析

情景 咖啡吧服务

情景分析：

（1）客人来到咖啡吧门口时，服务人员应主动上前微笑问候，确认客人是否有预定，问清楚人数后引领入内。

（2）为客人安排满意的位置，体现周到细心的服务。

情景对话：

咖啡吧服务员：您好，先生。欢迎光临！请问您一行几位？

客　　　人：四位。

咖啡吧服务员：请这边走！这边的位置比较安静！您看看是否满意？

客　　　人：可以。

咖啡吧服务员：先生，这是我们的饮品单，请您看看需要喝点什么？

客　　　人：好的。给我们来两杯拿铁，两杯卡布奇诺。

咖啡吧服务员：好的，请您稍等！您有什么特殊要求吗？

客　　　人：没有，谢谢！

咖啡吧服务员：好的，先生！请您稍等！

咖啡吧服务员：先生，这是您的咖啡，两杯拿铁，两杯卡布奇诺。请慢用！

客　　　人：好的，谢谢！

礼仪训练

咖啡服务礼仪训练

礼仪角色： 请同学们分别扮演咖啡吧服务员和客人。

礼仪要求：

（1）双手端咖啡从客人的右后侧为客人上咖啡。

（2）喝咖啡时要加牛奶和糖，牛奶和糖应在上咖啡前在桌上准备好。

（3）咖啡杯应放在底碟上，咖啡杯把手向右。

（4）咖啡勺放在碟上，且放在咖啡杯右边。

本 章 小 结

本章主要对酒店服务过程中礼宾服务礼仪、前台服务礼仪、客房服务礼仪、餐饮服务礼仪、康乐服务礼仪、"三吧"服务礼仪内容进行详细介绍，结合每个岗位工作特点有针对性地进行讲解，配合具体情景分析和模拟对话，为酒店服务中各个工作岗位服务礼仪标准提供了生动形象的范例。

思 考 与 练 习

一、简答题

1. 行李员在为客人提拿行李过程中应注意哪些服务礼仪？

2. 前厅退房服务礼仪有哪些？
3. 客房服务员在工作中应该注意哪些礼仪？
4. 餐厅迎宾员的服务礼仪有哪些？
5. 餐厅酒水服务礼仪有哪些？

二、实训题

1. 如果你是酒店总台服务员，在为客人办理入住登记手续时，突然面前的两部电话同时响起，你该如何处理？
2. 客房服务员在为客人打扫房间时，有电话打进来，要不要接？
3. 餐厅服务员在西餐服务中应该小声说话吗？
4. 如果在康乐中心运动过程中，客人突发心脏病，你该如何处理？
5. 如果客人就餐过程中餐厅突然停电，你会如何处理？
6. 模拟酒店总台服务员接待客人入住、问询、结账等服务。
7. 模拟客房服务员接待两位新入住的客人，如果这两位客人是常客你又该如何服务？
8. 模拟引领客人、拉椅让座、点菜服务礼仪。
9. 模拟上菜服务、酒水服务、撤换餐具服务礼仪。

三、案例分析

不愉快的就餐

左手残疾的马先生到酒店餐厅就餐，领位员小张将其领到靠近门口的一处座位坐下，因为过往的客人太多，马先生要求调换座位，但是小张说："餐位已经订满了，无法调换。"于是马先生决定忍一忍，就要点菜，可是由于当时点菜的客人很多，小张并没有及时为马先生点菜，让他干等在那里。马先生心里很不舒服，终于轮到自己点菜了，点菜以后他就等着上菜，可是却不知道由于厨房材料不足，他点的菜根本无法提供，而服务员也并没有告诉他。至此，马先生终于忍不住爆发了，要求酒店餐厅给他一个交代。

（资料来源：陈素洁. 饭店服务礼仪[M]. 北京：中国铁道出版社，2010.）

请分析：

1. 服务员在服务中出现的问题有几处？
2. 该餐厅的服务员应该从哪些方面提高服务质量？

第五章 旅游服务礼仪

学习目标

掌握旅游服务人员礼仪，了解导游员的个人修养，并掌握导游员具体工作服务礼仪。

内容提示

- 旅游服务人员礼仪
- 导游员服务礼仪

主要概念

旅游服务　礼仪　带客服务　待人接物

开篇提示

旅游服务人员是旅游业最具代表性的工作者，是旅游服务接待工作的支柱力量。其中导游员是旅游服务人员中与旅游者接触时间最长的人，他们给旅游者留下的印象也最为深刻。在旅游者心目中，导游员往往是一个地区、一个民族乃至一个国家的形象代表，被称为民间的外交大使。因此，导游员的服务水平与素质在旅游业发展中起到尤为重要的作用。导游员在不断提高个人综合业务技能的同时，也应自觉加强礼仪修养。

第一节　旅游服务人员礼仪

旅游服务人员是旅游业的代表性工作人员之一，是旅游接待服务的承担者，也是旅游活动的主导者。旅游服务人员既要注意仪容仪表和礼貌语言，也一定要熟悉接待对象的宗教礼仪和风俗习惯，熟悉国际交往的礼貌礼节。

一、旅游服务人员的职业道德规范

（一）忠于职守、爱国敬业

旅游服务人员要忠于人民、热爱祖国、热爱家乡，要热情洋溢地通过讲解向国内外游客展示祖国的大好河山、介绍悠久的历史文化，树立我国的良好形象。

1．对国家，要有坚定的爱国心

旅游服务人员必须树立坚定的爱国心，要热爱祖国、热爱家乡、热爱社会主义制度，要努力将个人利益和国家利益融合起来，将导游服务工作与社会主义建设事业结合起来，要有历史使命感和社会责任感。

2．对集体，要树立集体主义精神

旅游服务人员要将自己融入集体之中，依靠集体，时时处处以大局为重，与其他旅游接待部门的工作人员通力合作，共同为旅游者提供高质量的旅游服务。

3．对旅游者，要有强烈的服务意识

旅游服务人员要树立真心实意为旅游者服务的思想，要有很强的服务意识，要热情周到地为旅游者服务，努力使他们高兴而来、满意而去。

4．对导游工作，要有敬业精神

旅游服务人员要热爱导游工作，要有敬业精神和竞争意识。

敬业精神，要求旅游服务人员忠于职守、认真负责、勤恳工作、努力拼搏、坚持不懈，要业务纯熟、刻苦钻研、精益求精、不断进取。竞争意识，要求旅游服务人员有不怕困难、敢于竞争的勇气，要有勇于实践、勇于创造、百折不挠的精神。

（二）诚信第一、游客至上

"诚者不伪，信者不欺。"诚信原则是企业经营之本。

"诚招天下客，誉从信中来。"企业无诚信不立，诚实守信是一项最基本的商业道德规范，是正确处理企业和顾客之间利益关系的行为准则，是促成企业良性循环的关键。

就旅游行业而言，"诚信""公正"就是要求旅游企业和从业人员重合同、守信用，维护旅游者的合法权益。真诚公道，就是要向旅游者提供质价相符的服务，不弄虚作假，不欺骗、不刁难旅游者。

诚实守信是中华民族的传统美德，是社会主义职业道德的主要标志之一，古人云："人无忠信，不可立于世。"诚实守信是人生的命脉，是做人、做事的根本，同时也是个人修养的基础。旅游服务人员在为旅游者服务时，要视游客为朋友，要维护他们的利益，保护他们的安全；在游客面前，办事、做人要表里如一、言行一致，要真实诚恳、公平守信；与游客交往时，要与人为善、遵守时间、信守诺言；在处理各种问题时要秉公办事、坚持原则、光明磊落、不牟私利、不徇私情。总之，旅游服务人员应该坚决反对不讲信誉、不计后果的为人处世方式，努力维护和提高自己的信誉。

"游客至上"是旅游服务行业的座右铭，是旅游服务人员应尽的职业责任，也是道德义务。"游客至上"，就是要求旅游服务人员在旅游服务活动中要始终将游客放在首位，一切为游客着想，向游客提供规范化服务以及具有针对性、富有人情味的个性化服务，维护他们的合法权益，尽力满足他们的正当要求。游客至上、充分满足游客的正当需要，是旅游服务工作的出发点，也是旅游服务工作的落脚点。

（三）文明礼貌、优质服务

我国旅游业的根本宗旨是："全心全意为旅游者服务。"对旅游服务人员而言，就是要求旅游服务人员在旅游服务活动中，文明礼貌、优质服务。

"文明礼貌、优质服务"是旅游服务人员最重要的业务要求和行为规范之一，是衡量服务人员工作优劣的最重要、最基本的标准。

文明礼貌是社会公德的重要内容，也是旅游服务人员职业道德不可或缺的组成部分，更是服务行业一项极为重要的道德准则和行为规范。

文明服务是优质服务的前提和保证。文明服务应该是礼貌服务，要求旅游服务人员尊重旅游者。工作要认真负责，服务要热情周到，要学会说"谢谢""请"等柔性语言，要学会忍耐和宽容，要向旅游者提供微笑服务和个性化服务，努力使旅游者满意、感到宾至如归。这样的服务就是优质服务。此外，优质服务应该是真诚、高效的服务，应该是具有特色、富有魅力的服务，应该是有针对性、富有人情味的服务。每位旅游服务人员都应该具备很强的服务意识，在旅游服务中尽心、尽力、尽职、尽责，精益求精，努力为旅游者提供高质量的导游服务。

（四）一视同仁、不卑不亢

"一视同仁、不卑不亢"是爱国主义、国际主义在旅游服务活动中的具体体现，是国际交往、人际关系的重要行为准则之一。

旅游服务人员必须明白，自己不仅是向旅游者提供旅游服务的服务人员，更是国家（地区）、人民的代表，而且应该是一名优秀代表。民族自尊心、民族自豪感和自尊、自爱、自信是每个旅游服务人员必须具备的基本素质。

在旅游者面前，旅游服务人员要谦虚谨慎，但绝不妄自菲薄。一名合格的中国旅游服务人员应该做到不为蝇头小利而折腰，不因此而放弃自己的信念，不做出丧失人格、国格的行为。

总之，在接待旅游者的过程中，旅游服务人员既要尊重旅游者，热情友好，关心他们的切身利益，尽到自己的职业责任，又要做到自尊、自爱、自信，体现出旅游从业人员的主人翁精神。

"一视同仁、不卑不亢"的核心是"平等"。旅游服务人员必须坚持"为大家服务""平等待客"的原则，切忌厚此薄彼，反对崇洋媚外。以地位取人、以貌取人、以财取人、以肤色取人，是旅游服务人员职业道德所不允许的；在旅游者面前或低三下四、卑躬屈节，或趾高气扬、傲慢自大，也是旅游服务人员行为之大忌。

（五）严于律己、自尊自强

自尊是表示对自己的尊重、维护自己的尊严和人格的道德概念；自强是一种道德情感，指对自己的能力和行为产生的信任感。

旅游服务人员的自尊来自于自我尊重和自信，即产生于对自身的正确评价、对自身价值的清醒认识。为了维护自己的尊严，首先必须严于律己，旅游服务人员要注意自己的言行、检点自己的行为、尊重自己独立的人格、重视自己的人格尊严；要自爱、自重，不随波逐流、不自轻自贱；要坚信自己的能力，在工作中充满信心、勇于前进、敢于成功；遇事绝不退缩，而是勇于克服困难、清除障碍。在国家利益、集体利益与个人利益产生冲突矛盾时，旅游服务人员要维护整体利益，舍弃个人利益，正确处理二者关系，履行自己对社会的责任和义务。为了更好地维护自己的尊严，获得更多人的尊重，旅游服务人员必须积极进取、勤奋学习、刻苦钻研、精益求精，不断完善自己，努力使自己成为一名优秀的旅游服务人员。

旅游服务人员不仅要自尊、自爱，而且还要尊重旅游者、尊重合作者。要尊重他们的人格，尊重他们的劳动，尊重他们的隐私，尊重他们的宗教信仰、民族风俗和生活习惯；要重视旅游者的要求、意见和建议，在合理且可能的情况下尽力满足他们的正当要求。

（六）遵纪守法、顾全大局

这是一个公民正确处理各方面关系的行为准则，是旅游服务人员职业道德的重要要求。

在市场经济中，自觉遵纪守法显得特别重要。遵纪守法，就是要自觉遵守组织纪律和国家的法律法规。旅游服务人员要努力将"道德"与"法治"紧密结合，不断提高职业道德素质，提高自己的思想道德境界，自觉运用社会主义道德原则和规范来指导自己的言行。同时树立高度的法制观念，反对行业不正之风，自觉抵制形形色色的"精神污染"。

顾全大局，就是旅游服务人员在工作时、在处理问题时，以高尚的品德选择符合全局利益的道德行为。旅游业是一项综合性的服务行业，旅游服务由各个环节的服务构成，每个环节的高质量服务就构成了优质的旅游服务。所以，每个环节的服务都起着至关重要的作用，缺少其中任何一项都意味着旅游企业违背了服务承诺，而其中任何一项服务不到位都会影响高质量的旅游服务的形成，旅游业的声誉就会受到损害。因此，旅游服务人员应该树立旅游业"一盘棋"的思想，与其他旅游服务人员一起，发扬主人翁精神，团结协作、相互配合、相互支持；要有远大的目光，努力摆正国家、集体和个人之间的关系；不搞本位主义，反对以邻为壑；不为眼前利益所动，不做出损害国家、集体利益的短视行为；要积极与其他旅游服务人员密切协作，共同向旅游者提供优质服务，反对互相扯皮、推诿。

二、导游员的仪容仪表、仪态

我们的导游员首先是一名中国人，然后才是导游员。外国旅游者往往是从导游员开始了解中国、认识中华民族的。他们从导游员的言行举止、穿着打扮来衡量中国人的道德标准、价值观念和文化水准，而且导游员还是旅游者的审美对象，导游员的自身美在宣传中国、宣传中华文明中起着重要的作用。因此，导游员要努力使自己具有良好的德才学识，努力追求自我的完善。

人的外在美分为仪容仪表美和仪态美。仪容仪表是人的装饰美、外在美，既供他人欣赏，也有自我欣赏的心理。仪态美既是对他人的尊重，也表现出自己的教养。只有仪容仪表美和仪态美相结合，才能给人美好的印象。

（一）仪容仪表美

在人际交往中，人们习惯于全方位地审视对方，即从生理角度、伦理角度、心理角度及审美角度来审评他人。仪容仪表美能通过一个人的形体美和修饰美表现出来。

在一般情况下，人们长期相处，往往是人的内在美起主要作用，但在短暂相处中，则是人的外在美会给人留下深刻印象。导游员与旅游者相处的时间一般不会太长，因此，导游员绝不能忽视自身的仪容仪表美。

导游员要养成好的卫生习惯，要常洗手、洗澡，常换衣服。男性导游员更要常修边幅，天天刮胡子，常理发、修鼻毛。导游员要保持手部的清洁，指甲要常修剪，戴的手套一定要清洁美观。导游员要保持口腔的清洁，常刷牙，工作前不吃葱蒜等带异味的食物，有口臭者应及时医治。

1. 形体美

形体美不是人所能选择的，但是，长得美的人千万别忽略内在的其他品质的培养，而长得平常，甚至比较"丑"的人要在学识、气质方面下功夫，使自己在其他方面产生魅力。每个导游员都应努力使自己身体健康、充满活力。导游员不得随地吐痰，乱扔废弃物，还要阻止旅游者的此类不良行为。导游员要养成文雅的举止，如咳嗽、打喷嚏时用手或纸巾捂住口鼻并面向一旁，在旅游者面前不做打哈欠、剔牙、掏耳朵、挖鼻孔、脱鞋等不雅动作。

> **知识链接**
>
> 仪容美的关键是清洁——五清洁
> - 面容清洁：面、眼角、颈部、胡须干净。
> - 口腔清洁：无异味，咳嗽、打喷嚏时要注意。
> - 鼻腔清洁：不允许当着旅客的面擤鼻、挖鼻孔。
> - 头发清洁：干净整齐，不染怪异的颜色。
> - 手部清洁：指甲不可过长、指缝要干净，可涂淡色指甲油，不可戴过多过大的戒指。

2. 修饰美

人的形体需要"包装"，而且"包装"很有讲究，是一个人文化修养和艺术气质的展现。

（1）发型。导游员的头发要经常修剪和梳理，并且不留怪异发型。

（2）服饰。服饰是一种文化、一种"语言"，导游员应穿着整洁、雅致。服饰美是搭配出来的，强调和谐统一。

1）导游员的服饰应适合自己的身份，即导游员必须明白自己是服务人员，是为旅游者提供服务的，所以自己的服饰不应喧宾夺主。

2）导游员的服饰应适合职业特点和工作环境。导游服务工作主要在户外和旅游车上进行，导游员要注意选择适合这类活动的服饰。

3）导游员的服饰要与场合相协调。例如，导游员去机场或车站接站、送站时要着正装，以示对旅游者的尊重，但带队游览时可穿休闲服，以方便工作。

4）导游员的服饰应与自己的年龄相协调，努力突出自己的风韵和气质。

5）导游员的服饰要与自己的形体协调，不要盲目模仿，即应根据自己的形体特点、容貌、肤色、气质等，来选择适合的服饰，要以穿在身上满意、舒服为好，过分宽松和短小裹身都是不适宜的。衣服不合身会给人留下可笑的印象。还要掌握好分寸，不能以奇为美。

女性导游员佩戴首饰不宜过多，否则会给人浮华和俗气的印象。

6）导游员为游客服务时，着装要整洁大方。夏天，男性导游员不宜穿背心、短裤；女性导游员不能暴露过多，不穿吊带装、露脐装，不穿超短裙，不袒胸露背；不准穿拖鞋上岗。男性导游员若穿西服，一定要配衬衣、领带、皮鞋，衬衣下摆一定要束在裤内，衣袋、裤袋内不要放东西。服饰要以良好的卫生习惯和文雅的举止相衬托。

（3）化妆。化妆反映一个人的追求和情趣。化妆时必须按自己的年龄、脸型、性格、身份、职业等来确定化妆风格。化妆讲究和谐得体，一般以端庄、优雅、自然为好。通过化妆，力求突出自己最美的部分，使其更美；遮掩不美的部分，使其不太引人注意。

女性导游员要化靓妆，但不浓妆艳抹，这样既显示了服务人员的身份，又表示了对旅游者的尊重。

女性导游员在化妆方面要注意下述几点：不在男士面前化妆，不在公共场所（如餐桌上）化妆，这不仅非常失礼，也可能会引起不必要的麻烦。不借用别人的化妆品，借用他人化妆品既不卫生、也不礼貌。不议论他人的妆容，更不要对旅游者化的妆指指点点。

衣冠整洁、化妆得体会给人朝气蓬勃、热情好客、值得信赖的感觉，反之则会给人以不美、不礼貌的感觉，甚至使人望而生厌。不过，导游员要避免让人用"太"字来评价自己的服饰打扮，如果太注重修饰自己，旅游者可能会怀疑："光顾修饰自己的导游员怎会想着别人、照顾别人？"反之，若衣冠不整，旅游者又可能会想："连自己都照顾不好的人怎能照顾好游客？"

（二）仪态美

仪态是一种修养，比相貌和身材更为重要，仪态美是静态美和动态美的和谐统一，是人的内在美在行动上的外化，是一种深层次的美。

导游员要体现仪态美需要做到站姿挺拔、坐姿文雅、走姿稳健，形体动作得体。仪态美综合体现了一个人的道德品格、思想情操、性格气质、学识教养和处世之道。因此，导游员要在日常生活中养成良好的姿态，举止大方、自然、得体，直率但不鲁莽，活泼但不轻佻；工作时紧张而不失措；休息时轻松而不懒散；与人交谈谦虚但不迂腐；人际交往时礼貌但不自卑。导游员与旅游者在一起时要显出高雅风度，具体见表5-1。

表5-1　导游员应显出的风度

精神状态：饱满	要神采奕奕、乐观自信、谈笑自若、充满活力
仪表礼节：潇洒	要风仪洒脱、落落大方、彬彬有礼、举止得体
待人态度：诚恳	要诚恳坦率、平等待人，要端庄而不冷漠，谦逊而不矫饰作伪
行为神态：活泼	要自然大方、热情坦率，动作要和谐适度
言语谈吐：高雅	要高雅脱俗、优美动听、幽默风趣

总之，导游员要以真挚的热情、礼貌动听的语言、高雅大方的举止、修饰有度的衣着接待旅游者，给他们留下深刻、美好的印象。

三、导游员的礼节、礼貌

"行为心表、言为心声"，礼节、礼貌是一个人内心世界的外在表现和真实感情的自然流露，体现出一个人的文化层次、文明程度和道德修养。礼貌修养是一个自我认识、自我养成、自我提高的过程。一名优秀的导游员总是把礼貌修养作为自身修养不可缺少的一部分，这是事业的需要，也是人格完善的需要。因此，注重严于律己、勤奋学习，努力提高自己的文化素养和道德修养，在导游中热情周到、高质量地为旅游者服务的导游员，为旅游者提供的导游服务往往能够得到他们的赏识，个人也能在竞争中获得更多的机会。

人际交往活动丰富多彩，礼节烦琐复杂，而且各个地区、各个民族都有自己特有的社交礼节，导游员都要掌握一些。如果不清楚，甚至用错礼节，就会闹笑话，使自己处于尴尬境地。导游员与四海宾朋、八方游客交往，掌握一些中外社交礼仪并正确运用，不仅方便工作，而且能获得旅游者的好感，从而获得他们的信任。

1. 日常接待礼节

（1）自我介绍和介绍他人。人际交往中，不相识的人若有相识的愿望，可自我介绍或由第三者介绍。

自我介绍和介绍他人时态度要诚恳，自我介绍时切忌羞怯或自吹自擂；介绍他人时要热情，但应掌握分寸。介绍有先后之别，一般是将主人介绍给客人，将身份低、年轻者介绍给身份高者和长者，将男子介绍给女子。介绍时，双方应起立，长者和身份较高的女士可例外。

（2）交换名片。递名片是社交场合一种重要的自我介绍方式，可按由尊而卑或由近及远的顺序，依次递送名片。不可只给尊长和领导，以免给人厚此薄彼的感觉。

递名片时应用双手，目视对方，微笑致意；接名片时也要用双手，以示尊重。接过名片应认真地看一遍，不要马上装入口袋，也不要在手中玩弄。

（3）握手礼。握手时，应由主人、身份高者、年长者和女子先伸手，以免对方尴尬；朋友平辈间以先伸手为有礼；祝贺、谅解、宽慰对方时以主动伸手为有礼。

行握手礼时，上身稍前倾、立正、目视对方、微笑，说敬语或问候语；握手时要摘帽、脱手套，女子和身份高者可例外。握手时不要将另一手插在裤袋里，不要边握手边拍对方肩头，不要低头哈腰，不要眼看别人或与他人打招呼；多人在一起时不要交叉握手；无特殊原因，不用左手握手；不要握手后马上用手绢或纸巾揩拭自己的手掌；不要拒绝与他人握手等。长时间的握手表示亲热，双手握住对方的手表示尊敬，但一般是双方伸手握一下即可。

2. 异性交往时的礼节礼貌

在西方世界，尤其在社交场合，处处显示出"女士优先"的原则，男性导游员在与女性旅游者，特别是在与西方女性旅游者交往时应尊重这一习俗，注意必要的礼节礼貌。

（1）在与女士交往时，男性导游员应显示出绅士风度，要充满自信、彬彬有礼、相处坦然。

尊重女士，是男性导游员应有的风度，应表现在方方面面。例如，在过道相遇，男士为女士让路；男女同行，男士一般应落后女士半步；男士要为女士开门，让她们先进（出）门；上楼、上车，应女先男后，下楼、下车，则应男先女后，以便必要时男士可以帮女士一把。

又如，与女士交谈时，男士应注意，不过分亲昵，也不太冷淡；不过分殷勤，也不过分拘谨；不轻浮，但也不可太严肃；不与女士开过多的玩笑，不说挑逗的话，不与其无休止地攀谈，不谈及她们的隐私。赞美女士时要诚恳，溢美之词要适当，过多的高级形容词有时会让女士产生被讽刺的感觉；男士应更多地赞赏女士的内在美，这样可能会收到预想不到的效果；在女士面前最好不赞美另一女士。

还有，男士不能乱送女士红玫瑰；男士要抽烟时应征得在场女士的同意等等。

（2）与男性交往时，女性导游员要坦诚、大方、自然、言行有分寸。在男性旅游者面前，女性导游员服务要热情，礼节要到位，行为要进退有序；要沉着冷静、落落大方；不要太任性，不能太随便，更不能轻浮；不参与有伤风化的活动和聚谈，不单独去异性房间，不单独与异性游客去偏僻的地方。

第二节 导游员服务礼仪

一、迎送服务礼仪

（一）迎接旅游者服务礼仪

迎接旅游者服务礼仪详见表 5-2。

表 5-2 迎接旅游者服务礼仪

	包 括 内 容
接团准备	1. 了解旅游者情况
	2. 了解接待标准
	3. 准备接待设备
	4. 了解行程、路线
接站服务礼仪	1. 提前到达
	2. 热情问候
	3. 自我介绍
	4. 核对团号、抵达人数、名单
	5. 协助提拿包裹，办理有关手续
	6. 引导旅游者乘车
	7. 介绍日程安排、活动项目、停留时间
	8. 代表旅行社及个人致欢迎词
	9. 介绍沿途景观
	10. 主动与领队交换意见
	11. 询问旅游者有无其他要求
	12. 途中介绍所住酒店基本情况
入住服务礼仪	1. 协助领队办理分配客房
	2. 督促行李员为旅游者搬送行李
	3. 了解旅游者的健康状况，以便给予适当的照顾和安排
	4. 旅游者进房前应先介绍就餐形式、地点、时间及有关规定
	5. 简单介绍游程安排，宣布第二天日程细节
	6. 要亲自带领第一餐，介绍用餐有关事项
	7. 及时处理客房存在的问题
	8. 安排好叫早服务

（二）欢送旅游者服务礼仪

欢送旅游者服务礼仪详见表 5-3。

表 5-3 欢送旅游者服务礼仪

	包 括 内 容
欢送旅游者 服务礼仪	1. 提前预订好前往下一站旅游目的地或返回的机（车、船）票
	2. 赠送礼品应方便携带，突出地方特色，具有保存价值
	3. 和酒店以及行李员共同办好交接手续
	4. 提醒旅游者不要遗忘自己的物品，不要带走房卡
	5. 仔细清点旅游者人数
	6. 致欢送辞
	7. 祝大家旅途愉快
	8. 按导游工作程序规定的时间要求到达机场（车站、码头）
	9. 向旅游者挥手致意，祝旅游者旅途一路顺风
	10. 若旅游者乘坐的车、船、飞机晚点，应主动关心旅游者，必要时须留下与领队共同处理有关事宜

（三）VIP 旅游者的迎送礼仪

VIP 旅游者的迎送礼仪详见表 5-4。

表 5-4 VIP 旅游者的迎送礼仪

	包 括 内 容
VIP 旅游者的 迎送礼仪	1. 迎送旅游者时，应事先在机场（车站、码头）安排贵宾休息室，准备好饮料、鲜花等，并与有关部门协调好提供专用通道等事宜
	2. 派专人协助办理出入手续
	3. 旅游者抵达前，应通知酒店，在旅游者入住的房间内摆上鲜花、水果、专用拖鞋等
	4. 旅游者抵达住所后，一般不宜马上安排活动，应留一些时间让旅游者休息和更衣

二、带客游览服务礼仪

（一）出发前服务礼仪

（1）导游员应提前到达集合地点，并督促司机做好出发前的各项准备工作。

（2）核对、商定活动安排。在带客游览之前，导游员应与领队商定本地活动安排并及时通知旅游者。对旅游者要求的合理的、能满足的项目，应积极安排；对无法满足的要求，应耐心解释；对违反我国法律和国情的要求，应拒绝并说明。

（3）出发前，导游员应在旅游者就餐时向旅游者表示问候，向旅游者报告当天的天气情况，并了解旅游者的身体状况，重申出发时间、乘车或集合地点，提醒旅游者加带衣服、换鞋，带好必备用品，如手提包、摄像机、照相机及贵重物品等。

（4）旅游者上车后，导游员应及时清点人数，若发现有人未到，应向领队或其他团员问清原因，并将不参加活动的旅游者人数、姓名、原因及房号通知旅行社；若有因病不能参加活动的旅游者，须交代清楚是否需要医生治疗等。

（5）若出发时间已过，又不知未到者在何处，则应征求领队意见决定是否继续等候，若决定不等，导游员必须将情况通知旅行社内勤处理。总之，若有缺席者，必须了解原因并做妥善安排。

（二）乘车服务礼仪

（1）出发乘车时，导游员应站在车门口照顾好旅游者上车，要主动帮助旅游者提物品，并轻轻放在车上。

（2）对旅游者中的老幼弱残孕者，要特别细心地予以照顾，上下车时，应主动照顾，搀一把或扶一程。旅游者中有男有女时，应照顾女士先上车。

（3）引导旅游者乘车，要注意位次。若乘小轿车，应安排年长或位尊者坐在车后排右侧，导游员坐在后排左侧或司机旁边。若乘面包车，其座位以司机之后车门开启处第一排座位为尊，后排次之。中型或大型巴士，以司机座后第一排，即前排为尊，后排依次变小，每排座位的尊卑，依右侧往左侧递减，如图5-1所示。

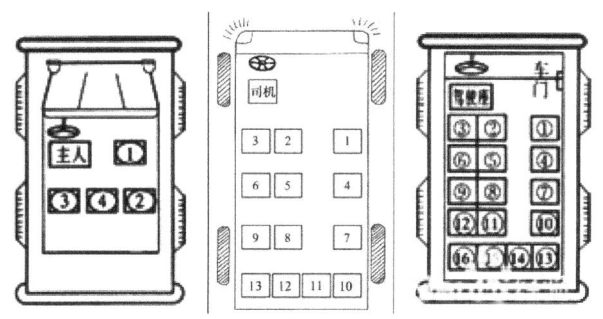

图 5-1　小轿车、面包车和巴士的座位顺序

（三）途中服务礼仪

（1）在去旅游点的路上，要向旅游者介绍本地的风土人情、自然景观，特别是沿途的景象，回答旅游者提出的问题。

（2）抵达景点前，应向旅游者简要介绍景点的概况，尤其是景点的历史、价值和特色。还可根据旅游者特点、兴趣、要求穿插一些历史典故、社会风貌等，以增加旅游者的游兴。

（3）到达景点时，应告诉旅游者该景点停留的时间、集合的时间和地点以及有关注意事项，如卫生间位置、旅游车车号以及提醒旅游者保管好钱物等。

（四）游览服务礼仪

（1）带领旅游者游览过程中，导游员要认真组织好旅游者的活动。应保证在计划的时间与费用内让旅游者充分地游览、观赏，做到讲解与引导游览相结合、适当集中与分散相结合、劳逸适度，并特别照顾老、弱、病、残、孕的旅游者。导游过程中要照顾全体旅游者，不可只和一两个人说话而冷落了其他人。要注意给旅游者留有摄影时间。

（2）游览过程中，导游员的讲解要力求准确，应包括该景点的历史背景、特色、地位、价值等方面的内容，做到条理清楚、繁简适度。语言要生动形象，富于表现力。可视旅游者情况适当穿插历史典故、神话传说等形式以提高旅游者的兴趣。

（3）导游讲解时，表情要自然大方，声音大小要适中，使用话筒时音量、距离要适当，讲解时可适当做些手势，但动作幅度不宜过大，不得手舞足蹈、指手画脚。讲话时，应面向旅游者。

（4）游览途中，导游员要特别注意旅游者的安全，要自始至终与旅游者在一起并随时清点人数，以防旅游者走失。要提醒旅游者看管好所带财物，防止发生丢失、被盗现象。对于行走困难的地方，要陪伴照顾好年老体弱者，以防发生意外。旅游者提出要求需要帮助时，应尽可能使旅游者满意。

（5）与旅游者交谈时，一般不要涉及疾病、死亡等不愉快的话题；不谈荒诞离奇、耸人听闻、黄色淫秽的事情；对方不愿回答的问题，不要追问；遇到旅游者反感或回避的话题，应表示歉意，立即转移话题；与外宾交谈，一般不议论对方国家的内政；不批评、议论团内任何人；不随便议论宗教问题；与女士交谈要谨慎，不要开玩笑；不要询问旅游者的收入、婚姻状况、年龄、家庭、个人履历等私人问题。

（五）返回途中服务礼仪

（1）全天活动结束后，返回途中，导游员要向旅游者宣布第二天的活动日程、早餐的时间与地点以及出发的时间、地点等。

（2）抵达酒店后，导游员要主动向领队征求意见，了解旅游者对当天活动安排的反应，对当天遇到的问题要与领队和旅游者共同协商解决。

（3）与旅游者告别时，要表达良好的祝愿，如"做个美梦"等。

三、带旅游者购物服务礼仪

（1）根据旅游者的要求，合理安排购物。如无此要求，不得强加于人。

（2）去购物途中，要向旅游者介绍本地商品的特色，教旅游者鉴别商品的知识，当好旅游者的购物顾问。下车前，要交代清楚停留时间及有关购物的注意事项。

（3）注意前后态度要一致，不能介绍景点时简单敷衍，讲到购物就热情高涨，这样会引起旅游者的猜疑和不信任。

（4）如遇小贩强拉强卖，导游员有责任提醒客人不要上当受骗，导游员本人不得向旅游者直接销售商品，不能要求旅游者为自己选购商品。

（5）导游员应严格遵守导购职业道德，应将旅游者带到商品质量好、价格公平合理的商店，而不应该唯利是图，为了一点"好处费"，昧着良心违背职业道德，与不法经营者相互勾结，从而损害旅游者的利益。

四、与旅游者交往过程中的礼仪

1．导游服务时的礼节

（1）每天首次见到旅游者，应主动问好，问好时要面带微笑、语气热情。

（2）一般不主动与旅游者握手，但旅游者先伸手，应友好握手，不得拒绝。

（3）尊老爱幼，主动给予照顾，但未经同意，不要随意抱旅游者的小孩，不摸小孩的头部。

（4）导游员在旅游车上讲解时，要面对旅游者，不宜背对旅游者坐着。

（5）导游员讲解时，声音要高低适中，语气要亲切自然，表情要自然大方；若借助扩音器，音量、距离要适当，话筒不宜挡住嘴部。

（6）讲解时，不得抽烟，不得咀嚼食物，不指手画脚；可以适当运用手势，但动作不宜过大，更不要手舞足蹈，不得使用不恰当、不优雅的手势动作；清点人数时，不得用手指点人数数。总之，运用手势等形体动作时应考虑旅游者的不同文化背景，以免招来不必要的麻烦。

（7）旅游者提问时，要耐心听取，及时解答，不能置之不理，如果自己正在说话或讲解时，可示意稍等，讲完后再解答。

导游员讲解技巧

一、简单概述法

二、分段讲解法

三、突出重点法

四、触景生情法

五、虚实结合法

六、问答法

七、制造悬念法

八、类比法

九、画龙点睛法

十、创新立意法

2．进出旅游者房间的礼节

根据导游员行为规范的要求，导游员不能随便进入旅游者的房间，但在特殊情况下需去旅游者的房间时，应注意的礼节，具体如下：

（1）到旅游者的房间前，要在电话中预先约定并准时抵达，进门前先敲门，经允许后方可入内。

（2）尊重旅游者的休息习惯，尽量避免在休息时间或深夜打扰旅游者，因急事必须打扰时，要表示歉意并说明原因，事完后尽早离开，以免影响旅游者休息。

（3）一般不在房门口与旅游者谈日程或其他问题。

（4）如必须单独去异性旅游者房间，进入房间后，房门要半掩。

（5）未经主人同意不要随意触动、翻看旅游者的物品、书籍等。

3．餐桌上的礼节

导游员可能会陪同旅游者参加宴会，但更多的是与旅游者一起品尝风味。导游员要注意相关的礼节。

（1）按主人安排入席就座，若旁边有女士或年长者，应先帮其入座。

（2）餐巾放在膝上，不能挂在胸前，餐巾可用来擦嘴，但不能用来擦汗和擦鼻涕。

（3）席间不得大声喧哗，不抽烟，不得解开衣扣，即使很热也不脱外衣。

（4）口中有食物时不宜说话，吃食物时不咂嘴，不要伸舌舔嘴唇，切忌狼吞虎咽。

（5）喝汤时不用嘴嘬，以免发出声响，喝汤不能就着碗喝，而要用匙。但喝咖啡时不用匙，而是就着杯喝。

（6）西餐桌上用刀叉进食时注意不要碰击盘子；不得挥舞餐具对着别人指指点点；一

般不用手取食。中餐桌上，筷子不要交叉放在桌上，不要插在饭中；不敲击盘碗，不颠倒使用筷子，不将筷子一端含在嘴里发出声音。

（7）正式宴会由侍者布菜，不要拒绝送来的菜，不爱吃的可以留在盘中；冷餐会上、自助餐时，自取食物不宜过多，吃完后可再取；自助餐取食时，不得用公匙品尝食物。

（8）西餐桌上，饮料自取，不劝酒，更不向别人灌酒。

（9）用中餐时，不得乱挑、乱翻菜肴或其他食物，不用自己使用过的餐具为别人夹菜、舀汤或选取食物。

（10）席间饭后不要当着大家的面剔牙，不要边走边剔牙，更不要用手指剔牙；不得已剔牙时，要用手或餐巾遮口。

（11）女士在用餐时不得整理自己的衣饰，不在餐桌上化妆、补妆。

（12）导游员若以翻译身份出席宴会，应注意如下内容：

1）不得喧宾夺主，不敬酒、祝酒，不随意为他人布菜。

2）不得边翻译边吸烟，嘴中有食物时不翻译。

3）嘴里不宜放过大、过多、带刺的食物，时刻准备翻译。

4）吃有骨、刺的食物，不应将骨、刺随意吐在桌上，而要用餐具或手取出放在碟中。

五、导游员正确处理人际关系的原则

导游员在工作中人际关系是复杂的，正确处理人际关系大有学问，要想正确处理好这种人际关系总体上要做到以下六点：

1. 自尊，但不贬人

一个人必须自尊、自爱，要尊重自己的人格，尊重自己的独立性和自主权。不过，自尊不是虚荣，不是清高自负，更不是用贬低他人的手段来抬高自己。

"相互尊重"是人际关系中必须遵循的基本原则之一。在人际交往中要尊重他人的人格、意见、劳动和权益（包括自主权和隐私权），要尊重老弱病残孕者、尊重妇女。

人人都想得到别人的尊重，但要让别人尊重自己，一要自尊，二要尊重别人。不尊重他人，自己就不可能得到别人的尊重，人与人之间就不可能和睦相处。

从事国际旅游接待的导游员必须尊重自己的同胞，只有尊重自己的人民，自己才能得到外国旅游者的尊重。

2. 信任，但不盲从

人际交往中，应以诚信待人，要"言必信，行必果"，时时按"合理而可能"的原则办事，对人不信口开河，待人不口是心非，处事不草率盲动。我们要信任他人，但不盲从，遇事都要问个"为什么"，这样可避免上当，少犯错误。

3. 谦虚，但不虚伪

谦虚随和是人之美德，是君子之风。谦虚的基础是坦诚。与人交往时要谦虚，但不是谄媚，前者是自尊、尊重他人的表现，而后者则是有损人格的行为。

4. 老练，但不世故

老练是一个人成熟的标志，老练靠的是知识和经验的长期积累。一个老练的人能在万千世界中透过现象抓住本质，能随时摆正感情和理智的关系。一个老练的人在待人接物时

严肃谨慎，但不拘谨怯懦；能在适当场合适当显示自己，但不自我吹嘘、狂妄自大；有很强的自控能力，能随时控制自己的感情，能抵制外来的各种诱惑。

5．宽容，但不失原则

忍耐、宽容是君子之风，宽容随和体现一个人的气度，也可以衡量一个人的水平。对他人宽容是自己强大的表现，绝不是怯懦。如果人间多一点尊重、多点宽容，许多时候都可以化干戈为玉帛。

宽容，就要理解为上。善解人意，即善解人言之意，善解人行为之意，善解人难言之隐。宽容就是要同情别人的不幸，关心别人的难处，体谅别人的苦衷。

忍耐、宽容的人要做到严于律己、宽以待人、冷静处事，但绝不是无原则地一味迁就、姑息养奸。

6．热情，但有分寸

与人交往，要轻松活泼，但不轻浮；要幽默风趣，但不圆滑。待人要热情坦诚，但进退有度。要与人亲热相处，但不搞不正之风，不牟私利，不搞不正当的异性关系，不违法乱纪。

本 章 小 结

本章重点讲授了旅游服务人员礼仪，详细介绍了导游员服务过程中的礼仪，使学生对与旅游者交往的礼仪有所了解。

思 考 与 练 习

一、选择题

1．导游员要养成好的卫生习惯，要常洗手、洗澡，常换衣服。男性导游员更要常修边幅，天天刮胡子，（　　）、修鼻毛。

　　A．剪指甲　　　　B．刷牙　　　　C．常理发　　　　D．常化妆

2．导游员的服饰要与场合相协调，去机场、车站接站、送站时要着正装，以示对旅游者的尊重，但带队游览时可穿（　　），以方便工作。

　　A．休闲服　　　　B．运动服　　　　C．工作服　　　　D．职业装

3．介绍有先后之别，一般是将主人介绍给客人，将身份低、年轻者介绍给身份高者和长者，将男子介绍给女子。介绍时，双方应起立，长者和（　　）可例外。

　　A．女士　　　　　　　　　B．男士
　　C．身份较高的女士　　　　D．上级

4．男性导游员应显示出绅士风度，要充满自信、彬彬有礼、相处坦然。上楼、上车，应（　　）；下楼、下车，应男先女后，以便必要时男子帮女士一把。

　　A．女先男后　　B．男先女后　　C．男女同行　　D．不分先后

5. 导游员接团准备包括：了解旅游者情况；了解接待标准；（　　）；了解行程、路线。
   A. 了解应急预案　　　　　　B. 了解当地风俗
   C. 了解接待设备　　　　　　D. 了解天气情况

6. 若旅游者乘坐的车、船、飞机晚点，应主动（　　）旅游者，必要时须留下与领队共同处理有关事宜。
   A. 告知　　　B. 致歉　　　C. 关心　　　D. 慰问

7. 若发现有人未准时集合，导游员应向领队或其他团员问清原因，并将不参加活动的旅游者人数、姓名、原因及（　　）通知旅行社。
   A. 家庭住址　　B. 房号　　C. 身份证号　　D. 性别

8. 不询问旅游者的收入、婚姻状况、（　　）、家庭、个人履历等私人问题。
   A. 经历　　　B. 年龄　　　C. 爱好　　　D. 工作

9. 餐巾放在（　　），餐巾可用来擦嘴，但不能用此擦汗和擦鼻涕。
   A. 胸前　　　B. 膝上　　　C. 桌上　　　D. 腿上

10. 喝汤时不用嘴喂，以免发出声响，喝（　　）不能就着碗喝，而要用匙，但喝咖啡时不用匙，而是就着杯喝。
    A. 茶水　　　B. 饮料　　　C. 汤　　　D. 酒

二、判断题

1. VIP 旅游者抵达住所后，为节省时间让其片刻休息和更衣后，应马上安排活动。（　　）

2. 导游员应在旅游者就餐后向旅游者报告当天天气情况，并了解旅游者身体状况，重申出发时间，乘车或集合地点，提醒旅游者加带衣服、换鞋，带好必备用品如手提包、摄像机、照相机及贵重物品等。（　　）

3. 导游员的讲解要力求准确，做到条理清楚、繁简适度，语言要生动形象，富于表现力。可视旅游者情况适当穿插历史典故、神话传说等形式以提高旅游者的兴趣。（　　）

4. 不要询问旅游者的收入、婚姻状况、年龄、家庭、个人履历等私人问题。（　　）

5. 如遇小贩强拉强卖，导游员有责任提醒旅游者不要上当受骗，导游员本人不得向旅游者直接销售商品，但可要求旅游者为自己选购商品。（　　）

6. 导游员首次见到旅游者，应主动问好，面带微笑、语气热情，并主动与旅游者握手，以示友好。（　　）

7. 导游员去异性旅游者房间与旅游者谈日程或其他问题时，不应进入房间，在房门口即可。（　　）

8. 西餐桌上用刀叉进食时注意不要碰击盘子；不得挥舞餐具对着别人指指点点；一般不用手取食。（　　）

9. 正式宴会席间，不爱吃的菜可以拒绝布菜，避免浪费。（　　）

10. 女士在用餐时不得整理自己的衣饰，如需化妆、补妆则要背对餐桌。（　　）

三、简答题

1. 导游员的服饰美如何体现？
2. 导游员与异性交往时的礼节礼貌有哪些？

3. 乘车服务中的座次应如何安排？
4. 导游员出发前应做的准备有哪些？
5. 导游员若以翻译身份出席宴会，应注意哪些事宜？

四、案例分析

用心去记名字

拿破仑三世（法国皇帝，拿破仑一世的侄子）自豪地说，尽管他日理万机，仍然能记住每一个参见他的人的名字。他怎能做到这一点呢？事情很简单。如果没听清来人的名字，他就说："请原谅，我还没完全听清您的名字。"如果名字特殊，他就问："您的名字怎么写？"谈话时，他总要有几次提起谈话者的名字，努力把谈话者的名字同其本人的面部特征和整个外表联系起来。如果那人的脸引起拿破仑三世的兴趣，拿破仑三世就会非常关注他的名字。他一个人的时候，就在纸上写人的名字，看它，把它记在心里，然后把纸扔掉。这样他努力通过视觉和听觉来记忆人们的名字。

请分析：

1. 为什么拿破仑三世日理万机也要记住所有参见他的人的名字？
2. 作为一名导游员记住旅游者的名字有什么重要意义？

宗教礼仪

学习目标

通过本章的学习，了解不同宗教历史以及我国宗教信仰情况，了解不同宗教的礼仪规范，熟悉不同宗教称谓和禁忌，掌握不同宗教的主要节日，并能够在服务工作中准确运用与宗教人士交往时应注意的礼仪。

内容提示

- 宗教的基本概念
- 佛教礼仪
- 基督教礼仪
- 伊斯兰教礼仪
- 道教礼仪

主要概念

宗教、宗教礼仪、佛教、基督教、伊斯兰教、道教

开篇提示

中国是一个多种宗教并存的国家，主要有佛教、道教、伊斯兰教和基督教等。其中，佛教和道教在长期传播过程中对我国的历史、文化、艺术的发展有较深的影响。

宗教的产生和发展，是随着社会的发展和各种政权的建立而不断演变的，是由最初的崇拜氏族图腾发展到民族宗教，最后出现了跨越国界的世界性宗教。如今，世界宗教五花八门，每个宗教又有许多分支、教派，势力也不尽相同。但其中的佛教、基督教和伊斯兰教因其历史悠久、影响广泛，已经成为当今世界的三大宗教。学习宗教礼仪，是为了在与这些信教群众相处时尊重他们的信仰和礼仪习俗。

宗教是一种社会意识形态，是人类社会发展到一定历史阶段的产物。宗教礼仪作为宗

教活动的重要内容，是宗教信仰者接受宗教教育、加强宗教信仰、培养宗教情感、交流思想见解的重要手段。

第一节 佛　　教

在世界三大宗教中，佛教创立最早，佛教信徒主要分布在亚洲。佛教在东亚、东南亚等地区具有深刻的影响，对我国的影响也十分深远。

一、佛教的产生

佛教起源于公元前6世纪至公元前5世纪的古印度迦毗罗卫国（今尼泊尔南部），距今已有2 500多年的历史。佛教创始人释迦牟尼，本名悉达多，姓乔达摩，相传是净饭王的太子。他大约生于公元前565年，差不多与我国春秋时期的孔子是同时代的人。释迦牟尼是佛教徒对他的尊称，意为"释迦族的圣人"。

释迦牟尼创立的佛教，在印度经历了原始佛教、部派佛教、大乘佛教和密教四个发展阶段。

公元2世纪，佛教开始由古印度向境外传播，发展成为世界性的宗教。它的传播因线路不同，可分为南传佛教和北传佛教。南传佛教是指佛教从古印度向南传播，首先传入斯里兰卡，再由此传入缅甸、泰国、柬埔寨、老挝、马来西亚、印度尼西亚等国，复经泰国、缅甸传入我国云南省的傣族等少数民族地区。南传佛教主要是小乘上座部佛教，其经典是用巴利文编纂的，故称巴利文语系佛教。北传佛教又可分为两条线路，一是经中亚、西亚地区传入中国内地，再经中国传入朝鲜、日本、越南等地；二是由印度直接北传尼泊尔，越过喜马拉雅山，传入西藏，再由西藏传入中国内地、蒙古和西伯利亚地区。北传佛教主要是大乘佛教，其经典大多是从中亚诸民族文字和印度梵文陆续翻译成汉文和藏文的，因而分别被称为汉语系佛教和藏语系佛教。

二、佛教基本教规

佛教的基本教规是"五戒"和"十善"。

1．五戒

五戒，即杀生戒、偷盗戒、邪淫戒、妄语戒和饮酒戒。

2．十善

十善，即不杀生、不偷盗、不邪淫、不妄语、不两舌、不恶口、不绮语、不贪欲、不嗔愤、不邪见。

三、佛教礼仪

1．称谓

佛教在各国的教制、教职不尽相同，称谓也不完全一致，如泰国有僧王，但别国则没有。我国寺院中主要负责人称"方丈",即"住持",负责内部事务的称"监院",负责对外联络的称"知客",他们都可尊称为"长老""高僧""大师""法师"。

佛教徒中出家的男性称"比丘",简称"僧",俗称"和尚";出家的女性称"比丘尼",简称"尼",俗称"尼姑"。凡出家的佛教徒必须剃除须发,披上袈裟,称为"披剃"。僧尼一经"披剃",即入住寺院。

2. 合掌

合掌也叫合十,是教徒间或与他人见面时行的一种礼。合掌时,要肃立,两脚掌成外八字,脚后跟相聚两寸(前八后二)。两手掌相合,十指并拢,不可参差分离,或中空弯曲,这是表示统一圆满。手臂靠着身体,手肘呈45°倾斜,手掌不需要靠着胸部,两掌心间略虚,以轻松、自然为原则。目光垂视,不吃力地注视着中指指尖,身心合一,一心无二用。身体稍微向前倾,表示谦虚、恭敬,脸部肌肉、眼睑放松。

3. 问讯

这是教徒间或向他人问讯时遵守的礼仪,表示谦虚、诚恳、恭敬。问讯时,要虔诚地合掌,集中注意力,目光注视中指指尖,放松身心。弯腰约90°、颈宜直、头不可垂下,表示谦虚的、诚恳的问候、请示。起来时,手结定印,即以左手三指包右手三指(右内左外),两大拇指尖相触,两食指指尖相合、竖直,手掌像一朵含苞待放的莲花。

4. 拜佛

拜佛的意义在于以恭敬心表示对佛、法、僧三宝的尊敬和感恩,以忏悔心忏悔业障,承认自己往昔所造的种种罪业,而诸障消灭。其方法是肃立合掌,两足呈外八字形,脚跟相距约二寸,脚尖距离约八寸。目光则注视两手中指尖。右手先下,左手仍作合掌状,腰徐徐下蹲,右臂向前下伸,右掌向下按于拜垫的中央右方或右膝前方,左掌仍举着不动,两膝随即跪下。跪下后,左掌随着伸下,按在拜垫中央左方超过右手半掌处。右掌由拜垫中央右方或右膝前方,向前移动半掌,与左掌齐,两掌相距约六寸许。跪拜时,额头于双手间着地,两掌握虚拳,向上翻掌,手掌打开,掌心向上,掌背平贴地面。起身时,两手握拳翻转,手掌打开,掌心向下贴地,头离地面或拜垫。右手移回拜垫中央(或右膝前方)。左掌举回胸前,右掌着地将身撑起,直腰起立,双手合掌立直。

5. 顶礼

顶礼是向佛、菩萨或上座行的礼。行礼时双膝跪下,两掌握虚拳,向上翻掌,手掌打开,掌心向上掌背平贴地面,头顶叩地,以示头触佛足,毕恭毕敬,可谓"五体投地"。

6. 朝山

朝山是指佛教徒到名山大寺进香拜佛,祈求菩萨保佑的一种仪式。小乘佛教徒进入寺庙时须脱鞋,进殿只朝拜"释迦牟尼"佛像;大乘佛教徒进入寺庙可不脱鞋,进殿除朝拜佛祖外,还要朝拜弥勒佛、观世音以及三世十方众佛和菩萨。

7. 功课

在寺庙里,僧尼每日早晚按时诵经念佛为做功课,又称早晚功课。一般寺庙早四点起床,僧尼盥洗完毕,齐集大雄宝殿,恭敬礼佛,念诵忏悔文,这就是早课。晚课在下午四点左右,也是念诵忏悔文等。因寺庙在做早晚功课时要撞钟敲鼓,由此产生了"晨钟暮鼓"的说法。

四、佛教禁忌

1. 过午不食

按照佛制，僧尼每日只进一餐，后来也有进两餐的，但必须在午前用毕，过午就不能进食，在佛教中称为"过午不食戒"。在东南亚一带，僧尼和信徒一日两餐，过了中午不能吃东西，午后只能喝白开水，连牛奶、椰子汁都不可以喝。我国汉族地区因为需要自己在田里耕作，体力消耗较大，晚上非吃东西不可，所以少数寺庙开了"过午不食戒"，但晚上所进之食被称为"药食"，即"病号饭""补养饭"。

2. 不吃荤腥

荤食和腥食在佛门中是两个不同的概念。荤专指那些气味浓重、刺激性强的食品，如葱、蒜、辣椒等，吃了这些东西不利于修行，所以为佛门所禁。腥则指鱼、肉类食品。东南亚国家僧人多信仰小乘佛教，或者到别人家乞食，或者由附近人家轮流送饭，无法挑食，所以无论素食、肉食，只能有什么吃什么。我国大乘佛教的经典中有反对食肉的条文，而汉族僧人是信奉大乘佛教的，所以汉族僧人乃至很多在家居士都是不食肉的。但在我国蒙藏地区，由于地处高原，气候寒冷，蔬菜短缺，不食肉无法生存，所以佛教徒也食肉。无论食肉与否，大小乘佛教都禁忌荤食。

3. 不饮酒

对佛教徒来讲，有不饮酒的戒律，因为酒会乱性，不利于修行，故严格禁止。

五、主要节日

1. 佛陀日

佛陀日的时间在公历5月间的月圆日，是指佛的诞生、成道、涅槃合并在一起的节日。节日中，一些佛教盛行的国家要举行全国性的大规模庆祝活动。

2. 佛诞节

佛诞节又称"浴佛节"，是为了纪念佛祖释迦牟尼诞辰的节日。相传释迦牟尼出世后即会行走，向东南西北各走了7步，步步生莲花，并右手指天，左手指地，说："天上天下，唯我独尊。"并有九龙喷出香水为佛祖浴身。因此，佛诞节又称"浴佛节"。信奉小乘佛教的东南亚国家和我国西南的傣族地区又将这一节日称为"泼水节"，在泰国则称为"宋干节"。因为对佛陀的生日说法不一，所以世界各国佛诞节的时间也不相同，中国汉族地区此节时间为农历四月初八；小乘佛教则定时间为公历4月中旬，具体日期不固定。泰国的"宋干节"时间为公历4月13～15日；我国傣族地区的"泼水节"是按照傣历新年来确定的，约在公历4月13日。节日的主要活动是举行隆重的浴佛仪式，用香水淋洒佛祖的全身。节日这天，信徒们还要举行斋会，吃阿弥饭（即乌米饭），有放生的习俗。在东南亚各国和我国傣族地区，节日中人们还要相互泼水，表达美好的祝愿，并举行一系列的庆祝活动。

3. 成道节

成道节是纪念释迦牟尼成佛的节日。相传释迦牟尼在成佛前，曾苦苦修行多年，饿得骨瘦如柴，幸遇一个牧羊女送他乳糜，才得免于死。此后，他坐在菩提树下沉思，终于悟道成佛，这一天即为佛成道节。后来佛教根据这个传说，每逢佛成道日，煮粥供佛。我国汉族地区，每逢农历十二月初八（腊八）要用大米和各种谷物煮粥，称为"腊八粥"，用于供佛，并逐渐演化成为一种民俗。

4．涅槃节

这是释迦牟尼逝世的纪念日，时间是每年农历二月十五日。每年这一天，各个佛教寺院都要悬挂佛祖图像，举行"涅槃法会"，诵《遗教经》等。

第二节 基 督 教

基督教是对信奉耶稣基督为救世主之各教派的统称，该教与佛教、伊斯兰教并称为世界三大宗教。

一、基督教的产生

基督教发源于犹太教的一个小教派。基督教于1054年分成罗马公教和东正教。十六世纪，在罗马公教会内再次分出不承认罗马教皇统治的新教各派，由此形成基督教内罗马公教、基督教新教和东正教三大派。罗马公教亦称天主教，除信仰天主和耶稣基督外，还尊奉耶稣之母玛利亚为圣母，最高宗教领袖是罗马教皇，其终身任职。基督教新教不承认罗马教皇的权威，不尊圣母玛利亚为神，对基督教教义、仪式、教会管理方式做了一些改革，允许教士婚娶。东正教信奉上帝、基督和圣母，但不承认罗马教皇有高出其他主教的地位和权力，并允许主教以外的教士婚娶。

基督教在其产生和发展的过程中逐渐在亚洲、欧洲、非洲、美洲、大洋洲等广泛传播。

二、基督教基本教规

基督教各派的教义有所差异，但其基本教义是相同的。

1．信仰上帝

基督教最基本的信条是"三位一体"，即认为上帝只有一个，但是它包括了圣父、圣子、圣灵三个位格，三者各有特定的位分，却同具一个本体。

2．信仰耶稣基督

基督教认为世人是无法拯救自己的，故上帝派圣子耶稣降临人世，以自己在十字架上牺牲为全人类赎罪，人类只有依靠耶稣基督才能得救，获得永生。

3．信始祖原罪

基督教认为世人一生下来就具有"原罪"，这就是世上一切罪恶和苦难的根源。

4．信灵魂不灭、末日审判

基督教认为人死后灵魂不灭，总有一日现世将最后终结，上帝将对世人做最后审判，善者升入天堂，恶人将下地狱。

三、基督教礼仪

基督教的礼仪要求体现在以下方面：

1. 称谓

基督教的信徒间称平信徒，在我国习惯称教友。基督教教徒间可称兄弟姐妹，因为大家同是上帝的儿女；也可称同道，因为大家都信奉耶稣所传的教道。

教会的神职人员则按其职称称呼，如某某主教、某某牧师、某某神父等。

2. 洗礼

洗礼即"圣洗""领洗"，基督教的入教仪式，分注水礼和浸礼两种。注水礼就是主礼者给受洗人额上倾注少量的水。浸礼就是主礼者叫受洗者全身在水池中浸一会儿。

洗礼之所以为基督教的重要礼仪之一，是因为基督教认为，领受洗礼可免除入教人的"原罪"和"本罪"，并赋予"恩宠"和"印记"，使其成为教徒，以后有权领受其他圣事。没有经过洗礼的人不能算作正式的教徒。

3. 坚振

坚振亦称"坚信礼""坚振礼"。入教者在领受洗礼一定时间后，再接受主教的按手礼，如此，可使"圣灵"降于其身，以坚定信仰，振奋心灵，所以称"坚振礼"。

4. 告解

告解即"办神工"。基督教认为此乃耶稣基督为赦免教徒在领洗后对上帝所犯的各种罪，使他们重新获得上帝恩宠而定立的。举行告解时，由教徒向神父告明所犯罪过，以示忏悔，神父对教徒所告的各种罪，应严守秘密，并指示今后应如何补赎。

5. 圣餐

天主教称之为"弥撒"，东正教称之为"圣体血"，基督教新教称之为"圣餐"。据《新约圣经》记载，耶稣与十二门徒进最后晚餐时，拿起吃的饼和喝的酒向诸门徒祝福，分给他们，说："这饼是我的身体，这酒是我的血，我的身体和血是为众人免罪而舍弃和流出来的。"他同时指出，要后世信奉基督教的人也这样做，为的是纪念他。仪式因教派不同而有所差异。由主礼人（神父或牧师）对面饼和酒进行祝圣，接着把它们分给正式信徒。圣餐中使用的面饼，天主教主张用无酵饼，东正教坚持用有酵饼，新教则认为两种饼都可用。在领圣餐时，天主教主张平信徒不能领圣杯（即耶稣的血），东正教和新教则认为平信徒与神职人员一样可以饼、杯同领。

6. 终傅

终傅即教徒临终时敷擦"圣油"。一般在教徒年迈或病危时，由神父用经过主教祝圣过的橄榄油，抹在病人的耳、目、口、鼻、手、足等处，并念祈祷经文，认为这样可帮助受敷者缓解病痛，赦免一生的罪过，心安理得地去见上帝。

7. 婚配

婚配是指基督教男女信徒成亲时，要到教堂举行结婚典礼，求得上帝的祝福，由神父主礼，履行一套礼仪。神父问男女双方是否同意结为夫妻，在双方肯定回答之后，主礼人向他们念一段有关经文，宣布"人要离开父母，与妻子连合，二人成为一体""上帝所配合的人，不能分开"，最后为结婚双方祝福。基督教新教徒也有请牧师证婚的，但不视其为圣事。

8. 礼拜

这是基督教新教的主要礼仪，包括祈祷、读经、唱诗、讲道等内容，通常在教堂里举行，由牧师主礼。新教认为耶稣基督是在星期日复活的，所以称星期日为"主日"，并在这一天上午举行礼拜。有时也可在其他日子举行。

9. 小斋

小斋是基督教的虔修方式之一，旨在"节制己身"，主要方式是在规定日期内进行减食。天主教、东正教一般规定每星期五不吃肉，而新教则没有具体规定。

10. 大斋

大斋亦称"禁食"，即在规定日期内，一天只吃一顿饱饭，其余仅吃半饱或更少。古代和中世纪，基督教会所定的大斋日期较多，近代以来，一般只在受难节和圣诞节前一天守大斋。天主教、东正教对守大斋的要求较为严格，而新教则无具体规定。

四、基督教禁忌

1. 交往禁忌

基督教徒唯一崇拜上帝，忌拜别的神，忌造别的偶像。我们要尊重基督徒的信仰，不能以上帝起誓，更不能拿上帝和耶稣开玩笑。基督教由于教派不同，各个教派的教条也有所不同，为了避免无意中损伤感情，对一些问题一定要弄清楚。例如，神父与牧师分别是天主教与新教对其神职人员的不同称呼，不可混为一谈。

2. 行为禁忌

非基督徒进教堂应衣冠整洁，进去后要脱帽，与人谈话应压低声音，不得妨碍对方正常的宗教活动。

3. 饮食禁忌

基督徒有守斋之习，基督教规定：教徒每周五和圣诞节前夕只食素食和鱼类，不食其他肉类。天主教还有禁食的规定：即在耶稣受难日和圣诞节前一天，只吃一顿饱饭，其余两顿只能吃半饱或者更少。

4. 特殊禁忌

向基督徒赠送礼品，要避免上面有其他宗教的神像或者其他民族所崇拜的图腾。在耶稣受难日那一周，不邀请基督徒参加私人喜庆活动。另外他们讨厌13这个数字和星期五这一天，认为不祥。如果13日和星期五恰巧是同一天，他们常常闭门不出。

五、主要节日

基督教的节日主要有圣诞节、复活节和狂欢节等。

1. 圣诞节

这是纪念耶稣诞生的节日。由于历法不同，大多数教会规定每年公历12月25日为圣诞节，东正教则规定在每年的公历1月6日或7日。圣诞节延续至今，不仅是一个传统的宗教节日，而且同时又成为许多国家的民间盛大节日。圣诞节前夕和当天的早晨，信徒们纷纷上教堂去唱赞美诗，接受神父和牧师的祝福。

2. 复活节

这是纪念耶稣复活的节日，它也是东正教最为隆重的节日。复活节的日期为每年春分月圆后的第一个星期日，一般在公历3月21日至4月25日之间。

复活节虽为基督教的节日，但其许多习俗和名称却来源于一些古老的异教。如鸡蛋和兔子是复活节的吉祥物，因鸡蛋象征多子多孙，基督教视之代表耶稣复活；有人把鸡蛋染成红色，借此象征幸福生活。

3. 狂欢节

狂欢节起源于罗马的农神节，发展于中世纪，盛行于当代，是欧美各国的民间传统节日。由于各国的习俗不同，狂欢节的日期也不一致，一般在气温宜人的时节举行。节日里，人们要举行化装游行、歌舞娱乐表演等大型集体活动，尽情欢乐、畅饮。

第三节 伊斯兰教

伊斯兰教是世界上最有影响力的宗教之一。

一、伊斯兰教的产生

伊斯兰教兴起于公元7世纪初的阿拉伯半岛，创始人是麦加古莱氏部落的穆罕默德。伊斯兰教的主要经典是《古兰经》。随着阿拉伯民族的统一和阿拉伯人的对外军事扩张，伊斯兰教到8世纪中叶已经发展成为一个地跨亚非欧三大洲的世界性宗教。它主要流传于西亚、北非、南亚次大陆和东南亚各地。近几十年来，在西欧、北美一带也有了传播。伊斯兰教主要有什叶派和逊尼派两大教派。

伊斯兰教名称中的"伊斯兰"为阿拉伯语音译，意思是"顺从""和平"。伊斯兰教是一神教，信奉安拉为唯一的真主。伊斯兰教将该教的创始人穆罕默德奉为安拉在人间的使者。信奉伊斯兰教，就必须顺从安拉和穆罕默德。伊斯兰教的教徒称为"穆斯林"，穆斯林是阿拉伯语音译，意思是"顺从者"。在世界三大宗教中，伊斯兰教的创立时间虽然较晚，但发展迅速，政教合一的历史久远。现代伊斯兰教分布广泛，且与政治结合紧密，把伊斯兰教作为国教，或用其左右政权的国家之多，为各大宗教之最。伊斯兰教是目前世界上教徒人数发展最快的宗教之一。

早在7世纪中叶，伊斯兰教就传入我国，特别在西北地区的回族、维吾尔族、哈萨克族等十多个民族中广泛流传。

二、伊斯兰基本教规

伊斯兰教认为人类生活有"两世"，即现实世界（今世）和现世终结后的彼岸世界（后世）。伊斯兰教对今世生活主张积极的态度，重视个人道德修养并允许人类满足自身的各种正当欲望。伊斯兰教同时认为，后世生活是人类的最终归宿，反对贪恋今世生活，沉迷于浮华享受。在末日来临时，所有的人都会得到清算审判并给予公正的赏罚，信道和行善的人入天堂，作恶的人坠入火狱。

伊斯兰教由此向人们传达的道德伦理规范是：①以"敬畏"为核心，向安拉表现行为美德；②以"守正、自洁"为核心，提高个人情操，锻炼自我的约束能力；③以孝亲、爱人为核心，协调人与人之间的关系；④以忠于本分职守为核心，处理个人与整个社会的关系。

伊斯兰教对饮食有严格的规定，不食不反刍的动物，诸如猫、狗、马、驴、骡、鸟类以及没有鳞的水生动物等。禁食自死物、血液、猪肉、诵非安拉之名而宰杀的动物。穆斯林宰牲，要诵念："以安拉名义而宰杀"。并采用断喉见血的方式，不用绳勒棒打、破腹等屠宰法。不食生葱、生蒜等有异味的东西。此外，伊斯兰教还禁止饮酒。

伊斯兰教讲究衣着规矩，提倡衣着要符合自己的社会地位和身份。男子禁止穿纯丝织品制成的衣服、色彩鲜艳的衣服，禁止戴金银饰物。穆斯林妇女有戴面纱、盖头的习惯。

三、伊斯兰教礼仪

伊斯兰教作为一个历史较长的宗教，有自己的一套礼仪要求。

1. 称谓

伊斯兰寺院又叫清真寺，由教长、海推布、穆安津（宣礼员）等教职人员管理。教长是寺院的主要领袖；海推布的职责是在主麻日手持木杖，在寺院的讲坛上主持、讲经、赞颂真主等活动，并接受皈依者为穆斯林，海推布可以世袭；穆安津的职责是在寺院里按时呼唤穆斯林做礼拜，并领念带有节奏的专门经文，穆安津也可以世袭。这些教职人员，在中国又统一被称为阿訇。波斯语中，"阿訇"原意为"学者""教师"，一般负责主持清真寺的寺务和教务。

2. 念功

念功即念诵"万物非主，唯有真主，穆罕默德是主的使者"。这句宗教口号，用阿拉伯语念诵，富有音乐旋律感。在我国，这句口号被称为"清真言"，念诵清真言，意在表示自己的信仰，是向真主作证。

3. 礼拜

礼拜又叫礼功，是对安拉的感恩、赞美、恳求和禀告。穆斯林每天要作五时礼拜：天亮时晨拜，中午时晌拜，下午太阳偏西时晡拜，黄昏时昏拜，入夜时宵拜。礼拜场所不定，方向朝麦加克尔白。礼拜的仪式是匍匐在地，念词统一规定。五时礼拜，拜的次数为4～10次。

主麻礼拜是指星期五举行的集体礼拜，在清真寺进行。清真寺都有礼塔，宣礼者在塔上用嗓音或扩音器召唤穆斯林做礼拜。宣礼词统一规定。除礼拜仪式外，还由神职人员讲解《古兰经》。每逢伊斯兰教重大节日，也在清真寺集体做礼拜，称为会礼。

穆斯林做礼拜前要先行净礼，有水用水，称为水净，沐浴全身或洗部分身体。会礼若无水，用土净，用手拍打净土、净沙、净石，再用手摸一些部位。做礼拜的意义在于陶冶性情，不忘冥冥之中真主对自己行为的监察，悔过自新，养成服从宗教领袖的习惯。

4. 斋戒

伊斯兰教规定，在伊斯兰教历九月全月，每天从日出前一个半小时到当天太阳落山，禁止饮食、房事和任何非礼行为。直到该月最后一天看到新月时，斋月即告结束。伊斯兰法规定，男12岁、女9岁即为成年。未成年人不必斋戒。外出旅行者、病人、产妇、经期妇女可以欠斋待补，长病无法补斋的可通过施舍穷人饭食来弥补。如有意违犯斋戒的，从严处罚，欠一日斋要罚连续两个月斋戒或施舍60人一天饭食。

除了斋月之外，为学习穆罕默德的圣行，可以履行圣行斋，如在伊斯兰教历1月10日、8月15日等。还有许愿斋，养成说话算数的习惯。斋功除了行为上的斋戒，还要在心灵上杜绝一切邪念，净化心灵。斋功的意义在于培养穆斯林对真主的敬畏心理、坚韧作风以及戒除坏习惯的能力。

5. 天课

天课即缴纳宗教税。这种税收是以安拉的名义征收的，用于济贫。穆斯林除正常开支外，应按一定的税率交付天课。天课的目的在于培养乐善好施的品德，克服吝啬的劣根性。

6. 朝觐

伊斯兰教法规定，凡身体健康、有经济条件的男女穆斯林，一生中至少应去麦加朝觐克尔白一次。凡朝觐过的穆斯林被尊称为"哈只"。

朝觐分为正朝和副朝。正朝在伊斯兰教历的第12个月上旬举行，最后一天为宰牲节，是全世界穆斯林最隆重的聚会。副朝则不受时间的限制。

7. 行善

穆斯林应遵守伊斯兰教的道德规范，约束自己的言行。例如，伊斯兰教提倡诚实和谦虚，认为诚实使人行善，善行引导人上天国，谎言使人行恶，恶行使人入火狱。伊斯兰教律禁止撒谎、爽约、隐瞒、诬蔑、作伪证、逸言等。教律还规定，同他人谈话时不能看不起对方而转过脸去，走路时不能趾高气扬、目中无人。伊斯兰教提倡语言文明、优美，规定说话要低声，待人和颜悦色，切忌粗暴，不能对人讥讽、攻击、以诨名相称、以恶语诽谤。伊斯兰教还提倡宽恕、公正、排解纠纷，禁止偷窥他人隐私、妒忌、背后非议、刺探、恶意猜测等。

四、伊斯兰教禁忌

1. 信仰禁忌

伊斯兰教禁止任何偶像崇拜，只信安拉。禁止模制、塑造、绘制任何生物的图像。所以在伊斯兰建筑艺术与其他艺术品中大多为符号化和几何图形文字。

2. 饮食禁忌

伊斯兰教有严格的饮食禁忌，按照教规应当以"清净的为相宜，污浊的受禁止"。伊斯兰教禁酒，饮茶要用清真茶具。

3. 服饰禁忌

伊斯兰教将妇女头发列为羞体，必须遮盖起来。所以穆斯林妇女要戴"盖头"，把头发、耳朵、脖子都遮在里面，只露出脸部。另外妇女除了戴盖头还要戴面纱，只露出双眼，但只限于外出时戴。穆斯林男子则多戴无檐小帽，又名"礼拜帽"或"回回帽"，有黑白两种。非穆斯林到穆斯林家里做客时，一般不应主动与妇女或少女握手。

4. 行为禁忌

穆斯林每天要做 5 次祈祷，在祈祷期间忌外人表示不耐烦或干扰祈祷。同时，穆斯林在礼拜时，必须净身，清真寺内严禁穿鞋进入。非穆斯林进入清真寺，不能袒胸露背，不能穿短裙短裤。不经阿訇等宗教人士批准，非穆斯林不得进入礼拜大殿，不准拍照。在穆斯林做礼拜时，无论任何人任何事，都不能喊叫礼拜者，也不能在礼拜者面前走动，更不能唉声叹气、呻吟和无故清嗓，严禁大笑、吃东西。

5. 婚俗禁忌

禁止近亲与血亲之间的通婚，忌与宗教信仰不同者通婚。

6. 特殊禁忌

穆斯林认为人的左手不洁，所以与之握手或递送礼物不能用左手，尤其不能单用左手。另外，伊斯兰教禁止偶像崇拜，所以不应以雕塑、画像之类的物品相赠。

五、主要节日

1. 开斋节

伊斯兰教历 10 月 1 日为开斋节，我国穆斯林称肉孜节、大尔代节。穆斯林在开斋节要净身、理发、剪指甲，穿上新衣，吃枣子。到清真寺举行会礼，去时、回时要走不同的路，较富裕的穆斯林要施舍。会礼后，亲友互访，互赠礼品，举行庆祝活动。

2. 宰牲节

伊斯兰教历 12 月 8 日至 10 日为宰牲节，清真寺举行会礼。宰牲献祭，牲畜肉分三份，一份送亲友，一份施舍，留一份自食。亲友间互相拜会。

3. 登霄节

伊斯兰教历 7 月 27 日为登霄节，纪念传说中穆罕默德夜晚上天朝见安拉。登霄节夜晚，穆斯林举行礼拜、祈祷等活动。

4. 圣纪节

伊斯兰教历 3 月 12 日为圣纪节，是穆罕默德诞生和逝世的日子。穆斯林到清真寺举行圣会，集体诵读《古兰经》，宣扬穆罕默德的生平业绩。

第四节 道 教

道教源于我国，主要流传在汉族地区，但在白、羌、苗等少数民族地区也有流传，并已传到东南亚、欧美的华人社会中。

一、道教的产生

道教创立于东汉顺帝年间（126～144 年），至今有近 2 000 年的历史。该教崇奉老子为教祖，以《道德经》为主要经典。其根本信仰是"道"，认为"道"乃是天地万物之根源，又是万物演化的规律，认为人"立善功、修道德，长生久视，能修炼成仙"。

道教信奉的神仙众多，每逢神仙诞辰日都是道教的节日，各地方道观还将地方神的诞辰日定为节日。每逢节日，各道观都要举行比较隆重的仪式，设坛诵经礼忏，祝颂圣诞。道观周围也自然成为经济文化的庙会集市，并且相沿成习，成为代代相传的民俗。

道教自创立后，在形成自己独特的礼仪形象时，承继了道家并吸收了儒家以及中国传统礼仪的一些礼节，结合道教的实际情况，在对道士的衣食、住行、视听、称谓、斋坛等众多方面的外在形象进行规范化，使其从言语、服饰、出入、饮食、诵听等方面有别于俗人，约束道士清心修道，超越凡尘。

道教礼仪是道士日常生活中的行为规范，其与戒律所不同之处是，戒律是用条文明确下来，违者必罚，而礼仪则是道士最起码的举止规范，违者则被视为品行不端，属于道教仪范部分。道教的礼仪内容很复杂，小到日常称呼，大到出入行走，凡事都有一定的礼仪。同时，一个修道或奉道者的外在礼仪风范也是其道德修养的体现。

二、道教基本教规

1. 传授

道教把传密授道之事看得极为重要，以不能乱传乱泄为戒。传授时必须有虔诚求道的思想和行动。

2. 赏善惩恶

道教凭借神仙宫府来治上下四方，人的善恶也在明察的范围。行恶的人定受惩罚甚至丧命，行善的人可以消灾得福寿。

3. 斋戒

道教对道士的斋戒修持尤为严格，主要目的是，以达到积累功德和防止出现过失、恶疾。斋分为节食斋、供斋和心斋。

4. 诵持

道教规定，凡道教徒必须常念师传的道经和佩持道家的驱使鬼魂的符号。

三、道教礼仪

道教作为一种宗教，仍以敬神、拜神为重要礼仪。

1. 上供

上供有香、茶（水）、灯、花、果等。道人把供品双手端到供桌前，双手高举供品与额相齐，躬身行礼，然后放到供桌上。供品排列顺序是从内到外，茶、果、饭（米制品）、菜（青菜、干菜）、馒头（面制品），还可以酌水献花以表道心。

道人上香，先在香炉中虔诚地上三炷香。不上断香，不上没燃着的香。点燃后若起明火，可上下摆灭，不可用秽气吹灭。三炷香点燃后，来到跪垫前双手举香与额相平，躬身一礼。再到香炉前左手上香，香与香之间距离不可过寸。上香次序为先中，次左，再上右香，上香后复回跪垫礼叩。

2. 行礼

行礼时，双手于腹前相交，左手大拇指插入右手虎口内，掐右手无名指根部，右手大拇指屈于左手大拇指下，掐住午纹（即中指上纹），外呈"太极图"形，内掐"子午诀"，左手其余四指抱右手，躬身一礼，行礼时手与鼻相平，不可高于鼻。

3. 叩首

站在跪垫前，双脚站成"八字"形，两脚跟相距2～3寸；一边躬身，一边双手于腹前合抱，左手离开右手捂心（心意散乱为道教大忌，捂心表示以专一沉寂之心向神致敬），同时从容俯身，右手按跪垫，两膝下跪，紧接着左手离心，按右手背上，形成"十"字状；俯伏叩首，头磕在双手背上（头与脊要同时下伏，切忌头部高于背）；抬头，左手收回捂心，右手用劲，慢慢起身，右手随之收回，双手抱拳高拱，准备第二次叩拜，如上重复两次，是为三礼三叩。

4. 三课

这是指道士修持每天须行道三次，诵读功课，早晨日清见行道，午间日中分行道，傍晚日落景行道，总称为三课。现在也有简化为早晚两次行道的，称早晚课。

四、道教禁忌

1. 三不问

一不问寿，二不问俗事，三不问家常籍贯。因修道的理想之一为长生不逝，而且道人悟道修真、德行修为、道行高低本与俗龄大小无关，故道不言寿。道人以道为事，忌言行无端、扯是非俗事、拉家常籍贯。

2. 三不言

《道教仪范》中记载《日忌》："早不言梦寐，午不言杀伐，晚不言鬼神。"这三不言是每个道教徒都必须遵守的，否则就是犯忌。一日之计在于晨，对每日所做事情进行安排，力争圆满完成，不能成为梦想，因此，早不言梦也。中午为阳之极，言杀有悖好生之德、慈悲之心，故午不言杀也。夜晚阴气重，言鬼神必招祸患，故晚不言鬼神也。

3. 三不起

三不起即道人吃斋、诵经和静坐时，他人不得干扰，道人也不得应声而起。道人吃斋过程中亦有修心之举，故他人不得干扰，用斋者也不得应声而起。诵经，是一件很神圣的事情，他人不得打扰道士诵经，诵经者亦不能起身离开经案。静坐，即道士修炼静功，静坐时应排除干扰，达到物我两忘的境界。

五、主要节日

道教节日很多，凡诸天上帝、尊神圣诞、得道之日均作为道教节日举行法会庆贺。由于各派在信仰上的差异，所崇奉的神灵和祖师也有同有异。一般来说，各派共尊的最高神三清、最高天神玉皇以及历史悠久的三官、社会影响很大的西王母、文昌帝君、真武大帝等的"诞辰日"，是各派供奉的节日。各派所奉的祖师，如全真道的吕洞宾、王重阳、丘处机等的"诞辰日"，则是分奉的节日。由于道教派别的纷繁和地域世俗信仰的影响，各个地区众多小派所崇拜的神灵、祖师更为繁多，节日也相应增多。

本章小结

本章重点介绍了宗教的礼仪规范、宗教称谓、禁忌、主要节日，以及与宗教人士交往时应注意的礼仪。

思考与练习

一、选择题

1. 目前世界上影响最大的三大宗教是佛教、基督教和（　　）。
   A. 道教　　　　B. 伊斯兰教　　C. 印度教　　　　D. 天主教
2. 在世界各大宗教中，（　　）创立的时间最早。
   A. 道教　　　　B. 伊斯兰教　　C. 佛教　　　　　D. 天主教
3. 上供是（　　）的礼仪。
   A. 伊斯兰教　　B. 天主教　　　C. 佛教　　　　　D. 道教
4. （　　）是伊斯兰教的节日。
   A. 开斋节　　　B. 成道节　　　C. 复活节　　　　D. 圣诞节
5. "五体投地"是（　　）的礼节。
   A. 佛教　　　　B. 道教　　　　C. 伊斯兰教　　　D. 基督教
6. 我国汉族地区佛诞节是农历（　　）。
   A. 四月初七　　B. 四月初八　　C. 三月初三　　　D. 五月初七
7. 伊斯兰教规定一年中必须斋戒一个月，教历的（　　）称为斋月。
   A. 5月　　　　B. 7月　　　　 C. 9月　　　　　D. 10月
8. 伊斯兰教规定禁食（　　）。
   A. 牛肉　　　　B. 羊肉　　　　C. 猪肉　　　　　D. 鸡肉
9. 伊斯兰教的圣纪节是为了纪念穆罕默德（　　）。
   A. 诞辰与逝世　B. 成道　　　　C. 归真　　　　　D. 业绩
10. 伊斯兰教的信徒称为（　　）。
    A. 阿訇　　　　B. 安拉　　　　C. 伊玛目　　　　D. 穆斯林

二、判断题

1. 佛教创始人是释迦牟尼，名悉达多，姓乔达摩。（　　）
2. 中国佛教包括北传佛教、南传佛教和藏传佛教三大体系。（　　）
3. 世界上最完整的佛教经典在中国，所以说佛教是诞生在中国的。（　　）
4. 伊斯兰教在进行礼拜前要行净礼，根据条件选择水净或土净。（　　）
5. 基督教在每周星期六举行主日礼拜。（　　）
6. 基督教的创始人是圣母玛利亚。（　　）
7. 穆斯林认为左手不洁，所以握手或递送礼物不用左手。（　　）

8. 伊斯兰教的经典是《古兰经》。　　　　　　　　　　　　　　（　　）
9. "叩首"是道教的基本礼仪。　　　　　　　　　　　　　　　（　　）
10. 穆斯林每日朝向麦加克尔白作3次固定时间的礼拜。　　　（　　）

三、简答题

1. 佛教有哪些主要礼节？
2. 伊斯兰教信徒穆斯林在饮食方面有哪些禁忌？
3. 基督教有哪三大教派？
4. 道教的礼仪有哪些？
5. 基督教的主要节日有哪些？

四、案例分析

更换牛皮沙发的原因

在一次印度官方代表团来我国某城市进行友好访问时，为了表示我方的诚意，有关方面做了积极准备，就连印度代表下榻的酒店里也专门换上了宽大、舒适的牛皮沙发。可是，在我方的外事专员事先进行例行检查时，这些崭新的牛皮沙发却被责令立即撤换掉。

（资料来源：薛建红.旅游服务礼仪[M].郑州：郑州大学出版社，2002）

请分析：

1. 为什么要更换沙发？
2. 这个案例给了我们什么启示？

第七章 中国礼俗

学习目标

掌握中国的传统节日的习俗,了解中国部分少数民族的习俗和禁忌。

内容提示

- 中国部分节日习俗
- 中国部分少数民族习俗与禁忌

主要概念

春节 端午节 少数民族 习俗 禁忌

开篇提示

中国是文明古国,又是有着56个民族的多民族国家。丰富的文化传承在发展中产生了很多的传统节日和民族习俗,这些都堪称中华民族灿烂文化的瑰宝,即使岁月更迭仍然熠熠发光、千古流传。了解春节、清明、七夕等传统节日的来历,了解部分少数民族的习俗和禁忌,会加深你对伟大文明古国的自豪感,从而更深刻地体会中华民族文化的博大精深。

第一节 中国部分节日习俗

一、春节

春节(Spring Festival),是中国民间最隆重、最富有特色的传统节日,在农历正月初一,又叫阴历年，俗称"过年"。春节已有四千多年的历史，相传它是由虞舜兴起的。公元前两千多年的一天，舜即天子位，带领着部下人员，祭拜天地。从此，人们就把这一天当作岁首，算是正月初一。据说这就是农历新年的由来，后来叫春节。春节过去也叫元旦，春节所在的这一月叫元月。按照我国农历，正月初一古称元日、元辰、元正、元朔、元旦等，俗称年初一。宋代王安石有诗《元日》云："爆竹声中一岁除，春风送暖入屠苏。千门万户曈曈日，总把新桃换旧符。"就是描写古时迎接新年的习俗。到了民国时期，改用公历，把公历的一月一日称为元旦，把农历的一月一日叫春节。但在民间，传统意义上的春节是指从腊月初八的腊祭或腊月二十三的祭灶，一直到正月十五，其中以除夕和正月初一为高潮。

相传中国古时候有一种叫"年"的怪兽，头长尖角，凶猛异常，每到除夕，爬上岸来吞食牲畜伤害人命。因此每到除夕，村村寨寨的人们扶老携幼，逃往深山，以躲避"年"的伤害。一年的除夕，乡亲们都忙着收拾东西逃往深山，这时候村东头来了一个白发老人，对一位老婆婆说只要让他在她家住一晚，他定能将"年"兽驱走。众人不信，老婆婆劝他还是上山躲避的好，老人坚持留下，众人见劝不住他，便纷纷上山躲避去了。当"年"兽像往年一样准备闯进村肆虐的时候，突然听到白发老人燃响的爆竹声，"年"兽浑身战栗，再也不敢向前凑了。原来，"年"兽最怕红色、火光和炸响。这时大门大开，只见院内一位身披红袍的老人哈哈大笑，"年"兽大惊失色，仓皇而逃。第二天，当人们从深山回到村里时，发现村里安然无恙，这才恍然大悟，原来白发老人是帮助大家驱逐"年"兽的神仙，人们同时还发现了白发老人驱逐"年"兽的三件法宝。从此，每年的除夕，家家都贴红对联、燃放爆竹、户户灯火通明、守更待岁。这风俗越传越广，成了中国民间最隆重的传统节日"过年"。

千百年来，人们使年俗庆祝活动变得异常丰富多彩，每年从农历腊月二十三日起到年三十，民间把这段时间叫作"迎春日"，也叫"扫尘日"，在春节前扫尘搞卫生，是我国人民素有的传统习惯。

在节前十天左右，家家户户准备年货。人们忙于采购年货，鸡鸭鱼肉、茶酒油酱、南北炒货、糖饵果品，样样都要采买充足，还要准备一些过年时走亲访友时赠送的礼品，小孩子要添置新衣新帽，准备过年时穿。

节前要在住宅的大门上粘贴对联。屋里张贴色彩鲜艳寓意吉祥的年画，心灵手巧的姑娘们剪出美丽的窗花贴在窗户上，门前挂大红灯笼或贴福字及财神、门神像等，所有这些活动都是要为节日增添足够的喜庆气氛。

春节是个欢乐祥和的节日，也是亲人团聚的日子，离家在外的孩子在过春节时都要回家欢聚。过年的前一夜，就是旧年的腊月三十夜，也叫除夕，又叫团圆夜。在这新旧交替的时候，守岁是最重要的年俗活动之一。除夕晚上，全家老小都一起熬年守岁，欢聚酣饮，共享天伦之乐。北方地区在除夕有吃饺子的习俗，饺子的做法是先和面，"和"就是"合"，饺子的"饺"和"交"谐音，"合"和"交"有相聚之意，又取"更岁交子"之意。在南方有过年吃年糕的习俗，甜甜的、黏黏的年糕，象征新的一年生活甜蜜蜜、步步高。待第一声鸡啼响起，或是新年的钟声敲过，街上鞭炮齐鸣，响声此起彼伏，家家喜气洋洋，新的一年开始了。男女老少都穿着节日盛装，先给家族中的长者拜年祝寿，节中还有给儿童压岁钱，吃团年饭。初二、初三就开始走亲戚看朋友，相互拜年，道贺祝福，祭祖等。

节日的热烈气氛不仅洋溢在各家各户，也充满各地的大街小巷。一些地方的街市上还有舞狮子、耍龙灯、演社火、游花市、逛庙会等习俗。这期间花灯满城，游人满街，热闹非凡，盛况空前，直到正月十五元宵节过后，春节才算真正结束了。

二、元宵节

元宵节是中国的传统节日之一，亦称为上元节、小正月、元夕、小年或灯节，时间是每年的农历正月十五。元宵节是农历新年的第一个月圆之夜，是祭月、赏月的日子，也象征着春天的到来，这是传统春节定义的最后一天。所以全国各地都过，大部分地区的习俗是差不多的，但各地也还有自己的特点。

正月十五吃元宵，"元宵"作为食品，在我国由来已久。宋代，民间即流行一种元宵节吃的食品。这种食品，最早叫"浮元子"，后称"元宵"，生意人还美其名曰"元宝"。元宵以白糖、玫瑰、芝麻、豆沙、黄桂、核桃仁、果仁、枣泥等为馅，用糯米粉包成圆形，可荤可素，风味各异，可汤煮、油炸、蒸食，有团圆美满之意。陕西的汤圆不是包的，而是在糯米粉中"滚"成的，或煮食或油炸，象征团团圆圆。

元宵节的另一习俗是观灯。汉明帝永平年间，因明帝提倡佛法，适逢蔡愔从印度求得佛法归来，称印度摩揭陀国每逢正月十五，僧众云集瞻仰佛舍利，是参佛的吉日良辰。汉明帝为了弘扬佛法，下令正月十五夜在宫中和寺院"燃灯表佛"。此后，元宵放灯的习俗就由原来只在宫廷中举行而流传到民间。即每到正月十五，无论士族还是庶民都要挂灯，城乡通宵灯火辉煌。元宵放灯的习俗，在唐代发展成为盛况空前的灯市，当时的京城长安已是拥有百万人口的世界大都市，社会富庶。在皇帝的亲自倡导下，元宵灯节办得越来越豪华。中唐以后，已发展成为全民性的狂欢节。唐玄宗时的开元盛世，长安的灯市规模很大，燃灯五万盏，花灯花样繁多，皇帝命人做巨型的灯楼，金光璀璨，极为壮观。宋代，元宵灯会无论在规模上，还是在灯饰的奇幻精美上，都胜过唐代，而且活动更为民间化，民族特色更强。以后历代的元宵灯会不断发展，灯节的时间也越来越长。唐代的灯会是元宵节前后各一日，宋代又在正月十六之后加了两日，明代则延长为由正月初八到正月十八整整十天。到了清代，满族入主中原，宫廷不再办灯会，民间的灯会却仍然壮观，但日期缩短为五天，一直延续到今天。

元宵节也是一个浪漫的节日，元宵灯会在封建的传统社会中，也给未婚男女相识提供了一个机会。传统社会的年轻女孩不允许出外自由活动，但是过节却可以结伴出来游玩，元宵节赏花灯正好是一个交谊的机会，未婚男女借着赏花灯也顺便可以为自己物色对象。

元宵节除了庆祝活动外，还有信仰性的活动，那就是"走百病"，又称"烤百病""散百病"。参与者多为妇女，她们结伴而行，或走墙边，或过桥或走郊外，目的是祛病除灾。随着时间的推移，元宵节的活动越来越多，不少地方节庆时增加了耍龙灯、耍狮子、踩高跷、划旱船、扭秧歌、打太平鼓等活动。

元宵节还有一些鲜为人知的、已经失传的民间活动，这里列举二三。祭门、祭户，古代有"七祭"，这是其中的两种。祭祀的方法很简单，把杨树枝插在门户上方，在盛有豆粥的碗里插上一双筷子，或者直接将酒肉放在门前。逐鼠，这项活动主要是对养蚕人家所说的，因为老鼠常在夜里把蚕大片大片地吃掉，人们听说正月十五用米粥喂老鼠，它就可以不吃蚕了。于是，这些人家在正月十五熬上一大锅黏糊糊的粥，有的还在上面盖上一层肉，将粥用碗盛好，放到老鼠出没的顶棚、墙角，边放嘴里还边念念有词，诅咒老鼠再吃蚕宝宝就不得好死。迎紫姑，紫姑是民间传说中一个善良、贫穷的姑娘。正月十五，紫姑因穷困而死。百姓们同情她、怀念她，有些地方便出现了"正月十五迎紫姑"的风俗。

三、清明节

在一年二十四节气当中，民间特别重视公历四月四日或五日的清明节。清明节也是中国的传统节日。清明节已有2 500多年的历史了，古时又叫踏青节、三月节、祭祖节、扫墓节、扫坟节、植树节、鬼节等。《历书》云："春分后十五日，斗指丁，为清明，时万物皆洁齐而清明，盖时当气清景明，万物皆显，因此得名。"

清明有祭祀的俗例，承袭自汉相，之后普及民间，历两千年而不衰。

这一天，家家户户的孝子贤孙都要到郊外祭祖扫墓、立碑垒坟、坟头压纸钱，或在墓地进餐，或返回祭牌位后在家进餐。近世，孝子贤孙对于清明扫墓，已未必一定遵守于清明节这一日。有的会在节日以前数天拜祭，也有的会在节日后若干日奉祀，只不过笼统地说是清明上坟拜祭罢了。

踏青是陪衬清明的副节目，清明之时，正值春回大地，人们乃因利乘便，扫墓之余亦一家老少在山野乡间游乐一番，回家时顺手折几枝叶芽初绽的柳枝戴在头上，其乐融融。也有的人特意于清明节期间到大自然中去欣赏和领略生机勃勃的春日景象，郊外远足，一抒严冬以来的郁结心胸，这种踏青也叫春游，古代叫探春、寻春。其含义，就是脚踏青草，在郊野游玩，观赏春色。清明前后正是踏青的好时光，所以踏青成为清明节俗的一项重要内容。古时妇女平日不能随便出游，清明扫墓是难得的踏青的机会，故妇女们在清明节比男人玩得更开心，民间有"女人的清明男人的年"之说。

清明节还有插柳植树的风习，据说是纪念发明各种农业生产工具并曾尝百草的神农氏。另一说是介子推死时所抱的柳树后来复活，晋文公赐名为清明柳，并折柳成圈戴在头上，此习俗后传入民间。虽然有着不同的典故源流，但这些风俗仍不离人们对春回大地的喜悦，民间有折柳、戴柳、插柳的习俗，柳枝可拿在手中把玩，也可编成帽子戴在头上，也可带回家插在门楣、屋檐上。据说柳枝具有辟邪的功用，插柳戴柳不仅是时尚的装饰，而且有祈福辟邪之意。清明插柳也可能跟过去寒食节以柳枝乞取新火的习俗有关。今天看来，随意折取柳枝是对树木的一种损害，是不宜提倡的。

寒食节为每年公历四月四日，清明节的前一天。传说，这个节日，是纪念春秋时期的介之推的。介之推是当年晋国的贤臣，侍奉公子重耳（后为晋文公）。晋国发生内乱，公子重耳被迫逃亡国外，介之推不畏艰难困苦跟随重耳流亡，曾经割自己腿肉熬汤，献给重耳。重耳做了国君后，开始时还铭记介之推，但是时间久了，也把他淡忘了。介之推心中十分难受，和年迈的母亲回到家乡，隐居在山中。有一天，晋文公发现自己左右少了介之推，想起自己忘了奖赏这个"割股奉君"的贤臣，非常内疚，亲自跑到他隐居的山中寻找。但是只见山峦重叠，树木葱郁，就是不见介之推的影子。他想，介之推是个孝子，如果放火烧山，他一定会背着母亲出来。于是，命令放火烧山，结果火一下蔓延数十里，连烧三日不熄，但介之推还是没有出来。火熄之后，大家进山察看，才发现介之推和他的老母抱在一起，被烧死在深山之中。这事传出来，人人尊敬和怀念介之推。以后便在他被烧死的这天纪念他，这天就在每年清明节的前一天。因为介之推是被火烧死的，大家在这天都不忍心举火，宁愿吞吃冷食，所以，这天叫"寒食节"。

中国历史上，寒食禁火，祭奠先人，早已蔚为习俗。唐朝之后，寒食节逐渐式微，于清明节扫墓祭祖成了此后持续不断的节俗传统。唐朝大诗人白居易《寒食野望吟》中写道："乌啼鹊噪昏乔木，清明寒食谁家哭？风吹旷野纸钱飞，古墓垒垒春草绿。棠梨花映白杨树，尽是死生别离处。冥冥重泉哭不闻，萧萧暮雨人归去。"

四、端午节

端午节为农历五月初五，又称端阳节、午日节、五月节、艾节、端五、重午、午日、夏节。虽然名称不同，但各地人民过节的习俗是相似的。

端午节是我国二千多年来的习俗，每到这一天，家家户户都悬钟馗像、挂艾叶菖蒲、赛龙舟、吃粽子、饮雄黄酒、游百病、佩香囊、备牲醴。

民国以前，各家门挂菖蒲，在小孩眼、耳部涂雄黄粉，颈部、手部拴五色线、挂香包，认为可避虫蛇。早晨吃包子、花卷、粽子，晚餐食酒肉，祭献天地、祖灵牌位。今逢此节，以吃为主。

端午节的第一个意义就是纪念伟大诗人屈原。屈原，名平，是战国时代的楚国人，生于楚威王五年夏历正月初七，或谓生于楚宣王二十七年，卒于楚襄王九年。据说，屈原投汨罗江后，当地百姓闻讯马上划船捞救，一直行至洞庭湖，始终不见屈原的尸体。那时，恰逢雨天，湖面上的小舟汇集到岸边。当人们得知是为了打捞贤臣屈大夫时，再次冒雨出动，争相划进茫茫的洞庭湖。为了寄托哀思，人们泛舟江河之上，此后逐渐发展成为龙舟竞赛。百姓又怕江河里的鱼吃掉他的身体，于是纷纷回家拿来米团投入江中，以免鱼虾糟蹋屈原的尸体，后来就成了吃粽子的习俗。

端午节的第二个意义是伍子胥的忌辰。伍子胥，名员，楚国人，父兄均为楚王所杀，后来伍子胥奔向吴国，助吴伐楚，五战而入楚都郢城。当时楚平王已死，伍子胥掘墓鞭尸三百，以报杀父兄之仇。吴王阖闾死后，其子夫差继位，吴军士气高昂，百战百胜，越国大败，越王勾践请和，夫差许之。伍子胥建议，应彻底消灭越国，夫差不听，吴国太宰，受越国贿赂，谗言陷害伍子胥，夫差信之，赐伍子胥宝剑，伍子胥以此死。伍子胥本为忠良，视死如归，在死前对邻舍人说："我死后，将我的眼睛挖出悬挂在吴国都城的东门上，以看越国军队入城灭吴。"便自刎而死，夫差闻言大怒，令取伍子胥的尸体装在皮革里于五月五日投入大江，因此相传端午节亦为纪念伍子胥之日。

端午节的第三个意义是为纪念东汉孝女曹娥为救父投江而死。曹娥是东汉上虞人，父亲溺于江中，数日不见尸体，当时孝女曹娥年仅十四岁，昼夜沿江号哭。过了十七天，在五月五日曹娥也投江，五日后抱出父尸。就此传为神话，继而相传至县府知事，令度尚为之立碑，让他的弟子邯郸淳作诔辞颂扬。孝女曹娥之墓，在今浙江绍兴，后传曹娥碑为晋王义所书。后人为纪念曹娥的孝节，在曹娥投江之处兴建曹娥庙，她所居住的村镇改名为曹娥镇，曹娥殉父之处定名为曹娥江。

端午节的第四个意义是纪念现代革命女诗人秋瑾。秋瑾于1907年7月15日殉国，后人敬仰其诗，复哀其忠勇事迹，乃与诗人节合并举行纪念，而诗人节亦因纪念爱国诗人屈原而定为端午节。秋瑾字睿卿，号竞雄，又称鉴湖女侠，小字玉姑，浙江绍兴人，幼年擅长诗词歌赋，且喜骑马击剑，有花木兰、秦良玉在世之称。28岁时参加革命，影响极大，预谋起义，开会时为清兵所捕，不屈，于1907年7月15日凌晨在绍兴轩亭口英勇就义。

钟馗捉鬼，是端午节习俗。在江淮地区，端午节时家家都悬钟馗像，用以镇宅驱邪。开元年间，唐明皇自骊山讲武回宫，疟疾大发，梦见二鬼，一大一小，小鬼穿大红无裆裤，偷杨贵妃的香囊和明皇的玉笛，绕殿而跑。大鬼则穿蓝袍戴帽，捉住小鬼，挖掉其眼睛，一口吞下。明皇喝问，大鬼奏曰："臣钟馗，即武举不第，愿为陛下除妖魔。"明皇醒后，疟疾痊愈，于是令画工吴道子照梦中所见画成钟馗捉鬼之画像，通令天下于端午时，一律张贴，以驱邪魔。

在端午节，家家都以菖蒲、艾叶、榴花、蒜头、龙船花，制成人形，称为艾人。或将艾叶悬于堂中，剪为虎形，或剪彩为小虎，贴以艾叶，妇人争相佩戴，以避邪驱瘴。用菖蒲作剑，插于门楣，以驱魔祛鬼。

端午节的另一重要习俗是赛龙舟。当时楚人因舍不得贤臣屈原死去，于是有许多人划船追赶拯救。他们争先恐后，追至洞庭湖时不见踪迹，是为龙舟竞渡之起源，后每年五月五日划龙舟以纪念之。另说借划龙舟驱散江中之鱼，以免鱼吃掉屈原的尸体。

端午节的一项重要内容是吃粽子。荆楚之人，在五月五日煮糯米饭或蒸粽糕投入江中，以祭祀屈原，因恐鱼吃掉，故用竹筒盛装糯米饭掷下，以后渐用粽叶代替竹筒。

端午节饮雄黄酒的习俗，在长江流域地区的人家很盛行。

端午节游百病的习俗，盛行于贵州地区。

端午节还有佩香囊的习俗。端午节小孩佩香囊，不但有避邪驱瘟之意，而且有襟头点缀之风。香囊内有朱砂、雄黄、香药，外包以丝布，清香四溢，再以五色丝线弦扣成索，做成各种不同形状，结成一串，形形色色，玲珑夺目。

五、七夕节

七夕节又名乞巧节、七巧节或七姐诞，发源于中国，是华人地区以及东亚各国的传统节日，在农历七月初七庆祝，来自于牛郎与织女的传说。因为此日活动的主要参与者是少女，而节日活动的内容又是以乞巧为主，故而人们称这天为"乞巧节""少女节""女儿节"。农历七月初七是传说中牛郎织女从鹊桥渡天河相会的日子。人们心中的织女是个勤劳善良、心灵手巧的天仙，所以七月七这天晚上，年轻的姑娘和少妇都要出来行拜祭的礼仪，并向织女乞巧，希望自己也能像织女一样有双灵巧的手，有颗聪慧的心。汉代时，民间便开始向织女乞巧了。不但祈求心灵手巧，还祈求得到财富、早日有美满甜蜜的婚姻和得子。

穿针乞巧是最早的乞巧方式，始于汉，流于后世。《西京杂记》说："汉彩女常以七月七日穿七孔针于开襟楼，人俱习之。"南朝梁国的宗懔《荆楚岁时记》说："七月七日，是夕人家妇女结彩楼穿七孔外，或以金银愉石为针。"《舆地志》说："齐武帝起层城观，七月七日，宫人多登之穿针。世谓之穿针楼。"五代王仁裕《开元天宝遗事》说："七夕，宫中以锦结成楼殿，高百尺，上可以胜数十人，陈以瓜果酒炙，设坐具，以祀牛女二星，妃嫔各以九孔针五色线向月穿之，过者为得巧之侯。动清商之曲，宴乐达旦。士民之家皆效之。"元代陶宗仪的《元氏掖庭录》说："九引台，七夕乞巧之所。至夕，宫女登台以五彩丝穿九尾针，先完者为得巧，迟完者谓之输巧，各出资以赠得巧者焉。"

喜蛛应巧也是较早的一种乞巧方式，其俗稍晚于穿针乞巧，大致起于南北朝之时。南朝梁国的宗懔在《荆楚岁时记》说："是夕，陈瓜果于庭中以乞巧。有喜子网于瓜上则以为符应。"五代王仁裕《开元天宝遗事》说："七月七日，各捉蜘蛛于小盒中，至晓开；视蛛网稀密以为得巧之侯。密者言巧多，稀者言巧少。民间亦效之。"宋代孟元老《东京梦华录》说，七月七夕"以小蜘蛛安合子内，次日看之，若网圆正谓之得巧"。宋代周密在《乾淳岁时记》中说："以小蜘蛛贮合内，以候结网之疏密为得巧之多久。"明代田汝成在《熙朝乐事》说，七夕节"以小盒盛蜘蛛，次早观其结网疏密以为得巧多寡"。由此可见，历代验巧之法不同，南北朝视网之有无，唐视网之稀密，宋视网之圆正，后世多遵唐俗。

投针验巧是七夕穿针乞巧风俗的变体，源于穿针，又不同于穿针，是明清两代盛行的七夕节俗。明代刘侗、于奕正在《帝京景物略》中说："七月七日之午丢巧针。妇女曝盎水日中，顷之，水膜生面，绣针投之则浮，看水底针影。有成云物花头鸟兽影者，有成鞋及剪刀水茄影者，谓乞得巧；其影粗如锤、细如丝、直如轴蜡，此拙征矣。"《直隶志书》也说，良乡县（今北京西南）"七月七日，妇女乞巧，投针于水，借日影以验工拙，至夜仍乞巧于织女"。清于敏中《日下旧闻考》引《宛署杂记》说："燕都女子七月七日以碗水暴日下，各自投小针浮之水面，徐视水底日影。或散如花，动如云，细如线，粗租如锥，因以卜女之巧。"

六、中秋节

中秋节是中国传统节日，为每年农历八月十五，传说是为了纪念嫦娥奔月。中秋节有悠久的历史，和其他传统节日一样，也是慢慢发展形成的。古代帝王有春天祭日、秋天祭月的礼制，早在《周礼》一书中，已有"中秋"一词的记载。后来贵族和文人雅士也仿效起来，在中秋时节，对着天上又亮又圆的一轮皓月，观赏祭拜，寄托情怀，这种习俗就这样传到民间，成为传统活动。到了唐代，这种祭月的风俗更为人们重视，中秋节才成为固定的节日。《唐书·太宗记》记载有"八月十五中秋节"，这个节日盛行于宋朝，至明清时，已与元旦齐名，成为我国的主要节日之一。

中秋节的传说是非常丰富的，其中嫦娥奔月的神话故事流传甚广。

相传，远古时候天上有十个太阳同时出现，晒得庄稼枯死，民不聊生。一位名叫后羿的英雄，力大无穷，他同情受苦的百姓，登上昆仑山顶，运足神力，拉开神弓，一气射下九个太阳，并严令最后一个太阳按时起落，为民造福，后羿因此受到百姓的尊敬和爱戴。后羿娶了个美丽善良的妻子，名叫嫦娥。后羿除传艺狩猎外，终日和妻子在一起，人们都羡慕这对郎才女貌的恩爱夫妻。不少志士慕名前来拜师学艺，心术不正的蓬蒙也混了进来。一天，后羿到昆仑山访友求道，巧遇由此经过的王母娘娘，便向王母求得一包不死药。据说，服下此药，能即刻升天成仙。然而，后羿舍不得撇下妻子，只好暂时把不死药交给嫦娥珍藏。嫦娥将药藏进梳妆台的百宝匣里，不料被小人蓬蒙看见了，他想偷吃不死药自己成仙。三天后，后羿率众徒外出狩猎，心怀鬼胎的蓬蒙假装生病，留了下来。待后羿率众人走后不久，蓬蒙手持宝剑闯入内宅后院，威逼嫦娥交出不死药。嫦娥知道自己不是蓬蒙的对手，危急之时她当机立断，转身打开百宝匣，拿出不死药一口吞了下去。嫦娥吞下药，身子立时飘离地面、冲出窗口，向天上飞去。由于嫦娥牵挂着丈夫，便飞落到离人间最近的月亮上成了仙。傍晚，后羿回到家，侍女们哭诉了白天发生的事。后羿既惊又怒，抽剑去杀恶徒，但蓬蒙早逃走了。后羿气得捶胸顿足，悲痛欲绝，仰望着夜空呼唤爱妻的名字，这时他惊奇地发现，当天的月亮格外皎洁明亮，而且有个晃动的身影酷似嫦娥。他拼命朝月亮追去，可是他追三步，月亮退三步，他退三步，月亮进三步，无论怎样也追不到跟前。后羿无可奈何，又思念妻子，只好派人到嫦娥喜爱的后花园里，摆上香案，放上她平时最爱吃的蜜食鲜果，遥祭在月宫里眷恋着自己的嫦娥。百姓们闻知嫦娥奔月成仙的消息后，纷纷在月下摆设香案，向善良的嫦娥祈求吉祥平安。除此之外还有吴刚折桂、朱元璋与月饼起义等传说。

中秋祭月，在我国是一种十分古老的习俗。据史书记载，早在周朝，古代帝王就有春分祭日、夏至祭地、秋分祭月、冬至祭天的习俗。其祭祀的场所称为日坛、地坛、月坛、天坛，分设在东南西北四个方向。北京的月坛就是明清皇帝祭月的地方。《礼记》记载："天子春朝日，秋夕月。朝日之朝，夕月之夕。"这里的夕月之夕，指的正是夜晚祭祀月亮。这种风俗不仅为宫廷及上层贵族所奉行，随着社会的发展，也逐渐影响到民间。

文人赏月的风俗来源于祭月，严肃的祭祀变成了轻松的欢娱。民间中秋赏月活动约始于魏晋时期，但未成习。到了唐代，中秋赏月颇为盛行，许多诗人的名篇中都有咏月的诗句。到了宋代，形成了以赏月活动为中心的中秋民俗节日，正式定为中秋节。与唐人不同，宋人赏月更多的是感物伤怀，常以阴晴圆缺，喻人情事态，即使中秋之夜，明月的清光也掩饰不住宋人的伤感。但对宋人来说，中秋还有另外一种形态，即中秋是世俗欢愉的节日："中秋节前，诸店皆卖新酒，贵家结饰台榭，民家争占酒楼玩月，笙歌远闻千里，嬉戏连坐至晓。"（《东京梦华录》）。宋代的中秋夜是不眠之夜，夜市通宵营业，玩月游人，达旦不绝。

民间拜月也是中秋习俗之一。明清之后，因为时代的关系，社会生活中的现实功利因素突出，岁时节日中世俗的情趣愈加浓厚，以"赏月"为中心的抒情性与神话性的文人传统减弱，功利性的祭拜、祈求与世俗的情感、愿望构成普通民众中秋节俗的主要形态。因此，民间拜月成为人们寄托渴望团聚、康乐和幸福的美好情感的途径，以月寄情。

中秋拜月时，民间通常会设大香案，摆上月饼、西瓜、苹果、红枣、李子、葡萄等祭品，其中月饼和西瓜是绝对不能少的，西瓜还要切成莲花状。在月下，将月亮神像放在月亮的那个方向，红烛高燃，全家人依次拜祭月亮，然后由当家主妇切开团圆月饼。主妇预先算好全家共有多少人：在家的、在外地的，都要算在一起，寓意"天涯共此时"。

七、重阳节

重阳节是农历九月初九，二九相重，称为"重九"，重阳节也是"老人节"。老人们在这一天或赏菊以陶冶情操，或登高以锻炼体魄，给桑榆晚景增添了无限乐趣。民间在该日有登高的风俗，所以重阳节又称"登高节"。由于九月初九"九九"谐音是"久久"，有长久之意，所以人们常在此日祭祖与推行敬老活动。

重阳节要吃重阳糕。据史料记载，重阳糕又称花糕、菊糕、五色糕，制无定法，较为随意。九月九日天明时，以片糕搭儿女头额，口中念念有词，祝愿子女百事俱高，乃古人九月做糕的本意。讲究的重阳糕要做成九层，像座宝塔，上面还要有两只小羊，以符合重阳（羊）之义。有的还在重阳糕上插一面小红纸旗，并点蜡烛。这大概是用"点灯""吃糕"代替"登高"的意思，用小红纸旗代替茱萸。如今的重阳糕，仍无固定品种，各地在重阳节吃的松软糕类都称为重阳糕。

重阳节时，人们还会赏菊、饮菊花酒。重阳节正值金秋时节，菊花盛开，据传赏菊、饮菊花酒，起源于晋朝大诗人陶渊明。陶渊明以隐居出名、以诗出名、以酒出名、也以爱菊出名，后人效之，遂有重阳赏菊之俗。旧时文人士大夫，还将赏菊与宴饮结合，以求和陶渊明更接近。北宋京师开封，重阳赏菊之风盛行，当时的菊花已有很多品种，千姿百态。民间还把农历九月称为"菊月"，在菊花傲霜怒放的重阳节里，观赏菊花成了节日的一项重要内容。清代以后，赏菊之风尤为盛行，且不限于九月九日，但仍然是重阳节前后最为盛行。

重阳节还有插茱萸和簪菊花的习俗。重阳节插茱萸的风俗，在唐代就已经很普遍了。古人认为在重阳节这一天插茱萸可以避难消灾，或佩戴于臂，或做香袋把茱萸放在里面佩戴，或插在头上，大多是妇女、儿童佩戴，有些地方，男子也佩戴。重阳节佩戴茱萸，在晋代葛洪《西经杂记》中就有记载。除了佩戴茱萸，人们也有头戴菊花的习俗。唐代就已经如此，历代盛行。宋代，还有将彩缯剪成茱萸、菊花来相赠佩戴的。清代，北京重阳节的习俗是把菊花枝叶贴在门窗上，"解除凶秽，以招吉祥"，这是头上簪菊的变俗。

八、腊八节

今天的腊八节来源于我国古代的庆祝丰收、拜祭祖先、祭祀鬼神、驱赶瘟疫、祈求平安的仪式。因为是在每年的农历十二月举行，所以把十二月称为腊月（古代把祭祀祖先称为"腊"，祭祀百神称为"蜡"），称腊祭这一天为腊日。夏代称腊日为"嘉平"，商代称为"清祀"，周代称"大蜡"；先秦时候的腊日在冬至后的第三个戌日，南北朝开始才固定在腊月初八这一天，并一直使用至今。

我国人们有在腊八节这天喝腊八粥的习俗，主要在江南、东北、西北等地，南方地区较少见。

讲究的人家，还要先将果子雕刻成人形、动物形、各色花样，再放在锅中煮。比较有特色的就是在腊八粥中放入"果狮"。果狮是用几种果子做成的狮形物，用剔去枣核的、烤干的脆枣作为狮身，半个核桃仁作为狮头，桃仁作为狮脚，甜杏仁作为狮子尾巴。然后用糖粘在一起，放在粥碗里，活像一头小狮子。如果碗较大，可以摆上双狮或是四头小狮子。更讲究的，就是用枣泥、豆沙、山药、山楂糕等各种颜色的食物，捏成八仙人、老寿星、罗汉像。这种装饰的腊八粥，只有在以前的大寺庙的供桌上才可以见到。

腊八粥熬好之后，要先敬神祭祖，之后要赠送亲友，且一定要在中午之前送出去，最后才是全家人食用。吃剩的腊八粥，尤其是吃了几天还有剩下来的，却是好兆头，取"年年有余"之意。如果把粥送给穷苦的人吃，那更是为自己积德。假如院子里种着花卉和果树，也要在枝干上涂抹一些腊八粥，人们相信这样来年多结果实。

腊八这一天，除了祭祖敬神外，还有悼念亡国、寄托哀思的。

我国北方一些不产或少产大米的地方，人们不吃腊八粥，而是吃腊八面。前一天用各种果、蔬做成臊子，把面条擀好，到腊月初八早晨全家吃腊八面。

第二节　中国部分少数民族习俗与禁忌

我国是一个统一的多民族的国家，共有 56 个民族。汉族约占全国总人口的 92%，所以习惯上就把除汉族以外的其他民族，称为少数民族。少数民族人口不多，但分布极广，约占全国总面积的 50%～60%。《中华人民共和国宪法》规定，各民族"都有保持或者改革自己风俗习惯的自由"。无论是保持还是改革自己的风俗习惯，都是各民族的平等权利和民主权利。尊重各民族的风俗习惯，有利于各民族平等与团结，有利于对民族传统文化的保护和发展。

一、壮族

（一）民族概况

壮族是中国少数民族中人口最多的一个民族，广西壮族自治区是其主要聚居地，此外，广东、贵州、云南、湖南等省也有分布。壮族是我国岭南的土著民族，古有"布壮""布土""布雅依"等 20 余种自称。新中国成立后，统称"僮族"，后来改称"壮族"。

壮族有本民族的语言和文字。壮语属于汉藏语系，古文字是"方块壮字"。壮族信仰原始宗教，部分人信仰基督教。壮族主要从事农业生产，农产品有水稻、玉米、薯类等。

（二）民俗

1. 物质民俗

壮族的服饰，大部分同汉族，但还有一些地方保留着民族服装的特点。男子多穿青布对襟上衣，以布帕缠头。妇女多穿无领左衽、绣花绲边的衣服和宽脚的裤子，腰间束绣花围腰，常穿褶裙和绣花鞋。

壮族的饮食以大米、玉米为主，有腌菜的习惯。壮族自家还酿制米酒、红薯酒和木薯酒，度数都不太高，其中米酒是过节和待客的主要饮料。壮族著名的菜肴和小吃主要有鱼生、烤乳猪、花糯米饭、宁明壮粽、白切狗肉、壮家酥鸡等。

壮族的住房与当地的汉族相同。部分地区住房是独具民族特色的"干栏式建筑"，即用木（或竹）柱做成离地面相当高的底架，再在底架上建成住宅，楼上住人，楼下关养牲畜和存放东西。

2. 其他民俗

广西边远山区的壮族，有一种"入赘"的婚姻习俗，即男子出嫁到女方。男方不备嫁妆，一切均由女方准备。结婚的当天按女方的姓氏给女婿更换姓名，并与女方的兄弟和平辈男子称兄道弟。婚后其子女随母姓，继承母亲的财产。壮族人能歌善舞，而且舞的名目繁多，如球舞、捞虾舞、扁担舞、采茶舞、戽（hù）水舞、春牛舞、蜂鼓舞等，舞姿雄健，诙谐活泼。

（三）禁忌

壮族人忌讳农历正月初一杀牲。有的地区的青年妇女忌食牛肉和狗肉。妇女生孩子的头三天（有的是头七天）忌讳外人入内。忌讳生孩子尚未满月的妇女到家里串门。登上壮族人家的竹楼，一般都要脱鞋。壮族忌讳戴着斗笠和扛着锄头或其他农具的人进入自己家中。所以到了壮家门外要放下农具，脱掉斗笠、帽子。火塘、灶塘是壮族家庭最神圣的地方，禁止用脚踩踏火塘上的三脚架以及灶台。壮族青年结婚，忌怀孕妇女参加，怀孕妇女尤其不能看新娘。特别是怀孕妇女不能进入产妇家。家有产妇，要在门上悬挂一顶草帽或插一把刀，以示禁忌。若不慎闯入产妇家者，必须给婴儿取一个名字，送婴儿一套衣服、一只鸡或相应的礼物，做孩子的干爹、干妈。

壮族是稻作民族，十分爱护青蛙，有些地方的壮族有专门的"敬蛙仪"，所以到壮族地区，严禁捕杀青蛙，也不要吃蛙肉。每逢水灾或其他重大灾害时，壮族都要举行安龙祭祖活动，乞求神龙赈灾。仪式结束后，于寨口立碑，谢绝外人进寨。

二、蒙古族

（一）民族概况

我国的蒙古族主要聚居在内蒙古自治区，其他分布在辽宁、吉林、黑龙江、甘肃、青海、宁夏、河北、河南等省（区）。其语言属于阿尔泰语系蒙古语族，有文字。蒙古族人民属于游牧民族，广袤无垠的大草原培养了他们豪放、粗犷、开朗的性格。

蒙古族人民热情好客，待人诚恳，有客人来时，蒙古族人以右手放在胸部微微鞠躬，左手指门，请客人先进。去蒙古族人家做客时，送的礼品每类都要成双成对，送接礼品、茶酒都要用双手，不应用单手，更不能用左手。蒙古族人对老人很尊敬，尤其是对85岁以上的老人，每逢他们过生日时，大家都会真诚地为他们庆寿，有时方圆几百里的人都会带上礼品来向老人祝贺生日。

（二）民俗

1. 物质民俗

蒙古族的服饰包括首饰、长袍、腰带、靴子四个主要部分。蒙古族的饮食分奶制品"查干伊德"（意为"白食"）和以肉类为原料制成的"乌兰伊德"（意为"红食"）。蒙古族以牛、羊肉和奶制品为主食，喜吃烧肉、手扒肉和酸奶等。早餐多为奶茶、馍馍和酥油；中餐不定时，谁饿谁吃；晚餐吃肉，并有面条汤，饮料有马奶、牛奶。蒙古族喜欢饮砖茶，多饮奶子酒，亦喝烈性酒。农区以米、面为主食，喜吃包子、饺子、蒙古馅饼、炒面等。蒙古族的传统食品分为白食和红食两种，白食是牛、羊、马、骆驼的奶制品。用白食待客是最高的礼遇。红食是牛、羊等牲畜的肉制品，红食中最多的是羊肉，花样甚多，如手扒羊肉、全羊席等。蒙古族对不同的客人奉敬不同的羊肉。奉敬老人是羊大腿，给年轻客人奉敬羊肠巴骨和肘子肉，小孩则让啃羊小腿，来的若是女宾则最优待，敬奉肉满膘肥的羊脯。

蒙古族牧区的住所多为圆形穹隆顶蒙古包，农区的住所则多为砖瓦平房。蒙古族地区的标志性建筑多饰以穹隆顶。

2. 其他民俗

蒙古族的婚俗各地不一，共同点是新郎佩带火镰、蒙古刀、弓箭，婚礼上有致颂词、祝词和对歌等仪式，体现了蒙古族人民勤劳勇敢和能歌善舞的特点。

蒙古族崇尚白色，所以在为女方家送聘礼时，多半是送白色的哈达或白色的马和羊。蒙古族善于歌舞，民歌分长、短调两种。蒙古族人民把春节称为"白节"。农历正月在蒙古语中称为"查干萨日"（意为白月），因为蒙古族人民崇尚白色，以白色为纯洁、吉祥之色，故称春节为白节。

（三）禁忌

蒙古族主要禁忌有：骑马坐车接近蒙古包时要轻骑慢行，马鞭须放在门外，以示对主人的尊敬；来客不坐西炕，西炕为供佛的神位；忌在火盆上烤脚、鞋、袜、裤子等；主人献茶时，客人要欠身双手去接；赠送礼品忌单数；出蒙古包后，要步行一段路，等主人回去后再上车或上马；见到门前挂红布条等记号，表明这家有病人或产妇，不要进入；禁止打骂守门的狗和猎犬，否则被视为对主人的不礼貌。

牧区的蒙民，一般不食各种鱼类、鸡、鸭、虾、蟹和动物内脏等。但在农业区，尤其是汉民较多地区的蒙民偶尔也食用一些。

三、藏族

（一）民族概况

藏族主要分布在西藏自治区以及青海、甘肃、四川、云南等临近省。

藏族是中国古老的民族之一。据史书记载，早在秦汉以前，藏族先民就聚居在雅鲁藏布江中游两岸。公元7世纪松赞干布建立吐蕃王朝，直到康熙年间才称"西藏"。

藏区经济以畜牧业和农业为主。农业以种植青稞为主，也有小麦、油菜、豌豆等农作物。以青稞等制作的糌粑和酥油是农牧民的主要食品。

藏族有自己的语言和文字，其语言属汉藏语系。现行藏文是7世纪初根据古梵文和西域文字制定的拼音文字。

藏族普遍信奉藏传佛教，佛教寺庙遍及西藏各地，著名的寺庙有布达拉宫和扎什伦布寺等。

（二）民俗

1．物质民俗

藏族农区男子多穿长袖圆领、右开襟束带的氆氇长袍，妇女冬春穿长袖长袍，夏秋着无袖长袍，内着各种颜色的衬衣，前系有彩色横条围裙，即"邦垫"，姑娘则不系。

藏族的住房大都是两三层的楼房或一层的平房，"屋皆平顶"是其主要特征。底层用来圈养牲畜，堆放杂物；二层为活动的主要场所。牧民住在用牦牛毛织成的帐篷里。

藏族人民很重视礼仪。遇有亲朋好友出门或从异地返乡，便要送行或接风，此时均携带黄酿酒一瓶，小杯一只，瓶口杯沿粘以酥油三滴，象征万事如意。见面后，说一套吉利话，饮酒时高举酒杯，用手指蘸酒朝天弹三下，然后将酒饮尽。迎亲、送亲，也流行这套礼节。

藏族人见面时，习惯伸出双手，掌心向上，弯腰躬身施礼，有些藏民在与人见面时，还有点头等习惯，对方应点头微笑以答礼。初次见面或迎接尊贵的客人，还有献哈达的习惯，"哈达"两字直译就是"口上的一匹马"，就是说这种礼物相当一匹马的价值。藏族人民在迎送宾客或与亲戚朋友交往中，将"哈达"赠送给对方，就是他们的见面礼。敬献时仪式隆重，讲究赠送方式，敬献者双手托起"哈达"高举过头。而且，献的哈达越宽越长，表示的礼节就越隆重。

藏族有着较特殊的饮食习惯，主食是糌粑（用炒熟的青稞或豌豆磨成的炒面），每日三至四餐。牛奶、羊奶煮熟后冷却下来凝结在上面的一层脂肪叫酥油，酥油茶是藏族人非常喜欢的饮料。牧民以牛羊肉和奶类为主食，一般不喜欢吃稀饭、肥肉和蔬菜等。农业区的藏民也吃大米、蔬菜和面食。城镇居民多吃用大米饭和酥油、葡萄干做成的叫哲色的食品。大部分人饮酒和吸烟，有些藏民在进餐前先用手沾酒在桌上滴三滴，以表示敬佛。

2．其他民俗

藏族的丧葬方式主要是天葬。塔葬仅限于达赖、班禅及少数大活佛，火葬限于活佛，水葬用于夭折的幼童，土葬用于患传染病死者和凶死者。藏历新年是藏族人最重要的节日。雪顿节在每年藏历七月初一，又名藏戏节。望果节在每年秋收以前，它是藏族人一年一度预祝丰收的传统节日。

（三）禁忌

藏族的禁忌有：忌捕杀野生动物；不吃驴、马、骡肉，忌食飞禽及鱼虾等水生动物；忌在寺庙内吸烟、摸佛像、翻经书、敲钟鼓及动手抚摸喇嘛随身佩戴的护身符、念珠等宗教器物；不得在寺院附近砍伐树木、大声喧哗；忌单手接递物品；进入房间后，男坐左边，女坐右边，不得混杂而坐；饮食用的碗和茶具忌扣着放置；妇女生育时，忌外人进入；忌别人对自己的孩子过分夸奖。

四、维吾尔族

（一）民族概况

维吾尔族主要分布在新疆维吾尔自治区。其中，大部分聚居在天山以南和伊犁等北疆各地，亦有散居，极少部分居住在湖南的桃源、常德等县。维吾尔族有自己的语言和文字，维吾尔语属于阿尔泰语系，文字是以阿拉伯字母为基础的拼音文字。

维吾尔族以农业为主，种植棉花、小麦、玉米、水稻等农作物，善于在盆地和河谷边缘开挖"坎儿井"，形成独特的绿洲灌溉农业经济。此外，擅长园林艺术，瓜果生产闻名全国。中国最大的葡萄生产基地——葡萄沟就在乌鲁木齐东南方的吐鲁番盆地。维吾尔族全民信仰伊斯兰教。

（二）民俗

1．物质民俗

维吾尔族男子多穿长袍，称为"袷袢"。

男女老少都爱戴四楞小花帽，称为"朵帕"。女子还喜爱耳环、手镯、项链等装饰品。男女均喜穿皮靴。

信仰伊斯兰教的维吾尔族喜好清洁，很重视沐浴，所以特别要求水源洁净，没有渠水可引的地方，几乎每户都在庭院打一口井，并严格保护水源，使其不受污染。

维吾尔族人很讲礼貌，对长者很尊敬，走路、说话、就座、就餐等，都先礼让长者。与亲朋好友见面时，必须握手问候，互道"撒拉木"。有一定身份者和知识分子多用右手抚胸，躬身后退一步说："亚克西姆赛斯。"汉族人与维吾尔族人相见时，只要握手即可。请客人坐在靠墙的一边，以表示尊敬。吃饭时，客人应跪坐，以表示对主人的尊敬。主人一般请客人动手先吃，出于礼貌，客人应回让主人。维吾尔族人热情好客，有时喜欢送一些吃食给服务员。如果服务员坚决拒绝，他们会不高兴，当婉言拒绝不行时，要用双手接受，忌用单手接东西。

维吾尔族以面粉、大米为主食，肉食以羊肉为主，常见的面食为馕。喜庆节日或待客吃抓饭，喜喝奶茶或茶水，吃奶油。一般一日三餐，早饭吃馕，喝奶茶或茶水；午餐是各类主食，并有副食佐餐；晚餐也为馕和茶，有时也有副食。用饭前后习惯洗手漱口，以壶冲洗，下以盆接，且限冲三下。吃抓饭时须剪指甲。喝汤用木勺。吃饭时将"饭布"铺于炕上，然后一家人围坐就餐。饮料方面，一般喜欢各种奶类和奶茶（砖茶熬开后加牛奶）或清茶，还爱喝葡萄酒，且酒量颇大。

2．其他民俗

维吾尔族穆斯林实行土葬、薄葬、速葬。人死后净身，然后用白布裹尸，用移尸匣抬到墓地入葬。维吾尔族的节日主要有肉孜节（开斋节）、纳吾鲁孜节（哈萨克语"辞旧迎新"之意）、古尔邦节等。

（三）禁忌

维吾尔族的禁忌有：大门忌向西开；禁吃猪肉、驴肉、狗肉、骡肉及自死的牲畜；衣着忌短小，上衣一般要过膝，裤腿达脚面，户外忌着短裤；室外活动时，男子必须戴帽子，女子必须戴头巾或帽子；屋内就座时，要跪坐，忌双腿伸直脚朝向他人；接受物品或请茶要用双手，忌用单手；探望病人时忌站在病人的头或脚的方向。

五、彝族

（一）民族概况

彝族主要分布在云南、四川、贵州三省及广西壮族自治区西北部，其中，四川凉山彝族自治州是我国最大的彝族聚居区。

彝族是中国西南地区一个具有悠久历史的民族。一般认为彝族与我国古代西部的羌族有着密切的关系。彝族支系繁多，自称"诺苏""纳苏""聂苏"等。新中国成立后，正式定名为彝族。

彝族有自己的语言和文字，语言属汉藏语系，有6种方言。彝文是中国最早的音节文字，比较通用的有1000多个文字。

彝族流行多神崇拜，祭司称"毕摩"。此外，部分彝族人信奉佛教、道教和基督教。彝族主要从事农业，种植玉米、荞麦、水稻等经济作物，部分地区兼营牧业。

彝族人十分好客，热情劝客人饮酒。凡是到彝家作客，主人都要拿出酒来，相对举杯，席地而坐，一边倾心相谈，一边劝酒。每逢过年过节，大都以村寨为单位举行集会。

大部分地区，彝族生活中的主要食物是玉米，次为荞麦、大米、土豆、小麦和燕麦等，肉食主要有牛肉、猪肉、羊肉、鸡肉等，喜欢切成大块（拳头大小）煮食，汉族称之为"坨坨肉"。大、小凉山及大部分彝族禁食狗肉，不食马肉及蛙蛇之类的肉。彝族喜食酸、辣，嗜酒，有以酒待客的礼节。酒为解决各类纠纷、结交朋友、婚丧嫁娶等各种场合中必不可少之物。

（二）民俗

1. 物质民俗

凉山地区男女都穿右衽斜襟贴身镶边上衣，男子下着长裤，女子下着长百褶裙。男子头顶留一小块头发编辫，称"天菩萨"；裹青蓝布头帕，前方扎"英雄结"；以无须为美，左耳戴大耳珠，珠下缀丝线流苏。女子包黑色头帕，中、青年女子头覆绣花瓦式方帕，压以发辫；喜戴耳环，在领口别银排花。此外，大、小凉山气候寒冷，男女外出时都要穿羊毛披风，彝族人称其为"察尔瓦"。

凉山地区彝族人民的住房大都是土木结构。顶部为斜面，覆以小块木板，用石块压平，俗称"瓦板屋"。有的住房的一端构筑高耸的碉楼，成为彝族传统建筑的象征。

2. 其他民俗

彝族青年男女多自由恋爱，基本上婚姻自主。

彝族最隆重的节日是火把节。火把节多在农历六月二十四或二十五日举行，节期3天。彝族最著名乐器有芦笙、马布、巴乌。彝族舞蹈"阿细跳月""锅庄舞"颇具特色。

（三）禁忌

彝族的禁忌有：忌在家中吹口哨和大声喧哗；彝族人把火塘看作是火神居住的神圣之地，严禁触踏或跨越，不许用手摸火塘上的三脚架；男子头顶蓄有一蓬头发，这是人最高贵的地方，忌旁人用手触摸；宰杀家禽、家畜时，忌外人在场；忌外人骑马进彝寨，到寨门的竹篱笆前必须先下马；彝族人常以酒待客，若主人敬酒不喝，则被视为看不起主人；彝家给你吃的东西，只准在那里吃，不准带走，否则，就会说你对人不讲义气；彝族群众最恨别人叫他们"老彝胞"和"蛮子"，他们认为这种称呼是对他们的最大侮辱；到彝族群众家里作客，要坐在锅庄（即火塘）的上方或右方，不能坐在堆放东西和睡觉的下方和左方。

六、傣族

（一）民族概况

傣族主要聚居在西双版纳傣族自治州、德宏傣族景颇族自治州及耿马、孟连等县。傣族历史悠久，公元前109年，汉武帝就在此地开发西夷，建立益州都。

傣族有自己语言和文字，语言属汉藏语系。文字来源于梵文字母的拼音文字，现通行西双版纳和德宏两种傣文。傣族普遍信奉上座部佛教。

傣族人民热情好客，待人周到。傣族比较普遍存在着男子从妻而居的遗俗。结婚后，男方要在女方的家里住几年才能将妻子接回来。因此傣族的婚礼也就不同于其他民族，婚礼是在男女两家同时进行的。

傣族过去曾比较普遍地盛行过"抢婚"的习俗。将新娘抢来后还不合法，过几天必须请媒人到女方家去谈判，定聘礼，然后按照传统的迎娶程序办理婚事。傣族人喜欢跳舞，舞姿特点是下身多保持半蹲状,身体、手臂每一个关节都有弯曲,模拟孔雀的动作,并以脚鼓和铃铛伴奏。

傣族以大米为主食。德宏地区主要吃粳米,西双版纳一带吃糯米。傣族民间习惯早晚两餐。有嗜酸之好,各种蔬菜均要加入特制的酸汁,然后晒干存放。每餐在煮菜或煮汤时加入少许,酸味十足,这几乎是傣族每餐不可少的一味菜。傣族做饭用瓦甑蒸熟。傣族不吃羊肉。男子喜欢喝酒。傣族还爱嚼槟榔。傣族美食竹筒饭是把米装进香竹竹节里,灌水后将筒口塞紧烤烧。竹筒表层烧焦时,饭也熟了。

(二)民俗

1. 物质民俗

傣族妇女爱穿各种浅色或白色的紧身内衣,外衣多为大襟或对襟,领口圆形,下身穿长及脚背的花色长筒裙,腰间系银色带,系银带是傣族妇女的传统习俗。傣家女子结发于顶,插梳子或顶花头巾。傣族男子上身是大襟或对襟小袖衫,下身穿长裤,裤脚较窄,头缠白布巾,腰系青布带,天冷时披毛毡。

"干栏"式住宅是傣族有上千年历史的典型建筑。此种住宅,易修建,也极易腐毁,每年雨季后,需重新修补。

2. 其他民俗

傣族青年婚前交往自由。晚上吹芦笙"串寨子"和傣历新年"丢包"等都是选择对象和表达爱情的方式。

泼水节是傣族人民最盛大的节日。泼水节又称"浴佛节",源于印度,后来随佛教的流传进入中国。

关门节在农历的芒种日,意即繁忙的耕耘农作开始了,请"岩冒"(小伙子)和"普哨"(姑娘)暂时把"爱情之门"关上,全力投入农耕生产。

开门节在农历的冬至日,此时丰收的稻谷堆进谷仓,青年男女可以把关闭了的"爱情之门"打开,通过"串普哨"寻找心爱的伴侣,互诉爱慕之情。

(三)禁忌

傣族的主要禁忌有:进入傣家竹楼,要把鞋脱在门外,而且在屋内走路要轻;不能坐在火塘上方或跨过火塘,不能进入主人内室,不能坐门槛;不能移动火塘上的三脚架,也不能用脚踏火;忌在家里吹口哨、剪指甲;进佛寺要脱鞋;忌妇女在佛寺任意走动;忌摸小和尚的头和佛像、戈矛、旗幡等佛家圣物。

第三节 港澳台地区礼俗礼仪

一、港澳台地区的概况

香港、澳门、台湾是中国不可分割的领土。

香港特别行政区位于广东省东南海岸,珠江口东侧,北面与深圳为邻,西北距广州市 150

公里；由香港岛、九龙半岛、新界及周围小岛组成。香港是一个宗教信仰自由的地区，主要有佛教、基督教、伊斯兰教。区旗为五星花蕊的紫荆花红旗，区花为紫荆花，货币为港元。香港是世界自由贸易港，是进入亚太地区的主要交通要道，是国际金融、贸易和国际旅游中心之一，也是购物、美食、观光和会议旅游的综合性旅游城市。香港自古以来就是中国领土，现在是中华人民共和国特别行政区之一，"一国两制""港人治港""高度自治"是我国的基本国策。

澳门为中国南海之滨的小岛，由澳门半岛、氹仔岛和路环岛组成，北接广东珠海市拱北，西与珠海市湾仔隔河相对，东与香港隔江相望。澳门旅游业相当发达，是世界著名的旅游城市，有"东方赌城"之称。

台湾省位于祖国大陆东南海面上，东濒太平洋，东北与琉球群岛相接，南与菲律宾群岛临近，西与福建省的金门、厦门相望。台湾是我国面积较小、人口密度较大的一个省，人口主要为汉族，还有高山、回、蒙、满、维吾尔等少数民族，汉族人口中大部分为闽南人。台湾是中国领土不可分割的一部分，祖国统一是大势所趋，民心所向。

二、港澳台地区的礼俗

（一）礼貌礼节

港澳台同胞绝大多数是炎黄子孙，他们热爱自己的祖国，有强烈的民族感和乡土观念。他们身上有许多中华民族的优良传统，守时、勤奋。

港澳台地区同胞在称呼上普遍使用"先生""夫人""太太""小姐"等，见面、告别时行握手礼，社交或商务活动需交换名片，也保留了拱手、作揖、鞠躬等中国传统礼节。港澳台地区人善经商，商务活动（拜访、会谈等）很守时，且事先预约。初次见面或应邀做客一般都要带上小礼物，包装较讲究。主人奉茶后须在主人喝过后才可端杯饮用，若主人长时间未饮茶，忽举杯抿一口，则表送客，这是中国的古老传统。在港、澳、台同胞中流行一种叩指致谢的礼节，即在接受别人斟酒、倒茶或布菜、端饭时，将手指弯曲，以指尖轻轻叩打桌面，称"叩指礼"，这一礼节来源于"叩头礼"。在香港接受服务（住宿、乘出租、用餐、理发等），一般都应付小费。许多商场、饭店可免费打本地电话。

（二）衣饰

香港是一个追求时尚、引领潮流的城市，"趋时"是着装的一大特点。香港人的衣饰观念是"先敬罗衣后敬人"，人们常根据个人衣着来判断其身份、地位，故追求名牌是着装的另一特点。因衣饰观念比较自由，对奇装异服、叛逆传统的打扮不以为奇，可说是着装的第三个特点。台湾人在社交或商务活动中大多着西装。高山族有自己的民族服装，男子一般穿披肩、背心、短褂短裤，包头巾，打裹腿，有的地方用藤皮和椰树皮做背心；妇女穿有袖或无袖短上衣，自肩向腋下斜的偏衫，下穿裤或裙，裙上有纤巧精美的刺绣，喜佩戴用贝壳、兽骨磨制的各种饰品。

（三）饮食

港澳台同胞饮食习惯与大陆居民基本相同。台湾人以闽南风味为主，尤其喜欢粤菜、闽南菜、川菜、浙江菜。许多人回内地探亲访友、旅游观光时，喜吃家乡饭菜和传统风味小吃，或吃具有特色的高档名菜、名点,爱喝茅台、西凤、五粮液等名酒,爱饮龙井、铁观音等名茶。香港是"世界商品橱窗""购物天地",也是美食城,酒家、茶楼、快餐店、大排档星罗棋布,法国、意大利、日本、韩国、越南名菜及粤、川、京、沪、淮扬菜应有尽有,呈现出集中西饮食文化之精粹,独具亚洲著名风味的饮食特色,有"饮食天堂"的美誉。

(四)节日习俗

港澳台同胞对传统节日非常重视,与大陆一样,每逢春节、元宵节、清明节、端午节、中秋节、重阳节等节日,祭神、祭祖的仪式十分隆重。受西方文化影响,也注重圣诞节、情人节等西方节日。

1. 祭典活动

台湾人大多信佛教。每年农历三月二十三日为妈祖祭典日,台湾人都要到妈祖庙祭拜。每逢各地神明菩萨诞辰日,常开展以寺庙为中心的祭典活动。

2. 祭祀天后

为祭祀天后建造的妈阁庙,是澳门最古老的庙宇,富有神秘色彩,每年天后诞辰和农历除夕,人们前来祭拜,香火极盛。

3. 讨"利是"

在香港过农历新年,最开心的莫过于收到"利是"的小孩子了,在春节拜年时,到处可以听到讨"利是"的欢笑声。"利是"原为"利事",即红包,取其大吉大利、好运连连之意,是春节时亲人之间不可缺少的习俗。

三、港澳台地区禁忌

港澳台同胞忌说不吉利的话,喜欢讨口彩。例如:香港人过年过节习惯讲"恭喜发财""新年愉快""节日愉快",而不愿说"新年快乐""节日快乐",因"快乐"与"快落"谐音;不要安排港澳台同胞住"324"房间,因其广东话发音与"生意死"谐音,被视为不吉利。港澳台同胞喜"8"厌"4",避用"4"作标志。礼物不能送"4"件(种、样),若非说"4"不可时,用"两双"或"两个二"代替,人们便乐意接受了。接受称赞应礼貌地加以否定,不可说"谢谢"。接受礼品要致谢,忌当面打开。探视病人的礼品忌红或白色包装,因白色为丧色,红色象征流血。忌蓝色,表哀悼。因港澳台同胞长期受欧美影响,也忌"13"和"星期五"。台湾有"送巾断根""送扇勿相见"的禁忌。按民俗,办完丧事,送手巾给吊丧者留念,其义是让吊丧者与死者断绝往来,故平时忌将手巾赠人。因闽南话"伞"与"散"谐音故不应送伞。台湾还有丧家既不蒸甜果,也不包粽子之忌,倘以甜果或粽子送人,即把对方视作丧家,为不祥。吃饭忌把筷子插在饭碗中央,忌用筷敲碗。忌拔白头发,认为愈拔愈多。忌拔脚毛,认为拔了会见到鬼。忌夜晚洗、烫头发,认为洗了会中风。

本 章 小 结

本章重点讲授了中国的传统节日及习俗,强调理解中国部分少数民族的习俗和禁忌,使学生对中国的节日礼仪及禁忌的认知更加深入。

思考与练习

一、选择题

1. 清明节是每年的（　　），又叫踏青节、三月节、祭祖节、扫墓节、扫坟节、植树节、鬼节等。
   A. 4月4日　　　B. 4月5日　　　C. 4月6日　　　D. 4月3日

2. 端午节是我国二千多年的习俗，每到这一天，家家户户都悬钟馗像、挂艾叶菖蒲、赛龙舟、吃粽子、（　　）、游百病、佩香囊、备牲醴。
   A. 登高山　　　B. 赏花灯　　　C. 饮雄黄酒　　D. 放鞭炮

3. （　　）是中国少数民族中人口最多的一个民族。
   A. 傣族　　　　B. 壮族　　　　C. 蒙古族　　　D. 满族

4. 藏族的丧葬方式主要是（　　）。塔葬仅限于达赖、班禅及少数大活佛；水葬用于夭折的幼童。
   A. 火葬　　　　B. 土葬　　　　C. 天葬　　　　D. 水葬

5. 维吾尔族信仰（　　），喜好清洁，很重视沐浴，几乎每户都在庭院打一口井，并严格保护水源。
   A. 佛教　　　　B. 基督教　　　C. 伊斯兰教　　D. 天主教

6. 素有抢婚习俗的民族是（　　）。
   A. 壮族　　　　B. 傣族　　　　C. 藏族　　　　D. 维吾尔族

7. 蒙古族如果家有产妇或病人，为防止外人进入，会在门口挂（　　）。
   A. 树枝　　　　B. 红布条　　　C. 帽子　　　　D. 白布条

8. 傣族忌讳摸小和尚的（　　）。
   A. 头　　　　　B. 手　　　　　C. 脸　　　　　D. 脚

9. 维吾尔族以米、面为主食，常见的面食叫作（　　）。
   A. 饼　　　　　B. 面条　　　　C. 馕　　　　　D. 饽饽

10. 九月初九重阳节又称登高节和（　　）。
    A. 菊花节　　　B. 茱萸节　　　C. 老人节　　　D. 双九节

二、判断题

1. 清明节又称寒食节。　　　　　　　　　　　　　　　　　　　　　　　　（　　）
2. 七夕节民间有向织女乞巧的习俗。不但祈求心灵手巧，还祈求得到财富、早日有美满甜蜜的婚姻和得子。　　　　　　　　　　　　　　　　　　　　　　　（　　）
3. 中秋祭月在我国是一种十分古老的习俗。这种风俗在古代仅为宫廷及上层贵族所奉行，未影响到民间。　　　　　　　　　　　　　　　　　　　　　　　（　　）
4. 壮族青年结婚，忌怀孕妇女参加，怀孕妇女尤其不能看新娘。特别是怀孕妇女不能进入产妇家。家有产妇，要在门上悬挂一顶帽子或插一把斧头，以示禁忌。（　　）
5. 蒙古族人民热情好客，待人诚恳，有客人来时，蒙古族人以右手放在胸部微微鞠躬，右手指门，请客人先进，去蒙古族人家做客时，送的礼品每类都要成双成对，送接礼品、

茶酒都要用双手，不应用单手，更不能用左手。　　　　　　　　　（　　）
 6. 维吾尔族穆斯林实行火葬。　　　　　　　　　　　　　　　　（　　）
 7. 蒙古族用白食待客是最高礼遇。　　　　　　　　　　　　　　（　　）
 8. 台湾人大多数信奉基督教。　　　　　　　　　　　　　　　　（　　）
 9. 泼水节又名浴佛节，起源于印度，是我国傣族的民族节日。　　（　　）
 10. 彝族人民喜食酸、辣，喜食蛙蛇之肉。　　　　　　　　　　（　　）

三、简答题

1. 简介除夕的习俗。
2. 简介七夕节的由来。
3. 简介壮族的民族概况。
4. 简介蒙古族的禁忌。
5. 简介港澳台地区的节日习俗。

四、案例分析

申遗风波

  2005年11月，由韩国申报的"江陵端午祭"于巴黎时间24日被联合国教科文组织正式确定为"人类传说及无形遗产著作"。据介绍，韩国在申报"端午祭"的文本中，第一句话是"端午节原本是中国的节日，传到韩国已经有1500多年了"。
  中国人过了两千多年的端午节竟然成为韩国的文化遗产，这对于每一个中国人来说，其滋味是可想而知的。

 请分析：

1. 此事件说明了什么问题？
2. 端午节对中华民族有哪些重要意义？

第八章

外国礼俗

学习目标

掌握主要客源国有哪些，掌握其礼仪习俗。

内容提示

- 概述
- 亚洲地区礼俗
- 美洲、大洋洲地区礼俗
- 欧洲地区礼俗
- 非洲地区礼俗

主要概念

客源国

开篇提示

了解主要客源国的礼俗礼仪，可以在与客人的交往中更好地与客人沟通，避免一些礼仪禁忌，减少客人投诉。

世界上2 000多个大大小小的民族分属于200多个国家和地区，有着各种宗教信仰和独特的民族传统、风俗习惯和礼节形式。各国有自己的道德规范，人民都注重礼貌礼节，尽管礼仪、礼节的具体表现形式大不相同，但其共同点都是以尊重别人、礼貌待人为基础的。学习主要客源国家和地区的礼俗，应找出特点，加以概括总结，做到触类旁通。

礼俗特点包括：①宗教信仰对礼俗有很大的影响。虽然国家、民族不同，但是因宗教信仰相同，其习俗、礼节就有许多相近或相同之处。②礼俗与民族和种族有关。同一民族的人虽然生活在不同的国家，但其习俗、礼节相似。③语言对礼俗有很大影响。使用同一种语种或语言的人，其习俗、礼节类似或相同。④礼俗有同化现象。不同民族混合居住地区人们的习俗、礼节互相仿效、融合，逐渐同化。

第一节　亚洲地区礼俗

亚洲地区的主要客源国有日本、韩国、印度、泰国、新加坡、菲律宾、印度尼西亚等。亚洲国家之间历来交往频繁，关系密切，相互影响较大，许多国家民族的文化风俗、礼节、礼仪有相近之处。

一、日本

（一）概况

日本国名意为"日出之国""太阳升起的地方"。日本位于亚洲东北部，是一个群岛国，也是世界人口密度较大的国家之一。日本人主要信奉佛教、神道教，少数信仰基督教新教天主教，有许多人兼信两种以上宗教。日语为国语，部分中老年人懂汉语，大部分商人会英语。首都东京，全国主要城市有横滨、名古屋、京都、神户、北九洲等。国歌《君之代》，国花为樱花，国鸟绿雉。货币为日元。日本是工业高度发达的国家，工业生产能力和国民生产总值均居世界前列，故有"造船王国""贸易之国""钢铁王国""樱花之国"等美称。日本与我国隔海相望，是一衣带水的友好邻邦。两国人民友好往来的历史源远流长，日本至今还保留着浓厚的我国唐代礼仪和风格。目前是我国的重要贸易伙伴。

（二）习俗

1. 礼貌礼节

日本人总的特点是勤劳、遵时守信、生活节奏快、工作效率高、民族自尊心强、集体荣誉感强，既现代又保持着浓郁的传统文化，以极重礼节和礼仪教育闻名于世。

（1）见面问候。"鞠躬成自然，见面递名片"，说的是日本人见面多以鞠躬致意。初次见面，行鞠躬礼后应自我介绍或互赠名片。一般不握手，妇女（尤其是乡村妇女）只鞠躬不握手，故交老友相见则主动握手或拥抱。行礼时善用"您好""拜托了""初次见面，请多多关照"等礼貌用语问候对方。

（2）礼貌语言。日本等级观念强，尊卑长幼的界限分明，对长者、上级、客人用敬语，对平辈、平级用简语。交谈中常用谦语，贬己抬人。特别是妇女，总是语气柔和、面带微笑、躬身相待，对男子极为尊重。对年长者、上级、老师、医生或有特殊才能的人尊称"先生"。日本人姓前名后，姓名字数不固定，四字最为多见，书写时，姓和名中间空格。可在姓后加"君"字，尊称"某某君"，正式场合才使用全名。妇女婚前姓父姓，婚后改夫姓，可尊称"小姐"或"夫人"。

（3）待人谦恭。日本人注重礼尚往来，拜访时喜带礼品送主人以表敬意、谢意，一般送奇数和不太贵重之礼。待客或较正式场合，用双手接递以示礼貌。主人不习惯以烟待客

（独自吸烟不敬让），客人想吸烟应征得主人同意。宴请时，桌上总要摆一碗清水，并在客人面前摆一块白纱布，主人先在清水中刷杯，再将杯口朝下在白纱布上按净水珠，然后斟酒并双手敬客，目视其干杯。客人以同样的方式向主人敬酒。传统礼俗认为，客人把杯放桌上接受斟酒或让客人自斟很失礼。主人（或侍者）斟酒，要右手执壶，左手托壶底，壶嘴不能碰杯口；客人以右手拿杯，左手托杯底接受斟酒为敬。对首杯酒，客人以接受为礼，第二杯则可谢绝，客人善饮，主人会很高兴并鼓励多喝，但不陪酒；千万别倒扣酒杯，等大家喝完酒后一齐倒扣以示谢意。

日本人的信条是"不给别人添麻烦"，在交际场合，忌高声谈笑，不论自己是否开心，在外人面前，大都满脸笑容，认为这是做人的一种礼貌。日本人十分重视清洁，还有请人一起去浴室洗澡的习惯。

2. 服饰

日本人十分介意衣着打扮，衣着一般大方整洁。社交场合（商务交往、政务活动等）大多着西式服装，节庆或正式场合为显重视和隆重，一般穿礼服（西装、和服）。

和服是大和民族的一种传统服装，特点是领口大，袖子宽短，腰身广阔。穿和服时，脚穿木屐或草屐，配以布袜，腰系彩带，腰后加一个小软托。穿上和服再撑着伞，唯有如此才能产生一种特殊的和谐美。过去，在等级森严的日本，和服的款式、面料、色彩、图案乃至着装方法，无一不与着装者的地位、身份相关。随着社会的进步，穿和服主要讲究得体大方。

与日本人打交道，不要随便着装，不光脚，不穿背心、短裤，日本人认为衣着不整齐，意味着没教养，不尊重交往对象；到日本人家中做客，进门要脱大衣（风衣）和鞋子，未经主人许可不乱放乱挂外衣；参加庆典或仪式时，不论多热，都要穿套装或套裙，单穿衬衫、短袖衫或将长袖卷起，均被视为失礼。

3. 饮食

日本人用餐时，要摆上一张矮桌，男子盘腿席地而坐，女子跪坐而食。饮食习惯别具一格，日常饮食有三种料理，有时是混合选用这些料理。

（1）日本料理（和食）。和食自成一体，主要特色为"五味""五色"与"五法"。五味是指在不同季节，饮食口味应有不同的侧重，讲究春苦、夏酸、秋滋、冬甜，加上日本人喜欢的涩味。五色是指和食注重外形，讲究色彩搭配，不同季节的要求是绿春、朱夏、白秋、玄冬，以及黄色的广泛运用。五法是指和食的烹饪方法主要有蒸、烧、煮、炸、生五种。和食以大米为主，多用海鲜、蔬菜，讲究清淡与味鲜，忌油腻，注重质精量小、营养丰富。日本人爱吃面酱和酱菜、紫菜、酸梅等，爱吃牛肉、鸡蛋、清水大蟹、海带、精猪肉和豆腐等，爱吃鲜中带甜的菜。典型和食有寿司、日本面条、天妇罗、石板烧、煮物、蒸物等，还有饭团与便当（盒饭），尤以生食鱼片最为著名。吃生鱼片时配辣根解腥杀菌，吃凉菜时喜欢撒少许芝麻、紫菜末、生姜丝等起调味、点缀作用。逢年过节喜吃寿司、四喜饭、红薯饭、红豆饭等以示吉祥。

（2）中华料理（中餐）。日本人偏爱我国的京、沪、粤菜和不太辣的川菜，对绍兴酒、茅台酒极感兴趣，爱饮绿茶、红茶、香片花茶，水果偏爱瓜类（西瓜、哈密瓜）。

（3）西洋料理。从欧洲传入，早餐吃面包、喝牛奶，喜欢英国的威士忌、法国的白兰地等。

（4）饮酒喝茶。日本人非常爱喝酒，喜爱西洋酒、中国酒、日本清酒，斟酒讲究满杯。日本人普遍爱饮茶，久而久之，形成了讲究"和、敬、清、寂"四规的茶道。茶道具有参禅的意味，重在陶冶情趣，环境要求幽雅自然，还有一整套点茶、泡茶、献茶、饮茶的具体方法。种茶、饮茶的风俗也是从中国传入的，茶道实际上是中日两国文化交流的结果。

4. 节庆

（1）元旦（1月1日）。除夕前大扫除，人人要洗澡。全家团聚吃过年面，半夜听钟声"守岁"。子夜，各寺庙钟声齐鸣，响108下，据说可消除108个魔鬼。元旦早晨全家欢聚一堂，先幼后长，依次饮屠苏酒，以去灾保健，然后吃年糕汤，下午全家出动去亲友家拜年。新年期间，常以龙虾做装饰品，认为龙虾长须、弯腰驼背像老人，象征健康长寿。

（2）成人节（1月15日）。日本法律规定，年满20周岁为成年。女子成人节都穿民族服装——和服。

（3）雏祭（3月3日）。女孩的节日，家有女孩要陈设穿着民族服装的女娃娃。

（4）樱花节（3月15日至4月15日）。各地樱花盛开，人们纷纷游园赏花，饮酒跳舞，迎接春天。

（5）春分（3月20日左右）。旧称"春季皇灵祭"，是天皇祭祖之日，老百姓做团子或糯米饭团祭祖或扫墓。秋分是9月24日，称"秋季皇灵祭"。

（6）宪法纪念日（5月3日）。纪念1947年5月3日宪法生效。

（7）儿童节（5月5日）。旧称端午节，现为男孩的节日，有男孩的家庭在屋顶悬挂布制大鲤鱼（鲤帜），大男孩挂大的，小男孩挂小的；门上挂菖蒲叶，屋内挂钟馗驱鬼图，各家吃糕团或粽子。

（8）七夕（7月7日）。用各色纸做船、马、鹤等挂在带叶竹枝上，意在祝书法、裁缝等工艺进步。

（9）敬老节（9月15日）。各市、町、村纷纷集会庆祝，并向高龄人赠送纪念品。

5. 特殊习俗

插花艺术在日本叫"花道"，是流行全国的习俗之一。男女都爱插花，特别是姑娘们，出嫁前都学插花，插得精妙是一种光荣。现已不局限于家庭装饰，应用到展览会、橱窗陈列、舞台装饰等方面，材料由有生命的草木扩展到铁、石膏、玻璃、塑料等，尽展插花艺术，增添生活乐趣。日本还喜好柔道，这是传统的以健身养神为旨的攻防武术。喜好书法，称书法为"书道"，亦视为修身养性的艺术。

（三）禁忌

日本人非常反感荷花及其图案，认为是"妖花"，仅用于丧葬，忌赠送和摆设。不送菊花（皇宫的标志）、山茶花、仙客来花、白色的花和淡黄色的花，探望病人不送盆花和带泥土的花。不送梳子、圆珠笔、T恤衫、火柴、广告帽等小礼物。包装礼品时，不扎蝴蝶结。送礼忌"9"，会被误认为你把他看作强盗。

极为反感金银眼的猫和狐狸，认为是"晦气""贪婪""狡诈"的化身。讨厌绿色和紫色，都具有不祥与悲伤的意味。"4"的发音与"死"相似，"9"的发音则与"苦"相近，均被视为不吉利。忌三人合影，谁都不愿站中间，他们认定被人夹着是不祥的预兆。日本人不乐意别人敬烟，也不给别人敬烟。不能倒贴邮票，因为这是表示绝交。用右手的拇指与食指合成一个圆圈时，不表示"OK"，而是表示"钱"。

日本人不吃肥猪肉和猪内脏，不喜欢吃羊肉和鸭肉。宴客忌盛饭过满，不许一勺盛一碗饭。客人不能仅吃一碗饭，哪怕是象征性的，也要添一次饭，否则被视为宾主无缘。有"忌八筷"习俗，即日本人在进餐用筷时，有八忌：①舔筷；②迷筷，手拿筷子，拿不定吃什么，在餐桌上四处寻游；③移筷，动一个菜后又动另一个菜，不吃饭光吃菜；④扭筷，扭转筷子，用舌头舔上面饭粒；⑤插筷，将筷子插在饭上；⑥掏筷，将菜从中间掏开，扒弄着吃；⑦跨筷，把筷子骑在碗、碟上面；⑧剔筷，将筷子当牙签剔牙。

同时信奉大乘佛教人有"过午不食"的教规。

二、韩国

（一）概况

韩国位于亚洲东北部朝鲜半岛南部，东、南、西三面环海，与我国山东半岛隔海相望，主体民族为朝鲜族，通用韩语。首都首尔有众多宫殿，被称为"皇宫之城"。全国主要城市有釜山、仁川等。国歌是《爱国歌》，国花是木槿花，国树是松树，国鸟是喜鹊，国兽是虎。货币是韩元。韩国是一个较为发达的资本主义国家，是APEC、世界贸易组织和东亚峰会的创始成员国，也是经合组织、二十国集团和联合国等重要国际组织的成员。自韩国正式与我国建交，来华旅游和贸易的人数猛增。

（二）习俗

1. 礼貌礼节

韩国人勤劳勇敢、民族自尊心强、组织纪律性强、群体意识强，经济较发达，生活较富裕，优越感较强。

韩国有"礼仪之邦"的美称，韩国人十分讲究礼貌，能歌善舞，热情好客。晚辈见长者、下级对上级的规矩很严格，握手时左手应轻置于对方右手腕处，躬身相握以示恭敬。与长辈同坐，要挺胸端坐。男女同坐时，男子位于上座，女子则下座，多人相聚时，根据身份高低和年龄大小依次排定座位。妇女尤重礼貌，发出笑声时用手帕捂住嘴，以免失礼。对男子十分尊重，见面时女子先向男子鞠躬致意。若想抽烟，须征得在场长辈同意。韩国人受西方生活方式的影响，养成了互相通报姓氏的习惯，并与"先生"等敬称联用，乐于交换名片。韩国人不轻易流露自己的感情。在公共场所不大声讲话，颇为稳重有礼。不喜欢说"不"，有时用后仰头并从牙缝中有声响地吸气来表否定的答复；即使说"是"，并不意味同意，其意可能是"我听见了，我懂了"。

在韩国，长辈对晚辈可以称呼对方的名字，可不带其姓，在社交活动中，相互间可称对方为"先生""夫人""太太""女士""小姐"等；对有身份的人可称对方为"先生""阁下"等，也可加上职衔、学衔、军衔等，如"总统先生""总统阁下"，韩国丈夫介绍自己的妻子时会说"我夫人"或"我太太"。关系亲密的朋友之间，往往在对方名字之后加上"兄弟""姐姐""妹妹"等称谓如"鸿哲兄弟""世宪兄弟""在赫兄弟""美延姐姐""美延妹妹"等。对男性也可称"君"，但往往同其姓名连称，如"郑溶君""尹鸿哲君""赵承远君"

"辛成列君""金相镇君"等。对不相识的男性年长者可以称"大叔""大伯",对不相识的女性年长者可以称为"大婶""大娘"。

2. 服饰

韩服是韩国的传统服装,优雅且有品位,近代被洋服替代,只有在节日和有特殊意义的日子里穿。女性的传统服装是短上衣和宽长的裙子,看上去很优雅;男性以裤子、短上衣、背心、马甲显出独特的品位。韩服以白色为基本色,根据季节、身份的不同,材料和色彩都有所不同。在结婚等特别的仪式中,一般平民也穿戴华丽的衣裳和首饰。增加实用性的生活韩服很受欢迎。

历史上,韩服是朝鲜半岛居民的普及服装,不过如今却很难在大街上看到了。韩国人之所以平时不穿韩服,是因为现代社会节奏快,传统韩服穿起来相对复杂,活动也不太方便。不过,这样反而提高了韩服的档次,使之成为重要节庆活动的礼服。在韩国人心中,正式场合穿韩服已经上升为一种规范,如果有晚辈违反,长辈便不会接受他们的"请安"。过年过节,上街不穿韩服还会被陌生人指为"粗鲁、没有礼貌"。也正因为如此,不管韩国人身处何方,韩服在他们心目中都具有特殊的象征意义。

3. 饮食

韩国饮食的主要特点是高蛋白、多蔬菜、喜清淡、忌油腻,味道以凉辣为主。韩国人自古以来以米饭为主食。菜肴以炖煮和烤制为主,基本上不做炒菜。韩国人喜欢吃面条、牛肉、鸡肉和狗肉,不喜欢吃馒头、羊肉和鸭肉。韩国人普遍爱吃凉拌菜。凉拌菜是把蔬菜直接切好或用开水焯过后,加上佐料拌成的。韩国人喜欢的菜肴还有生拌鱼肉、鱼虾酱等。生拌鱼肉是把生肉、生鱼等切成片,加上佐料和切成丝的萝卜、梨等,再浇上加醋的酱或辣酱拌成。泡菜、烧烤、高丽参是韩国饮食的三大代表。

汤也是用餐时必不可少的部分,通常用蔬菜、肉类、大酱、咸盐、味素等各种原料烹调而成。

韩国人爱吃辣椒,家常菜里几乎全放辣椒。韩国人有一日四餐的饮食习惯,分别安排在早上、中午、傍晚、夜晚。韩国人就餐用勺和筷子。每个人都有自己的饭碗和汤碗,其他所有的菜则摆在饭桌中间供大家享用。韩国人使用的饭碗也很有讲究,分男用、女用和儿童用。韩国人注意节俭,无论是自己食用还是招待客人,都尽可能把饭菜吃光用净。

4. 节庆

韩国的农历节日与我国近似,也有春节、清明节、端午节和中秋节。

(1)佛诞日。这一天,穿着鲜艳的人群手提灯笼游行,观灯看庙会以示庆祝。

(2)江陵端午祭。主要以祭祀为主,还包括酿酒、请神、迎神等活动。

(3)洗头节。每逢节日,男女老少都到河边洗头,如离河流较远,便携干粮前去,晚上,在家举行洗头宴,高唱洗头歌。

(三)禁忌

对韩国人珍爱的白色、崇拜的熊和虎、喜爱的木槿花(松树、喜鹊)不要妄加非议或不恭不敬。需要对其国家进行称呼时,不要将其称为"南朝鲜""南韩"或"朝鲜人",而宜称"韩国""韩国人"。不谈论政治腐败、经济危机、意识形态、南北分裂、韩美关系、韩日关系等。

韩国人自尊心很强，反对崇洋媚外，倡导使用国货。穿一身外国名牌的人，会被人看不起。馈赠礼品宜选择鲜花、酒类、工艺品，但不能是日本出产的。接受礼品大都不习惯当场打开包装。

韩国人十分厌恶"4"（发音与"死"相似），许多楼房编号严禁"4"字，医院绝没有4号病房、4号床，各地旅馆不称第4层，喝酒绝不肯喝4杯。主人总是以1、3、5、7之数敬酒、敬茶、布菜，并力避以双数停杯罢盏。不说"私""师""事"等字。受西方习俗影响，有不少人不喜欢"13"这个数字。

过节忌说不吉利的话，更不能生气，吵架。正月头三天不杀生，不能扫地倒垃圾。寒衣节忌生火。生肖相克者忌婚配。进入房间，女子不走男子前面，须帮男子脱下外套。女子不在男子面前高声谈笑，不从男子身前通过。

三、新加坡

（一）概况

新加坡共和国，简称新加坡，旧称新嘉坡、星洲或星岛，别称为狮城，是东南亚的一个岛国。新加坡北隔柔佛海峡与马来西亚为邻，南隔新加坡海峡与印度尼西亚相望，毗邻马六甲海峡南口。

新加坡是一个较为发达的资本主义国家，根据2018年的全球金融中心指数（GFCI）排名报告，新加坡是继纽约、伦敦、香港之后的第四大国际金融中心，也是亚洲重要的服务和航运中心之一。新加坡是东南亚国家联盟（ASEAN）成员国之一，也是世界贸易组织（WTO）、英联邦以及亚洲太平洋经济合作组织（APEC）成员经济体之一。

新加坡位于马来半岛南端，因岛的形状像狮子而命名；"新加坡"一词来自梵文，是"狮子城"之意。官方语言有英语、马来语、华语和泰米尔语。首都为新加坡市，是东南亚重要的商业城市及国际金融、交通中心之一。国歌为《前进吧，新加坡！》，国花为卓锦·万代兰（胡姬花）。货币是新加坡元。新加坡境内自然资源缺乏，经济以转口贸易、加工出口、航运、金融为主。新加坡是一座闻名世界的模范城市，风景优美，气候宜人，市内除马路和人行道外都被绿化，其园林化程度在世界上首屈一指，有"花园城市"的美誉。新加坡的旅游业十分发达，每年接待的外国旅游者超过本国总人口。

（二）习俗

1. 礼貌礼节

新加坡政府采用"法"和"罚"增强人们的社会公德意识。新加坡人极重视文明礼貌和遵守社会公德，有"礼貌之道重于行"的准则，其处世信条是"真诚微笑，处世之道""人人讲礼貌，生活更美好"。各行各业服务质量很高，即使交警对违章人罚款，也微笑执法。城乡的宣传画和宣传性书册，总要印上笑脸图像或礼貌口号。

由于新加坡政府注重保护各民族的传统，因此新加坡的礼仪与习俗也呈现出多元化的特点。例如，在社交活动中，华人往往习惯于拱手作揖或者行鞠躬礼，男女之间可以握手，但对男子来说，比较恰当的方式是等妇女先伸出手来，再行握手。而马来人则大多采用其民族传统的"摸手礼"，即互相摩擦一下对方的手心，然后双掌合十，摸一下心窝互致问候。

2. 服饰

新加坡人在国家庆典和一些隆重的场合常穿以胡姬花作图案的国服；对外交往中大多穿深色西服或套裙。政务活动和商务交往中着装讲究郑重其事，男子穿白色长袖衬衫和深色西裤、打领带，女子则穿套装或深色长裙。日常生活中，不同民族的人着装打扮各具民族特色，华人着装多为长衫、长裤、连衣裙和旗袍；马来人爱穿"巴汝"、纱笼；锡克人男子缠头，女子身披纱丽。公共场所，着装过分随便者（穿牛仔装、运动装、沙滩装、低胸装、露背装）不受欢迎。

3. 饮食

新加坡人多为华人，祖籍多为广东、福建、海南和上海等地，饮食习惯上与中国人大同小异，最佳选择是中国的粤菜、闽菜、上海菜。口味清淡，偏爱甜味，讲究营养，爱吃米饭和生猛海鲜，不太喜欢面食。爱吃桃、荔枝、生梨等水果。知识分子则多为西餐。新加坡人（特别是华裔）喜欢饮茶。客人到来会以茶相待；春节来临，在清茶中加入橄榄后饮用，称为"元宝茶"；认为喝这种茶可令人"财运亨通"。常饮中草药泡制的补酒，如鹿茸酒、人参酒等。

4. 节庆

新加坡多华裔，节庆习俗多与我国相似，保留了中国传统的喜庆方式。

（1）春节。除夕夜，孩子们有守岁的习惯，长辈给孩子压岁钱；大人放鞭炮，祭神祭祖；新年期间，爱吃炸糯米糕，男女老幼着盛装，带上礼品走亲访友。

（2）元宵节。有迎神、看戏、赶庙会、赏灯等活动，热闹非凡。

（3）端午节。家家户户吃粽子，有的还参加赛龙舟活动。

（4）食品节。节日来临时，食品店供应各种精美食品，各家购买食品，合家团聚或邀亲朋共聚，以示庆贺。

（三）禁忌

新加坡人对祝颂语"恭喜发财"极其反感，认为含有教唆别人去发不义之财、损人利己的意思。新加坡华人"乡土观念"极强，用"家乡话"对话会受到欢迎。交谈中应使用谦语和敬语，不能口吐脏字，最好不涉及新加坡国内的政治、宗教、民族问题及与邻国的关系等问题。

新加坡人对"4"和"7"没有好感，最好用他们看来吉祥的数字，"3"表示"升"，"6"表示"顺"，"8"表示"发"，"9"表示"久"。商业活动中，宗教词句和如来佛的图像也被禁用。新加坡人对蓬头垢面、衣冠不整、留胡须的人极为反感。

四、泰国

（一）概况

泰国位于中南半岛中部，全国共有30多个民族，泰族为主要民族，其余为佬族、华族、马来族、高棉族，以及苗、瑶、桂、汶、克伦、掸、塞芒、沙盖等山地民族。泰语为国语。

90%以上的民众信仰佛教，马来族信奉伊斯兰教，还有少数民众信仰基督教、印度教和锡克教。首都曼谷是一座美丽的热带城市，有"东方威尼斯"之称。全国主要城市有清迈、清莱、普吉、芭提雅等。国歌为《泰王国歌》，国花为睡莲，国树为桂树。货币为泰铢。因为泰国盛产大象，其中白象尤为珍贵，所以被视为国宝，敬之如神，有"白象国"之称。

（二）习俗

1. 礼貌礼节

泰国礼仪在佛教影响为主的基础上，融合了伊斯兰教和中国儒家的礼仪形式，注重人际关系，佛教为泰国人塑造了道德标准，使之形成了崇尚忍让、安宁和爱好和平的精神风范，因此也使泰国成了举世皆知的礼仪之邦。泰国人待人接物有许多约定俗成的规矩：见面施合十礼，配以问候语："撒瓦迪"（您好），要求合掌时指尖朝上、头稍低，手举得越高（胸前至额区）表示越尊敬。朋友相见施合十礼以示问候，受礼者须同样还礼，地位低者或年轻人应主动向地位高者或年长者致合十礼，最好双手举到前额，还礼人手可以不高于前胸。

特定场合或特殊情况下，如平民、贵官甚至总理在拜见国王及其近亲时，须行跪拜礼。若儿子出家为僧，父母与其相见也行跪拜礼。国王拜见高僧时也得下跪。无论是上层人物还是平民百姓，遇僧人须行礼，僧人却概不答礼（对国王也不例外），若答礼则视为犯法。

交际场合习惯以"小姐""先生"相称。较为特殊的是在称呼对方姓名时，为表友善和亲近，不称呼其姓，而是称呼其名，如称呼"庞光华"，不会称"庞先生"而是称"光华先生"；称"王姿木"为"姿木小姐"，不称"王小姐"。

有长辈在座，晚辈只能坐在地上或蹲跪，以免高于长辈头部，否则被视为大不敬；别人坐着时，不可使物品越过其头顶；从坐着的人前走过时，要略躬身以示礼貌。给长者递物时须用双手以表尊敬；给一般人递物用右手，如不得已需用左手时要说声："请原谅，左手。"更不能把东西扔给别人。

深受佛教影响的泰国人颇有涵养，一贯讲究"温良恭俭让"，与人打交道时，总喜欢面带微笑，交谈时总是细声低语；在泰国人看来，与人交往时面无表情、愁眉不展，高声喧哗、大喊大叫，都是失敬于人的。

2. 服饰

泰国各民族都有传统服饰，泰国人在正式场合穿本民族的传统服饰，并以此为荣。服饰喜用鲜艳之色，并用不同的色彩表示不同日期，多数人按日期穿着不同色彩的服装。

因气候炎热，泰国人平时多穿衬衫（尤喜花衬衫）、长裤和裙子，只有赴宴、商务交往时才穿深色的套装或套裙。男女青年均爱佩戴项链、戒指等首饰。

3. 饮食

泰国人素以大米为主食，其大米因味香、口感好而享有"泰国香米"的盛誉，副食主要是鱼和蔬菜。最喜吃的具有民族风味的"加里饭"是用大米、肉片或鱼片、青菜调以辣酱油做成的。剁生牛肉是泰国人喜爱的美味。他们在做菜、烧汤或煮面食时都调拌鱼露和辣椒，否则觉得口味不正。早餐多数吃西餐，如烤面包、黄油、果酱、咖啡、牛奶、煎鸡蛋等；中、晚餐爱吃中国的广东菜和四川菜，口味特点是辛辣，且越辣越好；不喜欢酱油，不爱吃红烧食物,也不放糖;喜喝啤酒,爱喝白兰地兑苏打水;喝咖啡、红茶时,配以小蛋糕和干点心;饭后有吃苹果、鸭梨的习惯,但不吃香蕉;最爱吃槟榔和榴梿。喜喝加入冰块的冻茶。不喝开水,而直接喝冷水,喝果汁时有加入少许盐末的偏好。

4. 节庆

(1) 元旦。元旦时全国各地都要举行庆祝会,以首都曼谷最为隆重和热烈,新年彩票在这天开彩发行,这样的场面要持续八九天才结束。

(2) 宋干节。宋干节是泰国传统的佛历新年。"宋干"在泰语中是"求雨"之意,因内容与缅甸泼水节相似,故又称"泼水节"。节日清晨,善男信女提着食物、鲜花和蜡烛到寺庙去祈祷,僧侣们用桃枝把浸着花瓣的香水洒到人们头上,再把佛像搬到院中,用香水淋洒佛像,即"浴佛"盛典。浴佛后人们开始泼水互致祝福,热闹异常。这些活动均表涤除邪恶、祈求吉祥之意。

(3) 水灯节。水灯节是泰国感谢河神、祈求神佑的传统节日,也是喜庆丰收、青年男女追求爱情的欢乐日子。夜晚,曼谷的大小河面上,一盏盏色彩绚丽的水灯连成一片,顺流飘浮,与粼粼波光交相辉映,构成一幅欢乐、迷人的夜景。

(4) 春耕礼。春耕节是由国王亲自主持的宫廷大典,其目的是祈求诸神保佑风调雨顺,获得丰收。

(三) 禁忌

泰国宪法规定,国王神圣不可侵犯,任何人不得对其进行指责、控告,在泰国,泰王深受人们的爱戴和尊敬,对泰王和王室的其他成员,绝不允许任意评说,正式集会须率先演奏赞美国王的颂歌。对"逞罗"这一旧称,泰国人普遍不感兴趣。在泰国,军人的地位很高并深受尊重,不要非议军人。

佛教对泰国人有着重要影响。例如:历法采用的是佛历;和尚具有无比崇高的地位;男子年满20岁后,都要出家一次,当3个月(最短为3天)的僧侣(国王也不例外),否则会被人看不起,也不能取得成人地位;几乎所有的泰国人脖子上都有一件据称可令其趋吉避邪的佛饰。千万不要非议佛教,要尊重佛祖和佛门弟子,要遵守佛规。佛像是神圣的,未经允许不准拍照;买佛饰忌用"购买"类词语,须用"求租"或"敬请"以表虔诚。进入佛寺前要脱鞋;向僧人赠送现金,被视为一种侮辱。

泰国人"重头轻脚",认为头颅是智慧、灵魂之所在,尊贵、神圣不可侵犯,绝不能触摸头部(认为摸孩子的头,小孩定会生病),也不能拍打对方的肩、背。因日落西方象征死亡,睡觉忌"头朝西、脚向东"(停尸才头朝西)。泰国人认为脚除了走路外别无所长,是低下的,忌把脚伸到别人面前,不把物品踢给别人,不踢门;站与坐时都不要让鞋底露出来,更不能让鞋底朝向对方;席地而坐时,不准盘足或双腿分开。

泰国人认为"左手不洁",忌用左手取用食物、递接物,忌挥左手致意,忌以手指指点点;现代泰国人用餐时,已有人开始用叉、勺,左手持叉、右手拿勺。

泰国人参加聚会的人数有讲究,官方活动,参加者为双数;私人活动,参加者为单数。民间活动,请9人参加最好,"9"的发音与"兴旺""发达"相似,是吉祥之音。

在公共场合和参观王宫、佛寺时,禁止穿背心、短裤、超短裙。应邀作客,应脱鞋于门口(上楼忌穿鞋),客人忌坐在男主人的固定座位上;妇女就座时双腿要并拢,否则视为没教养。忌褐色，忌用红笔签字或刻字；不喜欢与"伤心"谐音的茉莉花，并忌家庭种植；忌狗的图案。

五、菲律宾

（一）概况

菲律宾位于亚洲东南部的菲律宾群岛上，是东南亚一个多民族群岛国家，其中马来族人口居多。少数民族及外来后裔有印尼人、华人、印度人、阿拉伯人、西班牙人和美国人。居民大多数信奉天主教，被称为"亚洲唯一天主教之国"。居住在棉兰老岛和苏禄群岛的少数民族信奉伊斯兰教，土著民族多信原始宗教，华人多信佛教。塔加洛语为国语，英语为通用语，如政府文告、议会辩论和主要报刊均使用英语。首都马尼拉是一个美丽的海滨城市，其优美的风光在世界上久负盛名，尤其是马尼拉落日，更富有一种东方世界诗情画意的恬静景色。首都马尼拉是重要商港，也是亚洲重要的国际贸易与旅游中心。全国主要城市有奎松城、宿务、达沃、伊洛、避暑胜地碧瑶（菲律宾夏都）。国歌为《菲律宾民族进行曲》，国花为茉莉花，国树为纳拉树，国鸟为菲律宾鹰，国石为珍珠。货币为比索。菲律宾主要分吕宋、米沙鄢和棉兰老岛三大岛群，共有大小岛屿7 000多个，多良港、海峡和珊瑚礁，有"东方明珠"之称。菲律宾土地富饶，林木葱茏，百花妍丽，素有"花园岛"之称。

（二）习俗

1. 礼节礼貌

菲律宾人在礼貌礼节和生活习俗上受西方国家的影响很大。见面时均行握手礼，与熟人和亲友相见时较随便，男人之间相逢常以拍肩示礼。十分尊重妇女和老人，长辈在场，双脚不能分开或交叉跷起；有女子在座，男子更须稳重规矩；与长辈相见，吻其手背以示敬重，姑娘以吻长辈的两颊为礼；说话前要把头巾摘下放肩上，深深鞠躬并称长辈为"博"（大爷）。伊斯兰教徒用双手施握手礼，户外相见时若没戴帽，须用左手捂头。菲律宾一些原始部落的人，与人握手的方式很独特，握手后转身向后走几步，向对方表明身后没有藏刀，他们认为这才是真诚的、真正的握手。应邀做客时，至少要得到三次邀请才可上门，否则就不要接受邀请。参加宴会，席间要尽量放松，若过于严肃反而会使主人担心。

2. 服饰

菲律宾人在大多数场合都衣着整洁。社会活动时，男子穿白色或花色衬衫、宽松大裤，女子穿西装或衬衫、裙；拜访政府官员或商界人士时宜穿保守式西装；稍正式的宴请，请柬上会注明"必须穿无尾礼服等正装"，没有无尾礼服，则可穿当地的正装，即芭蕉纤维织成的"巴隆塔卡乐"裤和衬衫。

3. 饮食

因受地理条件和西班牙人影响较大，多数人以大米为主食，少数人以玉米为主食，许多地方的人将米放在竹筒里煮，用手抓食；副食有肉类、海鲜、蔬菜等。果品以香蕉、菠萝、樱桃、阳桃、杧果、木瓜为最爱。口味清淡、喜味鲜；多用香辣调味品。代表性名菜有咖啡鸡肉、虾子煮汤、肉类烛蒜、烤乳猪等。男女均喜喝啤酒。喜嚼槟榔，且用来待客。

4. 节庆

（1）元旦。除圣诞节外，元旦是菲律宾人第二个最热切期待的节日。除夕夜，大路上会搭起牌楼，张灯结彩，花团锦簇；群众自组歌舞队在悠扬的乐曲声中翩翩起舞，热闹非凡。家家户户欢聚一堂、庆贺新年、守岁、燃放鞭炮或放焰火至午夜，焰火之后举行午夜聚餐，清晨做弥撒。

（2）复活节。复活节是纪念耶稣复活的节日。虽为基督教节日，但在复活节前一周，到处打烊，人们戒吃羊肉，不参加娱乐活动，大多数人留在家里每天祈祷。

（3）独立节。独立节是菲律宾人民推翻西班牙殖民统治的日子。每逢节日，菲律宾人都在马尼拉黎刹公园举行盛大的游行庆祝活动，纪念菲律宾的独立。

5. 特殊习俗

斗鸡是菲律宾的一种民间娱乐活动，在专设的斗鸡场进行。入场者都可找对手下赌注，两鸡一胜一负，赌注压在负方的要向胜方付款。斗鸡以听哨音为号，两位鸡主人抱着公鸡，用鸡头啄击对方鸡头，以挑起公鸡的斗劲，然后撒开手，两只鸡寻衅似地向对方冲去，当冲啄得各不相让时，便都挺直脖子跳起来，用鸡爪撕抓对方，恶斗最多延续 1 分钟，双方胜负便见分晓。

（三）禁忌

菲律宾人极为厌恶的数字是"13"，认作"凶神"，是厄运和灾难的象征。

菲律宾人认为左手肮脏、下贱，忌递物；忌弯曲一指召唤他人，是极大不敬；忌长时间对视，被认为是向对方挑衅，会引起暴力。交谈时忌提第二次世界大战、该国政治纷争、宗教等话题；不可嘲笑天主教、政治人物或某人家庭；做客时不可窥视主人卧室、厨房，去卫生间应征得主人同意。菲律宾人不爱吃生姜，也不喜欢吃兽类内脏和腥味浓的食物。

六、印度

（一）概况

印度是世界著名的文明古国，因印度河是古代人类文明发祥地之一，以此命名；其梵文名称是"信度"，在波斯语里原意为"海"；别名"孔雀之国"。印度位于南亚次大陆，是南亚面积最大的国家；人口众多，是多民族国家，大部分居民信奉印度教。印地语为国语，英语为官方语言和商业用语，还有乌尔都语、泰鲁固语、孟加拉语、泰米尔语，马拉提语等 10 多种主要语言。首都为新德里。泰姬陵是著名的古迹和旅游胜地。全国主要城市有德里、加尔各答、孟买、马德拉斯。国歌为《人民的意志》，国花为荷花，国树为菩提，国鸟为蓝孔雀，国石为珍珠。货币为卢比。早在 1 000 多年前，欧洲人就把印度看成是一个黄金遍地，出产杧果、香料、宝石、丝绸等贵重物资的国家，有"黄金之国""杧果故乡"等美称。

（二）习俗

1. 礼貌礼节

印度是一个东西方文化共存的国度，极讲究礼节礼貌。印度人认为礼仪可使人消灾避难，获得幸福；故印度教徒一生要经过授胎、生男、分发、命名、出门、初食、剃发、穿耳、拜石板、再生、结婚、葬礼等10多个礼仪形式。

见面时合十致意，双手举到脸前才算标准，口念："纳马斯堆"（梵文原意为"向您点头"，现为问好或祝福），切莫同时点头，那样会破坏亲和的气氛，亦显得不伦不类；有时能用标准的英语向外宾问候"您好"；印度教教徒见面或告别多以合十礼问好祝安；晚辈为表对长辈的尊敬，行合十礼时还弯腰触摸长者的脚，然后再摸一下自己的头，以示头与脚接触（称摸脚礼）；对久别重逢或出远门者，多采用拥抱礼（双方将双手搭在对方肩上，头偏左、胸部相贴一下，头偏右、再贴一下胸部）；印度迎送贵宾时以献花环表热烈欢迎和崇高敬意；花环大小、长度视客人身份而异，献给贵宾的花环粗大，长度过膝。

首次拜访应使用名片；同性行握手礼，异性行合十礼；因家庭妇女忌见陌生男子，女性一般不在公共场合露面，不轻易与外人接触，故关系一般的异性不单独谈话，男子不主动与妇女握手；送夫出远门时，最高礼节是妻子摸丈夫的脚跟或吻脚。

印度人热情好客，任何时候都可串门做客，无论预约与否，主人都欢迎。进门先脱鞋，再双手合十向主人问好，主人答礼后，双方才可交谈。因印度人身份悬殊，有等级制度，极重身份地位。若甲之等级高于乙，严格要求两者不能平起平坐，应注意主宾位次。交谈中应注意其表同意的特殊动作：摇头或将头摆向左边后立即恢复原状，意为"知道了""好的"；用点头则表不同意。

印度人讲卫生，每日沐浴已成生活习惯，喜淋浴，认为用澡盆不洁。有教养的家庭妇女在烹调之后须沐浴，换一件清洁的衣服；虔诚的印度教教徒有早睡早起的习惯，每天早晨沐浴后做祷告，再开始工作。

2. 服饰

城市男子通常穿长裤、衬衫，再加一块披肩，社交场合则在衬衫外穿一个"阿哈根"外套。农村男子最普遍的服装是"陶迪"，是一种长长的宽幅棉布围裤，上身只围一块名为"恰达"的汗布。印度教教徒和伊斯兰教教徒喜欢戴白色船形帽或伊斯兰小帽，而锡克教教徒则在头上包一块名为"塔般"的头巾。印度妇女衣着特点是上衣短而瘦小，小臂和腰部裸露，出门时再披一件色彩艳丽的"纱丽"；也有很多女性穿宽松的束脚裤，上身穿一件圆领中短袖过膝衬衫，天冷时披一块毛织肩巾。男女都有佩戴饰品的习惯，尤其是妇女，会在全身上下戴满各种饰品，头有王冠、金带，脖有项链，鼻有金银饰物，还有耳环、手镯、臂镯、戒指、腰带、脚铃等；额间点颗朱红色的吉祥痣（称"贡姆贡姆"，与纱丽同为印度妇女的特征），原为已婚妇女专用，结婚那天由丈夫用朱砂在妻额上涂饰，表丈夫健在、家庭平安、吉祥；若失去了丈夫、吉祥痣便抹去，再嫁便恢复。现连小女孩也点吉祥痣。

3. 饮食

印度人素食者多，且等级越高荤食者越少，喜分餐进食，习惯用右手抓饭吃；注重菜品酥烂，口味清淡，不喜太咸或太油腻，偏爱辣味，以米饭为主，对饼类感兴趣；副食爱吃鸡、鸭、鱼、虾、蛋、羊肉和蔬菜，视土豆为菜中佳品；印度是香料之国，极重视对香料的运用，主要调料就有十几种，烹制每道菜都离不开它；不爱喝汤，认为无法与无色无味、冰凉爽口的白开水相比；喜吃中国的粤菜、苏菜；饮料为红茶、咖啡、酸奶及凉开水等。因天气炎热，喝水显得特别重要，法律规定无论何人，只要为喝水而闯到任何地方，主人都不得拒绝，故饭店、宾馆或民宅，只要你进去，服务员或主人都会先给你递杯水。

4. 节日

（1）洒红节。十二月，是小麦、豆类和油菜成熟的季节，洒红节就成了喜庆作物丰收的节日。这一天，从清晨开始，不论亲疏陌路，不分男女老幼，一见面便互相浇泼红水，衣衫湿透后仍不肯罢休。亲友们还彼此在额上点吉祥痣。入夜，点起篝火，尽情歌舞，直至东方发白。

（2）蛇节。在孟买以南一个叫雪拉拉的小村庄举行。节日，全村人列队游行，高举彩旗，吹着螺号，敲锣打鼓，然后把蛇放在村中草地上，用牛奶、稻米和鲜花供奉它们，对蛇表虔诚的敬意和爱护。

（3）独立节。1947年6月，英国公布《蒙巴顿方案》，实行印度和巴基斯坦分治。同年8月15日，印度实现独立。

（4）十胜节。十胜节是印度教三大节日之一，是欢庆罗摩战胜十首魔王罗婆那的节日。罗摩是十车王的大儿子，为了立储的缘故，甘愿到森林中去流放14年，其妻悉多自愿同往，与他同甘共苦。不料，到达森林后不久，十首魔王劫走悉多。罗摩在神猴哈努曼的帮助下打败了十首魔王，救出悉多。这时流放的14年已满，他返回京城，恢复了王位。十胜节共庆10日，热闹非凡。据说罗摩是大神毗湿奴的化身，乃保护神，可保佑国泰民安。印度人民向往幸福的未来，他们从罗摩的经历中得到慰藉：善的总要战胜恶的，好人终有好报。

（5）灯节。灯节富有浓厚的东方色彩，庆祝3天，源自印度不朽史诗《罗摩衍那》中的一则美丽的神话故事。为庆贺罗摩打败罗婆那胜利返回京城，家家户户点灯迎接，热闹隆重。

5. 特殊习俗

（1）恒河沐浴。印度人视恒河为神圣的河，印度教教徒称之为"恒妈"，每年有成千上万人前往朝圣，人们站在齐腰深的圣河里，边捧喝河水边虔诚祈祷，认为只要在恒河沐浴，心中的邪恶和晦气都将洗刷干净，要是在恒河边寿终正寝，来世必将享福无穷。

（2）崇拜"圣牛"。印度教教徒认为牛是繁殖后代的象征，是人类维持生存的基本保证，视之为"圣兽"，是神圣不可侵犯的。每年要举行一次敬牛的活动，将糕饼和椰果挂在牛颈上，僧侣们打鼓、诵经护送牛到大街上游行，当牛把颈上食物、果品摇落时，人们纷纷抢拾，认为是神的恩赐。印度是世界上拥有牛最多的国家，占世界上牛总数的1/4左右。养牛主要是提供牛奶、黄油和燃料（牛粪）；只有印度教教徒才能挤奶，妇女连看一眼都不行。牛可以在街道上自由行走或横卧，车辆要给它们让路；牛可在市场或稻田随便吃东西或粮食；牛衰老时，会被送到"养老院"去供养。

（三）禁忌

印度教教徒心目中，牛是湿婆神的坐骑，印度教教徒忌食牛肉，忌用牛皮制品；视杀蛇为触犯神明的行为；最忌在同一盘内取食，不食别人接触过的食物。印度教教徒、锡克教教徒、伊斯兰教教徒忌用猪制品、忌食猪肉并戒酒，认为喝酒违反了宗教戒律，故一般不劝酒。印度人忌用蔬菜做出形似荤菜的食品，不吃菇类、笋类及木耳；忌喝烈性酒。认为厨房是最圣洁的地方，不可穿鞋进入别人的厨房。

印度人认为头部是神圣的，因此不抚摸小孩头部。忌左手（不洁）或双手递物。进入宗教寺庙和古迹须脱鞋，不穿短裤和短裙；举行特殊宗教仪式时，不可鄙视或加以批评，免招惹是非。交谈时要回避宗教矛盾、与巴基斯坦的关系、工资以及两性关系等话题。印度政府于1963年宣布孔雀为国鸟,列为重点保护对象,禁捕杀;不喜鹤和龟的图案,忌弯月图案;忌白色,因习惯用百合花作悼念品。

印度人忌妇女上房顶,认为会带来灾难;忌用澡盆给孩子洗澡,认为是"死水"。泰米尔人视1、3、7为不吉利的数字,施舍钱财应为单数。太阳下山后不理发、不剪指甲、不洗衣;忌送白盐和白色的东西给人,认为会招来大祸。北印度哈里邦人出门办事要看凶吉征兆。出门见顶满水的人或清洁工则平安;认为遇顶空水罐的人、听到狗叫、生小孩时黑猫穿路而过等均为不吉利。

七、印度尼西亚

(一)概况

印度尼西亚位于亚洲南部,地跨赤道,由太平洋和印度洋之间、亚洲大陆与澳大利亚大陆之间的3 700多个大小岛屿组成,是世界上最大的群岛国家,素称"千岛之国"。其中爪哇岛是世界上雷雨最多的地区,素有"雷都"之称。大多数居民信奉伊斯兰教,其余信奉基督教新教、天主教、佛教及原始拜物教等。印尼语为国语;英语是第二语言,被政府部门、商业、旅游业广泛使用。首都雅加达,也称"椰城",是东南亚最大的城市,这里有许多风景优美的公园和文化娱乐场所,著名的有缩影公园、寻梦园、摩姑尔植物园、中央博物馆、三保庙等。全国主要城市有泗水、万隆、棉兰、三宝塔、日惹、马辰等。国歌为《伟大的印度尼西亚》,国花为茉莉花。货币为盾。

(二)习俗

1. 礼貌礼节

印尼人特别随和,热情好客,无论何时登门都会受到主人的欢迎;若正遇吃饭,主人会邀你共同进餐,客人不可推辞;但拜访政府官员要事先预约、准时赴约。印尼人与人相处时,总是面带笑容,彬彬有礼;绝不讲别人坏话,也不愿听人批评。社交见面惯以握手为礼或点头致意;对男子称先生、对女子称夫人;普通场合,男人之间打招呼可称兄弟;与熟人、朋友相遇可按传统礼节用右手放胸口互致问候。印尼人不喜欢别人问他名字,因他们的姓名有的长、有的短,而名字长短能表明其地位和富裕程度,有钱人的名字很长、多数中层人士有两个名字,下层人士只有一个名字。所以,商务交往注重互送名片,否则会遭长时间冷遇。印尼人"明天"一词并不表示第二天,而是指将来某一天。印尼人递物用右手,也不用双手,左手用来拿不干净的东西。

2. 服饰

印尼人的衣着偏保守,公共场合人们的着装较朴素。拜访政府官员要穿西装。在办公室,男人穿长裤、白衬衫、打领带;妇女穿裙子和有袖的短外套,色彩不能过于鲜艳。适合多数正式场合的是穿午后礼服或晚礼服,也可穿长袖蜡染衫。在私宅吃晚饭,可穿短袖外套、裙子或礼服。

3. 饮食

印尼人爱吃大米饭和中国菜;早餐喜吃西餐,如三明治、烤面包、黄油、咖啡、牛奶、煮鸡蛋等；爱饮红茶、葡萄酒、香槟酒、汽水等，一般很少饮烈性酒；爱吃牛、羊、鸡之类的肉及内脏，如青椒肉片、宫保鸡丁、锅烧全鸭、香酥百合鸡等；忌食猪肉类食品，也不吃带骨的菜，不喜带汁菜和鱼肚等。同时印尼是一个盛产香料的国家，印尼人制作菜肴喜欢放各种香料，以及辣椒、葱、姜、蒜等。因此印尼菜的特点一般是辛辣味香。印尼人喜欢吃"沙爹""登登""咖喱"等。"沙爹"是牛羊肉串。

4．节庆

（1）元旦。元旦是全民之节，人们着新衣走亲访友，借机检查过去一年有什么过错，请求原谅并接受指教，在检讨、总结中互勉，共祝新年进步。巴厘人按萨卡历，把第10个月的第一天（公历3月）视为元旦，称"聂比节"。凯拉比特族人将候鸟最早飞来定居的那一天视为元旦，称"候鸟元旦"。

（2）国庆节。庆贺印尼独立。

（3）青年节。为纪念印尼青年在1945年11月10日奋起抗击英国侵略者和在这场斗争中做出的重大贡献，故名青年节。

（4）鲁德拉节。鲁德拉节是巴厘人的重大宗教节日，每100年才举行一次，节日时间在两个零结尾的年份，流传至今已有上千年的历史了。

5．特殊习俗

印尼是多民族国家，其风俗习惯千差万别，克诺伊族人把房子建在树上，巴厘女子爱赤膊露背以表圣洁；客人到沙羌族住地时要大喊大叫，否则被认为来者不善；伊班族人特别喜洁好浴，每日早晨要洗澡，傍晚还得冲洗。

（1）女娶男嫁。在米南加保族中盛行女娶男嫁的婚姻制度。男女到一定年龄时，女方派媒人主动登门向男方求亲；男方同意后，女方先送男方一枚戒指定亲。女方在招婚时，还须筹集一笔可观的礼金给男方，而男方回聘之礼仅一把缝纫尺；新娘接到尺后用它裁制几套新衣和新鞋回赠男方，以示体贴。婚前，男方须到女方家共商良辰吉日，女方以宗教仪式设宴接待。结婚日，女方穿华丽的绸缎衣服把新郎接回家。喜宴后，新娘送一条新"沙龙"给夫婿，并携带礼品陪新郎到男方家，俗称"送礼饭"。第二天晚上，新郎又被迎回女方家。第八天，新婚夫妇再回男方家居住。住三天后，新郎送些布匹和饰品给新娘，称"做三朝"。然后，新郎和新娘正式回女方家，从此长住女方家，成为米南加保族的合法夫妇。

（2）石头充当"中间人"。居住在苏门答腊岛上的巴达克族人，迄今保留着一种古老的风俗：公公和媳妇只有通过中间人才能进行谈话。如"穆罕默德，问儿媳，家里有香蕉没有？""穆罕默德，请告诉公公，昨天买了一大篮香蕉。"作为中间人的穆罕默德可一言不发地坐或站着，因公公和媳妇都能听到对方说话。若路遇，没有第三人，那么石头、树、茅屋，甚至道路都可充当"中间人"，"石头，公公从哪来？""石头，请对儿媳说，我从稻田里来。""石头，替我告诉公公，请他慢慢走！"

（三）禁忌

印尼人忌左手递物；忌摸小孩的头；尤忌乌龟，认作其为令人厌恶的低级动物，给人以"丑陋""污辱"等极坏印象；忌谈生日；最忌夜间吹口哨，认为属下流之举，并会招来游荡的幽灵和挨打。参观庙宇或清真寺时，不能穿短裤、无袖服、背心或裸露的衣服，一定要脱鞋；在巴厘，进入寺庙须在腰间束腰带。印尼杜伊人衣着崇尚白、蓝、黑色，禁穿其他色彩服饰，甚至不许谈论。

印尼人禁谈当地政治、外国援助等话题。

第二节　美洲、大洋洲地区礼俗

美洲地区的美国、加拿大、墨西哥、巴西等国，国民大多信仰基督教，其饮食习惯以西餐为主，比较讲究食品的营养和卫生。美国是世界第一旅游大国，是中国的重要客源国。大洋洲由澳大利亚、新西兰及许多岛屿组成。澳大利亚拥有世界珍稀动物，如袋鼠、鸵鸟、鸭嘴兽和黑天鹅等。

一、美国

（一）概况

美国全称为美利坚合众国，地处北美洲南部，东临大西洋，西濒太平洋，北靠加拿大，南接墨西哥。所属阿拉斯加州位于北美洲西北部，夏威夷州位于中太平洋北部。人口多为欧洲移民的后裔，还有阿拉伯人、日本人、华人等，有"民族熔炉"之称。居民中多数信奉基督教。国语为英语。首都华盛顿为全国政治中心；华盛顿建成于1790年，为纪念第一任总统乔治·华盛顿而命名，是世界上少有的仅以行政职能为主的城市；美国国会（国会大厦）、总统府（白宫）、国务院（雾谷大厦）、国防部（五角大楼）都设在这里；著名建筑有华盛顿纪念塔、林肯纪念馆、杰弗逊纪念亭、航天博物馆、国会图书馆、国家自然历史博物馆等。全国主要城市有纽约、芝加哥、洛杉矶、费城、休斯敦、圣弗朗西斯科（旧金山）、底特律、波士顿、迈阿密等。国歌为《星条旗歌》，国花为玫瑰花，国树为橡树，国鸟为白头海雕，国石为蓝宝石。货币为美元。美国是一个年轻的国家，从建国到现在不过200多年的历史，但它又是经济高度发达的资本主义国家，资本高度集中，国民生产总值、进出口贸易总额、对外投资额、微电子和生物工程等高技术领域，在世界均处领先地位。

（二）习俗

1. 礼貌礼节

美国是多民族的移民国家，各民族礼俗兼收并蓄，形成了以欧洲移民传统习俗为主的特色。美国人性格随和友善，自由开放，易于接近；注重实利，处事果断；加之工作节奏快，又没经历过等级森严的封建社会，因而费时费力的繁文缛节不受欢迎，因此，美国人以热情豪放、不拘礼节著称。

初次见面不一定行握手礼，有时只微笑点头，甚至直呼其名；分手时也不一定道别或握手，而是挥挥手说"明天见"或"再见"；这种极其随便的打招呼和告别，跟其他国家的正式握手意义相同，这已成为美国人独有的一种表亲善友好的礼节。美国人很健谈，喜配以手势表情达意，且讲究保持50厘米左右的距离；他们不喜欢沉默，一般不会中断谈话，如果不吭声了，表示同你再谈下去就会没礼貌了。美国人很注重平等待人，许多人不愿因自己的年龄、辈分、学识、资历、声誉、社会地位等高于他人，而被置于突出或显要位置，否则会因"不平等感"而显得不自在；家庭生活中和外出乘船坐车，不把贵宾礼让于特定的"贵宾席"。许多场合，除对女子外，习惯平等相待。美国人尊重妇女，崇尚"女士第一""女士优先"，女士总受到格外优待；女子性格开朗，很多妇女跻身于政界或商界，有些职位很高，均不喜欢把她们当作"娇花嫩叶"；不要存在男女有别的观念，要充分尊重她们的自尊。见面时她们不主动伸手，不能抢着要求握手；如她们已伸手，应立即做出相应的反应，但不能握得又重又紧或长时间不松手；可为其开门或让其先行等。

美国人遵时守信，登门拜访，必先电话预约，一般不会无约而至；赴约准时，若不能按时到达，会打电话通知对方并表歉意。到亲戚朋友家做客时，应备小礼物给主人；进门应脱帽，先向女主人问好，再向男主人问好；当主人请坐时应马上坐下，否则会误认为你觉得椅子不干净而使主人不安；就餐时，由女主人安排座位；正式宴请一般先在座位前放上客人姓名卡片；在餐桌上女主人是核心，每道菜须女主人动手吃后才能开始吃，进食时不应发出声响；饭后要等女主人离席时方可离席；若需打长途电话，要征得主人同意，离开时应留下电话费，可说："送一点钱给孩子买糖果吃。"除告辞时应向主人致谢外，回家后应立即打电话告诉主人，你已平安到家，并再次感谢主人款待。

美国人不随便送礼，但在节日或朋友生日、婚礼或探视病人时大多会送礼；爱选书籍、文具、盆景、鲜花、巧克力及中国工艺品作礼物，不太计较礼物的轻重贵贱，但十分讲究包装；不能送双数，美国人认为单数吉祥。送礼要写信或附礼物卡，使赠送者显得有礼，对接受者也表明礼品非索要所得；若受礼者不知你来送礼，可不敲门将礼物放其家门口，然后电话通知他取礼物。美国人有晚睡晚起的习惯，接待时应及时提醒其按时起床；美国非常流行"各付各的账"式（AA制）的聚餐，不论由谁付款均不应大惊小怪。

2．服饰

美国人着装总是根据场合、社会角色而定，服饰呈自由、严谨两种分明状况。日常着装崇尚自然、偏爱宽松、追求个性风格，爱穿T恤装、牛仔装、夹克衫和运动装；多数喜穿大格子上衣、粗纹布裤，爱穿"口袋装"（衣裤上多口袋，方便携带必备物品）。正式场合着装严谨，男士穿较深色的西装、打领带，给人沉稳可靠的印象；女士穿西服套裙，颜色多为深色、灰色或大红色，有化淡妆的习惯。

3．饮食

美国人十分讲究时间和效率，故饮食的最大特点是随便。一日三餐的要求是既营养，又美味，力求简便与快捷。通常食用快餐、罐头或冷冻食品，代表性食物是热狗、汉堡包；在美国，各国菜都一应俱全。美国菜以煎、炸、炒、烤为主，特点是生、冷、淡。"生"是指因重视菜肴的鲜嫩，故习惯菜一上锅就好，"煮"吃的菜也不很熟；"冷"是指菜冷汤凉最好，热汤也不烫嘴；"淡"是指口味清淡，咸中带甜，烹制时不放调料，把酱油、醋、盐、味精、胡椒面、辣椒粉等放餐桌上，供食用者自行选择调味。多数时候吃西餐；爱吃中国的川菜和粤菜，爱吃中国北方的甜面酱和南方的蚝油、海鲜酱等；他们对带骨的鱼、肉类菜，均尽量剔去骨刺后再做菜，如鸡、鸭去骨，鱼须斩头去尾、剔除骨刺，虾应剥壳、蟹要拆肉等；爱吃糖醋鱼、炸牛排、炸猪排、烤鸭、炸仔鸡、炸明虾、炸鱼、拔丝苹果等；爱吃青豆、菜心、豆苗、刀豆和蘑菇之类；喜用水果作菜肴配料，如菠萝焖火腿、苹果烤鹅鸭、紫葡萄焖野味等。美国人爱喝冰水、矿泉水、可乐、啤酒（在中国喜喝红茶和青岛啤酒）；三餐都喝饮料，但不喝烈性酒，爱喝威士忌、白兰地等。不爱吃肥肉，不吃蒸或红烧的食品，忌食多种动物的内脏及五趾；不吃蒜和过辣食品。

用餐以刀叉取用。切割菜肴习惯于先用左手执叉右手执刀，切割完毕，放下餐刀，将餐叉换至右手，右手执叉而食。进餐时，不发出声响，不替他人取菜，不吸烟，不劝酒，不当众宽衣解带，不议论令人作呕的事情。

4. 节庆

（1）情人节。风靡欧美各地的情人节是情人间联络感情的纽带，源于古罗马，最早是为纪念一位叫瓦伦丁的基督教殉难者，故又称"圣瓦伦丁节"，后逐渐演变为现今意义上的情人节。节日来临时，青年们挑选礼物送给心爱的人，选赠礼物多为鲜花和象征爱情的圣瓦伦丁贺卡。

（2）植树节。由美国农学家莫尔顿创立。1872年，内布拉斯加州农业部门确定4月10日为"植树节"；1885年，内布拉斯加州立法机关把"植树节"改为4月22日，即莫尔顿的生日；随后美国绝大部分州、哥伦比亚特区等都仿效内布拉斯加州，规定4月22日为"植树节"。

（3）母亲节。由美国一位孤女安娜·嘉维斯创立。1906年，她在母亲去世后提出建立母亲节的设想，并为此四处奔走。在她历尽艰辛的努力下，美国总统威尔逊终于签字同意。最终美国国会通过决议，把每年5月的第二个星期天定为母亲节，以表对所有母亲的崇敬和感激。母亲节这天，家庭成员都要做各种使母亲高兴愉快的事，并赠礼致贺。城镇青年则聚集在一起，用康乃馨献给前来参加聚会的母亲们；因此，康乃馨有"母亲花"之称。

（4）父亲节。由住在华盛顿的布鲁斯·多德夫人建议创立。多德夫人和5个弟弟早年丧母，由父亲一手抚养长大。姐弟6人每逢父亲的生辰忌日，总要回忆慈父含辛茹苦养家的情景。在拉斯马斯博士的支持下，她给州政府写了一封言辞恳切的信，呼吁建立父亲节。州政府采纳了她的建议，将父亲节定在6月的第三个星期日。1972年，尼克松总统正式签署建立父亲节的决议，这个节日便以法律形式确定下来，与母亲节一起，成为尊敬双亲的一种形式。

（5）感恩节（火鸡节）。起源于北美的普利茅斯，是北美独有的节日。1620年，英国的一批清教徒，男女老幼共102人，为摆脱宗教和政治上的迫害，从英国搭乘"五月花"号木船，漂洋过海，于11月21日到达马萨诸塞东南方的普利茅斯登陆定居。当时缺衣少食、饥饿、寒冷、病魔这三大灾难降到他们身上。淳朴的印第安人慷慨地送来了食物、工具，教他们盖房子、种玉米。第二年秋喜获丰收。1621年11月底的一天，他们准备了丰盛的欧洲饭菜，自制了啤酒，热情的印第安人又送来了大火鸡，大家一起聚餐庆祝，以感谢上帝的恩赐，历时3天。事后，这一天被命名为感恩节，并逐渐推广到北美各地。1941年美国国会决定，将感恩节定在11月第四个星期四举行（加拿大则定在10月的第二个星期一举行）。感恩节现已成为家人团圆、朋友相聚的全民性节日。

（6）圣诞节。在欧美各国普遍盛行，在全世界也颇具影响力的圣诞节是一个宗教和非宗教的双重节日。原为基督教纪念耶稣诞生而设立的节日。节日期间，人们在教堂举行隆重的宗教仪式，如子夜时分，举行"子夜弥撒"，庆祝耶稣降生；在家举行丰富多彩的庆祝活动，如扮演圣诞老人，摆圣诞树，送圣诞贺卡，做圣诞食品，点圣诞蜡烛，烧圣诞柴，唱圣诞歌等。互赠礼品是圣诞节的习俗，孩子们除了从父母那儿得到向往已久的圣诞礼物，还热切渴望圣诞老人给他们带来玩具和礼品。

（三）禁忌

美国人仍保留着原来民族的文化与一些生活方式，故禁忌较多。忌蝙蝠图案，认为是凶神恶煞的象征，黑猫被视为不祥之物，白象则被喻为无用而累赘之物，故送人玩具或工艺品时应避开这些形象；忌"3""13""星期五"，认为这些数与日期是厄运和灾难的象征，如忌一根火柴连点三支烟，认为第三个被点者会遭受不幸；美国人忌谈个人私事，如年龄、婚姻状况、收入、宗教信仰；忌问其购物的价格；忌在见面时说："你长胖了。"忌走路时踏出响声，认为这是在咒骂自己的母亲；不喜欢有人在自己的餐碟里剩食物；不喜欢"东方式"的谦虚，说话应是一说一，不要一味谦虚，否则会被视作虚伪；在一些场合禁吸烟，如教堂举行仪式时，病房或舞会，在公共汽车、火车、飞机标有"请勿吸烟"的座位上，在大部分电影院、博物馆和美术馆，在所有的百货商场。

二、加拿大

（一）概况

加拿大位于北美洲北半部，东临大西洋，西濒太平洋，北接北冰洋，人口密度很低，人口有英裔、法裔（以魁北克省最集中）、土著人（印第安人、因约特人、半提人）、华人，其余大部分是欧洲其他国家移民的后裔。居民多信基督教。英语和法语均为官方语言，但实际上，除魁北克省使用法语外，英语是加拿大唯一通用语言。首都渥太华是全国的政治中心、铁路枢纽和港口，天气很冷，积雪一般到四、五月份才开始融化；人们把加拿大称为"冰球之乡"。全国主要城市有多伦多、蒙特利尔、温哥华、魁北克、温尼伯、埃德蒙顿等。国歌没有明文规定。货币为加拿大元。加拿大是英联邦成员国国家。

（二）习俗

1. 礼貌礼节

加拿大因地广人稀的特殊环境，加上受欧洲移民的影响，交际应酬的最大特点是既讲究礼貌，又喜欢无拘无束。加拿大人开朗热情，待人诚恳，相遇时即使互不相识也会主动打招呼；社交场合相见用"Hello"表问候，再行握手礼，异性之间由女士先伸手，或欠身或鞠躬致意；名片使用不太广泛，只有公司高级职员交换；亲吻和拥抱仅适合于熟人、亲友、恋人之间。一般场合，喜欢直呼其名，而且省去姓，父子之间也可互称其名；正式场合，称呼对方才连姓带名，并冠以"先生""小姐""夫人"等尊称；交往对象的头衔、学位、职务，只在官方活动中使用。

为热情待客，举行招待会大多在酒店或俱乐部；应邀去家中作客，应事先送去或自带鲜花给女主人，座位由女主人安排，入座后，男主人常做简短祈祷，客人应随主人一道进行。商务交往中要了解对方是英裔还是法裔或属其他种族，再区别对待。魁北克省的法裔最多，属特殊的"法语区"，若讲英语、过于含蓄拘谨，会不合时宜。与加拿大土著人交往，不称"印第安人"或"爱斯基摩人"。前者暗示其并非土著居民之意，后者本意为"食生肉者"，具有侮辱之意。

2. 服饰

加拿大人的着装以欧式为主，上班一般穿西服、套裙；社交活动穿礼服或时装；休闲则自由着装。节假日（尤其是欢庆传统民族节日）各民族人民爱穿本民族传统服装，到那时如参观"万国服饰博览"会。参加社交活动，男子须理发、修面，妇女会适当化妆、选戴首饰，这会被看作是自尊自爱、尊重交往对象的表现。

3. 饮食

加拿大人的饮食习惯大多与英、法、美相似。口味清淡，偏重甜酸，不爱吃辣；喜吃烤、煎、炸的食品，一般不用蒜味、酸辣味的调味品；做菜很少用调料，将调味品放餐桌上让用餐者自行调味。早、中餐较随便，喜吃西餐，用牛奶、麦片、玉米粥、烤面包、黄油、蛋类作早餐；中餐多为三明治、牛奶和罐头食品；晚餐较丰富，吃肉类和蔬菜，爱喝清汤；对沙丁鱼和野味有特殊爱好；点心喜吃苹果派等。传统菜肴为法国菜，加拿大蒙特利尔市被誉为"烹调之都"，用苹果作填料烹制的布罗美湖鸭驰名全国；烤牛排是加拿大名菜，也是家常菜；烤制牛排时多用里脊肉，不加佐料，烤熟后再加盐、番茄酱、土豆泥、黄瓜等辅料，多数喜欢吃嫩牛排。喜欢喝金酒、威士忌兑苏打、红白葡萄酒、蜜酒、樱桃白兰地、香槟酒、啤酒；爱喝水果汁、可乐、冰水等；饭后爱喝咖啡、吃水果；爱喝中国红茶。加拿大人很重视食品的营养与卫生，不吃胆固醇含量高的动物内脏和脂肪量高的肥肉。习惯用双数安排宴席座次。

4. 节庆

（1）元旦。加拿大人将瑞雪作为吉祥的征兆，新年期间，不但不铲平积雪，还将白雪堆积在住宅四周，筑成雪岭。据说，这样可防邪魔入侵，永保安宁。

（2）枫糖节。加拿大盛产枫树，以东南部的魁北克和安大略两省的枫林最多最美。每当三、四月间春意犹浓之时，一年一度的"枫糖节"便开始了。几千个生产枫糖的农场粉饰一新，披上节日盛装，吸引着千千万万的游客，尤受孩子们的欢迎。有些农场还专门保留了早年印第安人采集树皮及制作枫糖的器具，沿用古老的制作方法，为游客表演制糖的工艺过程，周末还免费供应枫糖糕和"太妃糖"让游客品尝。

（3）冬季狂欢节。在魁北克市，从每年2月的第一个周末起，举行为期十天的冬季狂欢节，规模盛大，活动内容丰富多彩。节前，美术工作者要花上一个月的功夫，用冰块堆砌起一座五层楼高的"雪的城堡"。城堡上彩旗林立，迎风招展，宏伟壮观。节日来临时，要推选一位"魁北克冬季狂欢节之王"，作为狂欢节期间该市的临时"统治者"，这位"统治者"穿白衣，戴白帽子和手套，被打扮成一个活"雪人"，向参加狂欢节的人们含笑招手表示欢迎。冰雕比赛是节日主要活动之一。在一条被称为"狂欢节大街"的两旁，到处可见用冰块砌或雕刻成的各种人像、动物、建筑物、几何图形等，晶莹剔透，千姿百态，使人目不暇接。自1976年起在首都渥太华的世界上最大的里多运河滑冰场上，同期举行"冰上狂欢节"（冰雕节），有冰上赛马、狗拉雪橇等活动；还有极富情趣的冰雕比赛，众多的冰雪塑像巧夺天工、美不胜收，吸引着来自全国各地和美、日、法、瑞士等国的滑雪爱好者和许多国家的冰雪雕塑家们。

(三)礼仪禁忌

加拿大人不喜欢过于自谦,认为是虚伪或无能;吃饭时不说使人悲伤的事;在家不吹口哨;尽量避免在梯下行走;认为把盐弄撒或把玻璃制品打碎了,就可能出现不吉利的事;不喜欢黑色和紫色;忌送白色百合花(用于追悼会、葬礼),否则会给人带来死亡的气氛;忌谈个人私事;喜欢谈论本国的长处,不要拿美国与之比较;不要就魁北克的独立问题明确表态;不要对分成法语区和英语区的问题发表意见。

三、墨西哥

(一)概况

墨西哥全称为墨西哥合众国,位于北美洲西南部,东濒墨西哥湾和加勒比海,西、南临太平洋人口多为印欧混血,也有印第安人。居民多信奉天主教。官方语言为西班牙语,是世界上讲西班牙语人数最多的一个国家。首都为墨西哥城。以墨西哥城为中心的地区是拉丁美洲三大古老文明地区之一。这在墨西哥城得到充分反映:市区到处是表现玛雅文化、托尔特克文化和阿兹台克文化的雕塑、图案和饰物;城西北的太阳金字塔、月亮金字塔,就是托尔特克人和阿兹台克人建造的,其规模超过了埃及金字塔;墨西哥城触目皆是壁画,有"壁画之都"的美誉;是拉美科学文化中心,也是世界著名的旅游胜地。全国主要城市有瓜达拉哈拉、蒙特雷等。国歌为《墨西哥人响应战争号召》,国花为仙人掌和大丽菊。货币为墨西哥新比索。

(二)习俗

1. 礼貌礼节

墨西哥人性格活泼,能歌善舞,爱好音乐,以热情好客著称;注重礼节礼貌,对老人和妇女十分尊重;公共场合,言谈举止、气质风度均显得文雅得体。见面笑脸相迎行握手礼;称呼是在姓氏前加"先生""小姐""夫人"等,除非十分熟悉,否则不用姓名称呼对方;亲吻和拥抱仅限于熟人、亲朋或情人之间,一般情况下男子不能吻一位不熟悉女士的面颊和手。拜访需事先预约,赴约宜迟到15~30分钟,且把这看成是一种礼节与风度。与人交谈习惯凑得很近,喜怒哀乐溢于言表;商务交往有送礼之习,送小礼物最受欢迎;应邀作客宜带糖果、酒、鲜花等礼品;接到用西班牙语写的信件,若用其他语种回信为失礼。

2. 服饰

墨西哥的现代服装是印第安与西班牙式样长期混合的结果。城市居民的服饰已基本欧化,各种款式都有,但仍可看到传统文化的印记。喜好色彩鲜艳的衣着,据说这和当年玛雅人的习俗是一致的,认为色彩对比强烈的衣着能吓退妖魔,保佑众生平安。妇女的头发喜欢梳得很高,常插上花朵装饰,有的还将五颜六色的毛线编入头发;社交、商务宜穿保守式西装。

3. 饮食

墨西哥人的主食为玉米,喜食牛肉、鸡、蛋、蔬菜,烹调以煎、炒、炸为主;口味清淡,咸中带甜酸味,喜辣,与我国四川人相比毫不逊色,爱吃中国的粤菜。大多数人吃西餐,早餐爱喝牛奶、果汁,吃烤面包或麦粥;家常蔬菜要数炒仙人掌、仙人球最具特色;内地居民常以龟、蛇、野鸡、石鸡、鹊鸦、松鼠、蚂蚁等入菜,是世界上食用昆虫量最大的国家。喜喝冰水、矿泉水、可乐、啤酒、咖啡、冰奶等饮料。墨西哥人以嗜酒闻名于世,宴请宾客常先敬酒,并提议与客人手臂交叉采用"伊达尔哥式"喝法。

4. 节庆

(1) 军事狂欢节。纪念墨西哥人民 1826 年反抗法国入侵,盛行于墨西哥普韦布拉州。

(2) 玉米粽子节。收获季节,在米却肯州巴拉乔地区,以自然村为单位,由一村民做召集人,邀请村民们将采摘的嫩玉米加工包成粽子,集中到召集人家中煮熟品尝,并举行盛大舞会庆祝。

(3) 纪念亡人节。节日期间,全国各机关下午不办公,在家设祭坛、摆祭品,全家围坐默默追忆和悼念已故亲人;大多数人则带着祭品、鲜花去扫墓(又称扫墓节)。墨西哥人对祭品中的骷髅糖怀有特殊感情,认为是祭祀亡亲的最好礼物,青年还用它赠送情侣。

(4) 圣船节。拉丁美洲最古老的节日圣船节,是墨西哥古文化的象征。盛夏第一天清晨来临时,墨西哥的纳亚里特州梅斯卡尔蒂岛上充满节日气氛,一年一度的划船竞赛就在这里举行。当太阳冉冉升起时,圣彼得和圣保罗的圣像被抬到各自的"圣船"上,向湖中缓缓驶去;几百只小船分成两路,是两"圣人"各自的乐队和啦啦队;所有的船摆成一个个船岛,将两"圣船"围在中间;神父在当地官员的陪同下,到一条大船上和大家一起礼拜,并虔诚地向湖水祷告,祈求保佑当地人民幸福;然后,神父宣布赛船开始。因圣彼得是当地渔民的象征,所以是每次赛船的必胜者。当地市长走上船头,把节日的高贵礼品——相传了几百年的一条带有金色大虾的红色绸带戴在圣彼得的圣像上,人们欢呼、鼓掌、歌唱;晚上在大街上游行,以庆贺圣彼得的胜利。

5. 特殊习俗

墨西哥瓦哈卡州一带的印第安人款待贵客习惯拿他们最喜爱的"油炸蚂蚁"让客品尝;和朋友告别时,习惯送一张弓、一支箭或几张代表神灵的剪纸,以表祝愿。

(三) 禁忌

墨西哥人忌"13""星期五";因棺材涂紫色,是不祥之色,故送礼忌紫色,穿紫色衣的人不受欢迎;忌送黄色花,死后祭灵才摆放,视黄菊花为妖花,意味着死亡;忌送表符咒、会带来晦气的红花。忌送手帕和刀剪,因手帕与眼泪有关,刀剪是友谊破裂的象征。忌蝙蝠及其图案和艺术造型,认为是一种吸血鬼,给人以凶恶残暴的印象。

四、澳大利亚

(一) 概况

澳大利亚全称澳大利亚联邦,国名来源于拉丁文,意为"南方的",位于南半球,地处太平洋西南部和印度洋之间,由大陆部分及塔斯马尼亚岛组成,是世界人口密度较低的国家之一。绝大部分居民是英国及欧洲其他国家移民的后裔。居民多信仰基督教,少数人信奉犹太教、伊斯兰教和佛教。通用英语。首都堪培拉始建于1913年,直到1927年初步建成，联邦政府从原首都墨尔本迁至堪培拉；堪培拉融城市建筑与园林为一体，有"花园都城"之誉。全国主要城市有墨尔本、悉尼等。国歌为《澳大利亚，前进》，国花为金合欢花，国树为桉树，国鸟为琴鸟和鸸鹋，国石为蛋白石，吉祥动物为袋鼠。货币为澳大利亚元。澳大利亚是英联邦成员国。澳大利亚地大物博，采矿业发达，铁、铜、铝、金等矿产量均居世界前列；农牧业以种植小麦和养羊为主，有"坐在矿车上的国家""牧羊之国"的美称。

（二）习俗

1. 礼貌礼节

澳大利亚的社交礼仪深受英国的影响，待人接物"英味十足"，近年来美国的礼交礼仪日益渗入，被青年一代所接受，"亦英亦美""以英为主"是第一个特点。例如：习俗近似美国，办事爽快，喜直截了当说心里话；办事像英国人那样认真，时间观念强，重视办事效率。商务活动多在小酒店进行，美裔商人可边吃边谈，英裔商人反对就餐时谈生意。

澳大利亚除了居于支配地位的英裔外，共存在许多民族，也保留了本民族的传统礼俗，兼容并蓄，多姿多彩是第二个特点。例如：见面礼种类繁多，有拥抱、亲吻、合十、鞠躬、握手、拱手、点头致意等；土著居民行极具特色的勾指礼。

澳大利亚人温文尔雅、无拘无束、人情味很浓。见面和道别热情握手，以名相称，为保持礼节，一般称呼"先生""小姐""夫人"。普遍乐于同他人进行交往，并表现得质朴、开朗、热情；即使是陌生人也会打招呼、聊天。爱请人到家做客；应邀做客时，一般会给主人带瓶葡萄酒，或给女主人送一束鲜花；乘出租车时，出于礼貌总习惯与司机并排而坐；夫妻同乘时，丈夫坐司机旁位而妻子独居后排以示尊重。

2. 服饰

澳大利亚人除了在极为正式的场合穿西装、套裙外，平时着装，大都是T恤、短裤、牛仔装、夹克衫等。因阳光强烈，出门时，喜欢戴一顶棒球帽来遮挡阳光。

澳大利亚的达尔文市，当地居民的着装自成一体，在正式场合穿衬衫、短裤和长袜，这种穿法叫作"达尔文装"。土著居民平时习惯赤身露体，至多是在腰上扎上一块围布遮盖而已；对佩饰却很介意，通常要佩戴额箍、鼻针、臂环等多种饰物，有时还在身上扎些羽毛，涂上各种颜色。

3. 饮食

澳大利亚人以吃英式西餐为主，多以烤、焖、烩等方法烹制，口味清淡，不喜油腻，不食辣味（有的不吃酸味）。爱将各种调味品放餐桌上，任用餐者自选调味；主食是面包，大多爱吃猪、牛、羊肉，偏爱鸡肉、鱼肉、禽蛋，爱喝牛奶、咖啡、啤酒与矿泉水等饮料。澳大利亚人对中国菜很感兴趣。

澳大利亚土著居民目前大多数尚不会耕种粮食、饲养家畜，靠渔猎为生，经常采食野果。食物品种多，制作方法各具特色，有时生食，惯于以手抓食。

4. 节日

（1）澳大利亚圣诞节。因澳大利亚位于南半球，故正当西欧各国在寒风呼啸中欢度圣诞节时，澳大利亚却是热不可耐的仲夏时节，在澳大利亚过圣诞节到处可见光着上身、汗水淋淋的小伙子和穿超短裙的姑娘。这与商店橱窗里精心布置的冬日雪景，挂满雪花的圣诞树和穿大红棉袄的圣诞老人构成澳大利亚特有的节日图景。这种酷暑与严冬景象的强烈对比，恐怕在西方国家是独一无二的。父母给子女的最佳圣诞礼物，莫过于一副小木筏。圣诞节弄潮，正是澳大利亚的一大特征。

（2）南太平洋艺术节。从 1972 年起，每隔四年一次的艺术节是南太平洋地区的国家为"庆祝太平洋的觉醒""鼓励太平洋传统文化的保存和新生"，在"整个太平洋地区加强团结"的口号下举行的具有浓厚地方色彩的节日。演出的节目大都是表现各岛人民的生活、劳动、爱情和神话的传统歌舞。丰富多彩的服饰，活泼热情的舞姿、悦耳动听的音乐，充分体现了南太平洋各族人民的艺术特色。

（三）禁忌

澳大利亚人不吃狗肉、猫肉、蛇肉，不吃动物的头、爪和内脏。不喜欢将本国与英国处处联系在一起；不喜欢听"外国人"这一称呼；忌"自谦"式客套语。很讨厌"13"这个数。极其厌恶公共场合的噪音。基督教教徒有"周日做礼拜"的习惯，不要在这天与他们约会。达尔文市人外出用餐时须衣冠楚楚，否则禁止入内。

在澳大利亚，即使是友好地向人眨眼睛（尤其对妇女），也被认为是极不礼貌的行为。忌讳兔子，认为是一种不吉利的动物，人们看到它都感到倒霉，认为这预示厄运将临头。

五、新西兰

（一）概况

新西兰位于太平洋西南部，毗邻澳大利亚；由北岛、南岛和斯图尔特岛及附近一些小岛组成。人口多为英国移民的后裔，也有当地土著毛利人和其他民族及华人。居民多信仰基督教，但教派不一。通用英语，毛利人讲毛利话。首都惠灵顿是全国政治、经济、文化中心，是世界著名的港市山城，三面环山，一面临海，是个天然良港；火山公园别具一格，有沸泉、间歇泉、喷气孔、沸泥塘等；游人可利用"地热蒸笼"进行野餐，当地毛利人称这种饭为"夯吉"。全国主要城市有奥克兰、克赖斯特彻奇、马努考等。国歌为《天佑新西兰》，国花为银蕨，国树为四翅槐。国鸟为几维鸟。货币为新西兰元。新西兰阳光和煦、气候宜人、满目苍翠、风景秀丽，享有"绿色花园之国"的美称；自然资源丰富，农牧业发达，是世界上重要的羊肉和乳制品出口国，被誉为"畜牧之国"。

（二）习俗

1. 礼貌礼节

在新西兰，欧洲后裔和英裔的具体礼节占主要地位。新西兰人的见面礼节主要有握手礼（采用最多）、鞠躬礼（向尊者、长者行礼；方式独特，抬头挺胸地行礼）、注目礼（路遇他人，包括不相识者）。新西兰人奉行"平等主义"，认为人是生而平等的，在交际场合，非常反对讲身份、摆架子；各行业人员都以自己的职业为荣，彼此之间不分三六九等；直呼其名常受欢迎，称呼官衔往往令人侧目。

新西兰人注重公共场合的礼仪，没有人在大街上喊叫，没有人为争座位拼命挤车。商务活动事先预约，以先到一会儿表礼貌；会谈一般在办公室进行，交易成功一般宴请对方以表谢意；应邀做客，可带一盒巧克力或一瓶威士忌作礼品。

2. 服饰

新西兰人的服装总体上日趋简单。欧洲后裔以欧式服装为主，看重质量，讲究庄重，偏爱舒适，强调场合。交际应酬时，妇女定会着盛装、化妆来参加。

毛利人的服装用亚麻手工编织而成，习惯于系披肩、扎围裙。庆典时的服装色彩鲜艳，手拿长矛和剑，显得漂漂亮亮。

3. 饮食

新西兰的欧洲后裔习惯于吃英式西餐，以刀叉取食；口味清淡，爱吃牛、羊肉和鸡、鱼肉，爱喝浓汤，爱吃中国的苏、京、浙菜，不吃带汁或过辣菜肴；特别爱喝啤酒，爱饮红茶、咖啡；爱吃水果，尤喜名贵的"几维果"。

毛利人爱吃"夯吉"（有牛、羊肉和土豆）。

4. 节庆

（1）怀唐伊日。怀唐伊日是新西兰一个非常重要的节日，时间为每年的 2 月 6 日。举国上下会在这一天共同欢庆新西兰的立国文献《怀唐伊条约》的签订。

（2）澳纽兵团日。澳纽兵团日时间为每年 4 月 25 日，这个节日是为了纪念 1915 年 4 月 25 日，在加里波利之战中牺牲的澳大利亚和新西兰联合军（澳纽兵团），以缅怀他们为国牺牲的勇敢精神。

（3）劳动节。新西兰的劳动节是每年 10 月的第四个星期一，它的历史可以追溯到 1840 年刚建立的惠灵顿殖民地时期，人们为了争取每天 8 小时工作制而进行的斗争。

5. 特殊习俗

毛利人为新西兰土著民族，信奉原始的多神教，相信灵魂不死，崇拜自然力量化身的各种神和祖先精灵，崇拜首领。毛利人热情好客，能歌善舞，讲礼仪。远方客人来访均按贵客盛情款待，主人集合全部族人列队欢迎，没有掌声、欢呼、握手，更没有拥抱、接吻之举；沉寂一阵后引吭高歌，再行"碰鼻礼"（毛利语叫"洪吉"，是欢迎客人的最高传统礼节，与客人互碰鼻尖两三次，次数越多，时间越长，说明礼遇越高）。还用具有浓郁民族色彩的歌舞迎客；跳舞时，除音乐伴奏外，以粗犷高亢的吼叫声助兴；男子脸部表情丰富，以瞪眼、吐舌、扮鬼脸表勇猛；女子头戴花环、腰系蒲草裙，以手势表日常生活，抒发感情，手向上抖动是指天空，向下抖动是指草地，向胸前抖动表拥抱。还有一种欢迎仪式是由光着上身、打着赤脚的男子系着草裙，画上脸谱，挥舞长矛，吆喝着向客人而来，并不停地吐舌头；临近客人时，将一把剑或绿叶枝条投在地上，客人须拾起并恭敬地捧着，直至对方舞毕，再双手举着奉还。这种古老的迎客礼俗据说是为测试来者是敌是友。在毛利人的重要集会上要举行泼水仪式，向参加者洒清水，以此互致祝福。

（三）禁忌

忠实勇敢的牧羊犬，是以畜牧业为主的新西兰人不可缺少的助手，若谈论狗肉如何好吃如何大补，定会触怒对方。忌吃饭时频频交谈。视当众剔牙和嚼口香糖为失礼之举。对酒类限制很严，经特许售酒的餐馆，也只能售葡萄酒；可售烈酒的餐馆，客人须买一份正餐，才准喝一杯。讨厌"13"与"星期五"。不喜欢用"V"手势表胜利。平时比较严肃寡言，讲绅士风度，男女交往较拘谨保守，有种种清规戒律，如忌男女同场活动、观剧。毛利人忌拍照、摄像。

六、巴西

（一）概况

巴西的全称为巴西联邦共和国，是拉丁美洲面积最大的国家，位于南美洲东南部，北与委内瑞拉、哥伦比亚等五国为邻，西邻秘鲁、玻利维亚，南接巴拉圭、阿根廷和乌拉圭，东濒大西洋。居民大部分信奉天主教。葡萄牙语为官方语言。首都为巴西利亚。全国主要城市是圣保罗、里约热内卢等。国歌是《听，伊匹兰加的呼声》，国花为毛蟹爪兰。货币为雷亚尔。巴西是拉美的经济大国，矿产资源丰富，主要有铁矿、铝矾土、铀、锰、锡、铬、镍、石油、天然气和煤等；还是世界主要糖果生产国。巴西的柑橘、咖啡产量巨大，被誉为"柑橘王国""咖啡王国"。巴西是世界足球大国，足球运动不仅是民众的共同爱好，也是民族的骄傲，职业球队很多。巴西的音乐以其精致、优美和多样而著称。音乐和舞蹈最典型和迷人的韵律当属桑巴。

（二）习俗

1. 礼貌礼节

巴西人待人真诚，热情而有礼貌。见面和分手都行握手礼；热烈拥抱的通常是亲朋好友；妇女之间相见行贴面礼。主人爱用美观精巧的"咖啡基奥"的杯子斟黑咖啡献给客人。接受礼物时，总是当面打开礼品包装，然后致谢，收下礼品；拿礼品后，把包装纸剪掉一点，认为包装纸是管运气的，剪掉一点就不会把别人的好运气带走。商务活动重视建立良好的私人关系，若在对方眼中是值得信赖的朋友，对方会以诚相待。巴西印第安人对宾客最尊敬的礼节是请宾客同主人一起跳进河里洗澡，洗澡次数越多越客气，一天往往洗澡十多次。

2. 服饰

巴西的男子平时穿短裤和衬衫，上班或参加社交活动须衣冠楚楚；女士在穿着上没有严格的限制，喜欢穿色彩艳丽的裙装。

3. 饮食

饮食以欧式西菜为主，也有中国菜，对菜品质量要求高。以牛、羊、猪肉和水产品为主，多用煎、炸、烤、烩等方法制作，能吃辣味食品，爱吃干烧鱼、糖醋桂鱼、辣子鸡丁、炒里脊、黄瓜里脊片汤。早上喝红茶，面包要现烤；午、晚餐要喝咖啡，喜食蛋糕、煎饼等甜点心，爱吃香蕉，平时爱喝葡萄酒。

4. 节庆

（1）狂欢节。狂欢节起源于中世纪的欧洲，在信奉天主教的国家（意大利、西班牙、法国、葡萄牙等）最为盛行。正式节期为四旬斋的前三天，因教会禁止在大斋期内食肉和娱乐，人们就在进入大斋期前欢歌狂舞数天，以图过瘾尽兴，后来逐渐演化成一个固定的大众狂欢节，最负盛名的要数巴西的狂欢节。节日期间，街道、高楼大厦被装饰得五彩缤纷，男女老少穿起令人眼花缭乱的服装，勾画着脸谱或戴上奇特的面具，潮水般涌向街头、广场，参与到有仪仗队、彩车的游行队伍中尽情狂欢，举国上下沉浸在一片欢乐的气氛中。

（2）海神节。海神节是辞旧迎新、供敬海神、祈求福佑家人平安的节日。

（3）圣灵节。圣灵节是源于葡萄牙的一种民间节日，1819年首次在巴西举行，6月初开始，历时10天。

（4）敬牛节。敬牛节是巴西东北部的传统节日，庆祝活动以游行演出为主，节目内容丰富多彩，多数通过牛的遭遇来抒发对社会的爱与恨，表达人们敬牛、爱牛的风俗。

（三）禁忌

巴西人在交谈时，喜欢彼此间的距离近些；忌用拇指和食指连成圆圈，其他三指伸开，形成OK手势，认为是下流动作。忌黄色、紫色和深咖啡色，认为黄色表绝望，紫色表悲伤，深咖啡色会招来不幸；不送手帕，认为将引起争吵。每年8月13日是巴西传统的禁忌日。

因官方语言是葡萄牙语，不要把译成西班牙文的宣传品和文化产品送给巴西人，否则会认为你是在侮辱人。

第三节 欧洲地区礼俗

欧洲国家众多，人口相当密集，民族较多，语言各不相同。欧洲大部分国家工业发达，国民生活水平高，既吸引世界各地游客去欧洲观光游览，同时每年大量的欧洲游客也涌向世界各地，它是世界上最大的客源地区之一。对我国来说，欧洲的主要客源国有英国、法国、德国、意大利、俄罗斯、西班牙、瑞士、瑞典等。

一、英国

（一）概况

大不列颠及北爱尔兰联合王国，略称联合王国，简称英国，位于欧洲北部大西洋中的大不列颠群岛上。人口中大部分为英格兰人，其余为苏格兰人、威尔士人、爱尔兰人等。居民多信奉基督教新教，其次信奉天主教，少数信奉犹太教、伊斯兰教等。英语为国语，威尔士北部通用凯尔特语，苏格兰西北高地及北爱尔兰通用盖尔语。首都伦敦，跨泰晤士河两岸，为全国政治、经济文化中心，是一座历史悠久的古城，也是世界上最早的工业城市；因秋、冬季常有雾气，故有"雾都"之称。伦敦拥有众多的博物馆，如世界最大的大英博物馆，还有圣保罗大教堂等名胜。全国主要城市有伯明翰、利物浦、格拉斯哥、曼彻斯特、爱丁堡等。国歌为《天佑女王》，国花为玫瑰，国鸟为知更鸟（红胸鸲，被誉为"上帝之鸟"），国石为钻石。货币为英镑。英国是工业发展最早的国家，是世界大贸易国之一，旅游事业较发达。

（二）习俗

1. 礼貌礼节

英国人为人处世的特点是较为谨慎和保守。社交上讲究含蓄和距离，性格内向，不爱张扬，对新生事物持观望态度。英国人通常进餐馆选远离众人的僻静之处坐下，不当众开怀大笑，地铁上客如潮涌却听不到说话声，各自看书阅报。人际交往中崇尚宽容和礼让，总是善解人意，宽以待人。相处很少闲谈，即使寒暄几句，也很简短。看重个性自由，平时不谈私事，不指手画脚，不评头论足。认为在不适当时候或没正当理由给对方打电话为失礼，拜访不会无约而至。注重保持"绅士风度"，表现为对妇女的尊重与照顾，如上下电梯、乘车、行走、宴会就座与离席等场合，均让女士先行，举止文雅大方。

英国人很少行握手礼，初次见面、外出远行、久别重逢时才握手，不像美国人那样随便"嗨"上一声，也不像法国人热烈拥抱或亲吻，朋友相见仅寒暄几句，除热恋者外，一般不手拉手走路；礼貌用语"请""谢谢""对不起""你好""再见"等天天不离口，即使是家人、夫妻、至交之间也常用。对长者、上级、不熟悉的人用尊称，冠上世袭的爵位或荣誉的头衔，对没有头衔的人用"阁下"或"先生""小姐""夫人"等美称，亲友和熟人之间常用昵称表亲切。

英国人邀请别人来家做客的情况不多，若应邀做客或预约拜访，宜迟到10分钟，应先敲门，待主人说"请进"后方可入内；进门后，男子要向主人脱帽致意，女士应向女主人问好后才可入座，应带点鲜花或巧克力作礼物。聚会大都在酒店进行，较隆重的宴会仍保持着传统的司仪形式，当宣布祝女王身体健康时，赴宴者不得吸烟、走动或说话。

2. 服饰

英国人注重衣着、讲究穿戴，人际交往中衣冠楚楚，展示"绅士""淑女"风范。绅士参加社交活动一定要穿燕尾服、戴高筒礼帽、持文明棍或雨伞，这身"标准行头"曾留给世人很深的印象。现代青年着装渐变为时髦、随便，但正式场合着装仍保守庄重，男士穿三件套深色西装，笔挺整洁；女士穿深色套裙或素雅的连衣裙，黑色服装是首选。英国人相信"外表决定一切"，总是以衣、帽去衡量他人的修养，也注重着装细节，不打条纹式领带；系好衬衫袖口的扣子；不穿凉鞋；不以浅色皮鞋配西服套装，男子天天刮脸以体现沉稳大方。

苏格兰男子的传统民族服装"基尔特"最为著名，是一条由腰至膝的花格子短裙，配上宽腰带，在裙前系一小块椭圆形垂巾；每逢喜庆聚会，男人穿上"基尔特"，在民乐的伴奏下载歌载舞，以寄托强烈的民族感情。

3. 饮食

英国人吃西餐，以英、法菜为主，口味清淡，不用味精调味，不吃过咸、过辣或带黏汁的菜肴；一日四餐（早、中、晚餐和下午茶点），早餐喜吃麦片、三明治、奶油点心、煮鸡蛋、果汁或牛奶；中、晚餐以面包、火腿及猪、牛、鸡、鱼肉为主，每餐都要吃水果，晚餐喝咖啡。"烤牛肉加约克郡布丁"被称为国菜，用牛腰肉、土豆加鸡蛋、牛奶、面粉置烤箱制成，上桌时配些单煮的青菜。

英国名气最大的饮料当推红茶与威士忌。多数人嗜茶如命，饮茶时，往杯中倒点冷牛奶或柠檬，再冲茶、加糖。早上醒来躺在床上喝一杯"被窝茶"，上班挤时间去"茶休"，即喝"下午茶"，这是午餐与晚餐之间的一顿小吃，也是"以茶会友"的一种社交方式。喜喝威士忌（与法国干邑白兰地、中国茅台酒并列为世界三大名酒），除佐餐外，还喜欢净饮；常饮苏打水、葡萄酒、香槟酒；饮酒很少自斟自饮，习惯去酒吧，故英国的酒吧比比皆是，是英国人的主要社交场所之一。

4. 节庆

（1）圣诞除夕夜。圣诞节是英国所有国定节日中最隆重的节日。除夕夜全家围坐，共进盛餐、举杯畅饮，主菜为火鸡，须瓶中有酒，盘中有肉，象征来年富裕有余；人人高唱"辞岁歌"，即后来由诗人彭斯改创成闻名世界的歌曲《友谊地久天长》。苏格兰人则提煤块去拜年，把煤块投入亲友家的炉中，并说："祝你家的煤长燃不熄！"以求吉利。

（2）万愚节。这天中午 12 点前可和除国王及宗教人士之外的任何人开玩笑，允许搞些小的、无伤大雅的恶作剧而不加责怪；在这一天应有所提防，被骗或愚弄可一笑了之。万愚节集中表现了英国人富有幽默感的性格特征，让绅士派头的人得到一点看别人西洋镜的乐趣。

（3）圣乔治节。这是纪念英格兰保护神圣乔治的节日，他的名字一直是英格兰民族的象征，节日期间富有民族意识的英格兰人都在衣领上佩戴一朵红玫瑰。

（4）戏剧节。英国有两个戏剧节。一个是为纪念世界文化名人、英国文艺复兴时期的戏剧家、诗人威廉·莎士比亚的，他（1564 年 4 月 23 日～1616 年 4 月 23 日）的出生日和逝世日同一天，竟然如此巧合，故每年在这一天开展纪念活动。他的故乡同时举行纪念活动，各地剧院竞相演出莎士比亚的剧作，通过戏剧庆祝活动表达对戏剧大师的怀念、崇敬之情，这一天被称为"莎士比亚戏剧节"。另一戏剧节在 7 月间举行，节日期间，世界一些国家和地区的戏剧表演家、文艺界名流纷纷云集伦敦，竞相演出拿手好戏，成了国际性的戏剧大会演，被称为"伦敦国际戏剧节"，节期有时提前，有时推后，但每年举行一次，已成英国的一个永久性的戏剧节。

（5）国庆日。也称国（女）王诞辰日，热闹非凡。

（6）烙薄饼节。这是忏悔日的俗称，它是大斋前最后一个可欢宴和享乐的日子。这天，妇女们烙出许多薄饼，还举行翻薄饼赛跑，参赛妇女手持平底锅，边跑边在空中翻饼，到达终点前需接翻薄饼三次，且不让薄饼掉出来的人就是赢家。

（7）休战纪念日。这一节日是为缅怀在第一次世界大战中殉难的将士而设立，定在离停战纪念日（11 月 11 日）最近的星期日。上午 11 时，以全国人默哀 2 分钟为仪式而开始，人们佩戴象征在战争中牺牲士兵的假花，由王室主要成员在第一次世界大战阵亡将士纪念碑前献花圈。

（三）禁忌

英国人忌百合花和菊花，视之为死亡的象征。在英国孔雀和猫头鹰名声不佳。宠爱猫、狗，故不吃狗肉，却十分反感黑猫。反感墨绿色，认为会带来懊恼；忌"13"与"星期五"，视为凶兆；忌交叉握手，认为会招致不幸。忌当众打喷嚏；忌同一根火柴连续点三支香烟；忌把鞋放桌上；忌在屋内撑伞；忌从梯下走过；人际交往中不喜欢贵重礼物；涉及私生活的服饰、香水、带有公司标志的广告物品，不宜送人，应选送鲜花、威士忌、巧克力、工艺品、音乐会门票等。

英国人十分重视民族自尊，极为反感"英国人"这一笼统称呼，认为不仅以偏概全、还抹杀了其他民族的个性。应分别称为"英格兰人""苏格兰人""威尔士人""北爱尔兰人"，也可采用"大不列颠人"这一统称。

交谈时不涉及英王、王室、教会及各地区之间的矛盾，特别是不要对女王和北爱尔兰独立问题说三道四。忌问对方个人情况（收入、职业、经历、妇女年龄等）；不提不雅之词，用替代语（上洗手间替代上厕所）以示尊重。

二、法国

（一）概况

法国全称法兰西共和国，位于欧洲西部，是个半海半陆的国家。"法兰西"源于古代的法兰克王国的国名，"法兰西"的本意是"自由"或"自由人"。人口主要是法兰西人，还有布列塔尼人、巴斯克人、科西嘉人。居民中多信奉天主教，少数信奉犹太教和伊斯兰教。法语为国语。首都巴黎，是西欧的大都会，是法兰西人智慧的结晶，是法国的光荣和骄傲。这座世界历史文化名城，曾孕育了许多著名的文学家、艺术家，如伏尔泰、雨果、左拉、巴尔扎克等。巴黎也是一座艺术宫殿，这里有世界上最大的艺术博物馆——蓬皮杜文化中心，还有闻名于世的埃菲尔铁塔、凯旋门、巴黎圣母院、凡尔赛宫、卢浮宫等。全国主要城市有马赛、里昂等。国歌《马赛曲》，国花为鸢尾花，国鸟为高卢鸡、云雀，国石为珍珠。货币为欧元。法国是发达的资本主义国家，拥有"高卢""艺术之邦""时装王国""名酒之国""美食王国"等美称。法国的旅游业十分发达。

（二）习俗

1. 礼貌礼节

法国人诙谐幽默，天性浪漫，善于交际。见面行握手礼，用"先生，幸会"等表问候；若两男子都戴帽则脱帽致意；亲吻礼和吻手礼较流行，但规矩很严，朋友、亲戚、同事之间只能贴脸颊，长辈对晚辈是吻额，只有夫妻和情侣才真正接吻，吻手礼限于男士在室内象征性地吻已婚妇女的手背，不能对少女行吻手礼。此外，还有拥抱和吻面。吻面礼使用得最多、最广泛，特点是彼此在双颊上吻三次，亲吻时一定要表演性地连连发出声响，意在表示亲切友好。

法国人是著名的乐天派，渴求自由，与人交谈喜用手势表达情感，显得乐观大方。法国人彬彬有礼，在公共场合，从不大声喧哗或指手画脚，更不会有不雅的小动作（男不提裤，女不提袜，不跷二郎腿等）。上汽车、坐地铁、乘飞机、购物，总是自觉排队，秩序井然。看重传统的"骑士风度"，并引以为自豪，其核心是男子对妇女的尊重与保护；把对女子表谦恭礼貌当作衡量教养好坏的标准，走路、入门、上楼、入席、入座，自觉礼让女性。

法国人的姓名是名在前，姓在后，妇女婚前姓父姓，婚后姓夫姓，而今，有些妇女婚后仍用父姓，或婚后同时使用父姓或夫姓（双姓），具体做法是夫姓在前，父姓在后。签署姓名时，习惯将姓写在前，名写在后，中间以逗号分开。正式称呼法国人姓名时，只称呼姓，或是姓与名兼称；家人、同事、朋友、同学之间，宜直呼其名；关系密切者，可直呼爱称。法国人普遍喜欢使用第二人称，含意为"您"；对官员、贵族、有身份者称"阁下""殿下"等；对陌生人称"先生""小姐""夫人"等。忌讳"老人家""老先生""老太太"等称呼。

2. 服饰

"法国时装""衣在巴黎"将法国服饰的知名度及时尚、流行的特点做了高度赞誉。法国人善于着装打扮，引领服饰潮流，令人仿效。妇女离不开化妆和美容，化妆品因品种多、档次高而驰名于世，法国香水的品质也是举世公认的。男士看重仪表修饰，许多人经常出入美容院，正式场合亮相时，剃须修面，头发"一丝不苟"，身上略洒些香水，已被看成男人应具备的基本教养。

正式场合穿西装、套裙或连衣裙（多为蓝、灰或黑色，质地多为纯毛）。出席庆典仪式时，一般穿礼服，男士穿配以蝴蝶结的燕尾服，女士穿连衣裙式的单色大礼服或小礼服，戴薄纱面罩、手套。地位高的法国人在正式场合露面，为不失身份，不会将同一套服装连穿两次，讲究衣着保持个性，与众不同，又不过分超前或落伍。

3. 饮食

法国烹调享誉全球。法国人把就餐视为人生一大快事，愿意在饮食上花钱，法国大菜的特点是香味深厚、鲜嫩味美、讲究色形和营养。故烹制时要求用料广泛，制作精细，讲究原汁、原味、原色，注重营养，力保色泽鲜美，用不凡的装饰突出菜的造型。法国菜品种繁多，口味特点是喜肥浓、鲜嫩，不爱吃辣。喜欢吃略生的食物，常选鲜活原料制作，肉烧到七八分熟，牛扒、烤牛排均以带血丝为好，牡蛎一般喜生吃。法国人对洋葱、大蒜头、丁香、香草、芹菜、胡萝卜等配料很感兴趣。法国人早餐简单，喜吃面包、黄油、牛奶、浓咖啡等；午餐喜吃炖鸡、炖火腿、炖鱼、焖龙虾等；晚餐很讲究，多吃肥嫩的猪、羊、牛肉、香肠、鸡、鱼、虾等，爱吃蜗牛、青蛙腿，牛排和土豆丝是家常菜，鹅肝是法国的名贵菜，也常食用，爱吃冷盘（进餐时自切冷盘中的食物），喜吃新鲜蔬菜。法国人喜食清汤、酥点，喜饮红茶，爱吃水果。到我国来的法国人大多爱吃中国菜，均喜欢把中国和法国的烹调技术并列为世界第一。

法国人宴饮讲究菜与酒的搭配。调味时用酒较重，也较讲究，如清汤用葡萄酒、海味用白兰地；进餐用酒较讲究，如吃肉和奶酪时喝红葡萄酒，吃海味时用白葡萄酒，饭前喝开胃酒，饭后喝香槟酒。法国是名酒白兰地、香槟酒的故乡，酿酒业闻名世界，享有"葡萄酒之国"的美称；法国人酒量惊人。酒似乎是普通饮料的代名词，尤其是除夕夜，按风俗要将家中所有的酒都喝光，一个个醉醺醺的，就为来年交好运。

法国的奶酪消费量很大，享有"奶酪之国"的美称，正如前总统戴高乐所说："一年365天，我们法国就有365种奶酪。"奶酪如饭一样必不可少，其品种之多、味道之美堪称世界一绝。喜喝咖啡，巴黎街头有数不清的咖啡馆，工余饭后，约几个朋友到咖啡馆，来上一杯香喷喷的咖啡，边喝边聊，是极好的休闲。

用餐时，两手可放在桌上，但不将两肘放桌上，放刀叉习惯将一半放碟子上，一半放餐桌上。法国人的餐桌上，酒水贵于菜肴，正式宴会则"交谈重于一切"。

4. 节庆

（1）国庆日。以法国大革命时，巴黎群众捣毁巴士底监狱的日期为国庆。每逢国庆都举行庆祝活动，如燃放焰火、文艺演出等，大型的周年庆典一般有盛大的阅兵仪式。

（2）万灵节。节日期间，人们自觉到为国捐躯的先烈墓前敬献花圈，缅怀他们的功绩。

（3）体育节。开始是由国家心脏病基金会发起"为心脏健康而跑"的活动（心脏健康之路）。后来参加的人越来越多，成了全国公认的体育节。

（4）鸡鸣节。节日清晨，北部城市土英哥的一些养鸡户带着木棒、雄鸡，聚集在市中心街道旁，举行"雄鸡啼叫比赛"。雄鸡啼叫一次，就在木棒上用小刀刻一道，最后以啼叫次数最多者为"冠军"。获胜者有双份奖品：雄鸡获得一份营养丰富的饲料，主人可获得一份啤酒。

（5）同龄节。全市年满20、30、40整岁的同龄男性公民欢聚一堂（着礼服、戴礼帽，配上用不同颜色表不同年龄的彩带），举行游行庆祝活动。几乎所有市民都在街道两旁观看，与他们共同分享快乐，然后举行会餐和舞会，一直狂欢到深夜。法国人视之为象征团结与友谊的传统节日。

（6）阿维尼翁艺术节。这一节日最早是为戏剧面向广大民众，由让·维拉尔倡导并创立的，每年7月12日至8月14日在阿维尼翁举行。节日期间，各国剧团和芭蕾舞团以及交响乐团汇聚一堂，切磋技艺。近年来，规模日渐宏大，汇集了越来越多的艺术流派，吸引了爱好艺术的各国观众。

（三）禁忌

法国人视孔雀是祸鸟，认为大象愚笨；厌恶仙鹤及黑桃图案，认定它们代表不吉祥。忌黑色和墨绿色。忌黄色的花，认为是不忠诚的表现；忌送菊花，认为其代表哀伤；送花宜为单数，但应避开"1"和"13"，因忌数字"13"和"星期五"。忌初次见面送礼；男士不宜送香水给女士。不送刀、剑、餐具，因为这表双方断绝关系；讨厌带有广告标志的礼品，忌送本土产的香槟酒、白兰地。在没摆烟缸的情况下不可抽烟。

法国人忌问对方家事和其他个人问题；交谈宜选足以显示其身份、品位的话题，如历史、艺术等。应回避恭维美、英、德国，贬低法国的国际地位与历史贡献的话题；不议论其国内经济、种族纠纷等问题。

三、德国

（一）概况

德国全称德意志联邦共和国，位于中欧西部。人口绝大多数是德意志人（日耳曼人），有少数丹麦人和吉普赛人。居民多信奉基督教，少数信奉伊斯兰教和犹太教。国语为德语。首都柏林，"柏林"原意为"小狗熊"，现存的城徽图案即为狗熊。勃兰登堡门是柏林的象征，还有奥林匹克体育场、波茨坦广场及德意志帝国的一些著名建筑等。全国主要城市有波恩、汉堡、慕尼黑、埃森、科隆、法兰克福、莱比锡、德累斯顿。国歌为《德意志之歌》，国花为矢车菊，国石为琥珀。货币为欧元。德国是发达的资本主义国家，有"经济巨人""欧洲心脏""出口大国""运河大国"等美称。德国旅游业十分发达，有不少吸引游客的文物古迹和旅游设施，德国人民生活水平颇高，带薪假期长，公民普遍爱出国旅游。

（二）习俗

1. 礼貌礼节

德国人视遵纪守法为做人的一种美德，以自觉维护公共秩序为荣，以干扰别人的工作和生活秩序为耻。德国的街道、机关、商店等场所干净美观，一尘不染，没人破坏；道旁路边、房前屋后、街心花园等处广植林木、遍栽花草，环境优美，无人践踏、损坏。公共场合不大声喧哗，生怕影响他人；打电话会顾及对方的工作时间和生活习惯，也会告诉对方自己的姓名，结束时会致谢。

德国人讲究信誉，时间观念强。出席社交场合、从事商务活动都准时赴约；商务谈判时精于讨价还价，正式合同一旦订立，必定严格遵守，依约而行；交谈时珍惜时间，不说闲话，直奔主题。

德国人热情坦直、待人诚恳、注重感情。若向德国人打听某事，会得到热情解答；若问路，会热忱为你指点迷津，或陪走一段路，或不辞辛苦地陪送到目的地；倘若自己不知道，也会替你问别人；若有事抽不开身，就会委托他人相送；不厌其烦地帮人排忧解难，令人敬佩。

德国人在人际交往时非常重视礼节，社交场合见面或道别采用握手礼。亲朋好友行拥抱礼，上了年纪的德国人，习惯于脱帽致意。乐于在打招呼时称对方头衔（职衔、学衔、军衔），不喜欢直呼其名，对方让你以名相称才可称名，一般仅称其姓。名片使用较普遍。应邀做客应带上鲜花作礼物。主人热情待客，请你喝酒，喝得爽快，主人会很高兴；宴席上男子坐妇女和地位高的人左侧，女士离开和返回餐桌时，男子会起立致意表礼貌。

2. 服饰

德国人着装打扮的总体风格是庄重、朴素、整洁。很难接受过分前卫的服装，不喜欢穿过分鲜艳花俏的服装，难于容忍衣冠不整、服装不洁者。

德国人日常着装趋向自然、大方，较为简朴，喜欢穿宽松的休闲装，男士爱穿西装（单上衣）、夹克，妇女爱穿翻领长衫和色彩图案淡雅的长裙，化淡妆；对发型较为重视，男士不剃光头，少女多为短发或披肩发，烫发的大多是已婚女士。

正式场合，穿戴整齐，衣着一般为深色，男士穿三件套西装，打领带；女士穿过膝套裙或连衣裙；均注意穿深色鞋袜与之搭配。

3. 饮食

德国人早餐较简单，吃面包、喝咖啡。午餐为主餐，主食为肉类、色拉、面包、蛋糕、面条、米饭等；喜吃马铃薯（以刀、叉背将其压碎，不切食）、牛肉、猪肉、鸡鸭及野味；不吃羊肉、海味和动物内脏；口味清淡，偏酸甜，不喜油腻，不喜辣。晚餐吃夹着香肠或火腿的土司之类的冷餐；邀客至家，通常是简便的自助餐，也被视作一种特殊礼遇；因德国人家庭观念强，视亲人团聚为最幸福的时刻，故很讲究晚餐氛围，喜欢点几根小蜡烛，在幽淡的烛光里，促膝谈心、饮酒进餐。德国人还爱吃各种水果，喜吃中国菜。

德国人以嗜喝啤酒著称于世，有"啤酒王国"之称，并有"喝啤酒的礼仪"：进餐时，先喝啤酒再喝葡萄酒，反之则被认为有损健康；添酒时，因啤酒杯一般很大，须将杯子倾斜对着瓶口，以免外溢；开瓶时，啤酒可放桌边地板上，这样就不会发出太大声响；一般情况下不碰杯，一旦碰杯则需一口气喝光杯中酒。德国人按场合上酒：大型宴会前喝甜葡萄酒，吃鱼、蛋、烤肉时饮红葡萄酒；吃野味则喝啤酒，外加干酪；离席前还可喝杯香槟酒。

4. 节庆

（1）啤酒节。这是德国的传统节日，每年9月最后一周到10月第一周在慕尼黑举行，历时半月之久，又称"十月节"。相传，啤酒节始于1810年，巴伐利亚王国的王子结婚时，举行大规模赛马活动，结束后大家饮酒作乐以示庆贺。因 10 月正是喜庆收获的季节，人们辛勤劳动之余，大喝啤酒，以后相沿成习。节日期间，人人举杯畅饮，啤酒的人均饮用量世所罕见，故人们惯称慕尼黑为"啤酒之都"。

（2）狂欢节。每年 11 月 11 日开始，到次年 2 月中旬复活节前夕结束，是德国传统的宗教节日，也是农民的春节。农民用狂欢活动来抵御恶魔、驱逐寒冬、迎接春天、祝愿丰收；城市的狂欢节最后一周有两个波峰——"女人节"和"疯狂星期一"。"女人节"是最后一周的星期四，狂欢节进入高潮，莱茵地区博依尔等地的妇女成群结队冲入市政府大厅，坐上市长办公椅，表演接管市政府权力的喜剧；还可在大街上剪下男子的领带，拿回去钉在墙上欣赏。狂欢节结束前一天一定是星期一，这天有化装大游行和大型狂欢集会与舞会，而集会与舞会常持续到午夜，是狂欢节的顶点，故称"疯狂星期一"。

（3）阿尔卑斯角笛节。这是德意志民族传统节日，每年秋天举行。参与者不仅有德国居民，也有来自奥地利、瑞士的客人。角笛节可说是一种工艺品展览会。每根参赛角笛的表面图案和花纹的雕刻及油漆等都特别讲究。有的以长度称雄，有的以做工精细、新颖别致居首，有的则以发音纯正夺魁。

（三）禁忌

德国人极度厌恶"13"或"星期五"。忌纳粹党党徽，故比较反感四个人交叉握手，或在交际场合交叉谈话；交谈时不宜涉及纳粹、宗教与党派之争。星期天商店一律停业休息，这一天上街购物，一定会空手而归。忌食核桃。送礼切勿选择刀、剑、剪、餐刀和餐叉；不送蔷薇（专用于悼念活动中）、菊花；不用褐色、白色、黑色的包装纸和彩带包装礼品。

四、意大利

（一）概况

意大利原意"牧羊场"，是个古老而美丽的国家。意大利大部分国土位于欧洲南部亚平宁半岛上，还包括地中海的西西里岛和萨丁岛等岛屿。人口绝大多数是意大利人，还有奥地利人、法兰西人、拉丁人、罗马人等。居民多信奉天主教。意大利语为官方语言，个别地方讲法语和德语。首都罗马，是古罗马帝国的发祥地，也是天主教的中心。因建于"七丘"之上，故有"七丘城"之称。罗马被誉为"露天历史博物馆""文艺复兴时代的艺术宝库"，斗兽场、罗马水道、万神庙、天使古堡等均是罗马的名胜古迹。全国主要城市有米兰、那波利、威尼斯等。国歌为《马梅利之歌》，国花为雏菊，国石为珊瑚。货币为欧元。意大利是发达的资本主义国家有"欧洲花园""欧洲炼油厂""旅游之国""航海之国"等美称。意大利旅游业十分发达，是一个有诱惑力的旅游资源丰富的国家，外出旅游的人很多，且很多人有周游列国的欲望，近年来，愈来众多的意大利人前来我国旅游。

（二）习俗

1. 礼貌礼节

意大利人的宗教观念极强，宗教性节日多，按政府的规定都要放假。

意大利人性格豪放、感情丰富、热情友好、彬彬有礼，非常重视"古已有之"的礼节，并极力主张以本民族优秀的传统来净化社会风气。见面大多行握手礼，并向对方问好，也可挥手致意；亲朋好友之间可行拥抱礼，男士可对女士行吻手礼，亲吻礼也常用；戴帽的男子路遇友人须将帽檐拉一下，以示问候和尊敬。

意大利人的身份观念很强，人际交往中重视别人的地位等级，对来自家学渊源、历史悠久家族的人士，会刮目相看。意大利人的姓名是名在前，姓在后，妇女婚前姓父姓，婚后姓夫姓。正式场合（包括书写函件、请柬）宜称其全称；除极熟的故交外，不可直呼其名，应以"您""先生""夫人""小姐"相称；尤喜对方用头衔相称，乐于交换名片。与意大利人打交道，不套用我国的称呼。在意大利"爱人"即"情人"，不宜用；意大利人忌老，不要称呼"老人家"。"小鬼"在意大利的含意是"小妖怪"，因此叫小孩"小鬼"就会显得既不尊重又有诅咒之意。

意大利人很少邀客至家，若应邀上门，应带上葡萄酒、巧克力或鲜花等礼物；意大利人热情如火，亲友间常跳舞联欢，交谈时喜欢运用不同的手势来表达思想感情，极爱聊天。遇到不相识的人问路，会热心指点，耐心地开车将其送到目的地；交警遇老人和外宾过马路，定会主动护送，人们有事乐意找警察帮忙。

意大利人社交中注重文明礼貌，观足球赛，遇精彩场面，会欣喜若狂，尽情发泄内心情感；在歌剧院、影剧院则鸦雀无声。约会时，许多意大利人都会晚到几分钟，认为是一种礼节，也是一种风度。

2．服饰

意大利人历来讲究着装打扮，普遍认为衣着体现修养与见识，反映为人处世的态度。意大利人衣着考究。意大利的时装和皮具举世闻名，抛头露面时，穿品牌、讲做工，注意整体搭配的每一细节。意大利人衣着时髦。意大利服装工业早就在左右着世界的潮流、时尚。衣着讲个性，讲究标新立异，有地位、身份的人，每天衣着不重样。一件时装不在社交场合穿第二次。在商务、政务活动中，穿西装套装或套裙。

3．饮食

意大利的烹调艺术被誉为"西菜烹调艺术之母"，风味菜肴可与法国大菜媲美，其特点是味浓、香、烂，尤以原汁原味闻名，烹制方法多为炒、煎、炸、红烧；爱吃牛、羊、猪肉和鸡、鸭、海鲜；因菜肴只要求六七分熟，故有些菜是直接调制，如生吃牡蛎和蜗牛；来到中国爱吃粤菜，能接受川菜（无辣或微辣）；饭后爱吃苹果、葡萄、橄榄、酸奶。

意大利人喜吃米饭和面食，面食可当主食，可当菜肴，且品种繁多，如馄饨、葱卷、通心粉等，仅通心粉就有80余种，因受公众欢迎而闻名于世。吃通心粉时不要出声太大，一定要使用刀叉和汤匙，方法是右手拿叉，左手拿汤匙，最后连碟中的调味品也要吃光，绝不能留下。

意大利人喜欢喝酒最有名的是雅诺葡萄酒；酒是人们离不开的家常饮料，男女都喝，一顿饭，菜只两三道，但酒可喝上一两小时，甚至喝咖啡也掺点酒；客人来访以酒相敬；过节要喝酒，宴会上，每一道菜更换一种酒，酒色、杯形也不同。

意大利薄饼是当今世界流行的方便食品中的佼佼者，其来历类似中国苏杭一带的名菜"叫花鸡"，相传几百年前在那不勒斯城有一个"叫花子"，讨到一点面粉，将其和匀揉成薄饼，放火上烘烤，烤出的薄饼又香又脆，别有风味，后经改进演变而成。

4. 节日

（1）情人节。起源于古罗马，现已成为世界各地青年喜爱的节日。

（2）狂欢节。起源于古罗马的农神节。人们为庆贺每年农事的开始而狂欢几天。后来，罗马天主教盛行的地方每年斋戒期（复活节之前40天）前几天举行狂欢活动。维亚雷焦的狂欢节于每年2月中旬开始，它与法国的尼斯并列为欧洲狂欢节活动的两个中心。每逢节日，意大利各地和世界各大洲的游客纷至沓来，热闹非凡。规模巨大的化装游行是节日中备受欢迎的。反映当前政治、经济、文化生活等不同侧面的各种模拟像，被安放在缓缓行驶的巨型彩车上，以其辛辣幽默的手法讽刺时政、揭露弊端而博得众人喝彩。在著名水城威尼斯举行历时7天的迎春狂欢节，别有一番情趣。参与者都要按威尼斯的传统习俗把自己装扮起来，尽情欢乐；表演主题是反映冬去春来、生命与死亡的决斗，最后人们点火烧毁"冬天的形象"象征生活进入一个新的起点。

（3）复活节。这是基督教纪念耶稣复活的节日，该教称耶稣被钉死于十字架后第三日复活。公元325年尼西亚会议规定每年春分月圆后第一个星期日为复活节。具体日期并不固定，在3月22日至4月25日之间。因鸡蛋孕育新的生命，人们就把蛋作为复活的象征。节日期间，人们以彩蛋作为礼品和吉祥物，有的把兔子糖及巧克力做成的彩蛋糖送人，深受人们欢迎。

（4）降灵节（圣灵降临或圣神降临节）。这是基督教纪念"耶稣门徒领受圣灵"的节日，据《圣经·使徒行传》所载，耶稣在复活后第40天升天，第50天差遣圣灵降临，门徒领受圣灵，开始传教。

（5）建城节。罗马是意大利的首都，也是古罗马的发祥地。它建于公元前753年。传说当时战神马尔斯和里亚·西尔维亚结合，生下孪生子罗马鲁斯兄弟，其叔阿穆里乌斯发现后杀害了西尔维亚，又把罗马鲁斯兄弟放在篮筐里抛到台伯河中，幸而篮筐被冲上岸，一只母狼喂养了罗马鲁斯兄弟，后又被猎人抚养成人。长大后，他们设法杀死了阿穆里乌斯，并在母狼抚育他俩的台伯河畔建城，以其名命名为罗马。到现在还把母狼哺婴的图案作为罗马的城徽。节日期间全城狂欢庆祝。

（6）赛船节。意大利水城威尼斯在这期间要举行七八次划船比赛，这是水城人员崇尚的活动之一。其中以9月第一个星期日的划船比赛最显隆重，历史也最悠久，被称为"历史性的雷加塔"，意即划木桨船比赛。

（7）圣诞节。这是基督教纪念耶稣诞生的节日，始于公元4世纪初，但罗马教堂纪念日期不统一。据说12月25日为古罗马人祭祀太阳神的日子，以祈求太阳发出更多的光和热；罗马教堂为排斥异教的这种祭祀活动，便宣布12月25日为耶稣诞生日，以扩大基督教的影响。在欧洲和其他各地，圣诞节不仅是宗教节日，也是民间的重大节日。

5. 特殊习俗

意大利人过年习俗别具一格。除夕夜，人们涌向街头，一边燃放爆竹和焰火，一起唱歌跳舞。午夜时分，家家户户将旧的瓶、盆、坛、罐全部从窗口扔出户外摔个粉碎，以示丢掉烦恼与厄运。这是意大利人摔摔打打辞旧岁、快快活活过新年的传统方式。

（三）意大利禁忌

意大利人忌"13"和"星期五"；忌送用于丧葬的菊花及图案，对女士不随便送玫瑰、手帕、丝织品和亚麻织品；日常也不送手帕，认为是亲人离别擦眼泪用的不祥之物；忌紫色，忌仕女像、十字花图案。

意大利人聊天话题多变，且偏爱争辩，反对人云亦云，主张直言不讳，与之交谈，应注意分寸；忌谈论政治、宗教、纳税、美式橄榄球等；不要提起"黑手党"、贪污腐败、政治暗杀、各地发展不均衡及二次世界大战时意大利曾追随过德国法西斯的历史。

五、西班牙

（一）概况

西班牙位于欧洲西南部伊比利亚半岛上，西临葡萄牙，北濒比斯开湾，东北与法国、安道尔接壤，东南临地中海，南隔直布罗陀海峡与非洲的摩洛哥相望，扼太平洋和地中海航路的咽喉，被称为"通往欧洲、非洲、中东和拉丁美洲和桥梁"。人口主要是西班牙人，还有加泰罗尼亚人，巴斯克人和加里西亚人；居民绝大多数信奉天主教。西班牙语为官方语言，少数人讲泰罗尼亚语（东北部）、加列果语（西北部）、巴斯克语（北部）。首都马德里为西欧旅游胜地，也是一座历史悠久的古老城市。市内古建筑星罗棋布，名胜古迹比比皆是，有哥伦布广场、地下艺术城、普提多美术馆、考古博物馆、太阳门广场、西班牙广场、马德里皇宫等。全国主要城市有巴塞罗那、巴伦西亚、塞维利亚、毕尔巴鄂等。国歌为《皇家进行曲》，国花为石榴花。货币为欧元。西班牙有"橄榄王国""旅游王国"的美称。

（二）习俗

1．礼貌礼节

西班牙人热情奔放，乐观向上，无拘无束，讲求实际。初次见面行握手礼；遇挚友爱用拥抱和亲热的拍肩等互致问候。人们交换名片，讲究递出时必回敬，名片上的名字后面还加上母亲家族的姓氏。多以"先生""夫人""小姐"相称，对未婚女子必在"小姐"后加教名称呼；拜访和协商要事需事先约定，大多晚到10~15分钟；应邀到家做客，可带一束鲜花和点心、蛋糕、巧克力等作礼物；因西班牙商人的作风非常贵族化和保守，与之交往，作风、举止也应保守正式些，多讲些礼节。

2．服饰

西班牙人讲究穿着，如出席正式场合或从事商务活动，宜穿保守式西装，内穿白衬衫，打保守式样的领带，皮鞋以黑色为宜（西班牙人历来喜欢黑色）；妇女上街须戴耳环，否则就像正常人没穿衣一样，被人笑话。

3．饮食

西进牙人对饮食极为爱好和讲究，如塞戈维亚的烤乳猪、米兰达埃布罗的烤羊肉，巴伦西亚的"巴戈亚饭"、曼卡的奶酪、比斯开湾的海味，都是久负盛名的。西班牙人以西餐为主，也乐于品尝中国菜；早、晚餐较随便，极为重视午餐；喜喝冷汤，喜吃鸡、鱼、虾，口味偏厚重浓郁，爱吃蔬菜、水果，爱饮啤酒和葡萄酒。西班牙人喜爱美食，在"吃"字上是下了一番功夫的，庆祝节日的重要活动是享受美味佳肴，如其口语："饱口福，到节日"。一年12月，月月都有大饱口福的节日：1月17日为口福节，当天夜晚，人们围在篝火边，依次吃米饭、鳗鱼馅饼、香肠面包等，一直吃到天亮；2月的狂欢节要吃蜜糖面包卷和烧薄饼，3月的烹调节，要吃蜗牛、沙丁鱼烹制的佳肴；4月的复活节，吃烤乳猪、羊肉等；5月的苹果节，要尽情吃苹果；6月的拉萨卡节，在广场的篝火旁吃烤牛肉；7月的葡萄节，可畅饮葡萄酒；8月的螃蟹节，吃螃蟹烹火鸡；9月的鲜果节，要品尝各类水果，必吃草莓和葡萄；10月15日是全国烹调日，享受各种时令佳肴；11月的丰收节，吃油炸饼、烤猪肉、香肠、野味；12月庆除夕，更是大吃大喝，喝一种蒜瓣汤预祝来年万事顺心。

4．节日

（1）元旦。西班牙人过年，一定手拿一枚金币，才算有福气，若没金币就用铜币代替。小孩在元旦打架、骂人、啼哭是不祥之兆，大人们为看到孩子的笑脸，几乎满足他们提出的一切要求。除夕夜，所有家族人员须团聚，以音乐和游戏相庆贺，午夜12点的钟声刚响时，每人开始吃12颗葡萄，必在第10响前吃完，这样预示新年快乐。

（2）玩偶节。这是西班牙巴伦西亚市人民的传统节日，起源于中世纪，具有悠久的历史。每年3月，工艺匠将一年积留的残次品堆放一起，放火烧掉，边烧边祈祷上帝保佑新的一年少出废品，生意兴隆，日子富足。玩偶节发展至今，由技艺高超的艺术工作者、职业雕刻家、民间艺人来制作玩偶；将题材不同、姿态各异、形态逼真的模拟像供人欣赏；当广场耸立近千件模拟像时，即节日来临，市民们倾城而出，兴高采烈地观赏；夜晚彩灯齐明，五颜六色的灯光映照着模拟像，宛如童话中的梦幻世界，显得奇妙异常，让人目不暇接。节日的最后一天，活动达到高潮，人们载歌载舞，簇拥着获奖作品，绕场一周，选代表将其送至市博物馆永久保存。深夜，将余下的模拟像堆放在广场中央，烧掉"玩偶"。

5．特殊习俗

（1）扇子的妙用。西班牙妇女喜欢用扇做出各种动作来表达不同的感情，一些不便说出口的话可用扇子来表达。打开扇子把脸的下半部遮起来，意为"你喜欢我吗？"或是"我爱你"。把扇子一会打开一会合上，意为"我非常想念你。"打开扇支着下巴，意思是"我希望下次同你早点见面。"一个劲地快速扇，那就是："离开我！不然，我丈夫要叫你吃苦头的。"将扇子翻来翻去，意为"你太讨厌。"收折扇子意为"我不喜欢你，我爱的是别人。

（2）斗牛。斗牛是西班牙盛行的一种富有民族特色的竞技，吸引着成千上万的观众，它是斗牛士在力量和智慧上与牛的一场生死搏斗。斗牛场是一个直径为80米的圆形露天沙地，场地四周有绿色挡板，供斗牛士遇险时掩蔽身体，挡板后面是2米高的阶梯看台。表演前，要举行入场仪式，每场表演分六节进行，每节斗一头牛，从小牛到大牛，每节大约进行半小时。主席台在每节表演前向观众介绍牛名、年龄和体重。表演开始，经挑选和特别训练过的凶暴的公牛冲进场地，接着十几个斗牛手挥舞着红绿两面的布莱卡，在不同地点挑逗公牛。牛见红色就本能地不顾一切地进攻，见绿色就本能地停止追扑。经几个回合的挑逗和刺激，公牛便怒不可遏，而斗牛手的灵巧步伐和转身躲避的动作，常博得观众的喝彩。接着，两排刺牛士骑着身披红色铁甲的高头大马进入场内，骑士挺着长矛直刺牛背，经几番刺杀，公牛背上鲜血淋漓，性情变得更加暴躁。然后，身穿红衣的投枪手出现在公牛面前，他用双手同时将一对投枪插进牛背，几回合后，又将两柄投枪插到牛背同一点上，此时，公牛疼痛难忍，在场内狂奔乱跑。最后杀牛手出场，当总指挥和牧师宣布授予斗牛士结束公牛生命的权力时，他用一支长剑猛刺牛的心脏，顿时鲜血喷涌，公牛立刻栽倒在地。如斗牛士一次即把牛杀死，总指挥便将牛耳割下赠给斗牛士，以资纪念。牛被杀死后，乐队高奏凯歌，斗牛士接受观众的祝贺。然后，用四匹大马套成的拖车将牛拖出斗牛场。西班牙全国共有牛场 400 多个，每年举行各种形式的斗牛活动 300~500 场次，是名副其实的"斗牛王国"。马德里是全国斗牛中心，有"斗牛之都"的称号。

（三）禁忌

西班牙人忌"13"和"星期五"；忌送大丽花与菊花，因它们与死亡有关；红玫瑰常被用来送给演员和女友。

西班牙人不愿谈论宗教、家庭及个人工作问题；不要把西班牙的政治与本国政治进行比较；西班牙人对斗牛有着极为浓厚的兴趣，只有看斗牛才准时；交谈话题若涉及斗牛，须将其看成是一种伟大的、难度极高的、地道的西班牙艺术；若非议斗牛活动，他们会很不高兴。

六、俄罗斯

（一）概况

俄罗斯位于欧亚大陆北部，地跨东欧和北亚，是世界上面积最大的国家。人口中俄罗斯人占大多数，还有鞑靼人、乌克兰人、楚瓦什人、白俄罗斯人、德意志人、犹太人、摩尔瓦人、达格斯坦人等。居民主要信奉东正教，其次是伊斯兰教和天主教。俄语为官方语言，英语普及率极低，即使受过中、高等教育也极少会英语，而德语和法语在知识界较普及。首都莫斯科为俄罗斯最大城市，始建于公元 1147 年，从 13 世纪起成为莫斯科公国、俄罗斯帝国的首都；莫斯科市以红场和克里姆林宫为中心，街道呈环状辐射；市内独具风格的古典建筑与现代化高楼大厦交相辉映；莫斯科还是俄罗斯科学文化中心，有高等院校、科研单位、歌剧院、话剧院、博物馆、图书馆等多座；始建于 12 世纪的克里姆林宫是莫斯科市的标志。全国主要城市有圣彼得堡、伏尔加格勒、符拉迪沃斯托克（海参崴）、新西伯利亚、摩尔曼斯克等。国歌为《俄罗斯，我们神圣的祖国》，国花为向日葵。货币为卢布。近年来，随着两国睦邻友好关系的发展，边境贸易剧增，引来了大量的旅游客源。

（二）习俗

1．礼貌礼节

俄罗斯人素来以热情、豪放、勇敢、耿直而著称于世。习惯先问候再握手；初次见面行握手礼；熟人、亲友之间，尤其是久别重逢时则热情拥抱，有时还互吻双颊，男士对女士行吻手礼；欢迎贵宾的极高礼遇是献上面包和盐，对方须欣然笑纳。

苏联时期俄罗斯人惯以"同志"称呼他人，随着社会制度的变更，现在正式场合，采用"先生""小姐""夫人"相称；看重社会地位，对有职务、学位、军衔的人，一般以职务相称；对长辈、上级、女士、不熟悉的人一律用"您"。俄罗斯人的姓名由本名、父名和姓氏三部分组成，妇女婚前用父姓，婚后改用夫姓，不更改本名和父名。称呼时依民俗可按彼此间的关系，具体采用不同的方法。对较熟悉者，只称其姓，或直接叫名字。为表示特别的尊重与敬意，可将本名与父名连在一起称呼。对长者表特殊尊敬时，最好直接称呼其父名，家人或亲朋好友，有时还用爱称。初次见面或是极为正规的场合，才将姓名三部分连在一起称呼。

公共场所大都遵守公共秩序，举止文雅，不随便扔东西。普遍保持着尊重女士的良好风尚，并将其作为衡量男士修养水平的标准。"女士优先"体现在帮女性脱大衣、拉门、找座位、宴席上帮其分菜、抽烟需征得女士同意等方面。

2. 服饰

俄罗斯人讲究仪表，注重服饰。传统服装为男士穿粗麻布长袖斜襟衬衣，系软腰带，穿瘦腿裤，外穿毛呢外套，戴毡帽，穿皮靴。女人穿粗麻质地带有垫肩、刺绣的长袖衬衫，配方格裙。已婚妇女须戴头巾，以白色为主，未婚姑娘则戴帽子。

城市居民多穿西装和套裙，质地和式样都很讲究，春秋季喜欢在西装上套一件漂亮的风衣，冬季则以毛呢大衣为主，妇女爱化淡妆；因气候的原因，服装稍显厚重。上班和社交时，着装都会较为正式；若不系纽扣、敞开衣襟，或将衣服搭肩上、围腰间、拎手中，都是不文明的。任何公共场所都设有衣帽间，进门后须将外套、帽子、手套、围巾、墨镜等衣物存放到衣帽间里。

3. 饮食

俄罗斯人以面包、牛奶、奶油、肉类、土豆为主，喜爱各种甜食与炸、煎、炒的食物，讲究量大实惠，油重味厚，喜欢酸、辣、咸味，尤爱吃冷菜；特色食品有鱼子酱、酸黄瓜等。早餐简单，几片黑面包，一杯酸奶即可；午、晚餐较讲究，一定要喝汤，且汤汁很浓；爱吃红烧肉、红烧鸡、烤羊肉串、烤山鸡、烤鸭等，爱吃我国的糖醋鱼、辣子鸡、香酥鸭、烤羊肉等；还爱吃青菜、土豆、萝卜、西红柿、洋葱、黄瓜、酸白菜、奶酪、水果等。

俄罗斯人爱喝烈性酒和饮料，男子善饮，酒量很大，爱喝名酒伏特加，对中国的茅台、西凤等烈性酒也有浓厚的兴趣，不爱喝葡萄酒，喜喝加糖的红茶，不习惯喝绿茶，饮茶方式是在茶中加果酱、蜂蜜，并佐以糖果、饼干类点心；爱吃冰淇淋。

俄罗斯人多用刀叉，用餐时不发出声响，不能用匙饮茶。只用盘子不用碗。参加宴请，对菜肴应加以称道，尽量多吃些，俄罗斯人将手放在喉部，表示已吃饱。

4. 节庆

（1）新年。在俄罗斯，新年的概念要比其他国家宽泛得多，近几年来在迎新的十多天内要过三个节：12月25日的圣诞节，11月1日的俄罗斯全民新年，11月7日俄历圣诞节。人们把圣诞节的传统习俗与过新年结合起来。身穿大皮袄的圣诞老人被称为冬老人，代表旧岁；体态轻盈的雪姑娘代表新年；这一老一少在辞旧迎新的晚会上给人们分发礼物，受到大家欢迎。大多数人喜欢在家过年，男子汉们痛饮伏特加；当电视、广播里传出克里姆林宫的12响钟声后，男女老少互祝新年快乐；女主人则按习俗，要大家说一个新年的心愿。

（2）送冬节。这是俄罗斯人的传统节日。届时，许多城乡都要举办狂欢活动；为表现自己的纺织技艺，妇女们在节日里举办"时装表演"；家家户户将住宅装饰起来，以竞奇趣。

（3）奔跑节。节日期间，各地成千上万的人在欢乐的气氛中参加各种跑步活动。近几年来，青年人选定奔跑节举行婚礼，主要内容是新婚夫妻赛跑，认为婚礼仪式是健康向上的表现，预示爱情生活将沿着幸福的方向发展。

（4）扫墓日。俄罗斯人在复活节后的第九天，都去祭拜祖坟，全家人一起到墓前献花、摆祭品（酒、茶、面包、水果等），铲除墓边杂草，然后一起去野餐。

（5）谢肉节。谢肉节又称"送冬节（春耕节）"，是俄罗斯的一个重要的传统节日。在每年2月底~3月初，大约持续一周。谢肉节源于中世纪的斯拉夫民族，人们认为当太阳神雅利拉战胜了严寒和黑夜的时候，就是春天来临的日子，也意味着春耕即将开始。

（三）禁忌

俄罗斯人讨厌仅用于丧葬的黑色；忌"13"和"星期五"；送花宜单数；对兔子的印象较坏，十分厌恶黑猫；打碎镜子和打翻盐罐，被认为是不吉利的预兆；因主张"左主凶，右主吉"，故不以左手递送物品或接触别人。俄罗斯人不吃海参、海蜇、乌贼和木耳。有的人不吃鸡蛋和虾。鞑靼人不吃猪肉、驴肉、骡肉。犹太人不吃猪肉，不吃无鳞鱼。忌谈政治矛盾、经济难题、宗教矛盾、民族纠纷、苏联解体、阿富汗战争及大国地位问题。

第四节 非洲地区礼俗

非洲是世界文明的发源地之一。非洲人勤劳智慧。非洲人大体分黑种人和白种人。黑种人大多信奉原始宗教、拜物教；白种人以信奉伊斯兰教为主。礼俗往往由宗教信仰决定。

一、埃及

（一）概况

埃及是世界四大文明古国之一，历史悠久，文化灿烂，"埃及"是沿用古代的希腊语，埃及人则以阿拉伯语自称"米斯尔"，原意是"辽阔的国家"。埃及位于非洲东部，小部分领土（西奈半岛）位于亚洲西南角，是地跨亚、非两洲的国家。人口主要居住在仅占全国面积约4%的尼罗河两岸、苏伊士地峡区少数绿洲上，是世界上人口密集的地区之一。人口主要是阿拉伯人，还有科普特人、贝都因人和努比亚人，大多信奉伊斯兰教，科普特人信奉基督教。阿拉伯语为官方语言，通用英语、法语。首都开罗是一个具有悠久历史和文化的名城，也是非洲、中东的文化中心，埃及的工业中心，非洲最大的城市和重要的国际交通枢纽。开罗有许多名胜古迹，最著名的是约建于公元前二十七世纪的"金字塔"。全国主要城市有亚历山大、塞得港、苏伊士、阿斯旺等。国歌为《我的祖国》，国花为睡莲，国石为橄榄石。货币为埃及镑。

（二）习俗

1. 礼貌礼节

埃及人正直、爽朗、宽容、好客，这种特殊个性被称为"埃及风格"，总是以幽默的心情来应付严酷的现实生活。见面行握手礼（不要加左手），某些场合使用拥抱礼或亲吻礼（男性握手、女性亲吻）。无论什么场合，早晨6点至中午12点，见面要互致问候。一家人早出晚归也互道"早上好""再见""晚安"等；亲密的朋友相逢，先握手再吻面颊，然后手拉手互致问候，除年龄、收入、妻女、隐私外，几乎所想到的都要问候一遍，时间为几分钟至十几分钟。商务活动互赠名片。

埃及人的称呼极有特点，老人称青年"儿子""女儿"，学生称老师"爸爸""妈妈"，穆斯林之间互称"兄弟"，关系密切的人也称兄道弟，这些并不表示具有血缘关系，只表尊敬或亲切。与其交往，除采用国际通行的称呼外，可酌情使用阿拉伯语的尊称。埃及人非常好客，喜欢贵客临门。拜访要事先预约，以主人方便为宜（晚上6点后、斋月期间不宜拜访），应准时赴约，可送小礼物。穆斯林家的女主人不待客，勿打听或问候，不同女性交谈，不与戴面纱的女性搭话。客人进门互致问候后，主人上茶并留客用餐，客人应将茶喝完，不喝茶或留茶于杯，预示主人的女儿找不到婆家。有自制甜点待客的习俗，客人最好不谢绝。受到款待要再三致谢。就座后勿将足底朝外，更不要朝向对方。若赞美了主人的菜物品，即使价值很高，慷慨大方的埃及人也会当场奉送，直到客人收下为止；客人不要坚持不收，那样会令主人不高兴。

2. 服饰

埃及人（大城市、各界人士）的着装打扮早已与国际潮流同步；普通百姓和上了年纪的人着装依旧保守，喜穿长衣、长裤、长裙。城市平民、乡村农民平时还是穿民族传统服装——阿拉伯大袍，裹长巾，罩面纱。乡村妇女喜欢佩戴首饰，尤喜佩戴项饰，喜欢将发辫梳成单数。不穿绘有星星、猪、狗、猫及熊猫图案的衣服。

3. 饮食

埃及人以"耶素"（不发酵的平圆形面包）为主食，爱吃羊、鸡、鸭肉与土豆、豌豆、南瓜、西红柿等，口味清淡，裹甜香而不油腻。烤羊肉串、烤全羊是佳肴；香酥鸡、咖喱羊肉、牛奶酸黄瓜是待客名菜；大饼、炒米饭、焖蚕豆是流行的大众饭；柠檬汁和洋葱头是餐桌上必不可少的调料；爱吃中国的川菜。正式宴会必有甜点，酷爱酸奶、茶和咖啡，许多城市的街头咖啡馆随处可见。多用手取食，用餐后要洗手；正式场合用刀、叉和勺子。

4. 节庆

（1）惠风节。这是埃及的传统节日。古埃及人以农为本，十分重视这个节日，视之为幸福的希望。该节日阿拉伯语叫"谢姆奈希姆"，含有"吸入和风"之意。节日的传统食品是鸡蛋、腌鱼和生菜。古埃及人认为宇宙呈蛋形，后来分为两半，才有了天穹和大地，故鸡蛋被看成生命的象征和起源；吃鸡蛋是新年的吉兆。崇拜鱼类，认为江河湖泊里出现游鱼是好兆头；还认为生菜象征春天的葱绿，能强壮身体、促进生育，就选生菜作为祭品供养生育之神。惠风节吃鸡蛋、腌鱼和生菜的风俗沿袭至今。

（2）尼罗娶妇节。古埃及人出于对尼罗河这条神秘巨流的畏惧和迷信，创设了这个节日。节日来临之际，要在埃及全境选出一位美貌少女抛入尼罗河。这曾是埃及女孩的灾难日，到了20世纪40年代改称"忠诚节"，新娘改用石膏制成的模型代替。从此，这一节日既表达了埃及人的善良愿望，又充满了热闹气氛。节日期间是尼罗河河水开始上涨之时，是埃及人感谢尼罗河恩典，举行"尼罗河泛滥节"之日，"尼罗娶妇"是其中内容，人们从四面八方来到河边，抬着尼罗河之神的巨大木雕像、敲锣打鼓、载歌载舞，举行隆重的祭祀仪式。当河水漫过河岸的那一天，人们还要泛舟尼罗河上，尽情地划呀、唱呀，喜悦的心情无法形容；无数只船浮游在河面上，在骄阳照耀下，万道金光闪烁、蔚为壮观；黑夜，船上燃起火把，长长的河段忽明忽暗，宛如银河落人间。

（三）禁忌

埃及人正式用餐忌交谈，否则被认为是对神的亵渎；忌用"不洁"的左手与他人接触或接递物品。埃及人一般都遵守伊斯兰教规，忌饮酒，尽管政府没有明令禁酒，但从家宴到国宴，只有矿泉水或不含任何酒精的饮料。埃及人忌食猪、狗肉，忌谈与猪、狗有关的话题；忌形体近似肥猪的熊猫；不吃驴肉、骡肉；不吃虾、蟹等海味和各种动物内脏（肝除外）、血液；忌食自死之物和未诵安拉之名宰杀之物，忌食龟、甲鱼等奇形怪状的食物；不吃整条的鱼和带刺的鱼。

埃及人忌蓝色和黄色，认为蓝色是恶魔，黄色是不幸的象征，因此遇丧事都穿黄衣；忌谈"针"这个字和借针使用，尤其是下午3点至5点这段时间内，即使有人愿出10倍的价钱买针，店主也婉言谢绝而绝不出售。

二、坦桑尼亚

（一）概况

坦桑尼亚位于非洲东部，赤道以南，东临印度洋。人口主要有苏库马族、马康迪族、查加族、哈亚族等；还有阿拉伯人、巴基斯坦人、印度人、欧洲人等。居民多信奉拜物教、基督教和伊斯兰教。斯瓦希里语为国语，英语为官方通用语。首都为多多马。全国主要城市有达累斯萨拉姆、桑给巴尔。国歌为广泛流传于中非、南非班图族人中的《上帝保佑非洲》的曲调，由集体填词，国花为丁香。货币为坦桑尼亚先令。坦桑尼亚林业资源异常丰富，畜牧业历史悠久，农作物种类繁多，尤以剑麻著名，是世界上主要的剑麻生产和出口国之一，素有"剑麻之乡"的称誉。

（二）习俗

1. 礼貌礼节

坦桑尼亚人爱好音乐，能歌善舞，待人热情诚恳、彬彬有礼，是一个礼仪之邦。见外来客要打招呼问候，握手或点头致意，亲切称为"先生""夫人""女士""小姐"；对年龄相仿的熟人、朋友，除握手外，还热烈拥抱，可直呼其名，可称"兄弟"或"拉菲克"（朋友），对尊敬的长者，有时用敬称；对身份高的贵宾称"阁下"，并双手握拳高举、上下晃动表崇敬与爱戴，是迎客的最高礼节；在坦桑尼亚的执政党内、政府机构内、全国百姓之间见面打招呼习惯称"同志"，甚至对国家高级领导人或外国党政代表团也以"同志"相称，当地人称"思杜古"（斯瓦希里语意为"同志"或"同胞"），是使用最广泛的一种称呼。女性见到男外宾一般点头微笑致意，对贵宾或长辈则双手相交置于腰间，弯腰屈膝行躬身礼，以表尊敬；见到女外宾时，握完手后便围着女宾转圈，嘴里发出阵阵尖叫，这是对客人最亲热、最友好的表示。相互礼让是传统美德，无论什么场合、什么地方遇外来客人或长辈，都会主动让道，请其先行。应邀到家做客，须准时赴约，并准备一份送给主人的精致礼物；有客到访，坦桑尼亚人会非常高兴，事先进行周密细致的准备；客人抵达时，全家人在院门外迎候；客人进家，用饮料、水果招待，接着请客人品尝传统饭菜；客人离去时，有向客人赠礼的习俗。

2. 服饰

坦桑尼亚各部族人都有自己的民族服饰。现在，坦桑尼亚城镇居民穿着较讲究，男子喜欢穿猎装和T恤衫；女子穿一件月牙背心或圆领汗衫，穿色彩艳丽的裙子。裙子用两块两米多长的布料，先在身上围一块，用手在腰部一按一搭，再用同样的方法覆盖另一块，头上包一块花布。

3. 饮食

坦桑尼亚人的主食有玉米、高粱、木薯、豆类、香蕉等，副食是肉类和蔬菜。用玉米粉做成的"乌加利"食品，配上蔬菜、肉类，鲜美可口；用香蕉、花生、木薯粉、棕榈油、辣椒、盐等原料做的"尤乌马"食品，既是主食，又是菜肴，别有风味。饮食特点是口味浓重、不怕油腻、喜食辣味食品，爱吃牛、羊肉（烤羊肉串、烤全羊）；爱吃带浓汁的豆豉鱼、辣味鱼、咖喱牛肉、咖喱鸡丁等；还喜食中国的川菜；上层人士爱吃英式西菜。各部族的饮食习惯有所不同，以畜牧业为生的，以牛、羊为主食；以渔业为生的，以鱼虾为主食。居住在北部维多利亚湖西面的哈亚族，就以种植香蕉著称，用香蕉面制成的"香蕉面包"，配上香蕉烹制的菜及香蕉酒，可让你大饱口福。坦桑尼亚人爱喝咖啡、饮料，爱吃水果。

4. 节庆

（1）元旦。节前，斯瓦希里族家家户户用木炭爆爆米花，撒在屋内每个角落；用玉米和菜豆煮饭，用碗、盆盛好放门前供串亲的过路人随便食用，以驱散妖魔、祈求幸福。节日当天，人们均鸡鸣即起，姑娘们身穿彩裙，走门串户唱民歌，异常欢乐。

（2）中秋节。这是在桑给巴尔举行的一年一度特别庆祝仪式。节日傍晚，在一轮明月升起之前，人们成群结队，来到庭院或广场上，围成一个圈静坐着，一直坐到月亮下沉之后才能说话、娱乐。

5. 特殊礼俗

坦桑尼亚是个多部族国家，各部族习俗独特奇异。有的姑娘喜欢梳一排排的发辫，辫梢续上青丝、黑线、垂线，再在线梢缀以五光十色的珠子，走起路来光彩夺目、叮当作响，显得格外娇艳、俏丽，均以此为美；然而马萨伊族人以女子剃光头，男子留长发梳辫子为美；有的部族妇女则以纹面为美。马萨伊族的婚姻制度十分严格，只许本部男女结合，不许与外族人通婚；帕雷族的男子如看中某女子，经了解认为满意，就择日带一空罐到女方家说亲并将罐留下，女方也做了解，同意就留罐，否则退回男方家。居住在坦噶尼喀的克拉依族人为表敬意常用"蛇饭"待客；坦桑尼亚的妇女们有用头顶搬运东西的习惯。各部落都有自己的传统文化，热爱跳舞，野牛舞、戈戈族舞、哈族舞和尼亚姆维齐族舞在坦桑尼亚的舞蹈中是久负盛名的。

（三）禁忌

坦桑尼亚人忌左手递物；忌食猪肉及动物内脏，忌食海鲜、海参、甲鱼等奇形怪状的食物。哈亚族人忌吃飞禽，也不吃鸡和鸡蛋，虽有养鸡之习，但只为报晓和用作祭品，禁食昆虫（毛毛虫、白蚁除外）；外国游客未经允许禁止在除私人场所或旅游景区以外的其他地方使用照相机。忌称坦桑尼亚人为"黑人"，应称"非洲人"。

本 章 小 结

本章首先对客源国进行了概述，然后分别讲述了亚洲地区、美洲和大洋洲地区、欧洲地区、非洲地区的礼俗。

思 考 与 练 习

一、选择题

1. （　　）对礼俗的影响很大，使用同一语种的人，其习俗、礼节类似或相同。
   A. 交流　　　　　B. 国家　　　　　C. 语言　　　　　D. 民族
2. 下列不属于泰国的节日是（　　）。
   A. 水灯节　　　　B. 宋干节　　　　C. 春耕礼　　　　D. 啤酒节
3. 在澳大利亚，一般认为（　　）是一种不吉利的动物，人们都不喜欢。
   A. 老虎　　　　　B. 乌龟　　　　　C. 小鹿　　　　　D. 兔子
4. 德国人（　　）商店一律停业休息，这一天上街购物，一定会空手而归。
   A. 星期一　　　　B. 星期天　　　　C. 星期五　　　　D. 星期六
5. 日本的佳肴不少，最有名的是六样菜点，即生鱼片、鸡锄烧、牛排、天妇罗、寿司和日本面条，（　　）是最受日本人欢迎的快餐。
   A. 鸡锄烧　　　　B. 天妇罗　　　　C. 寿司　　　　　D. 日本面条
6. 菲律宾人喜欢（　　），视其为一种民间娱乐活动，在专设的场所进行。入场者都可找对手下赌注。
   A. 斗牛　　　　　B. 赛马　　　　　C. 斗鸡　　　　　D. 赛狗
7. 在国际交往场合，菲律宾主人常把（　　）献给客人。
   A. 茉莉花　　　　B. 红罂粟　　　　C. 兰花　　　　　D. 紫罗兰
8. 美国人初次见面不一定会行握手礼，有时只（　　），甚至直呼其名。
   A. 握手　　　　　B. 亲吻　　　　　C. 微笑点头　　　D. 拥抱
9. 意大利人在社交中很注重文明礼貌，观看（　　）时，欣喜若狂，尽情发泄内心情感。
   A. 歌剧　　　　　B. 足球赛　　　　C. 电影　　　　　D. 表演
10. 在法国人心目中，花是有一定象征意义的。不同的花表示不同的感情。他们认为，菊花（　　）。
    A. 象征热情　　　　　　　　　　　B. 表示爱慕之情
    C. 象征哀伤　　　　　　　　　　　D. 象征信赖和安全

二、判断题

1. 新加坡人喜欢祝颂语"恭喜发财",认为含有发财之义。（   ）
2. 在泰国无论是上层人物还是平民百姓,遇僧人须行礼,僧人却概不答礼（国王可例外）,若答礼则视为犯法。（   ）
3. 坦桑尼亚人禁食白蚁、毛毛虫。（   ）
4. 日本人过端午节时,家门外挂几面鲤鱼旗,就表示家里有几个老人。（   ）
5. 韩国人在赠送礼品时,最忌讳日本货。（   ）
6. 德国人喜爱的美食是汉堡。（   ）
7. 在泰国,象征伤心的鲜花是郁金香。（   ）
8. 加拿大人在饮食方面忌吃动物内脏。（   ）
9. 埃及人正直、爽朗、宽容、好客,这种特殊个性称"埃及风格"。（   ）
10. 坦桑尼亚人爱好音乐,能歌善舞,待人热情诚恳、彬彬有礼,是一个礼仪之邦。（   ）

三、简答题

1. 简述日本的风俗习惯。
2. 简述新加坡的风俗习惯。
3. 简述美国的风俗习惯。
4. 简述加拿大的风俗习惯。
5. 简述坦桑尼亚的风俗习惯。

四、案例分析

国别习俗

国内某家专门接待外国游客的旅行社,有一次准备在接待来华的意大利游客时送每人一件小礼品。于是,该旅行社订购制作了一批纯丝手帕,是杭州制作的,还是名厂名产,每个手帕上绣着花草图案,十分美观大方。手帕装在特制的纸盒内,盒上又有旅行社社徽,显得是很像样的小礼品。中国丝织品闻名于世,料想会受到客人的喜欢。旅游接待人员带着盒装的纯丝手帕,到机场迎接来自意大利的游客。欢迎致辞热情、得体。在车上他代表旅行社赠送给每位游客两盒包装甚好的手帕,作为礼品。没想到车上一片哗然,议论纷纷,游客显出很不高兴的样子。特别是一位夫人,大声叫喊,表现极为气愤,还有些伤感。旅游接待人员心慌了,好心好意送人家礼物,不但得不到感谢,还出现这般景象。

（资料来源：王连义. 怎样做好导游工作[M]. 北京：中国旅游出版社,1993.）

请分析：

1. 中国人总以为礼多人不怪,这些意大利人为什么怪起来了？
2. 意大利人有哪些忌讳？

第九章 涉外礼仪

学习目标

掌握涉外礼仪的基本原则，了解主要涉外活动礼仪和禁忌，包括礼宾次序和国旗悬挂法，迎送礼节，会见、会谈、签字、开幕式礼仪和宴请礼仪等。

内容提示

- 涉外礼仪基本原则
- 主要涉外活动礼仪

主要概念

涉外礼仪、会见、宴请

开篇提示

无论是个人还是一个国家，在对外交往过程中都要运用到涉外礼仪，因此，掌握涉外礼仪的基本原则，就不会在涉外活动中出现差错。涉外活动礼仪有很多内容，包括礼宾次序和国旗悬挂法，会见、会谈、签字、开幕式礼仪和宴请礼仪等。涉外礼仪不仅代表个人的形象和素质，是文化修养、精神面貌的重要表现，而且可以有效避免文化冲突。

第一节 涉外礼仪基本原则

涉外通则指与外宾交往时应遵守、应用的有关国际惯例。涉外通则对酒店参与涉外交往的服务人员具有普遍的指导意义。酒店服务人员应了解、掌握涉外通则，在实际工作中认真遵守并加以应用。

一、维护形象

国际交往中人们重视个人形象，形象真实反映一个人的精神风貌与生活态度，也真实体现一个人的品位和教养。国际交往中须时刻塑造自身形象，对仪容、表情、举止、服饰、谈吐和待人接物这六方面做重点维护。

二、不卑不亢

参与国际交往时须高度重视言行，做到从容得体，堂堂正正。须意识到，自己在外宾眼里，代表国家、民族。在外宾面前，既不畏惧自卑、低三下四，也不自大狂傲、放肆嚣张。在涉外交往中要坚持不卑不亢的原则。

三、求同存异

"求同"是要遵守国际惯例，重视礼仪的"共性"。"存异"则要求不否定个别国家的礼俗，不忽略礼仪的"个性"，对交往对象的国家礼俗做必要了解，以表尊重。

四、入乡随俗

在涉外交往中贯彻落实"入乡随俗"原则，身为东道主时讲究"主随客便"，充当来宾时则讲究"客随主便"。

五、信守约定

信守约定是指在一切正式的国际交往中，须认真严格地遵守所有承诺，说话算数，许诺一定要兑现，约会须守时，恪守一切有关时间方面的正式约定。

六、热情有度

热情有度是指要把握好具体分寸，对外宾要热情友好，也要切记不影响、不妨碍对方，不添麻烦、不干涉对方私生活。若不恪守这个"度"，一厢情愿地过"度"热情，处处"越位"，必然会引起对方的反感或不快。

七、不宜为先

不宜为先又称"不先为"原则。涉外交往中，在一时难以应付、举棋不定，或不知怎样做才好的事情上，最明智的做法是尽量不急于采取行动，尤其是不宜急于抢先、冒昧行事。例如，已知女主人是西餐宴会上采取行动的"法定的"第一顺序，任何人抢在她的前面行动，都是没有礼貌的。用餐过程中，万一有一种餐具不会使用，或有一道菜不知怎么吃才好，可留意女主人的具体做法然后悄然跟进。

八、尊重隐私

与外宾打交道时,一定要尊重对方的隐私权。言谈中凡涉及隐私的问题(收入支出、年龄大小、恋爱婚姻、身体状况、家庭住址、个人经历、信仰政见),应自觉回避。交谈时别将"关心他人比关心自己为重"这一中国式的做法滥施于人,或为满足好奇心,不管对方反应如何,"打破砂锅问到底",或信口开河,都会令对方极为不快,甚至会因此损害双方的关系。

九、女士优先

女士优先是国际社会公认的重要礼仪原则。社交场合,男士有义务自觉以自己的实际行动去尊重、照顾、体谅、关心妇女,想方设法尽心尽力地为妇女排忧解难。倘若因男士的不慎,使妇女陷于尴尬、困难的处境,便意味着男士的失职。人们公认,只有尊重妇女,才具有绅士风度。

十、以右为尊

每晚7点整观看中央电视台的《新闻联播》时,你只要稍加留意便会发现:我国的党和国家领导人正式会晤国际友人时,宾主就座的具体位置,是有一定的礼宾次序的。按常规,当我国的党和国家领导人作为东道主,在国内会见外宾时,一般是与外宾并排、居左而坐。因正式的国际交往中,需分左右而并排排列时,其具体位置有尊卑高低之分,主次优劣之别。最基本的规则是右高左低,即以右为上,以左为下;以右为尊,以左为卑。

第二节 主要涉外活动礼仪

一、礼宾次序和国旗悬挂法

(一)礼宾次序的概念及具体要求

礼宾次序是指国际交往中对出席活动的国家、团体、各国人士的位次按某些规则进行排列的次序。礼宾次序体现东道主对各国宾客所给予的礼遇,在一些国际性的集会上表示各国主权平等的地位。

1. 按身份与职务高低排列

这是礼宾次序排列的主要根据。官方活动通常按身份与职务的高低安排礼宾次序。如按国家元首(总统、主席、国王)、副元首(副总统、副主席)、政府总理(首相)、副总理(副首相)、部长(大臣)、副部长等顺序排列。各国提供的正式名单或正式通知是确定职务高低的依据。因各国体制不同,部门之间的职务高低也不尽一致,要根据各国的规定,按相应的级别和官衔进行安排。多边活动中,有时按其他方法排列。无论按何种方法排列,都应考虑身份与职务的高低问题。

2. 按字母顺序排列

多边活动中，常采用按参加国国名字母顺序排列礼宾次序的方法。以英文字母顺序排列最为常见。例如，国际会议、比赛中，公布与会者名单、悬挂与会国国旗、座位安排等均按各国国名的英文字母的顺序排列。为避免一些国家总是占据前排座位，因此用每年抽签一次的办法来决定本年度大会的席位以哪一个字母打头，以便让各国都有机会排列在前。

3. 按通知代表团组成日期先后排列

有一些国家举行的多边活动中，按通知代表团组成的日期先后排列礼宾次序，这也是国际上经常采用的一种方法。东道国对同等身份的外国代表团，一般按派遣国通知代表团组成的日期排列，也有按代表团抵达活动地点的时间先后排列，或按派遣国决定应邀派遣代表团参加该活动的答复时间先后排列。具体采取何种方法，东道国在致各国的邀请书中都应加以说明。

实际工作中，礼宾次序的排列常常不能按一种方法排列，而是几种方法交叉使用并考虑其他因素。例如：把同一国家集团的、同一地区的、同一宗教信仰的或关系特殊的国家的代表团排在前面或排在一起；对同一级别的人员，常把威望高、资历深、年龄大者排在前面；有时还考虑业务性质、相互关系、语言交流等因素，如观礼，观看演出、比赛，大型宴请，在考虑身份、职务的前提下，将业务性质对口的、语言相通的、宗教信仰一致的、风俗相近的安排在一起。

礼宾次序的安排，要全面、周到、细致、慎重地考虑各方因素，恰当地做好工作，避免不必要的误解或麻烦。

（二）国旗的悬挂法

国旗是一个国家的象征和标志。人们通过悬挂国旗，表示对祖国的热爱或对他国的尊重。国际交往中如何悬挂国旗，已形成了各国所公认的惯例。

1. 酒店悬挂国旗的情况

东道国在接待来访的外国元首、政府首脑及由副总理率领的政府代表团时，在贵宾下榻的酒店悬挂对方（或双方）的国旗，是一种外交礼遇。

2. 会谈、签字时国旗的摆放

在会谈、签字时须摆放参加国国旗，通常做法有以下几种：

（1）并列式。

1）两面国旗并挂，当两面国旗并挂时，以旗面面向的观众为准，左挂客方国旗，右挂本国国旗，如图 9-1 所示。

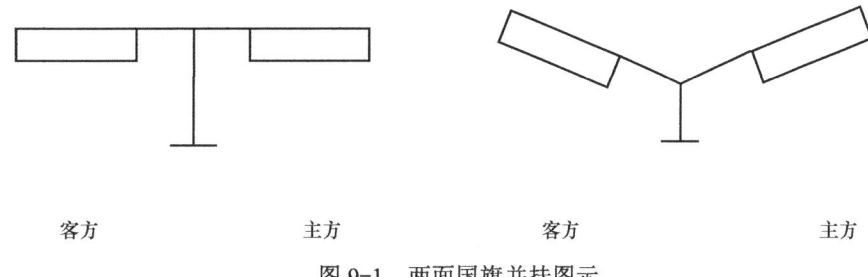

图 9-1 两面国旗并挂图示

2）多面国旗并挂，三面及以上国旗被视为多面国旗。多面国旗并挂，主方在最后。如无主客之分，则按规定礼宾顺序排列，如图 9-2 所示。

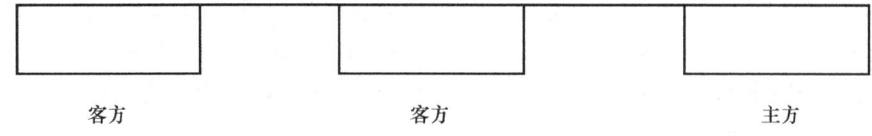

图 9-2　多面国旗并挂图示

（2）交叉式。国旗交叉悬挂时，以旗面面向的观众为准，左挂客方国旗，右挂本国国旗，如图 9-3 所示。

（3）面对式。双边会谈时，双方在自己一边摆放本国国旗，如图 9-4 所示。

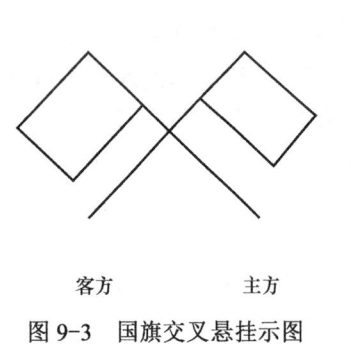

图 9-3　国旗交叉悬挂示图　　　　图 9-4　面对式国旗摆放图示

3．所乘车辆国旗的悬挂

外国元首、政府首脑、副总理及正部长率领的政府代表团来访时，在团长乘坐的车辆上悬挂东道国和来访国的国旗（是一种外交特权）。以车行进的方向为准，驾驶员左手为东道国国旗，右手为来访国国旗，不得倒挂或反挂。若需陪车，双方坐在本国国旗的一侧。

各国国旗的图案、式样、颜色、比例均由本国宪法规定。不同国家的国旗，由于比例不同，两面旗帜悬挂在一起，就会显得大小不一；并排悬挂时应将其中一面适当放大或缩小，使国旗的面积大致相同。

二、迎送礼节

迎送活动的安排分两种不同的档次，即官方迎送和非官方迎送。

官方迎送，按国际惯例要举行隆重的迎送仪式，适用于对外国国家元首、政府首脑、军方高级领导人的访问，以示欢迎与重视。对长期在我国工作的外交使节、常驻我国的外国人士、记者和专家等，当他们到任或离任时，我国有关部门都会安排相应人员前往迎送，以示友谊。

非官方迎送，适用于一般来访者，如外国旅游团队、民间团体及一般来宾。

（一）官方迎送

客方迎送是国际外事交往中最常见的礼仪活动，在整个涉外活动中占有极其重要的地位。一个精心安排的欢迎仪式能使来宾一踏入被访问国就能形成良好的第一印象，而一个圆满的欢送仪式能使来宾巩固访问中的良好印象,留下一个永久的美好回忆。根据惯例,国际交往中,对国外来访的来宾通常要根据其身份地位、访问性质及两国关系等因素,安排相应的迎送活动。

1. 迎送的组织安排

迎送仪式是外事活动中迎来送往的礼宾仪式,根据国际惯例已形成一整套规范程序,因外事交往中的规格与来宾身份的不同,仪式的隆重程度与项目内容是有较大区别的。国家元首的访问与民间、企业领导人访问的迎送规格有天壤之别,应酌情处理。在礼仪规范和真诚态度上都丝毫不能马虎。官方迎送应注意的问题包括:

(1) 地点选择与布置。外国领导人抵达和离开邀请国首都时,通常都举行正式的迎送仪式。有的国家在机场(车站)举行,有的在特定场所举行,如总统府、议会大厦、国宾馆等地方,我国通常在人民大会堂或国宾馆举行。举行仪式的场所悬挂宾主双方国旗,挂国旗时"面对墙壁左为客"。在领导人行进的线路上铺红地毯,检阅仪仗队。

(2) 接待人员的组成。根据对等和守时原则,须准确掌握来宾抵离时间,通知有关迎送人员,请身份相当的领导人和一定数量的高级官员出席,有的还应通知各国或部分驻当地使节。所有迎送人员应先于来宾到达指定地点,并由接待人员提前办好有关手续。

(3) 护航。有些国家对乘专机来访的国宾派若干架战斗机护航,一般在离首都一百公里处迎接(有的从入境开始),护航机向主机发致敬信号,然后编队飞行至机场上空,主机下降后,护航机绕机场一周离去。

(4) 献花。根据礼仪规格,一般外宾不需献花,对高级贵宾应安排献花。有的国家习惯送花环,且花环越长表示对对方越尊敬,送一两枝名贵的兰花、玫瑰等。献花时须用鲜花,应保持花束的整洁、美观,忌用菊花、杜鹃花、石竹花和黄色的花。在迎送主人同主宾握手后,儿童或女青年将花献上,并向来宾行礼。

(5) 主宾见面时的介绍。主宾见面时应互相介绍,按礼仪原则将主人介绍给来宾,职位从高至低。由礼宾工作人员或迎送人员中职位最高者介绍。有的国家习惯以交换名片来介绍自己的姓名与身份,使对方一目了然。

来宾初到,主人宜主动与来宾寒暄。遇有外宾主动与我方人员拥抱时,我方人员可做相应的表示,不应推却或勉强应付(女士按礼宾有关规定处理)。

(6) 奏两国国歌。先奏客方国歌,全体人员行注目礼,军人行军礼。

(7) 鸣放礼炮。21响为最高规格,为国家元首鸣放。一般欢迎政府首脑鸣19响,副总理一级鸣17响(有些国家分得不那么细)。

(8) 检阅。来访国宾在主人的陪同下检阅三军仪仗队。

(9) 讲话。在欢迎仪式上均安排主宾与主人做不太长的讲话或在现场散发书面讲稿。

(10) 群众欢迎。接待高规格的国宾时,有的国家要安排较大场面的群众欢迎,群众多由青少年组成,载歌载舞,挥舞两国国旗,沿国宾行进路线夹道欢迎。不需用最高规格时可只在现场安排少量群众,有时也可不安排群众欢迎。

(11) 陪同乘车。来宾抵达后前往住地,或临行时由住地前往机场、码头、车站,应安排迎送人员陪同乘车,陪同时应请宾客坐主人右侧。两排座轿车,译员坐司机旁,三排座轿车译员坐中间。应让来宾从右侧门上车,主人从左侧上。夫妇同乘一车时,丈夫应坐在右侧座位,妻子先上车,丈夫后上车并关门。陪同人员关车门时应先看来宾是否坐好,以免压坏衣裙、轧伤手脚，要确保来宾安全。

当代表团达9人以上乘大轿车时，原则上低位者先上车，下车时顺序相反。但前座者可先下车开门。大轿车以前排为尊位，自右而左，按序排列。

2．迎送规格的确定

迎送规格由接待方确定，没有统一规定。目前是依来访者的身份、访问性质、目的，并适当考虑双方的关系来确定迎送规格。确定规格时应遵循对等原则。主要迎送人员应与来宾的身份相称。若当事人不能出面或身份不能完全相等时，可灵活变通，由职务相当的人士或副职出面迎送，应尽量对等、对口，并礼貌地向对方做出解释。

国宾离京回国或到地方访问，我方出面接待的国家领导人到酒店话别，由陪同团团长或外交部部级领导人陪同来宾前往机场、车站或陪同赴外地访问。国宾到地方访问时，由该地省长、市长或对口负责人迎送。外国议长率领的议会代表团到地方访问时，应由省、市人大常委会的主任迎送。当事人因各种原因不便出面，可灵活变通，由职位相当的人士或副职出面。贵宾若属于过境，迎送规格可适当降低。

有些外宾虽无明确职务，但因其身份特殊，如王室要员（相当于政府首脑）来访，也应参照上述原则安排。有时因双方关系或政治需要，也可搞一些破格接待，安排较大的迎送场面，一般应按常规办理，避免厚此薄彼。

（二）非官方迎送

1．对民间团体的迎送

迎送民间团体时，不举行官方正式仪式，但需根据来宾的身份，安排同级别的部门、身份对等的人员前往接待。对身份高的来宾应事先在机场、车站安排贵宾休息室，并准备好茶水或饮料，尽可能在来宾到达前通知其住房和乘车号码。若做不到，可印好住房、乘车表或打好卡片，在来宾到达时，及时发到每人手中，或通过对方的联络秘书转达，以使来宾做到心中有数。

2．对一般宾客的迎送

迎送一般宾客同样需要遵循常规礼节，做好各项安排工作。迎送程序可以简化，主要是见面、介绍（熟人可以免去）、问候。对不熟悉的宾客要主动做自我介绍，而对于旅游团队等的访问也可以按照民间迎送礼仪进行。在陪同和乘车时，应遵循以右为上的原则，请宾客坐在主人的右边。如果有翻译陪同，那么翻译应坐在主人和宾客的前方，这样便于双方通过翻译来进行交流。在宾客抵达后，不应该立即安排相关的事务活动，而应首先安排好休息，给宾客留一定的休整时间。注意时差和气候等给宾客带来的困扰和影响，根据实际情况调整活动日程。

三、会见、会谈、签字、开幕式礼仪

（一）会见

会见是国际交往中常采用的礼宾活动形式，一般称接见或拜会。凡身份高的人士会见身份低的人，或主人会见来宾，称为接见或召见。凡身份低的人士会见身份高的，或来宾会见主人，称为拜会或拜见，我国统称会见。接见或拜会后的回访，称回拜。

1. 会见的分类

会见就内容来说，有礼节性、政治性和事务性三种。礼节性会见，时间较短，话题较为广泛；政治性会见一般涉及双边关系、国际局势等重大问题；事务性会见是指一般外交事务安排、业务商谈等，外交交涉称为召见。

会见形式根据不同对象分为个别约见和大型接见。个别约见是指国家领导人或某部门负责人就某方面的外交事务或业务问题，与个别人士或使馆人员会面商谈的一种礼宾活动，特点是会见范围小、保密性强。大型接见是指国家领导人会见一国或几国群众团体、国际会议代表等，特点是参加会见的人数多，场面隆重。

2. 会见的安排

会见在国际上通常安排在会客厅或办公室。有时宾主各坐一边，有时穿插坐在一起。某些国家元首会见还有其独特的礼仪形式。在布置形式上，各国也不一样。有的国家主宾的座位是特制的，有的是宾主可以同坐三人长沙发。外国领导人来我国访问，会见安排比较简单，无特殊仪式。会见地点安排在人民大会堂或中南海。会见时的座位安排一般是来宾坐在主人的右边（个别情况例外），译员、记录员安排在主人和主宾的后面。其他来宾按礼宾顺序在主宾一侧就座，主方陪同人在主人一侧就座，座位不够可在后排加座。进行座位布置多采用单人沙发、扶手椅，人数在十几至几十人之间的会见，里圈用沙发，外围用扶手椅或靠背椅围置（如图 9-5 和图 9-6 所示）。

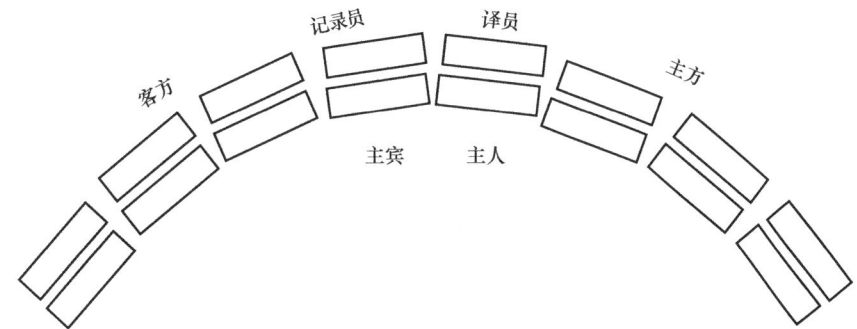

图 9-5　半圆形宾主分列式会见座席

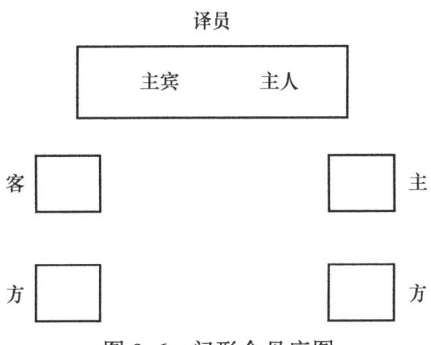

图 9-6　门形会见座图

3. 会见的服务规程

当宾客到达时，服务员要利用主人到门口迎接的间隙，迅速整理好茶几上的物品和沙发上的花垫。然后上茶,杯把一律朝来宾的右手一侧。

宾主入座后,一般由两名服务员从主要的外宾和主人处开始递毛巾。递毛巾时要热情地道声"请"。只有一名服务员递毛巾时,先从外宾处开始,再送给主人。有两名服务员时,递毛巾给外宾的服务员动作要先于另一名服务员。宾客用完毛巾,要及时收回,以保持台面整洁。

若会见中招待冷饮,上完毛巾后,接着上冷饮(程序与上毛巾相同)。上冷饮时,托盘中的冷饮品种要齐全,摆放要整齐,请宾客自选。会见时的续水一般在30分钟左右一次。续水用小暖瓶,并带块小毛巾(程序与上毛巾相同)。

会见厅内的光线和温度应根据实际情况和主要宾客的要求而定。夏季以24～25℃为宜、冬季在20～22℃之间为宜。

会见结束后要及时把厅室门打开,对活动现场进行检查。在主人送走来宾返回时,应及时给主要首长上一块热毛巾,并送主要首长和年老及行动不便的首长上车。

(二)会谈

会谈是指在正式访问或专业访问中,双方或多方就某些比较重大的政治、经济、文化和军事等共同关心的问题交换意见,或就具体业务进行谈判的活动。

外国领导人来我国访问,首次会谈安排在人民大会堂举行。第二轮会谈,有时安排在国宾下榻的国宾馆。会谈开始前,允许双方记者采访,但几分钟后须退场。如有分组会谈,则另行安排。

1. 会谈活动的特点

参加会谈的双方或多方主要领导人的级别、身份原则上是对等的,所负责的事务和业务也是对口的。例如:外国由总统、总理率领的代表团参加会谈,我方则由国家主席、总理出面;外方是外交部部长出席,则我方也是外交部部长出席。

会谈内容较为正式,政治性和业务性都较强,要特别注意保密。代表团身份和规格很高的国事会谈还要悬挂双方国旗。

2. 会谈的服务规程

(1)会谈座位的安排。会谈座位的安排一般是双边会谈用长方形、椭圆形或圆形桌子。宾主相对而坐,以门为准,主人在背门一侧,来宾面向正门(即"迎门为上")。主谈人居中,译员安排在主谈人右侧或身后,其他按礼宾顺序左右排列(如图9-7所示)。多边会谈,座位最好成圆形、方形等。小范围的会谈,也可不用长桌,只放沙发,双方座位按会见座位安排。

(2)会谈室的陈设与装饰应简洁、实用、美观、整洁。

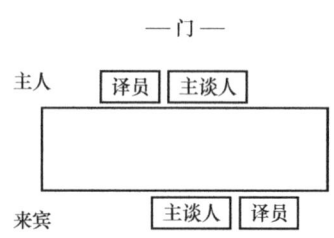

图9-7 宾主相对式座次安排

(3)会谈用品的配置。在每个座位前桌面的正中摆放一本供记事的便笺,便笺下端距桌面边沿约5厘米。紧靠便笺的右侧摆红、黑铅笔各一支,便笺右上角摆一个茶杯垫盘,盘内垫小方巾。主要宾客处每人放一个烟缸和烟盘,其他每两个放一套(摆在两座位之间处)。

(4)会谈的服务程序。当主人提前到达活动现场时,要迎至厅内周围的沙发上就座,用小茶杯上茶。在主办单位通知外宾从住地出发时,服务员在工作间内将茶杯沏上茶。当主人到门口迎接外宾时,服务员把茶杯端上,放在每人的茶杯垫盘上。宾主来到会谈桌前,服务员要上前拉椅让座。当记者采访和摄影完毕，服务员分别从两边为宾主双方递上毛巾。宾主用完后，应立即将毛巾收回。

会谈中若上牛奶、咖啡、干果等，应先把牙签、小毛巾（叠成长方形，每盘二块）、奶酪垫盘、咖啡杯垫盘上桌。然后把已装好的糖罐、奶罐（加勺）、咖啡（加勺）、干果盘依次上桌。

会谈一般时间较长，可视宾客的具体情况及时续水、续换铅笔等。如会谈中间休息，服务员应及时整理好座椅、桌面用品等；不要弄乱和翻阅桌子的文件、本册等。

如需合影，应安排好合影座次图。合影时，主人居中，按礼宾次序，以主人右手为上，主宾双方间隔排列，身份高的主宾站前排。其余顺序排后。不让来宾站两端，应由主方人员在两端把边（如图9-8所示）。

第三排
第二排

（主方人员把边）9 7 5 3 主宾 主人 2 4 6 8 10（主方人员把边）
图9-8 合影的位置排列

会谈结束时，要照顾宾客退席。然后按善后工作程序做好收尾工作。

（三）签字

国与国之间通过谈判就政治、军事、经济、科技、文化等某一领域达成协议，缔结条约、协定和公约时，双方互签互换文本举行的仪式称为签字仪式。

国内各省、市、自治区间党政或其他机构就双方或多方在某一领域内达成协议、互签互换文本举行的仪式，同样可称签字仪式。

双方或多方签字人的身份须大体相同，参加谈判或会谈的全体人员都须出席，但各方出席人数宜大体相等。为表示对签字仪式的重视，某一方可在征得另一方或几方的同意下，邀请更高一级而未参加会谈的人士出席仪式。

举行签字仪式，应注意以下环节：

1．待签文本的准备

洽谈或谈判结束后，双方应指定专人按谈判达成的协议做好待签文本的定稿、翻译、校对、印刷、装订、盖印等工作。文本一旦签字就有法律效力，准备待签文本应郑重严肃。主方应为文本的准备提供准确、周到、快速、精美的条件和服务。

2．签字人员的安排

举行签字仪式前，有关各方应预先确定好参加签字仪式的人员，并向有关方面通报。客方尤应将己方出席签字仪式的人数提前通报主方，以便主方安排。签字者的人选要视文件的性质来确定。

参加签字的有关各方事先要安排一名熟悉签字仪式详细程序的助签人员，并商定好签字的有关细节。

3．签字场地的布置

举行签字仪式的场地，视参加签字仪式人员的规格、人数及协议中的商务内容重要程度来确定。多数选择在来宾所住的酒店或东道主的会客厅、洽谈室。无论选择在何处举行，都应征得对方的同意。

签字场地的布置，一般是在签字厅（或室）内设置长方桌为签字桌，桌面覆盖深绿色台布（要注意双方的颜色忌讳），桌后放置两张椅子作为双方签字人座位，主左客右。座前陈列各自保存的文本，上端分别放置签字时使用的文具，如签字笔、吸墨器等。中间摆放旗架，悬挂签字双方的国旗（如图9-9所示）。

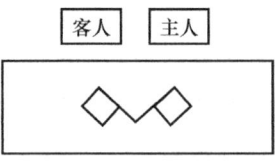

图9-9 签字场地布置

4. 签字仪式的服务规程

宾主双方到达签字大厅时，服务员要主动上前为签字人员拉椅让座。开始签字时，前台服务员站在签字桌两头等候，准备签字后撤椅子，后台服务员要速将香槟酒开启，倒入香槟酒杯内（六七分满），端入签字大厅，分别站在签字台两侧约3米处，准备上酒。

涉外签字一般有两种文本，当签字人员在一种文本上签完后，由双方助签人员交换文本，当交换的文本签完后，双方签字人站起来正式交换文本、握手时由两名服务员上前迅速将签字椅撤除。端托香槟酒的服务员立即跟上，分别将酒端至双方签字人面前，请其端取。接着从桌后站立者的中间开始，向两边依次分送。宾主举杯祝贺并干杯后，服务员要迅速上前用托盘接收酒杯，照顾签字代表退席。

（四）开幕式

开幕式包括各种展览会，如商业性的博览会、文化艺术展览会、经济建设成就展览会等。工程项目的动工、竣工典礼和交接仪式等，与开幕式类似。

开幕式由经办一方的负责人主持。东道国主办，则由东道国主持，邀请有关国家代表团、使节参加；也可由展览团方面主持，邀请东道国有关官员出席。重大的展览会开幕式或重要工程的落成典礼等，东道国国家领导人往往出席，仪式较为隆重，一般小型展览的开幕式较为简单。开幕式除双方有关人员参加外，酌情邀请各国驻当地使节、中外记者等参加。

隆重的开幕式，一般有以下内容：

（1）会场悬挂相关国旗，有的还演奏相关国歌。

（2）致辞。由主办展览一方先讲，另一方后讲。

（3）剪彩。一般请东道国或展览团参加开幕式人员中身份最高的官员或知名人士剪彩，应有宾主双方各一位或各两位人士剪彩。礼仪小姐须礼貌规范地完成托彩球、递剪刀、进退场等一切剪彩礼仪程序。

（4）参观展览会。

（5）参观后举行酒会、冷餐会等宴请招待活动。

四、宴请

（一）宴请的概念

宴请是为了表示欢迎、答谢、祝贺、喜庆等而举行的一种隆重的、正式的餐饮活动，是国际交往中最常见的交际活动形式之一。

宴请具有就餐人数多、消费标准高、菜点品种多、气氛隆重热烈、就餐时间长、接待服务讲究等特点。宴会要求格调高雅，环境和台面布置既要舒适、干净，又要突出隆重热烈的气氛。菜点选配上有一定的格式和质量要求，应按一定的礼仪规范和顺序递送上台，讲究色、香、味、形、器，注重菜式的季节性，必要时用拼图与雕刻等形式烘托喜庆、热烈的气氛。服务上讲究礼仪，强调周到细致。

（二）常见的宴请形式

1．宴会

宴会为正餐，入座进食，由服务员顺次上菜。宴会在规格上分为国宴、正式宴会、便宴和家宴。在餐别上分中餐、西餐和中西合餐。在举行时间上分为早宴、午宴、晚宴（更为隆重）。在礼仪形式上又分为欢迎宴会和答谢宴会。

（1）国宴。国宴是国家元首或政府首脑为国家的庆典或为外国元首、政府首脑来访举行的正式宴会。国宴是各类宴请中规格最高、最为隆重的一种形式。宴会厅内悬挂国旗，设乐队演奏国歌及席间乐，席间有致辞或祝酒，菜单和座席卡上均印有国徽。出席者的身份规格高，代表性强，宾主均按身份排位就座，礼仪规范具体、严格。

（2）正式宴会。正式宴会是政府和团体等有关部门为欢迎来访宾客，或来访宾客为答谢主人而举行的宴会。正式宴会与国宴大致相同，但不挂国旗、不奏国歌、宴席规格不同。宾主按身份就座。礼仪要求较严格，席间有致辞或祝酒，有时也安排乐队演奏席间乐。

（3）便宴。便宴又称非正式宴会，多用于招待熟识的宾朋好友。这种宴会形式简便、规模较小，不拘严格的礼仪，不用排席位，不做正式致辞或祝酒，宾主间较随便、亲切，用餐标准可高可低，宜用于日常友好交往。

（4）家宴。家宴是在家中设宴招待来宾的一种宴会形式。家宴由主妇亲自烹调，家人共同招待，以示亲切友好。

2．招待会

招待会是一种灵活简便、经济实惠的宴请形式。常见的有冷餐会、酒会、茶会和工作进餐等。

（1）冷餐会。冷餐会又称冷食自助餐，是一种站立就餐形式。不排座位，供应食品以冷餐为主，兼有少量热菜。菜点十分丰盛，酒水饮料品种繁多。菜点连同餐具陈设在餐台上，供来宾自取。参加人数可多可少，时间较灵活，宾主间可广泛交际，来宾也可自由走动、交谈。这种形式多为政府部门、企业、贸易界举行人数众多的盛大庆祝会、欢迎会、开业典礼等活动所采用。

（2）酒会。酒会又称鸡尾酒会，也是一种站立就餐形式。招待品以酒水、饮料为主，略备小吃。一般不设座椅，来宾可随意走动。时间较灵活，宾客来去自由，不受约束，可迟到可早退。整个酒会气氛和谐热烈、轻松活泼，交际面广。近年来，庆祝各种节日，欢迎代表团访问，各种开幕、闭幕典礼及文艺、体育招待演出前后等，都采用酒会这种形式。

（3）茶会。茶会是一种简便的招待形式，多为社会团体举行纪念和庆祝活动时所采用。茶会通常设在客厅内举行，不用餐厅。厅内设茶几、座椅，周围摆设花卉。入座时，有意识地安排主宾同主人坐在一起，其他人随意就座。茶会是请来宾品茶，因此对茶叶、茶具的选择要讲究，并选择具有地方特色的。一般用陶瓷器皿，不用玻璃杯，也不用热水瓶。有外宾出席，用红茶、咖啡和冷饮招待。

（4）工作进餐。工作进餐是现代国际交往中经常采用的一种非正式宴请形式（有时由参加者各自付费）。利用进餐时间（早、中、晚均可）边吃边谈，省时简便。这种形式的宴请纯属工作性质，不请配偶。

（三）宴请活动和组织

1．宴请的确定

宴请目的不尽相同，可为某件事，也可为某个人，在国际交往中，还根据需要举办一些日常的宴请。

确定以谁的名义邀请和邀请对象的主要依据是主、宾双方的身份应该对等。我国大型正式活动常以个人名义发出邀请，日常交往的小型宴请可根据具体情况以个人名义或夫妇名义出面发出邀请。

邀请范围要从宴请的性质、主宾身份、国际惯例、双方关系及当前的政治气候等方面加以考虑，还要考虑邀请哪方面人士、什么级别、请多少人，主办方多少人作陪等。

宴请采取何种形式主要取决于惯例。正式的、高级别的、小范围的以举行宴会为宜，人数多适当采用冷餐会或酒会，妇女界多采用茶会形式。

宴请的时间安排应考虑定在主宾双方都认为方便适宜的时候。在对方的重大节日，已有重要活动安排或禁忌时，应主动回避。由于民族宗教信仰的缘故，国际上一般不安排在13日，尤其是当13日是星期五时。伊斯兰教规定斋月期间教徒白天禁食，故宴请只能在日落后举行。

宴请地点的选择是根据邀请的对象、活动的性质、规模大小及形式等因素来决定的。官方正式隆重的宴会安排在政府、议会大厦或酒店大厅内举行，小型宴会多安排在当地知名酒店的宴会厅。

2．邀请

各种宴请应发出请柬或邀请函诚邀宾客，这样做既是礼貌，也是对来宾的提醒备忘。便宴确定后可不发请柬，工作进餐一般不发请柬。

请柬或邀请函应提前一二周发出，以便被邀请人及早安排。经口头约定的活动，应补送请柬。请柬或邀请函分为两种：

（1）酒会、茶会的请柬或邀请函。这种宴请只碰面，不吃饭，应写明的内容包括：宴请事由、日期、时间、活动项目、主要请了些什么人。为表诚意可加上"如蒙造访，深感荣幸"之类的字样。

（2）宴会的请柬或邀请函。写在上面的内容包括：宴会的性质、目的，被邀请的贵宾有哪些人，日期、时间（包括几点几分），地点（要具体注明某酒店某厅或桌次），恳切希望对方能准时光临。

请柬行文一般不用标点符号，文中的单位名、节日名、人名等须用全称。中、外文本的请柬格式与行文形式有所不同，应加以区别，按不同语言的习惯正确使用。

在请柬的右上方或左下方注上"To Mind"（备忘）的字样。需要排座位的宴请活动，为确切掌握出席的情况，往往要求被邀请者答复能否出席。

3．制定菜单

宴请菜谱要根据宴请规格，在规定的预算标准内安排，其安排有五条原则。

（1）选菜要考虑来宾。为使来宾满意，宴会前酒店应与宴会的主人商量菜单。改变菜单应在宴会前而不是在宴会中。对来宾在餐会中提出的新菜点，要通知餐厅经理，一般要加收费用。若因菜品质量而引起来宾要求更换菜点时，亦应通知餐厅经理，适当做更换并道歉。

（2）搭配合理。包括荤素搭配、营养构成搭配、时令菜与传统菜肴的搭配及菜点与酒品饮料的搭配，力求合理，照顾到各方面。

（3）营养平衡。以西餐为例，若主菜是鱼，前面就不宜是扇贝类。奶油浓汤后，不宜有奶油椰子鸡。

（4）量力而行。"力"包括经费开支、财力和切配、烹饪、服务的技术力量等。菜谱一经确定，即可印制。菜谱一桌备2～3份，至少1份，考究的话，人手一份。

（5）尊重风俗习惯。世界各国各地的来宾都有本民族的风俗，在宴会预订时，应向来宾了解清楚，并在预定单上注明，以免产生不必要的误解与纠纷。

4. 宴请的桌次安排

按国际习惯，桌次高低以离主桌位置远近而定，也遵循主桌居中、右高左低（背靠主墙面向大门）原则，可总结为"近高远低，右高左低"。主桌应安排在餐厅的重要位置，以面门、西南为好。桌次多时要摆桌次牌，这样既可方便宾主，也有利管理。

宴会可用圆桌，也可用长桌或方桌。一桌以上的宴会，桌子之间的距离要适当，各座位之间也要距离相等。

团体宴请中，宴桌排列一般以最前面的、居中桌子为主桌，如图9-10所示。

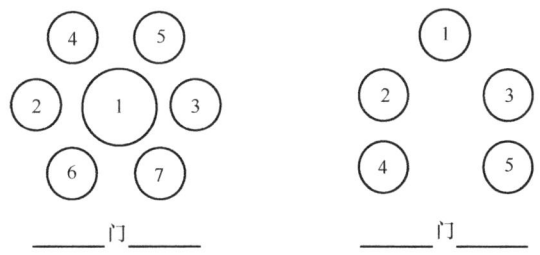

图 9-10　团体宴请桌次安排

只有两桌的小型宴会，可根据餐厅具体情况横排或竖排，如图9-11所示。

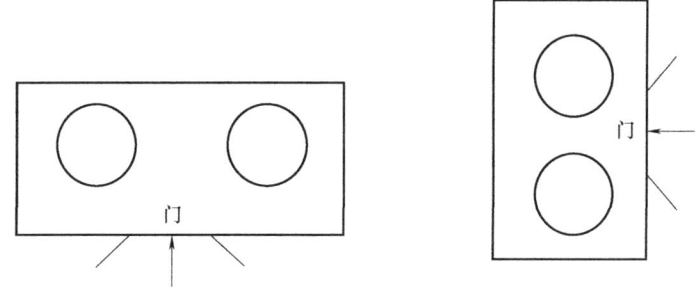

图 9-11　小型宴会桌次安排

中餐宴会通常用圆桌，西餐宴会多用长方桌。不论用哪种餐桌，都应根据场地和出席人数来设计、布局，桌间距离要适当。常见的宴会餐桌布置形式如图 9-12 所示。

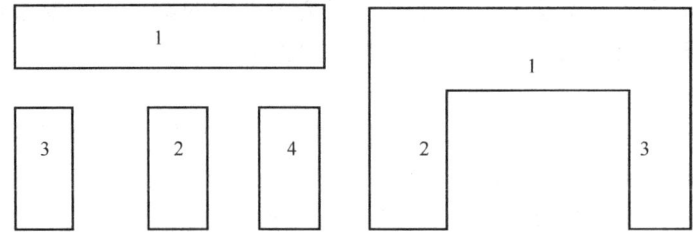

图 9-12　长桌的排列方法

酒会一般摆小圆桌或茶几，以便放花瓶、烟灰缸、干果、小吃等。也可在四周放些椅子，供妇女和年老体弱者使用。

5．宴请的座位安排

凡正式宴会，一般均排座位，也可只排部分来宾的座位，其他人只排桌次或自由入座。无论采用哪种做法，都要在入席前通知每位出席者，使大家心中有数，现场要有人引导。大型宴会最好先安排座位，以免混乱。席位高低以离主人的座位远近而定。

礼宾次序是安排席位的主要依据，既有外国的习惯，也有我国的习惯。按外国习惯，主桌上男女穿插安排，以女主人为准，主宾在女主人右上方，主宾夫人在男主人的右上方。我国习惯按个人本身职务排列，以便交谈。如夫人出席，通常把女方安排在一起，即主宾坐在男主人右上方，其夫人坐在女主人右上方。两桌以上的宴会，其他各桌第一主人的位置一般与主人桌上的位置相同，如图 9-13、图 9-14 所示。

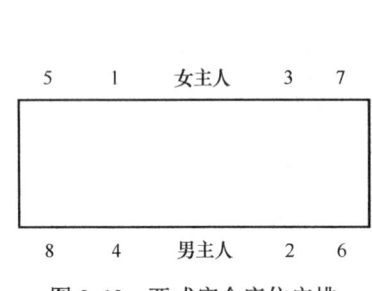

图 9-13　西式宴会座位安排

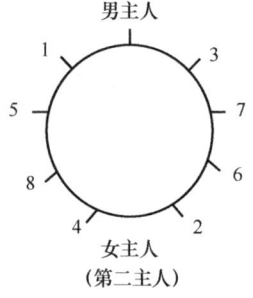

图 9-14　中式宴会座位安排

具体安排席位时还需考虑其他因素。多边活动需注意来宾之间的关系或政治关系，政见分歧大、两国关系紧张者，尽量避免安排在一起。适当照顾各种实际情况。身份大体相同、使用同一语言或从事同一专业者可安排在一起。译员一般安排在主宾右侧。许多国家译员不上席，为便于交谈，译员坐主人和主宾背后。

正式宴会的席位排妥后应着手写座位卡。由我方举行的宴会，中文写在上面，外文写在下面。座位卡上的字形要工整，字体宜大些，以便辨认。

冷餐会的桌台用长方桌，通常靠着四周陈设摆放，也可根据宴会厅场地情况摆在房中间。如坐下用餐，可摆四五人一桌的方桌或小圆桌，座位要略多于全体来宾数，以便来宾自由就座。

酒会一般摆放小圆桌或茶几，上面放花瓶、牙签盅、口纸或一盘小毛巾、烟灰缸、干果、小吃等。四周也可放一些椅子，供妇女和年老体弱者就座。

6. 宴请的程序

（1）主人在宴会厅门口迎候贵宾。隆重的宴请，除主人外，还有其他有关人员在列，组成迎宾线，其位置在宾客进门至签到处（亦有在来宾进门存衣后进入休息厅之前）。来宾陆续到达时，均由接待员请其签名、佩上胸花后引进休息厅（或直接进入宴会厅），休息厅内安排有相应身份的人员照料来宾，服务员送上饮料。

（2）主宾到达后，由主人陪同进入休息厅与其他来宾见面，如还有其他来宾尚未到齐，由迎宾线上其他有关人员代表主人在门中迎候。

（3）主人陪同主宾进入宴会厅时，全体来宾就座，宴会即可开始。若休息厅小，宴会规模大，也可请主桌以外的来宾先入座，主桌上的贵宾最后入席。

（4）如主宾要发表讲话，一般安排在热菜后甜食前，先主人致辞，然后主宾讲话。也可在入席时，双方即讲话。

（5）菜单上最后一道用毕后，主人与主宾起立，宴会即告结束。

（6）主宾告辞，主人送至门口，握手后目送主宾离去，原迎宾人员按顺序排列与其他来宾握手告别。

（四）宴请接待的基本环节

宴会服务工作专业性较强，技术要求较高，宴会服务人员须遵守酒店和宴会部的规章制度，具有遵守涉外纪律的自觉性和热情为来宾服务的精神，工作认真，作风正派，仪表仪容好，身体健康，精力充沛，掌握外语，而且精通宴请接待的基本环节。

1. 宴会开始前的准备工作

（1）熟悉情况。接到任务后，应了解清楚宴会的目的、餐别、标准、人数以及来宾国籍、宗教信仰和生活特点等，研究做好接待、服务工作的具体办法和注意事项。

（2）按主题创造意境。餐厅的选用、场面气氛的控制、时间节奏的掌握、空间布局的安排、音乐的烘托、餐桌的摆放、台面的布置、服务员的服饰、菜肴的命名、餐具配套、菜肴的配备、口布的折叠，以及上烟、酒、茶、糖、水果、点心到上菜的程序等，都要围绕宴会主题，调动一切可以调动的手段，创造理想的宴会艺术。

（3）全面检查。全部准备工作完毕后进行全面检查，然后服务员进行形象自检，待客主入席前 5~10 分钟左右，端上冷盘，斟好酒。

2. 宾主抵达时的迎接工作

（1）宾客到达时，服务员要热情，做到态度和蔼、敬语灵活贴切。引导宾客到休息室，主动接过衣帽和其他物品，斟倒茶水或饮料，送香巾时要用"请"字。

（2）重要宾客的物品及衣帽应挂在衣帽间较明显的位置，以便宴后拿取。

（3）来宾到齐后，主动询问主人是否开席。经同意后，即请来宾入席。主客入席，应主动引导，挪动椅子照顾就座，并帮助熟悉菜单。

3. 宾主入席后的服务工作

宾主入席后，要严格按照操作程序和方法，完成走菜、上菜、斟酒和派菜等工作，整个宴会期间，要勤巡视、勤斟酒、勤换烟灰缸，做到礼貌服务、准确到位。特别要做好接待主宾和主人的服务工作。

4. 宴会结束后的整理工作

宴会结束时，应迅速撤去餐具，送热毛巾，供来宾擦手拭汗，并做好送客准备。

来宾离别时，要提醒不要遗忘物品，衣帽间服务员应及时、准确地将衣帽取递给来宾，并协助穿戴。来宾出门，要主动道别，并送出门外以示热情。

服务员要自觉做到：工作前不吃葱、蒜等有异味的食品。在一旁侍立时，姿势要端正，多人侍立，要排成行。工作中不要聊天。主人致辞、来宾发表谈话时，要保持肃静，停止上菜、斟酒等工作，并不得发出任何声音。奏国歌时应肃立，停止走动。服务员走动脚步要轻快、稳重，操作时动作要敏捷，轻拿轻放。服务时最忌讳打翻酒水，如有不慎应冷静处理，并向宾客道歉。

（五）参加宴请的礼节

1. 抵达

出席宴请活动要准时抵达，早到不礼貌，迟到更失礼。抵达宴请地点后，先到衣帽间脱下大衣和帽子，然后前往主人迎宾处，主动向主人问好。遇节庆活动应表示祝贺。可按当地习俗，赠送花束或花篮。参加家宴可酌情给女主人赠少量鲜花。

2. 入座

应邀出席宴请活动应听从主人安排，端庄就座。如宴会桌次较多，应在进入宴会厅前，先了解自己的桌次。入座时看清桌上的座位卡和自己的名字，不要随意乱坐。如邻座是长者或妇女，应主动协助入座。

3. 进餐

入座后，在主人的招呼下开始进餐。要注意以下几点：

进餐前，勿用餐巾或餐纸擦碗、筷、杯子等餐具，餐巾应展开放在膝上。口纸在进餐时仅用于擦嘴，餐后应放在盘子右边。

取菜时，盘中食物不要盛得太多，吃完后可再取。如有服务员分菜，需增添时，待服务员送上再取。

遇本人不能吃或不爱吃的菜肴，当服务员上菜或主人夹菜时，可取少量放在盘内，并说声"谢谢，够了"。对不合口味的菜，不要露出厌恶的表情。

进餐时，要注意风度，要闭嘴咀嚼，不要舔嘴唇或发出声响。咀嚼时不要讲话，更不要主动与他人说话。喝汤不要吸。如汤太热，待稍凉后再喝，切勿用嘴吹。

嘴内的骨头、鱼刺不要直接往外吐，可用餐巾捂嘴，用手（中餐用筷子）取出，或轻轻地吐在叉上，放在骨盘内。

面包一般用手掰成小块送入口中，不要拿整块咬。抹黄油、果酱，也要先将面包掰成小块再抹。

吃鸡时，欧美人多以鸡胸脯肉为贵，不能按中国人的习惯用鸡腿敬客，以免失礼。吃鱼时，不可翻身吃，要吃完上层后，用刀、叉把鱼骨剔掉再吃下层。吃肉时要切一块吃一块，块不能切得过大。

饮酒干杯时，即使不能喝，也应将杯口在嘴唇上碰一下，以示敬意。

进餐时不可狼吞虎咽，也不要一点不吃，当主人劝客再添菜时，如有胃口，添菜不算失礼。未吃完的菜、用过的餐具、牙签都应放在盘内，切忌放在桌上。剔牙时，用手或餐巾遮口。

不可在餐桌前化妆、擤鼻涕、打嗝。进餐时打嗝是最大的禁忌，万一忍不住打个嗝，应立即向周围人道歉。

不可中途退席。若有来电或手机响了，可请对方等一会儿再打过来。

在进餐尚未结束之前，不能抽烟，直到上咖啡表示用餐结束时，方可抽烟。

4．交谈

无论是主人、来宾或陪客，都应主动与同桌人交谈，特别是左右邻座。不要只同几个熟人或一两个人说话。邻座如不相识，可先自我介绍。谈话时应避免高声失态。别人讲话时，插话是很不礼貌的行为。宴会上的愉快交谈可以说是最佳的社交谈话。讨论的话题广泛，既可深奥严肃，也可轻松愉快，切忌落入俗套。

5．祝酒

正式宴会上，一般有祝酒的习惯。作为主宾应事先了解为何人何事祝酒，以便做好应对准备。在主人和主宾致辞、祝酒时，其他人暂停交谈和用餐，注意倾听。碰杯时，先在主人和主宾之间进行，人多时可同时举杯示意，不必逐一碰杯。主宾、主人有时还会到各桌敬酒，遇此情况其他人应起立举杯。碰杯时，要目视对方致意。

宴会上相互敬酒表示友好，也可活跃气氛。须控制酒量，忌饮酒过度，以免失言失态。当有人为你斟酒或提议碰杯时，不随意拒绝，即使不能喝，也应有所表示，以示敬意。

6．宽衣

社交场合，无论气温多高，也不能当众解开纽扣或敞开外衣。便宴上，如主人请来宾宽衣，男宾可脱下外衣，搭在椅背上。

7．饮茶、喝咖啡

饮茶或喝咖啡时，有专用器皿盛放牛奶和糖。如愿加牛奶或糖，可自取放在杯中，用小匙搅拌以后，仍将小匙放回小碟内。喝时右手拿杯把，左手端小碟。

8．吃水果

宴会上，水果都已去核削皮切成小块，可用叉或牙签取食，吃一块取一块，不可连取多块同吃。

9．用水盂

宴席上，若上鸡、龙虾或水果，有时送上一小水盂，水上漂有玫瑰花瓣或柠檬片，供洗手用。洗时，两手轮流沾湿指头，轻轻地洗，然后用餐巾或小毛巾擦干。

10．纪念品

有的主人为每位出席宴会者备有纪念品。宴会结束时由主人分给来宾，来宾应略表谢意，但不必郑重表示感谢。各种招待用品（糖果、水果、烟等）不要拿走。

11．告辞

宴会结束后，男主人务必将来宾送至门口，来宾应对主人的盛情款待表示感谢。

12．致谢

出席私人宴请活动后，往往致以便函或名片表示感谢。致谢信最好在第二天即发出。致谢信一般写给女主人；若男女主人都是挚友，则应写给他们两人。如果女主人收到一封以夫妇两人名义合写的致谢信,很可能会把这看作一种特别礼貌的表示而铭记在心。

13. 冷餐会、酒会取菜

出席冷餐会或酒会,宾客待服务员上好菜后,再依次轮流去取菜,或等送到本人面前时再拿。在周围的人未拿到第一份菜时,不要急于去取同样的第二份。不要围堵在菜桌旁,取完即退去,以便别人来取。

14. 刀、叉的使用

中餐餐具主要是碗、盘、筷。西餐餐具则是刀、叉、盘。宴请外宾吃中餐时,一般以中餐西吃为多(碗、筷、刀、叉均摆)。刀叉的使用是右手持刀,左手持叉,将食物切成小块,然后用叉送入口中。用刀时,应将刀柄的顶端置于手掌之中,以拇指抵住刀柄的一侧,食指按在刀柄背上,其余三指则顺势弯曲,握住刀柄,如图9-15所示。

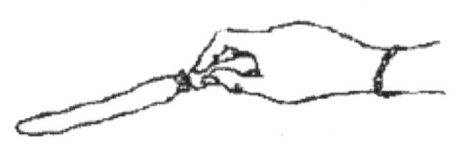

图9-15 正确的持刀姿势

叉可单独用于进食或取食。叉如果不是与刀并用,由右手持叉,叉齿应该向上,如图9-16所示。刀叉并用时,叉齿应该向下,如图9-17所示。

图9-16 单独使叉的姿势　　　　图9-17 刀叉并用时叉的姿势

刀除了用于切割食物外,还用来帮助将食物拨到叉齿上,取食主菜时刀叉并用。但有些食物也可用刀把它拨到叉上时食,如图9-18、图9-19所示。

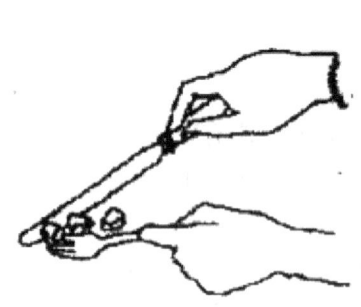 

图9-18 刀叉并用的正确姿势　　　　图9-19 刀叉并用的正确姿势

西餐就餐取用刀叉十分严格,要按刀叉摆放顺序由外往里取用。每道菜吃完后,应将刀叉并拢平排放盘内,以示吃完,如图9-20所示。

如未吃完,则摆成八字或交叉置于盘上,刀口应向内,如图9-21所示。

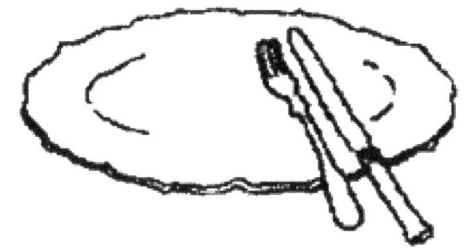
图9-20 表示吃完的刀叉放法

图9-21 表示未吃完的刀叉放法

持匙用右手，持法与刀相同。但手指务必持在匙柄上端。叉匙并用取食时，叉匙的指法和刀叉并用时相同，叉齿向下，如图9-22所示。

吃鸡、龙虾时，经主人示意，可以用手撕开吃，或用刀叉把肉割下，切成小块吃。不易叉的食物，可用刀将其轻轻推上叉。除喝汤外，不用匙进食。汤用深盘或小碗盛放，喝时用汤匙由内往外舀起送入口内，即将喝净时，可将盘向外托起。吃带有腥味或怪味的食品，如鱼、虾、野味等均配有柠檬，可将汁挤出滴在食物上，以去腥味。

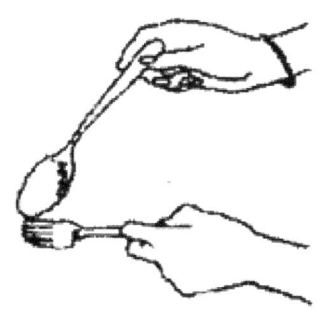
图9-22 叉匙并用的正确姿势

15．遇到意外情况

宴会进行中，因不幸发生意外，应沉着而不慌乱。例如：餐具碰出声音，可轻轻向邻座（或主人）婉言道歉；餐具摔落，可由服务员另配一套；酒水打翻溅到邻座身上，应表歉意，并协助擦干；对方如果是女士，只需将干净餐巾或手帕递上，由她自己擦干即可。

本 章 小 结

本章主要介绍了涉外礼仪基本原则、主要涉外活动礼仪。

思 考 与 练 习

一、选择题

1．西餐中以哪一身份的人为第一顺序（　　　）。
　　A．男主人　　　　B．女主人　　　　C．男客人　　　　D．女客人

2．"求同"是要遵守国际惯例，重视礼仪的"共性"。"存异"则要求不否定个别国家的礼俗，不忽略礼仪的（　　　）。
　　A．个性　　　　　B．特点　　　　　C．共性　　　　　D．优点

3．按常规，当我国的党和国家领导人作为东道主，在国内会见外宾时，一般是与外宾

并排、( )。
　　A. 居前而坐　　B. 居后而坐　　C. 居左而坐　　D. 居右而坐
4. 多边活动中,常采用按参加国国名字母顺序排列礼宾次序的方法。以( )顺序排列为最常见。
　　A. 拼音字母　　B. 英文字母　　C. 常见字母　　D. 日文字母
5. 东道国在接待来访的外国元首、政府首脑及由副总理率领的政府代表团时,在贵宾下榻的酒店悬挂对方(或双方)的( ),是一种外交礼遇。
　　A. 国徽　　　　B. 国花　　　　C. 国旗　　　　D. 国歌
6. 迎送活动的安排分两种不同的档次,即官方迎送和( )。
　　A. 民间迎送　　　　　　　　　B. 一般迎送
　　C. 旅游团迎送　　　　　　　　D. 非官方迎送
7. 官方迎送,确定迎送规格时应遵循( )。
　　A. 尊卑原则　　B. 对等原则　　C. 老幼原则　　D. 公平原则
8. 国际交往中,涉及位置的排列,原则上都讲究( )。
　　A. 左尊右卑　　　　　　　　　B. 右尊左卑
　　C. 左右一样　　　　　　　　　D. 不同场合不同尊卑
9. 重大的展览会开幕式或重要工程的落成典礼等,东道国( )往往出席,仪式较为隆重。
　　A. 国家领导人　　　　　　　　B. 企业代表
　　C. 企业总经理　　　　　　　　D. 企业员工
10. ( )是各类宴请中规格最高、最为隆重的一种形式。
　　A. 正式宴会　　B. 家宴　　　　C. 国宴　　　　D. 便宴

二、判断题
1. 进餐前,勿用餐巾或餐纸擦碗、筷、杯子等餐具,餐巾应展开放在膝上。( )
2. 进餐时,要注意风度,要闭嘴咀嚼,不要舔嘴唇或发出声响。( )
3. 参加宴请时,无论是主人、来宾或陪客,只要同几个熟人或一两个人说话即可。( )
4. 在西式宴会上,你想吸烟,只能在吃过了饭菜开始喝咖啡之后。( )
5. 参加鸡尾酒会的客人必须在请柬上注明的时间范围内准时出席,并要等到酒会结束才能退席。( )
6. 碰杯时,先在主人和主宾之间进行,人多时也必须逐一碰杯。( )
7. 社交场合,气温过高,可以当众解开纽扣,敞开外衣。( )
8. 喝咖啡时,有专用器皿盛放牛奶和糖。如愿加牛奶或糖,可自取放在杯中,用小匙搅拌以后,小匙可一直放在杯中。( )
9. 宴会上,水果都已去核削皮切成小块,可用叉或牙签取食,吃一块取一块,不可连取多块同吃。( )
10. 刀叉的使用是右手持刀,左手持叉,将食物切成小块,然后用叉送入口中。
( )

三、简答题

1. 简述涉外礼仪基本原则。
2. 简述会谈、签字时参加国国旗的摆放方法。
3. 简述常见的涉外宴请形式。
4. 简述涉外宴请菜单的制定原则。
5. 简述西餐中刀叉的使用方法。

四、案例分析

"女士优先"应如何体现

在一个秋高气爽的日子里,迎宾员小贺着一身剪裁得体的新制服,第一次独立地走上了迎宾员的岗位。一辆白色高级轿车向酒店驶来,司机熟练而准确地将车停靠在酒店豪华大转门的雨棚下。小贺看到后排坐着两位男士、前排副驾驶座上坐着一位身材较高的外国女宾。小贺一步上前,以优雅的姿态和职业化的动作,先为后排客人打开车门,做好护顶关好车门后,小贺迅速走向前门,准备以同样的礼仪迎接那位女宾下车,但那位女宾满脸不悦,使小贺茫然不知所措。

(资料来源:陈刚平,周晓梅.旅游社交礼仪[M].北京:旅游教育出版社,2000.)

请分析:

1. 这位女宾为什么不悦?
2. 小贺错在哪里?

参 考 文 献

[1] 张利民. 旅游礼仪[M]. 北京：机械工业出版社，2004.
[2] 李欣. 旅游礼仪教程[M]. 上海：上海交通大学出版社，2004.
[3] 李嘉珊. 饭店服务礼仪[M]. 北京：中国人民大学出版社，2010.
[4] 张秋埜，谢璐. 酒店服务礼仪[M]. 2版. 杭州：浙江大学出版社，2013.
[5] 任杰玉. 酒店服务礼仪[M]. 上海：华东师范大学出版社，2009.
[6] 孙彗竹. 礼仪规范教程[M]. 天津：南开大学出版社，2009.
[7] 张素洁，代智弘. 饭店服务礼仪[M]. 北京：中国铁道出版社，2010.
[8] 张岩松. 现代服务礼仪[M]. 北京：清华大学出版社，2010.
[9] 王冬琨. 酒店服务礼仪[M]. 北京：清华大学出版社，2012.
[10] 鄢向荣. 旅游服务礼仪[M]. 2版. 北京：北京交通大学出版社，2013.
[11] 王小静. 酒店服务礼仪[M]. 北京：北京交通大学出版社，2014.
[12] 黄文静，向梦知. 服务礼仪[M]. 北京：中国财富出版社，2014.
[13] 柯玲. 中国民俗文化[M]. 2版. 北京：北京大学出版社，2017.
[14] 王衍军. 中国民俗文化[M]. 2版. 广州：暨南大学出版社，2011.
[15] 沈祖祥，李萌. 旅游宗教文化[M]. 6版. 北京：旅游教育出版社，2017.
[16] 王元海，黎美洋，陶华举. 旅游宗教文化[M]. 成都：四川大学出版社，2005.